12 중등수학교육

중등수학 교재연구 개정판

강옥기 지음

KM 경문사

머리말

이 책은 중등학교 수학교사 양성 과정에서 필수적으로 이수하여야 하는 과목인 '수학과 교재연구 및 지도법'과목을 이수하는 데 적합한 교재로 개발된 교재인 '제7차 교육과정에 따른 중등수학교재연구'를 특정 교육과정에 국한되지 않고 항시 사용할 수 있게 하기 위하여 개편하고 보완한 것이다. 이 책은 모든 중·고등 수학교사가 기본적으로 갖추어야 할 학교수학의 내용을 학교급과 학년 구분 없이 영역별로 구성함으로써 중등수학 관련 내용을 부분으로가 아닌 전체로 이해하게 한 것이며 각 영역의 구성과 특징은 같다.

제Ⅰ부 교재연구의 기초 영역에서는 교재연구의 필요성과 그 방법 및 적절한 자료 선택을 돕기 위하여 교재연구의 필요성, 교재연구의 과제, 교재연구 자료에 대하여 기술하고 있다. 제Ⅱ부에서는 대수영역, 제Ⅲ부에서는 기하영역, 제Ⅳ부에서는 해석 영역, 제Ⅴ부에서는 확률·통계영역을 다루고 있으며 부록에서는 그래프 이론, 수학과 예술에 대하여 기술하고 있다. 각 영역에서는 주제별로 기본적인 내용을 계통성 있게 학술적 이론을 바탕으로 설명한 다음 발전연구, 연구과제, 지도상의 유의점에 대하여 기술하였다. 각 영역의 말미에는 역사적 배경을 기술하였다. 발전연구의 내용은 교육과정의 수준에 비하여 심화학습 수준 또는 어느 정도 상위수준의 수학으로서 중등수학의 내용을 보다 깊게 이해하는데 도움을 줄 수 있으며 동기유발 자료로도 활용될 수 있게 하였다. 연구과제의 내용은 중등수학 내용과 발전연구 내용의 이해를 확인할 수 있게 하는 기본적이고 전형적인 문제를 다루고 있다. 지도상의 유의점은 그 주제를 지도함에 있어서 교사가 유의하여야 할 사항을 기술하였다. 역사적 배경에서는 그 영역의 역사적 발달 과정 중에서 교사가 알아야 할 중요한 내용이나 일화를 소개함으로서 수학의 내용 이해에 도움을 주거나 학습지도 동기유발 자료로 활용할 수 있게 하였다.

부록에 제시된 그래프 이론은 실생활 문제를 컴퓨터를 이용하여 해결하는 일련의 과정에서 문제 상황을 시각화 한 다음 행렬로 변환하거나 알고리즘을 작성하는 경우가 있는 데 이 때 필요한 수학적 개념으로서 이산수학의 중요한 한 부분을 이루고 있다. 수학과 예술에서는 수학의 규칙성과 도형의 성질을 이용하여 이해하고 창작할 수 있는 미술의 한 분야인 테셀레이션과 프랙털에 대하여 다루고 있다. 부록의 내용은 심화학습 또는 동기유발 자료로서 유익할 것으로 사료된다.

이 책이 중등수학의 내용을 연구하는 모든 이에게 기본적인 참고서가 되기를 간절히 기원하며, 이 책을 출판해 주신 경문사 사장님과 원고정리에 노고를 아끼지 않은 편집팀 여러분께 깊은 감사를 드린다.

2011년 8월

지은이

차례

차례

제4장 해석영역

제5장 확률과 통계영역

부록

제1장

교재연구의 기초

1.

교재연구의 필요성

어떤 대상에게 무엇을 지도하고자 할 때는 지도하려는 것에 대한 목적과 내용을 분명하게 이해하고 있어야 할 뿐만 아니라 그것을 특정 대상에게 지도하는 효율적인 다양한 방법을 알고 있어야 한다. "아는 것과 가르치는 것은 별개의 문제"라는 말이 있다. 이 말의 뜻은 어떤 것을 가르치고자 한다면 가르치려는 내용을 학습할 대상이 바르게 이해할 수 있도록 지도 내용을 재구성하고 적절한 방법을 사용할 수 있어야 함을 뜻한다. 그러므로, 무엇을 지도하려는 사람은 그것을 학습하는 피교육자가 지닌 사전지식을 파악하고 그것을 바탕으로 지도하려는 내용을 재구성하고 효율적인 지도 방법을 구사할 수 있어야 한다.

학생들에게 수학을 지도하기 위해서 먼저 그들이 학습한 수학과 교육과정을 이해하고 지도하려는 새로운 내용에 대하여 바르게 이해해야 하며, 그것을 지도하는 다양한 방법을 연구하는 것은 수학교사의 필수적인 과제라 할 것이다. 예를 들면 음수의 곱셈을 지도하기 위해서는 양수의 곱셈 지도 방법을 알고 있어야 하며, 음수의 곱셈이 가능한 실세계 모델을 찾을 수 있고 연산 개념의 확장 원리를 파악하고 있어야 한다. 이와 같이 학생들에게 어떤 내용을 지도하기 위해서는 그 내용의 정확한 이해뿐만 아니라 그 내용에 관련된 선수학습요소, 동기유발 자료, 다양한 지도방법, 지도상의 유의점, 발전학습 내용 등에 대해서도 충분히 이해하고 있어야 한다. 이와 같이 어떤 내용을 학생들에게 지도하기 전에 교사가 알아야할 중요한 과제에 대하여 연구하는 것을 교재연구라고 한다. 동일한 내용을 동일 조건에 있는 학생들에게 매년 지도한다고 하여도 교수학습 활동은 교사의 교재연구 정도에 따라 얼마든지 달라질 수 있는 것이다. 그러므로, 바람직한 학습지도를 위해 교사는 그 내용을 지도하기 전에 교재연구를 충실히 할 필요가 있다.

2.

교재연구의 과제

교사가 어떤 내용을 지도하기 위해서는 비록 그 내용에 대하여 친숙하다고 하더라도 학생의 수준을 고려하여 교재연구를 할 필요가 있음을 1장에서 알아보았다. 교재연구에서 연구할 중요한 과제로서 지도할 내용과 관련된 선수학습 및 발전학습 내용, 지도 방법과 교구 활용, 수업 절차, 동기유발, 역사적 배경 등을 생각할 수 있다. 위의 각 과제를 연구함에 있어서 유의해야할 점에 대하여 알아보기로 한다.

1) 내용 연구

교재연구의 핵심은 지도할 내용을 바르고 분명하게 이해하는 것이다. 지도할 내용을 이해한다는 것은 지도할 개념과 원리·법칙에 대하여 바르게 이해하고 문제상황에 응용할 수 있어야함을 뜻한다. 개념의 이해란 그 개념의 정의를 알고 그 개념이 그렇게 정의되어야 하는 필연성도 인식하여야 하며 그 개념을 만족하는 모델을 현실세계에서 또는 이미 학습한 수학에서 찾아볼 수 있어야 하며, 그 개념과 다른 개념들 사이의 관련성도 알아야 함을 뜻한다. 원리·법칙의 이해란, 원리나 법칙을 연역적으로 증명할 수 있어야 하며, 그것이 적용될 수 있는 구체적인 예를 들 수 있어야 함을 뜻한다.

교사가 지도할 내용의 개념을 바르고 분명하게 이해할 때, 비로소 학생들이 그 개념을 이해하고, 이미 학습한 다른 개념들과 연결할 수 있으며, 그 개념을 문제해결에 활용할 수 있도록 지도할 수 있다. 개념이나 공식을 이해하지 않고 암기한 다음 이를 응용하는 문제풀이를 학습한 경우, 그 학생은 이전에 학습해 본 것과 다른 문제 상황에서는 그 문제에 적합한 개념이나 공식을 선택할 수 없게 되며 그 개념에 기초한 발전된 수학을 학습할 수 없게 된다. 그 결과 암기에 의한 수학 학습은 암기하여야할 내용이 누적적으로 많아짐으로서 끝내는 수학 학습을 포기하게 한다.

어떤 내용을 지도하기 위한 교재 연구를 할 경우, 지도하고자 하는 본시 학습의 내용뿐만 아니라, 지도할 내용과 관련된 선수학습내용과 후속학습 내용에 대해서도 연구하여야 한다. 선수학습내용의 연구는 학습자의 선수학습 결함으로 인해 본시 학습 내용을 이해할 수 없을 경우 보충지도를 할 수 있게 한다. 후속 학습 내용 연구는 본시 학습 내용이 앞으로 어떻게 발전되고 응용될 수 있는지를 설명할 수 있게 함으로서 본시 학습에 대한 동기유발을 하는 데 활용될 수 있으며, 본시 학습 내용을 어느 정도 강조할 것인가를 결정하는 데도 도움이 된다.

2) 지도방법과 교구 활용

교재연구는 지도할 내용의 이해뿐만 아니라, 그 내용을 지도하기 위한 적절하고 다양한 방법을 알아보아야 한다. 어떤 내용은 교사의 유의미 설명식 학습지도가 효과적일 수 있으며, 어떤 내용은 학생들의 탐구활동이 효과적일 수 있으며, 학습과제에 따라서 소집단 학습활동 또는 개별 학습활동이 더 효과적일 수도 있다. 교사중심의 자세한 설명과 범례와 예가 아닌 것을 충분히 제시하고 식별하게 하며, 새로운 개념이 사용될 수 있는 구체적인 예를 찾아보게 하는 교사중심의 일제학습 수업 방법이 개념 지도를 위해서 효과적일 수 있다. 수학적 원리나 법칙을 지도하는 방법에는 유의미 설명식 학습지도 방법과 소집단 협력학습 모형을 통한 탐구학습 방법이 있는데 일반적으로 후자를 많이 선호한다. 왜냐하면 탐구학습 활동은 학생들이 주도적인 역할을 하여 수학적 원리나 법칙을 발견하게 함으로써 창의적 사고력과 문제해결력을 길러주며 수학을 구성해 가는 수학화의 능력을 길러주기 때문이다. 문제해결 학습도 소집단 협력학습 형식으로 지도함으로써 학생들의 창의적인 사고력을 촉진할 수 있고 능동적인 문제해결력을 길러줄 수 있다. 소집단 협력학습 모형을 적용할 경우는 학생들이 다양하고 창의적인 방법으로 탐구활동을 할 수 있도록 적절한 학습환경과 충분한 시간을 마련해 주어야 한다. 학생들의 학습 준비 정도와 학습 능력면에 있어서 개인차가 큰 경우는 수준별 학습 모형을 적용하여 능력이 비슷한 학생들끼리 집단을 형성하여 그들의 수준에 맞는 내용을 그들의 수준에 맞는 방법으로 학습할 수 있게 하는 것이 바람직하다.

학습 지도를 위한 자료로서 교과서만으로 충분할 수도 있고 때로는 구체물 조작자료 교구가 필요하기도 하며, 계산기나 컴퓨터와 같은 테크놀로지의 활용이 필요할 수도 있다. 구체물 조작자료 교구는 추상적인 수학적 개념이 형성되는 과정을 시각적으로 보여주며 물리적으로 경험하게 함으로써 추상적 사고 능력이 미숙한 학습자가 수학적 개념을 이해하고 구성할 수 있게 하는 매체역할을 한다. 따라서 구체물 조작자료는 구체적 조작기에 있는 학습자가 수학적 개념을 이해하고 형성하기 위한 유용한 자료로 사용될 수 있다. 예를 들면, 대수블럭을 이용하여 위치적 기수법의 원리와 연산법칙을 이해하게 할 수 있으며, 식의 전개나 인수분해를 이해할 수 있게 하며, 컴퍼스는 정확한 원을 그릴 수 있게 하며, 계산기는 복잡한 계산을 신속 정확하게 처리해 줌으로써 문제해결에 도움을 주며, 그래픽 계산기나 컴퓨터는 여러 가지 함수의 그래프를 그리고 그 성질을 분석할 수 있게 하며, 시뮬레이션을 이용하여 실생활 문제를 해결할 수 있게 한다.

교사는 어떤 내용을 지도할 수 있는 다양한 방법과 적절한 교구를 알고, 학생의 수준에 맞는 적절한 방법과 교구를 선별하여 사용할 수 있어야 한다. 특히, 계산기나 컴퓨터와 같은 테크놀로지를 사용할 경우는 그것의 교육적 효과뿐만 아니라 부정적인 측면도 충분히 이해함으로서 부정적인 영향이 나타나지 않도록 유의하여야 한다.

3) 수업 운영

어떤 내용을 동일한 수업 모형에 따라 지도한다고 하여도 수업을 운영하는 기술에 따라 그 효과가 매우 다를 수 있다. 전통적인 수업의 흐름은 수업시간이 시작되면 먼저 출석을 점검하고, 숙제한 것을 점검하고 질문을 받은 다음 본시학습을 위한 도입을 시작한다. 이 방법에 의하면 수업 시작의 5분 이상을 본시 내용과 관련이 없거나 적은 내용에 사용하게 됨으로서 그동안 학습활동을 할 수 없을 뿐만 아니라 새로운 과제의 학습에 대한 의욕 저하를 초래하게 된다. 그러나 수업의 시작과 동시에 본시 학습내용과 직결된 탐구과제를 제시하여 소집단 학습활동을 하게 하고, 학생들이 활동하는 동안 순회 지도를 통해 출석을 점검하고 숙제결과를 조사함으로서 수업의 시작과 동시에 역동적인 학습활동을 유도할 수 있다. 전시간의 숙제는 본시의 탐구활동을 위해 필요한 선수학습 요소를 포함하고 있어서 탐구학습 활동을 도전감과 자신감을 가지고 실시할 수 있게 할 수 있다.

수업 활동의 전개는 학생들의 적극적 참여를 우선적으로 고려하여야 한다. 교사의 지시에 따른 피동적인 학습활동은 수학적 개념의 이해보다는 수학적 지식을 이용하여 문제를 해결하는 기능 숙달을 중시하기 쉽지만, 학생 중심의 탐구학습활동이나 교사의 계획된 질문에 따른 학생간의 토론식 학습 활동은 수학적 개념이 형성되는 과정을 이해하고 창의적으로 문제를 해결하는 방법을 찾을 수 있게 함으로써 스스로 수학을 학습하고 발전시킬 수 있는 능력과 소양을 기르게 하는 데 적합하다. 탐구학습이나 토론식 수업을 진행하는 동안 학생들의 활동을 관찰함으로써 각 학생의 수학적 지식과 문제해결 능력 및 수학에 대한 성향도 파악, 평가할 수 있다.

수업을 진행하는 과정에서 학생의 이해 정도를 파악하기 위하여 또는 학생의 수업 참여를 유도하기 위하여 질문을 하게 된다. 학생에게 질문을 할 때 유의해야 할 점으로 다음과 같은 몇 가지 점을 유의하여야 한다.

- 질문을 훈육의 수단으로 사용해서는 안 된다.
- 질문을 한 후 학생을 지명한다.
- 학생을 먼저 지명한 후 질문하는 기법은 절대로 사용하지 않는다.
- 질문을 한 후 생각할 수 있는 충분한 시간을 준다.
- '예, 아닙니다.'로 답하게 하는 질문은 피하고, 이유를 설명하게 하는 질문을 한다.
- 학생의 오답을 이용하여 스스로 바른 답을 찾아가게 하는 질문기법을 사용한다.
- 여러 학생이 함께 답하게 하는 질문은 피한다.
- 질문 속에 답이 포함되어 있는 질문은 피한다.

수업의 종료도 수업의 시작만큼이나 중요하다. 전통적인 수업의 종료 방식은 그 시간에 학습한 내용을 요약정리한 다음 차시학습을 예고하고, 과제학습을 제시한 다음 수업을 종료한다. 이와 같은 수업 종료는 수업 종료를 시작하면서부터 다음 수학 시간까지 수학적 사고 활동을 하지 않게 한다. 그러나 수업의 종료의 한 방법으로 학습한 내용을 정리하고 가정학습 과제를 제시한 다음, 가정학습 과제 중 비교적 복잡한 문제 하나를 제시하여 해결하게 한 다음 그 문제를 완전히 해결하기 전에 수업을 종료함으로써 수업이 끝난 후에도 학생들이 지속적으로 수학 문제를 생각할 수 있게 할 수 있다.

4) 동기유발

수학 학습지도를 성공적으로 수행하기 위해서는 학생들로 하여금 강한 학습 동기를 갖게 하는 것이 필요하다. 강한 학습 동기란 학습하고자 하는 의욕을 불러일으키는 것으로 그 학습에 대한 강한 호기심, 신비감, 흥미, 가치성을 인식하는 것이다. 동기유발을 위한 구체적인 방법으로 다음과 같은 몇 가지를 생각해 볼 수 있다.

교사들이 흔히 사용하는 동기유발 방법 중 하나는 본시학습을 위해 기초가 되는 선행학습 요소를 질문을 통하여 확인하고 토론한 다음 본시학습 목표를 제시하고 그 유용성을 소개하는 것이다. 이 때, 본시 학습 내용에 관련된 역사적 일화나 타 교과에의 응용 가능성 등을 소개하는 것은 동기유발의 바람직한 한 방법이다.

본시 학습에서 학습할 내용에 관한, 학생들에게 생소하고 정확한 답을 알 수 없는, 새로운 문제를 제시하고 그 문제의 답을 예상하게 함으로써 학습할 내용에 대한 호기심을 불러일으키는 것도 동기유발의 한 방법이다. 이 방법은 수업의 시작부터 학생들의 도전정신을 자극할 수 있으며 학습준비가 잘 된 학생들에게도 효과적인 동기유발 방법이라고 할 수 있다.

간단한 수학적 개념을 사용하여 해결할 수 있는, 그러나 매우 신비하게 보이는 계산문제나 방정식 문제를 제시하여 그 문제에 대한 호기심을 느끼게 하고, 그 문제를 간단한 수학적 지식을 활용하여 해결하게 함으로써 수학에 대한 매력과 신비감을 가지게 한 다음 본시 학습 내용을 도입하는 것도 동기유발의 한 방법이다.

그 시간에 학습할 수학 내용이 실생활이나 다른 교과에 유용하게 사용될 수 있는 예나, 실세계에서 그 모델을 찾아볼 수 있게 함으로써 학습할 내용에 대한 가치를 인식하게 하고 학습할 의욕을 가지게 할 수 있다. 중등학교 수준에서 다루는 거의 모든 수학 내용들은 실생활에 적용할 수 있거나 실세계에서 그 모델을 찾을 수 있다. 이렇게 함으로써 수학은 추상적인 기호로서 다루어지지만 실세계와 관련시킬 수 있으며 생활을 위해서 유용하게 사용될 수 있음을 인식하게 하여 수학 학습에 대한 의욕을 불러일으킬 수 있다.

5) 역사적 배경

중등학교에서 다루는 대부분의 수학적 개념들은 수천 년에서 수백 년의 역사를 가지고 있다. 이 개념들이 어떻게 하여 나타났으며, 그동안 어떤 과정을 거쳐 발달해 왔는지를 당시의 사회적 배경과 수학자들에 얽힌 일화 등을 통해 알아보는 것은 매우 흥미 있는 일이다. 수학적 개념의 역사적 배경을 이해하는 것은 그 개념의 본질을 이해하는데 도움을 줄뿐만 아니라 그 개념의 지도 방법과 앞으로의 발전 방향을 예상해 볼 수 있게 함으로서 수학을 총체적으로 이해하고 다루는 태도를 가질 수 있게 한다. 역사적 배경은 새로운 내용의 지도를 위한 동기유발 자료로서 적절히 사용할 수 있다.

3.
교재연구 자료

교재연구를 위해서는 교과서를 비롯한 적절한 자료가 필요하다. 우리나라의 경우, 중·고등학교 교사들이 선호하고 있는 교재연구 자료로 교과서, 교사용 지도서, 교육과정과 교육과정 해설서, 시중의 참고도서, 인터넷 활용 등이 있으며, 좀더 이론적인 연구를 위해서는 전문연구기관이나 단체 등에서 발행하는 자료나 전문가의 저서 등이 있다. 동료 교사와의 토론도 교재연구의 중요한 한 방법이다. 이들 각 자료들은 다음과 같은 성격을 가지고 있다.

1) 교과서와 교사용 지도서

전문가에 의해 집필되고 전문기관(교육과정 평가원)에 의하여 검정된 교과서와 교사용 지도서는 교재연구 자료로서 가장 많이 사용되고 있다. 학교에서 채택한 교과서는 학생들도 소지하고 있으며 학습지도의 기본 자료이기 때문에 그 내용을 철저히 연구하여야 한다. 교사용 지도서는 그 교과서가 추구하는 구체적인 의도를 상세히 설명한 자료로서 교과서의 내용 이해에 도움이 될 뿐만 아니라, 교육과정 개관, 기본적인 교과교육론, 연간지도 계획 등에 대하여 기술하고 있어서 수학교육 전반에 대해 이해할 수 있게 한다. 또한, 각 단원별로는 단원의 학습목표, 단원의 주안점, 단원의 지도상의 유의점, 단원 지도계획, 단원의 이론적 배경과 참고문헌, 교과서 내용 설명, 문제 및 연습문제 풀이, 보충학습 또는 발전학습 자료 제시 등을 수록하고 있어서 각 단원의 내용을 이해하고 구체적인 지도 방안을 계획하는 데 직접적인 도움이 될 수 있다.

교사로서는 학교에서 채택한 교과서와 교사용 지도서 외에 다양한 교과서와 교사용 지도서를 참고하면 많은 도움을 받을 수 있다. 이를테면, 채택한 교과서의 예제문제나 연습문제를 학생들이 가정 학습을 통하여 이미 학습한 경우 문제에 대한 도전정신을 갖기가 어렵지만, 다른 교과서를 참고할 경우 도전할 수 있는 새로운 다양한 문제를 제시하기가 용이하다.

2) 교육과정과 교육과정 해설서

교육과정과 교육과정 해설서는 교과서 집필의 기본 자료이다. 따라서 교육과정만으로도 교재연구를 할 수 있다. 교육과정과 적절한 전문서적을 이용하여 교재연구를 할 경우 교과서의 내용을 창의적으로 재구성할 수 있는 장점이 있다. 중앙 정부(교육인적자원부)에서 발행한 교육과정은 학생들이 이수하여야 할 내용의 범위를 이해하는 데 도움은 되지만 내용의 지도를 위한 구체적인 방안은 제시하고 있지 않으며, 교육과정 해설서도 교육과정의 진술문을 좀 더 상세하게 설명하는 수준을 넘지 못하고 있어서 전문서적의 도움 없이는 교재연구를 위해 불충분하다고 하겠다. 이상적인 교육과정 해설서라면 교육과정에 제시된 용어들에 대한 정의와 그 용어가 사용되는 예, 수학적 원리나 법칙을 지도하는 다양한 방법 등을 설명함으로서 그것만으로도 학습지도가 가능하게 하여야 할 것이다.

3) 전문서적

교재연구의 수준을 교과서나 교사용지도서 수준 이상으로 높이려면 수학교육에 관련된 전문서적을 찾아 참고하는 것이 바람직하다. 이를테면 사범대학이나 교육대학원 또는 그 이상의 수준에서 교재로 사용하고 있는 전문서적이나 국내·외의 수학교육 연구 단체나 연구소에서 출간하는 논문이나 자료를 참고하면 교과서에 진술된 내용들의 이론적 배경을 자세하게 이해할 수 있다. 그러므로 교과서나 교사용 지도서의 수준 이상의 이론적 배경을 알기 위해서 또는 교과서의 내용을 좀 더 구체적으로 이해하기 위해서는 전문서적을 연구할 필요가 있다. 다른 나라의 수학과 교육과정이나 교과서를 분석해 보는 것도 수준 높은 교재연구를 위한 한 방법이다.

4) 인터넷 활용

인터넷을 통하여 교사 상호간에 많은 정보를 교환할 수 있다. 어떤 교사는 자기가 개발한 학습지도안을 인터넷에 올려놓아 다른 교사들이 참고하게 하기도 하고 토론을 통하여 더 좋은 아이디어를 공유하기도 한다. 인터넷에 있는 어떤 내용은 개인의 주관에 의한 것일 수 있으므로 그 내용의 타당성을 충분히 검정하여 사용하는 것이 바람직하다.

5) 동료교사 토론

인쇄매체나 통신 매체를 이용한 교재연구 외에 지도할 내용에 대해 동료교사와 토론을 통하여 서로의 지식과 경험을 공유할 수 있다. 따라서 교재연구의 일환으로 동료 교사와 지도할 내용과 방법을 토론하는 것은 교재연구에 많은 도움이 된다고 할 수 있다. 일선 학교에 따라서는 각 교과에서 경륜과 지식이 풍부한 교사를 교과 주임교사로 정하고 이 교사를 중심으로 교과 내용에 대한 토론을 하기도 한다. 동료교사 사이의 토론에서 흔히 발견되는 미해결 문제나 명쾌하지 못한 개념은 교과서 저자나 전문가에게 질문하여 해결할 수 있다. 교육청의 장학사 또는 연구사는 주기적으로 교과내용에 대한 교사 토론을 유도하여 그들의 교과에 대한 이해에 있어서 문제점을 파악하고 그 해결 방안을 토론을 통하여 제시하는 것은 교육 개선에 많은 도움이 될 것이다.

제2부

대수영역

1_ 수와 연산

2_ 문자와 식

3_ 지수와 로그

4_ 행렬

5_ 수열

6_ 역사적 배경

1.
수와 연산

1 집합

1) 집합의 뜻과 집합의 표현

대상을 분명하게 말할 수 있는 것들의 모임을 **집합**(set)이라고 하고, 집합을 이루는 대상 하나 하나를 그 집합의 **원소**(element)라고 한다. 일반적으로, 집합은 알파벳 대문자 A, B, C, ⋯ 로 나타내고, 원소는 알파벳 소문자 a, b, c, ⋯ 로 나타낸다.

a가 집합 A의 원소일 때, a**는 집합** A**에 속한다**라고 하고 기호로 $a \in A$와 같이 나타낸다. 또, a가 집합 A의 원소가 아닐 때 a는 집합 A에 속하지 않는다고 하고 기호로 $a \notin A$와 같이 나타낸다.

집합을 나타내는 방법에는 모든 원소를 $\{\quad\}$ 안에 나열하여 나타내는 **원소나열법**(tabular form)과 $\{x \mid x$의 성질$\}$과 같은 형식으로 각 원소들의 공통적인 성질을 제시하여 나타내는 **조건제시법**(set builder form)이 있다.

집합의 개념은 사고의 대상을 분명하게 정하여 준다. 따라서 집합의 개념을 지도하기 위해서는 집합의 정의를 만족하는 것들의 모임과 그렇지 못한 것들의 모임을 제시한 후, 그 차이점을 분명하게 느끼도록 한 다음 집합의 예와 집합이 아닌 예를 충분히 제시해 보게 한다. 집합의 대상으로서 수학적 소재뿐만 아니라 비수학적 소재, 예를 들면 유명한 소설이나 시에서 나오는 어떤 대상들이 집합을 이루는지 그렇지 못한지를 조사해 보는 것은 수학을 흥미 있게 지도하는 한 방법이 될 수 있다.

한 집합 안에 같은 원소는 한번만 쓰기로 한다. 예를 들면, 수 1, 2, 3의 집합은 $\{1, 2, 3\}$으로 나타내지만 $\{1, 1, 2, 3\}$과 같이 나타내지는 않는다. 만일 $\{1, 1, 2, 3\}$이 의미를 갖는 집합이라 하면 이 집합은 수 1, 2, 3의 집합이 아니라 크기나 모양이 서로 다른 숫자 1, 1, 2, 3의 모임을 나타내는 집합이다.

집합을 시각적 방법으로 나타내기 위하여 둥근 모양의 단순폐곡선으로 나타내기도 한다. 이 곡선을 **벤다이어그램**(Venn diagram)이라고 한다. 수 1, 2, 3 을 벤다이어그램으로 나타낼 때는 그림 1-(가)와 같이 나타내고, 숫자 1, 2, 3 을 나타낼 때는 그림 1-(나)와 같이 나타낸다.

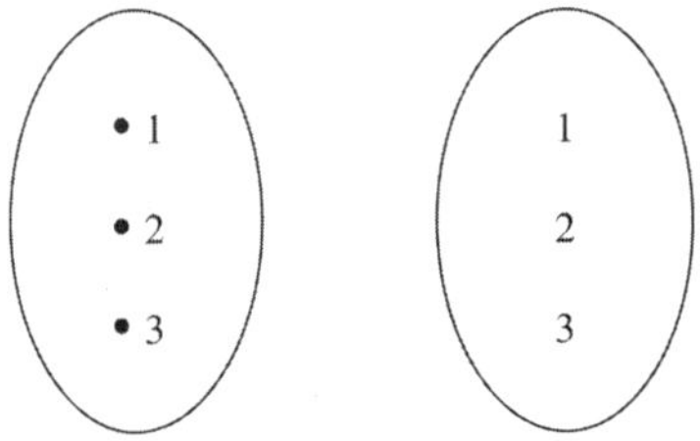

그림 1-(가) **그림 1-(나)**

집합의 종류에는 원소의 개수가 유한개인 **유한집합**(finite set)과 무한개인 **무한집합**(infinite set)으로 나눌 수 있다. 원소의 개수가 하나도 없는 집합을 **공집합**(empty set)이라고 하고 기호로 $\varnothing$ 와 같이 나타낸다.

공집합을 나타낼 때, 원소가 하나도 없다는 것을 나타내는 기호로 $\{\quad\}$를 사용하기도 한다.

2) 두 집합 사이의 포함관계

두 집합 A, B 사이에 집합 A 의 모든 원소가 집합 B 에 속할 때, 집합 A 를 집합 B 의 **부분집합**(subset)이라고 하고, 집합 A 는 집합 B 에 **포함된다**고 한다. A 가 B 의 부분집합인 것을 기호 $\boldsymbol{A \subset B}$로 나타낸다. $A \subset B$를 $\boldsymbol{A \subseteq B}$로 나타내기도 한다.

집합 A 가 집합 B 의 부분집합이 아닌 것을 기호로 $\boldsymbol{A \not\subset B}$와 같이 나타낸다. $A \subset B$를 $B \supset A$ 로 나타내기도 하고, $A \not\subset B$를 $B \not\supset A$ 로 나타내기도 한다.

공집합 $\varnothing$ 는 임의의 집합 A 의 부분집합이다. 왜냐하면, $\varnothing$ 에는 속하면서 A 에는 속하지 않는 원소가 없기 때문이다.

두 집합 사이의 포함관계를 벤다이어그램으로 나타내면 그 관계를 직관적으로 알아보기에 편리하다. 몇 개의 집합의 포함관계를 다룰 때에는 항상 그 집합들을 모두 포함하는 전체 집합을 생각해야 한다. 일반적으로 전체 집합은 직사각형 모양의 폐곡선으로 나타내며 각 집합은 타원 모양의 폐곡선으로 나타낸다.

$A \subset B$는 A 의 원소와 B 의 원소가 같은 경우도 포함한다. 따라서, 두 집합

A, B 사이에 $A \subset B$이고 $B \subset A$인 관계가 있을 때, 두 집합 A, B는 서로 같은 원소를 가지고 있다. 이때, 두 집합 A, B는 **서로 같다** 또는 A와 B는 **상등이다**라고 하고, 기호 $\boldsymbol{A} = \boldsymbol{B}$로 나타낸다. 두 집합 A, B가 서로 같지 않을 때는 $\boldsymbol{A} \neq \boldsymbol{B}$로 나타낸다.

집합의 상등과 포함관계 사이에는 다음과 같은 성질이 있다.

집합의 상등 $A = B \quad \Leftrightarrow \quad A \subset B$ 그리고 $A \supset B$

우변의 성질은 집합론에서 집합의 상등 개념의 정의로 사용되지만, 중등학교 단계에서는 집합의 상등을 구체적인 조작 활동이나 직관에 의하여 이해하게 하는 것이 바람직하다.

$A \subset B$이면서 $A \neq B$인 것을 $A \subsetneq B$로 나타내고 A는 B의 **진부분집합**(proper subset)이라고 한다.

집합 A가 집합 B의 진부분집합임을 기호로 $\boldsymbol{A} \subset \boldsymbol{B}$ 그리고 $A \neq B$' 또는 '$A \subsetneq B$'로 나타낸다. 두 집합 A, B에 대하여 $A \cap B = \varnothing$ 일 때, A와 B는 **서로소**(disjoint relatively prime)라고 한다. A와 B가 서로소인 경우

$$n(A \cup B) = n(A) + n(B)$$

가 성립한다.

3) 집합의 연산

집합 A에도 속하고 집합 B에도 속하는 모든 원소들로 이루어진 집합을 A와 B의 **교집합**(intersection)이라 하고 기호 $\boldsymbol{A} \cap \boldsymbol{B}$로 나타낸다. 즉,

$$A \cap B = \{x \mid x \in A \text{ 그리고 } x \in B\}$$

이다. 또, 집합 A에 속하거나 집합 B에 속하는 모든 원소들의 집합을 집합 A와 B의 **합집합**(union)이라 하고 기호 $\boldsymbol{A} \cup \boldsymbol{B}$로 나타낸다. 즉,

$$A \cup B = \{x \mid x \in A \text{ 또는 } x \in B\}$$

이다.

유한집합 A의 원소의 개수를 기호로 $n(\boldsymbol{A})$와 같이 나타낸다. 두 집합 A, B가 유한집합이면 다음 성질이 성립한다. 이 성질을 **포함배제의 원리**(inclusive and exclusive principle)라고도 한다.

포함배제의 원리

A, B가 유한집합이면 $n(A \cup B) = n(A) + n(B) - n(A \cap B)$,

특히, $A \cap B = \varnothing$ 이면 $n(A \cup B) = n(A) + n(B)$.

어떤 주어진 집합에 대하여 그 집합의 부분집합만을 다룰 때, 그 주어진 집합을 **전체집합**(whole set)이라고 한다. 전체집합을 기호 $\boldsymbol{U}$로 나타낸다. 전체 집합 U의 부분집합 A에 대하여, U에는 속하고 A에는 속하지 않는 모든 원소들의 집합을 A의 **여집합**(complement set)이라고 하고 기호 $\boldsymbol{A^c}$로 나타낸다. 즉,

$$A^c = \{x \mid x \in U \text{ 그리고 } x \notin A\}$$

이다.

두 집합 A, B에 대하여 집합 A에 속하는 원소 중에서 집합 B에 속하지 않는 모든 원소들로 이루어진 집합을 A에 대한 B의 **차집합**(difference set)이라고 하고, 기호 $\boldsymbol{A-B}$로 나타낸다. 즉,

$$A - B = \{x \mid x \in A \text{ 그리고 } x \notin B\}$$

이다.

중등학교 수준에서 다루는 간단한 집합의 연산은 벤다이어그램을 그려 직관으로 할 수 있다.

집합의 연산법칙

두 집합 A, B의 합집합, 교집합 사이에는 다음과 같은 성질이 성립한다.

① $A \cup B = B \cup A$ (합집합에 대한 교환법칙)

② $A \cap B = B \cap A$ (교집합에 대한 교환법칙)

③ $(A \cup B) \cup C = A \cup (B \cup C)$ (합집합에 대한 결합법칙)

④ $(A \cap B) \cap C = A \cap (B \cap C)$ (교집합에 대한 결합법칙)

⑤ $A \cap (B \cup C) = (A \cap B) \cup (A \cap C)$ (교집합의 합집합에 대한 분배법칙)

⑥ $A \cup (B \cap C) = (A \cup B) \cap (A \cup C)$ (합집합의 교집합에 대한 분배법칙)

⑦ $(A \cup B)^c = A^c \cap B^c$, $(A \cap B)^c = A^c \cup B^c$ (드 모르간의 법칙)

위의 성질을 설명하는 방법에는 귀납적인 방법으로서 몇 개의 원소를 갖는 집합 A, B, C를 만들어 각 성질이 성립함을 조사하는 방법, 벤다이어그램(Venn diagram)을 이용하는 방법, 집합의 상등의 정의에 의한 연역적 증명 등이 있다. 고등학교 수준에서는 벤다이어그램을 이용하여 위의 성질이 성립함을 알아보는 것이 적당하다.

벤다이어그램을 이용한 추론은, 집합 사이의 관계를 시각적으로 나타냄으로서 직관적으로 집합사이의 성질을 밝힐 수 있는 추론의 한 방법이다. 예를 들면, $A \cap (B \cup C) = (A \cap B) \cup (A \cap C)$이 성립함을 벤다이어그램으로 추론하는 방법은 좌변과 우변 모두 아래 그림의 어두운 부분으로서 같음을 밝히면 된다.

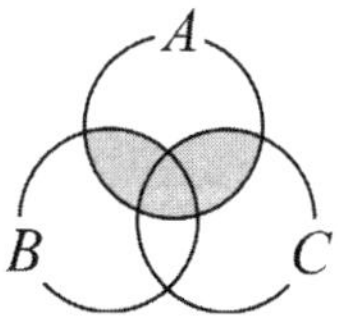

발전연구 2-1-1

(1) 집합의 연산과 성질

임의의 집합 A에 대하여 A의 모든 부분집합으로 이루어진 집합을 A의 **멱집합**(power set) 또는 **거듭제곱집합**이라 하고 기호 $\mathscr{P}(A)$라 한다. 이를테면, $A=\{a, b, c\}$일 때,

$$\mathscr{P}(A)=\{\varnothing, \{a\}, \{b\}, \{c\}, \{a, b\}, \{a, c\}, \{b, c\}, A\}$$

이다. 또, $|A|=n$일 때, $|\mathscr{P}(A)|=2^n$이다.

집합 $A \triangle B=\{x: (x \in A \text{ 이고 } x \notin B) \text{ or } (x \notin A \text{ 이고 } x \in B)\}$를 A와 B의 **대칭차**(symmetric difference)라고 한다.

두 집합 A, B에 대하여, $A \times B=\{(a, b): a \in A \text{ 이고 } b \in B\}$를 A, B의 **데카르트곱**(Descartes' product) 또는 **카르테시안곱**(Cartesian product)이라고 한다. 이 개념은 두 집합 사이의 관계(relation)나 함수(function)의 개념을 정의하는 데 사용된다.

집합 S에 대하여, $S=A_1 \cup A_2 \cdots \cup A_k$이고, 각 A_i는 $i=1, 2, \cdots, k$에 대하여 $A_i \neq \varnothing$, $i \neq j$, $A_i \cap A_j=\varnothing$일 때, 집합 $\pi=\{A_1, A_2, \cdots, A_k\}$를 집합 S의

분할(partition)이라고 한다.

(2) 무한집합

무한집합 중에서 유리수의 집합과 같이 자연수의 집합과 일대일 대응시킬 수 있는 집합을 **가부번집합**(denumerable set) 또는 **가산집합**(countable set)이라고 하고, 무리수의 집합과 같이 자연수의 집합과 일대일 대응시킬 수 없는 집합은 **비가부번집합** 또는 **비가산집합**이라고 한다.

무한집합의 원소의 개수를 **농도**(density)라고 하는데, 가부번집합들은 같은 농도를 가지며, 비가부번집합은 가부번집합보다 큰 농도를 가진다고 한다.

(3) 러셀의 역리(Russel paradox)

칸토어(G. Cantor, 1845~1918)가 처음으로 집합론을 창조하였던 1895년부터 러셀의 역리가 나타난 1907년까지 "모든 집합의 집합"(즉, 전체집합)은 당연히 있을 수 있는 것으로 생각하였다. 그러나 이 명제는 러셀에 의하여 역리인 것으로 증명되었다. **역리**(paradox)란 참이라고 인정하면 거짓이 되고, 거짓이라고 인정하면 참이 되는 명제를 말한다.

"모든 집합의 집합이 존재한다."가 역리임을 다음의 두 보조정리에 의하여 증명할 수 있다.

> **보조정리 1** 모든 집합의 집합 U가 존재한다고 가정한다.
> 이때, $R=\{S\in U \mid S\not\in S\}$라 하면 $R\not\in R$.

[증명] 결론의 부정 즉 $R\in R$이라고 가정하자. 그런데 $R\in U$이므로 R의 정의에 의하여 $R\not\in R$. 이것은 $R\in R$에 모순. 따라서 $R\not\in R$.

> **보조정리 2** 모든 집합의 집합 U가 존재한다고 가정한다.
> $R=\{S\in U \mid S\not\in S\}$라 하면 $R\in R$.

[증명] 결론 $R\in R$을 부정하면 $R\not\in R$이다. 그런데, $R\in U$이므로 R의 정의에 의하여 $R\in R$. 이것은 $R\not\in R$에 모순. 따라서 $R\in R$.

위의 두 보조정리의 결과는 모순이므로 다음 정리가 설립한다.

정리 모든 집합의 집합은 존재하지 않는다.

연구과제 2-1-1

1. 다음 집합을 원소나열법으로 나타내어라.
   (1) $\{x | x$ 는 100보다 작은 7의 배수$\}$
   (2) $\{x | x$ 는 우리나라에서 제일 높은 산$\}$

2. 다음 집합을 조건제시법으로 나타내어라.
   (1) $\{2, 4, 6, \cdots, 98, 100\}$
   (2) {일, 월, 화, 수, 목, 금, 토}

3. $n(U)=15$, $n(A-B)=5$, $n(A)=8$, $n(U-B)=8$ 일 때, $n(B-A)$를 구하여라.

4. 임의의 4개의 집합의 관계를 벤다이어그램으로 나타내어 보아라.

5. 집합의 연산법칙이 성립함을 연역적 방법으로 증명하여라.

지도상의 유의점 2-1-1

1. 간단한 집합의 연산은 두 집합의 포함관계의 정의와 상등의 정의를 이용하여 연역적으로 증명할 수 있게 한다. 이 경우, 그 관계식의 성립에 대한 직관적 이해가 안 될 경우는 벤다이어그램을 이용하여 직관적 이해를 하게 한 다음 연역적으로 증명하게 지도하는 것이 바람직하다.

2. 집합 지도의 대상은 실생활에서 쉽게 접할 수 있는 소재가 적합하며, 주관적 판단에 따라서 대상의 범위가 달라질 수 있는 관념적인 것은 다루지 않도록 한다.
3. 여집합은 전체집합의 부분집합으로서 전체집합을 반드시 생각해야 하지만, 차집합은 전체집합을 생각하지 않고도 구할 수 있다.

2 명제

1) 명제

명제(proposition)란 참, 거짓을 판별할 수 있는 문장 또는 식이다. 임의의 명제는 두 개의 문장 p, q가 있어서 「p이면 q이다」의 꼴로 나타낼 수 있다. 이것을 간단히 기호로

$$p \to q$$

와 같이 나타낸다. 이때, p를 **가정**(또는 가설(hypothesis)), q를 **결론**(또는 종결(conclusion))이라고 한다.

문장 p에 대하여 「p가 아니다.」를 p의 **부정**(negation)이라고 하고, 이것을 기호로

$$\sim p$$

와 같이 나타낸다.

명제 $p \to q$에 대하여

(1) 가정과 결론을 바꾸어 놓은 명제 $q \to p$를 명제 $p \to q$의 **역**(inverse)이라고 한다.

(2) 가정과 결론을 각각 그 부정으로 바꾸어 놓은 명제 $\sim p \to \sim q$를 명제 $p \to q$의 **이**(inverse of contraposition)라고 한다.

(3) 결론의 부정 $\sim q$를 가정으로 하고 가정의 부정 $\sim p$를 결론으로 하는 명제 $\sim q \to \sim p$를 명제 $p \to q$의 **대우**(contraposition)라고 한다. 대우에 대해서는 다음의 성질이 성립한다. 이 성질은 진리표를 사용하여 증명할 수 있다. 진리표를 이용한 명제의 증명 방법은 발전연구에 설명되어 있다.

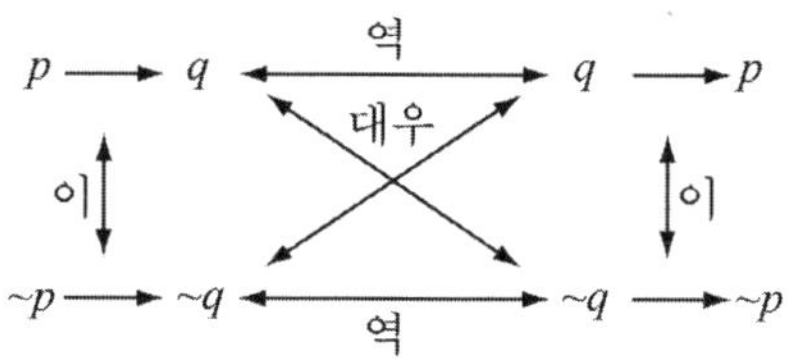

or

> **대우의 성질**
>
> (1) 어떤 명제 $p \to q$가 참이면 그 대우 $\sim q \to \sim p$도 참이다.
>
> (2) 어떤 명제의 대우 $\sim q \to \sim p$가 참이면 원래의 명제 $p \to q$도 참이다.

명제 $p \to q$가 참일 때, 이것을 기호로 $\boldsymbol{p \Rightarrow q}$와 같이 나타낸다. 명제 $p \Rightarrow q$에서 p를 q이기 위한 **충분조건**(sufficient condition), q를 p이기 위한 **필요조건**(necessary condition)이라고 한다. 또, $p \Rightarrow q$와 $q \Rightarrow p$가 동시에 성립할 때, p는 q이기 위한 **필요충분조건**(necessary and sufficient condition)이라고 하고, 이것을 기호로

$$\boldsymbol{p \Leftrightarrow q}$$

와 같이 나타낸다.

어떤 명제가 참인지 거짓인지를 연역적으로 증명하기 위해서는 **진리표**(truth table)를 이용한다. 진리표를 이용한 명제의 증명은 현행 교육과정 수준을 넘으므로, 발전연구에서 다루기로 한다.

발전연구 2-1-2

(1) 진릿값과 진리표

어떤 명제 P가 참일 경우를 기호 T, 거짓일 경우를 기호 F로 나타낸다. 이때, T, F를 명제 P의 **진릿값**(truth value)이라고 한다.

명제 P를 부정한 명제를 P의 **부정**(negation)이라고 하고 기호로 **not** $\boldsymbol{P}$ 또는 $\sim \boldsymbol{P}$와 같이 나타낸다.

두 명제 P, Q에 대하여 「P 또는 Q」를 두 명제의 **논리합**(disjunction)이라고 하고 기호로 P or Q 또는 $\boldsymbol{P \vee Q}$로 나타낸다.

두 명제 P, Q에 대하여 「P 그리고 Q」를 두 명제의 **논리곱**(conjunction)이라고 하고 기호로 P and Q 또는 $\boldsymbol{P \wedge Q}$로 나타낸다.

두 명제 P, Q에 대하여 「P이면 Q이다」를 **조건문**(conditional statement)이라고 하고 기호로 $\boldsymbol{P \to Q}$와 같이 나타낸다.

$P \vee Q$, $P \wedge Q$, $P \to Q$를 통틀어 **합성명제**(compound proposition)라고 한다. 부정명제와 합성명제의 참, 거짓을 다음 표와 같이 정의한다. 이 표를 **진리표**(truth table)라고 한다. 진리표에서 명제의 참, 거짓을 나타내는 T, F를 **진릿값**(truth value)이라 한다.

P	$\sim P$
T	F
F	T

P	Q	$P \wedge Q$
T	T	T
T	F	F
F	T	F
F	F	F

P	Q	$P \vee Q$
T	T	T
T	F	T
F	T	T
F	F	F

P	Q	$P \to Q$
T	T	T
T	F	F
F	T	T
F	F	T

두 명제가 같은 진리표를 가질 때 이 두 명제를 **논리적 동치**(logically equivalent)라고 한다. 예를들면 명제 $P \to Q$와 명제 $\sim Q \to \sim P$는 논리적 동치임을 다음과 같이 증명할 수 있다.

P	Q	$P \to Q$	$\sim Q \to \sim P$
T	T	T	F T F
T	F	F	T F F
F	T	T	F T T
F	F	T	T T T

앞의 진리표에서 $P \to Q$의 진릿값과 $\sim Q \to \sim P$의 진릿값은 서로 같으므로 이 두 명제는 논리적으로 동치이다. 즉 $(P \to Q) \Leftrightarrow (\sim Q \to \sim P)$이다.

이미 알고 있는 명제나 정의를 사용하여 어떤 명제가 참임을 밝히는 과정을 **증명**(proof)이라고 하며, 증명된 명제 중 기본이 되는 것을 **정리**(theorem)라고 한다.

명제를 증명하는 순서

(1) 명제의 뜻을 충분히 이해하고 가정과 결론으로 나눈다.

(2) 도형에 관한 명제는 내용에 알맞은 그림을 그리고 필요한 기호를 붙인다.

(3) 주어진 명제와 관련 있는 정의, 정리, 성질 등을 생각하여 증명 계획을 세워 체계적으로 설명해 간다.

(2) 증명 형식의 종류

증명의 형식에는 가정으로부터 결론으로 전개되는 **직접증명**(direct proof)과 주어진 명제를 부정하여 그것이 거짓임을 보임으로써 처음 명제가 참임을 증명하는 **간접증명**(indirect proof)이 있다. 명제를 부정하는 방법으로는 그 명제의 가정을 부정하거나, 결론을 부정하거나, 가정과 결론을 모두 부정하는 방법이 있다. 그런데, 가정이 부정인 명제는 결론의 참, 거짓에 관계없이 항상 참이므로, 증명의 대상이 되지 못한다. 따라서, 간접증명을 위해 명제를 부정할 때는 결론을 부정한다. 명제의 결론을 부정한 결과 그 명제의 가정에 모순됨을 보임으로써 그 명제가 참임을 보이는 증명법을 **대우법**(contrapositive proof)이라고 하고, 결론의 부정이 참이라고 알려진 다른 사실(공리, 정의, 정리 등)에 모순됨을 보임으로써 그 명제가 참임을 보이는 증명법을 **귀류법**(reduction ad absurdum)이라고 한다. 예를 들면, 명제 '공집합은 모든 집합의 부분집합이다.'를 증명하기 위하여 공집합이 어떤 집합의 부분집합이 아니라고 가정하면 공집합에는 어떤 집합에는 속하지 않는 적어도 한 원소가 존재하여야 한다. 이는 공집합의 정의에 모순이 된다. 따라서, 공집합은 모든 집합의 부분집합이라고 하는 증명방법은 대우법이다. 또, $\sqrt{2}$ 는 무리수임을 증명하기 위하여 $\sqrt{2} = \dfrac{b}{a}$ (기약분수)로 가정하고 모순을 찾아내는 방법은 귀류법이다.

어떤 주장이 성립하지 않음을 보이기 위하여 그 주장이 성립하지 않는 한 예를 제시할 수 있으면 충분하다. 이와 같은 증명 방법을 **반례법**(counter example proof)이라고 한다.

자연수 $n \geq k$ 에 관한 어떤 성질 $p(n)$ 이 타당함을 증명하는 데 사용되는 한 증명방법으로서 다음과 같은 수학적 귀납법의 원리를 이용하는 것이 있다. 이 방법을 **수학적 귀납법**(mathematical induction)이라고 한다.

수학적 귀납법의 원리

① $p(k)$ 는 참이다.

② 임의의 자연수 $n(\geq k)$에 대하여 $p(n)$ 이 참이라고 가정하면 $p(n+1)$도 참이다.

③ 그러면, 모든 자연수 $n(\geq k)$ 에 대하여 $p(n)$ 이 참이다.

수학적 귀납법은 용어의 느낌으로는 귀납적 증명법에 속하는 것처럼 보이지만 중요한 연역적 증명법의 하나이다. 대학 수준의 수학책에서는 수학적 귀납법을 간단히 **귀납법**(induction)이라고 쓰기도 한다.

연구과제 2-1-2

1. 다음 명제와 그 명제의 역, 이, 대우를 각각 말하고 참, 거짓을 판별하여라.
   (1) $x > 1 \rightarrow x^2 > 1$
   (2) 6 의 배수는 짝수이다.
   (3) 호랑나비는 곤충이다.

2. 다음의 p, q에 대하여 p는 q이기 위한 무슨 조건인지 말하여라.
   (1) p: $a > 1$ 이고 $b > 1$, q: $a + b > 2$
   (2) $p : x^2 = x$, q: $x = 0$ 또는 $x = 1$
   (3) p: $\triangle ABC$는 정삼각형이다. q: $\triangle ABC$의 두 각의 크기는 서로 같다.

3. 명제 '$x \geq 0$ 이면 $x^2 \geq 0$'은 참이다. 이 명제의 대우는 '$x^2 < 0$ 이면 $x < 0$' 이다. 이 대우는 참인지에 대하여 설명하여라.

지도상의 유의점 2-1-2

1. 명제의 증명 방법으로서 대우법 또는 귀류법의 유용성을 인식하고 활용할 수 있는 능력을 길러 주는 것이 중요하다. 이 증명법을 활용하여 수학의 오묘함을 느끼게 하는 것이 중요하다.

3 자연수의 성질

1) 소인수분해

어떤 수 a를 n번 곱한 식 $a \times a \times \cdots \times a$를 간단히 a^n으로 나타낸다. 이때, a를

밑(base), n을 **지수**(exponent)라고 하며 $a^2, a^3, a^4, \cdots, a^n$를 차례로 a의 **제곱**(square), **세제곱**(cube), **네제곱**(4th power), $\cdots$, a의 n제곱(a to the n-th power)이라고 하며 이들을 통틀어 a의 **거듭제곱**(power)이라고 한다.

1보다 큰 자연수 중에서 1과 그 수 자신만을 약수로 가지는 수를 **소수**(prime number)라고 한다. 작은 수부터 차례로 소수를 구하는 방법으로 에라토스테네스(Eratosthenes, B.C. 275~194)가 고안한 **에라토스테네스 체**(Eratosthenes' sieve)라는 방법이 있다. 예를 들어 50 이하의 자연수 중에서 소수를 찾으려면, 먼저 2에서 50까지의 자연수를 차례로 쓴다. 그 다음에는 가장 작은 소수인 2를 표시한 다음 2의 배수를 차례로 지워나간다. 그 다음에는 2 다음에 있는 지워지지 않은 수 중에서 가장 가까이 있는 수 3을 표시한 다음 3의 배수를 차례로 지워나간다. 이와 같은 방법을 지워지지 않은 수가 없을 때까지 계속하였을 때, 표시된 모든 수들은 50 이하의 소수이다. 실제로 50 이하의 소수는 2에서 $\sqrt{50}$에 가장 가까운 자연수인 7까지만 조사하여도 된다.

어떤 자연수를 소수들만의 곱으로 나타내는 것을 **소인수분해**(prime factorization)라고 하고, 소수인 인수를 **소인수**(prime factor)라고 한다.

어떤 자연수 a를 소인수분해하는 간단한 방법으로 다음과 같은 방법이 있다.

① a가 가장 작은 소수인 2의 배수인지를 확인하고, 2의 배수이면 그 수를 2로 나누어 몫을 구한다.
② 그 몫이 2의 배수인지를 확인하고, 2의 배수이면 그 수를 다시 2로 나눈다. 위와 같은 방법을 계속하여 그 몫이 2로 나누어떨어지지 않을 때까지 계속한다.
③ 2로 계속 나누고 남은 몫이 2 다음의 최소인 소수 3의 배수인지를 확인하고 3의 배수이면 3으로 나눈다.
④ 위의 방법을 계속하여 몫이 소수일 때까지 계속한다.
⑤ a를 위에서 구한 모든 소수의 곱으로 나타낸다. 같은 소수가 두 개 이상 있으면 그 수의 거듭제곱 꼴로 나타낸다.

위의 절차를 사용하면 불필요한 계산을 반복해야하는 경우가 있다. 좀더 간편한 방법으로는 인수분해 하고자 하는 수 a를 적당한 두 수로 분해한 다음 각 수를 다시 분해한다. 이 절차를 계속하여 더 이상 소수의 곱으로 분해되지 않을 때까지 계속한다.

2) 최대공약수와 최소공배수

두 수의 공통인 약수를 **공약수**(common factor)라고 하며, 공약수 중에서 가장 큰 것을 **최대공약수**(G.C.F. ; greatest common factor)라고 한다. 두 수의 공통인 배수를 **공배수**(common multiple)라고 하며, 공배수 중에서 최소인 것을 **최소공배수**(L.C.M. ; least common multiple)라고 한다. 공배수는 무수히 많이 있을 수 있으므로 최대공배수라는 개념은 있을 수 없다. 세 수 이상에 대해서도 공약수와 공배수를 생각할 수 있다.

두 수의 최대공약수를 구하는 방법으로는 먼저 두 수를 각각 소인수분해 한 다음 최대인 공약수를 구하면 된다.

최대공약수와 최소공배수를 구하는 방법으로 (유클리드)의 **호제법**(division algorithm)이 있다. 공약수는 최대공약수의 약수로, 공배수는 최소공배수의 배수로 구하면 된다.

발전연구 2-1-3

(1) 진법의 이해

우리가 일상적으로 사용하는 수는 십진법으로 구성되어 있다. 이를테면 자연수 1234는 10을 밑(base)으로 하는 수 $1\times10^3+2\times10^2+3\times10^1+4\times10^0$을 간단히 표현한 것이다.

십진법의 개념은 우리가 일상적으로 사용하고 있는 수 체계를 이해할 수 있게 하며, 이진법의 이해는 수 체계의 이해를 도울 뿐만 아니라, 나아가서 컴퓨터가 수를 인식하고 처리하는 원리를 이해하는 데도 도움이 된다.

p 진법의 수 $abcd$는 $a\cdot p^3+b\cdot p^2+c\cdot p+d$(단, $0\le a, b, c, d<p$)를 나타낸다. p가 10보다 클 경우는 10, 11, 12, 13, ⋯ 를 차례로 $A, B, C, \cdots$ 로 나타낸다.

10진법의 수 n을 p진법으로 나타내려면 n을 p로 나눈 나머지를 첫째 자리로 하고, 그 몫을 다시 p로 나눈 나머지를 둘째 자리로 하며, 그 몫을 다시 p로 나눈 나머지를 셋째 자리로 하며⋯, 이와 같은 절차를 계속하여 더 이상 나눌 수 없을 때까지 계속하면 된다. 예를 들어 십진수 1234를 5진수로 나타내려면 다음과 같이 할 수 있다.

5	1234	
5	246	⋯ 4
5	49	⋯ 1
5	9	⋯ 4
	1	⋯ 4

따라서, $1234 = 1\times 5^4 + 4\times 5^3 + 4\times 5^2 + 1\times 5^1 + 4\times 5^0$ 이며, 이를 5 진법으로 나타낸 수는 $14414_{(5)}$ 이다.

(2) 유클리드의 호제법

두 수 234 와 48 의 최대공약수와 최소공배수를 아래와 같은 방법으로 구하는 유클리드의 호제법이 있다.

4	234	48	1
	192	42	
	—	—	
7	42	6	
	42		
	—		
	0		

최대공약수: 6

최소공배수: $234\times 48 \div 6 = 1904$.

연구과제 2-1-3

1. 에라토스테네스의 체를 이용하여 n 이하의 모든 자연수 중에서 소수를 찾을 때, $\sqrt{n}$ 이하의 소수의 배수만 조사하면 됨을 설명하여라.

2. 두 수의 공약수는 최대공약수의 약수임을 설명하여라.

3. 두 수의 공배수는 최소공배수의 배수임을 설명하여라.

4. 이진법의 덧셈표와 곱셈표를 각각 만들어라. 또, 이 표를 이용하여 다음 이진수의 덧셈과 곱셈을 계산하여라.

(1) $1011+1101$　　(2) 1101×1010

5. 오진법의 덧셈표와 곱셈표를 각각 만들어라. 또, 이 표를 이용하여 다음 두 오진수의 계산을 하여라.

(1) $3240+2404$　　(2) $1204-312$

(3) 2301×3314　　(4) $4012\div341$

6. 발전연구에서 소개한 유클리드의 호제법을 설명하고 이 방법이 성립함을 설명하여라.

지도상의 유의점 2-1-3

1. 약수와 배수는 자연수의 범위에서만 다룬다. 그 이유로 두 가지를 생각할 수 있다. 첫째는, 중학교 과정에서 약수와 배수의 개념은 정수를 학습하기 전에 학습하기 때문이다. 둘째는, 약수와 배수의 개념은 실생활에서 많이 사용되는데, 그 범위가 자연수 범위에 한정하는 경우가 대부분이기 때문이다. 고등학교 범위에서는 0을 모든 수의 배수로 정의하는데, 그렇게 함으로써 수의 성질을 다루기가 용이하기 때문이다. 짝수와 홀수도 같은 의미에서 자연수의 범위에서 다루는 것이 바람직하다.
2. 약수는 나눗셈의 개념에서, 인수는 곱셈의 개념에서 유래되었음을 제외하면 이들 두 개념 사이의 차이점은 없다.
3. 소인수분해를 이용하여 최대공약수와 최소공배수를 구할 수 있게 한다.
4. 진법의 지도는 수학적으로는 10진법의 이해를 돕는 데 목적이 있다. 그러나 실용적인 측면에서 생각하면 이진법은 컴퓨터의 활용에서 많이 사용되기 때문에 중학교 수준에서는 십진법과 이진법을 다루고 있다. 이전의 교육과정에서는 진법의 이해 자체에 목적을 두고 있었기 때문에 5진법을 추가하여 다루었다.
5. 진법의 지도에서 진법의 성질 지도에 목적이 있으면 p 진법으로 표현된 두 수의 사칙연산을 p 진법에서 처리하는 방법으로 지도해야 되지만(p 진법의 덧셈표, 곱셈표를 이용함), 중학교 과정에서는 그 실용성의 이해에 목적이 있으므로, 이진법

의 사칙연산은 그 수들을 십진수로 고쳐 사칙연산을 한 후 다시 2진법으로 고치는 수준에서 지도하는 것이 바람직하다.

4 정수와 유리수

1) 정수와 유리수의 뜻

실생활 주변에서는 500원 이익과 500원 손해, 동쪽으로 2km와 서쪽으로 2km, 지상 3층과 지하 3층, 영상 5도와 영하 5도 등과 같이 서로 반대인 성질을 갖는 수량이 있다. 이때, 한 수량을 양의 부호 '+'를 붙여서 나타내면 반대인 성질을 갖는 수량을 음의 부호 '−'를 붙여 나타낼 수 있다. 이때, 양의 부호를 붙여 나타낸 수를 **양수**(positive number), 음의 부호를 붙여 나타낸 수를 **음수**(negative number)라고 한다. 부호 '+'를 **플러스**(plus), '−'를 **마이너스**(minus)라고 읽는다.

자연수에 양의 부호를 붙인 수를 **양의 정수**(positive integer), 자연수에 음의 부호를 붙여 나타낸 수를 **음의 정수**(negative integer)라고 한다. 양의 정수, 0, 음의 정수를 통틀어 **정수**(integer)라고 한다. 양의 정수를 나타낼 때 흔히 양의 부호를 생략하고 자연수와 같은 모양으로 나타낸다.

수직선 위에서 어떤 수를 나타내는 점과 원점 사이의 거리를 그 수의 **절댓값**(absolute value)이라고 한다. 이를테면 $+3$과 -3의 절댓값은 모두 3이다. 어떤 수 a의 절댓값을 기호로 $|a|$와 같이 나타낸다.

분자, 분모($\neq 0$)가 정수인 분수로 나타낼 수 있는 수를 **유리수**(rational number)라고 한다. 이를테면,

$$+0.1=\frac{+1}{10},\ 2=\frac{2}{1},\ -3=\frac{-3}{1},\ 0=\frac{0}{10}$$

과 같이 나타낼 수 있으므로, $+0.1, 2, -3, 0$은 모두 유리수이다.

직선 위에 한 점 O를 잡고 이 점의 좌우에 일정한 간격으로 점을 찍는다. 점 O에 0을 대응하고, 이 점으로부터 오른쪽 방향으로 차례로 수 $1, 2, 3, \cdots$에 대응시키고, 점 O로부터 왼쪽방향으로 차례로 $-1, -2, -3, \cdots$을 대응시킨다. 유리수도 그 수의 크기에 해당하는 위치에 대응시킨다. 이와 같은 방법으로 수를 대응시킨 직선을 **수직선**(number line)이라고 한다. 수직선에서 점 O를 **원점**(original point), 수 1이 대응하는 점을 **단위 점**(unit point)이라고 한다.

2) 유리수와 소수

m, n이 정수이고 n이 m의 배수가 아니며, $m \neq 0, m \neq 1$일 때 $\frac{n}{m}$을 **분수**(fraction)라고 한다. 분수를 **소수**(decimal fraction)로 나타내면 유한소수로 나타나는 경우와 무한순환소수로 나타나는 경우가 있다. 유한소수로 나타내는 경우는 분자와 분모에 적당한 수를 곱하여 분모를 10의 거듭제곱으로 표현할 수 있는 수, 즉 기약분수로 고친 분수의 분모가 2 또는 5만을 소인수로 가진다.

분수 $\frac{22}{7}$를 소수로 나타내기 위해 22를 7로 나누면 나눗셈이 계속되는데, 이때 나오는 나머지는 7보다 작은 양의 정수이다. 따라서, 적어도 7번의 나눗셈 안에 같은 나머지가 나타난다. 그때부터 같은 몫이 되풀이되므로 순환마디가 나타난다. 즉,

$$\frac{22}{7} = 3.1\dot{4}2857\dot{1}$$

이 됨을 알 수 있다.

순환소수를 분수로 고치려면, 순환소수를 무한등비급수로 보고 그 합을 구하면 분수로 나타낼 수 있다.

3) 수의 대소 관계

양수와 음수의 대소 관계는 이들을 수직선에 나타내었을 때, 오른쪽에 있는 수를 왼쪽에 있는 수보다 더 큰 수라고 한다. 그러나 수나 식의 대소 관계를 쉽게 처리할 수 있게 하기 위하여 a, b의 대소 관계를 다음과 같이 정의한다.

$$a - b > 0 \Leftrightarrow a > b$$

수의 대소 관계에는 다음과 같은 성질이 성립한다.

(1) 양수는 0보다 크고, 음수는 0보다 작다.

(2) 양수끼리는 절댓값이 큰 수가 크다.

(3) 음수끼리는 절댓값이 큰 수가 작다.

4) 정수의 사칙연산

정수의 사칙연산 정의는 이익과 손실, 온도의 변화, 물체의 위치 등과 같은 실생활 모델을 이용하여 그 계산의 가능성을 인식하게 한 다음 수학적으로 정의하는 것이

바람직하다. 정수의 사칙 연산을 지도하는 방법으로서 다음과 같은 예를 생각할 수 있다.

(1) 수직선을 이용한 양수와 음수의 덧셈과 뺄셈

수직선에서 동쪽으로 간 양을 양수, 서쪽으로 간 양을 음수로 나타내고, 이동하는 것을 덧셈 기호로 나타내면, $a>0$, $b>0$, $a>b$에 대하여

$+a$에서 동쪽으로 b만큼 간 위치: $(+a)+(+b)=+(a+b)$
$+a$에서 서쪽으로 b만큼 간 위치: $(+a)+(-b)=+(a-b)$
$-a$에서 동쪽으로 b만큼 간 위치: $(-a)+(+b)=-(a-b)$
$-a$에서 서쪽으로 b만큼 간 위치: $(-a)+(-b)=-(a+b)$
$-b$에서 동쪽으로 a만큼 간 위치: $(-b)+(+a)=+(a-b)$

위의 예를 일반화하여 양수와 양수의 합은 양수이고 합의 절댓값은 더하는 두 수의 절댓값의 합과 같고, 음수와 음수의 합은 음수이고 합의 절댓값은 더하는 두 수의 절댓값의 합과 같으며, 양수와 음수의 합은 절댓값이 큰 쪽의 부호와 같으며 합의 절댓값은 더하는 두 수의 절댓값의 차와 같은 것으로 정의한다.

양수와 음수의 뺄셈은 덧셈의 역연산으로서 다음과 같이 생각할 수 있다. $(+a)+(+b)=(a+b)$이므로 $(a+b)-(+b)=+a$이다. 한편,

$$(a+b)+(-b)=a$$

따라서 $(a+b)-(+b)=(a+b)+(-b)$.

이 식으로부터 양수$(+b)$의 뺄셈은 음수$(-b)$의 덧셈과 같음을 알 수 있다. 또, $(-a)+(+b)=-(a-b)$에서 $-(a-b)-(-a)=+b$이다. 한편 $-(a-b)+(+a)=+b$이다. 따라서

$$-(a-b)-(-a)=-(a-b)+(+a).$$

이 식으로부터 음수$(-a)$의 뺄셈은 양수$(+a)$의 덧셈과 같음을 알 수 있다. 이상으로부터 음수의 뺄셈은 다음과 같이 정의한다.

$a>0$, $b>0$일 때

$$a-(+b)=a+(-b),\ \ a-(-b)=a+(+b).$$

(2) 이익과 손실을 모델로 한 양수와 음수의 덧셈과 뺄셈

이익(양수)을 까만 바둑돌, 손실(음수)을 하얀 바둑돌로 정하면, 같은 액수만큼의

이익과 손실이 발생하였으면 본전(0)이고 까만 바둑돌과 하얀 바둑돌을 하나씩 대응시켜 까만 돌이 남으면 그 개수만큼 이익이고 하얀 바둑돌이 남으면 그 개수만큼 손실이다. 하얀 바둑돌에 하얀 바둑돌을 더하면 하얀 바둑돌의 개수가 늘어나므로 음수에 음수를 더하면 음수이며 그 절댓값은 두 음수의 절댓값의 합과 같다. 이 사실을 다음과 같이 형식화할 수 있다.

$a>0$, $b>0$ 이고, $a>b$ 일 때

$$(-a)+(-b)=-(a+b),\ a+(-b)=a-b,\ (-a)+b=-(a-b)$$

뺄셈도 위와 같은 방법으로 생각할 수 있다.

(3) 이동한 위치를 이용한 양수와 음수의 곱셈

동쪽을 양수, 서쪽을 음수, 지금부터 이후의 시간을 양수, 이전의 시간을 음수로 나타내면 양수와 음수의 곱셈이 성립하는 경우를 알아볼 수 있다. 이를테면, 시속 4km 의 속력으로 이동할 때,

동쪽으로 이동할 때 2 시간 후의 위치: $(+4)\times(+2)=+8$

동쪽으로 이동할 때 2 시간 전의 위치: $(+4)\times(-2)=-8$

서쪽으로 이동할 때 2 시간 후의 위치: $(-4)\times(+2)=-8$

서쪽으로 이동할 때 2 시간 전의 위치: $(-4)\times(-2)=+8$

이다. 이 사실을 다음과 같이 형식화할 수 있다. $a>0$, $b>0$ 에 대하여,

$$(+a)\times(+b)=+ab,\ (+a)\times(-b)=-ab,$$

$$(-a)\times(+b)=-ab,\ (-a)\times(-b)=+ab.$$

(4) 규칙성에 의한 양수와 음수의 곱셈

$$3\times 2=6,\ 3\times 1=3,\ 3\times 0=0,$$

$$3\times(-1)=a,\ 3\times(-2)=b,\ \cdots$$

에서 승수를 2, 1, 0, ⋯ 과 같이 1 씩 줄여 가면 곱셈의 결과는 6, 3, 0, ⋯ 과 같이 3 씩 줄어가는 규칙이 있음을 알 수 있다. 이 규칙을 승수가 -1, -2, ⋯ 에도 적용하면

$$3\times(-1)=-3,\ 3\times(-2)=-6,\ \cdots$$

과 같이 됨을 알 수 있다. 이 사실로부터 양수와 음수의 곱은 음수이고 그 절댓값은 곱하는 두 수의 절댓값의 곱과 같게 정의하기도 한다.

같은 방법으로 음수와 양수의 곱, 음수와 음수의 곱을 정의할 수 있다.

(5) 양수와 음수의 나눗셈

양수와 음수의 나눗셈은 다음과 같이 곱셈의 역연산으로 정의하는 것이 바람직하다. $a>0$, $b>0$ 대하여 $a\times b=c$라 하면

$(+a)\times(+b)=+c$에서 $(+c)\div(+b)=+a$.

$(+a)\times(-b)=-c$에서 $(-c)\div(+a)=-b$, $(-c)\div(-b)=+a$.

$(-a)\times(-b)=+c$에서 $(+c)\div(-b)=(-a)$.

발전연구 2-1-4

(1) 논리적 방법에 의한 음수의 곱셈

실수의 집합에서 곱셈에 대한 결합법칙과 곱셈의 덧셈에 대한 분배법칙이 성립하고, 임의의 실수 a에 대하여 $a+(-a)=0$, $a\cdot 0=0\cdot a=0$이 성립한다고 가정하면, 임의의 실수 a, b에 대하여 $(-a)(-b)=ab$임을 다음과 같이 유도할 수 있다.

$$\{ab+(-a)b\}+(-a)(-b)=ab+\{(-a)b+(-a)(-b)\}$$

한편,

$$\begin{aligned}\{ab+(-a)b\}+(-a)(-b)&=\{a+(-a)\}b+(-a)(-b)\\&=0\cdot b+(-a)(-b)\\&=0+(-a)(-b)\\&=(-a)(-b)\end{aligned}$$

$$\begin{aligned}ab+\{(-a)b+(-a)(-b)\}&=ab+(-a)\{b+(-b)\}=ab+(-a)\cdot 0\\&=ab+0\\&=ab\end{aligned}$$

따라서 $(-a)(-b)=ab$.

연구과제 2-1-4

1. 다음 곱셈을 이용하여 해결할 수 있는 실생활 문제를 만들어 보아라.
   (1) (음수) × (양수)　　(2) (양수) × (음수)
   (3) (음수) × (음수)

2. 다음 분수를 순환소수로 나타내어 보고, 유한소수로 나타낼 수 있는 분수의 특성을 말하여라.
   (1) $\frac{1}{4}$　　(2) $\frac{1}{3}$　　(3) $\frac{2}{5}$
   (4) $\frac{3}{7}$　　(5) $\frac{3}{25}$

3. 다음 순환소수를 분수로 나타내어 보고, 순환소수를 분수로 나타내는 공식을 만들어 보아라.
   (1) $0.\dot{4}$　　(2) $0.123\dot{4}$
   (3) $0.12\dot{3}4\dot{5}$　　(4) $0.123\dot{4}\dot{5}$

4. $1-1+1-1+\cdots$ 의 합을 구하기 위하여 다음과 같이 계산할 때 그 문제점을 설명하여라.

5. 순환소수 $0.\dot{2}3\dot{4}$의 25 번째 자리의 숫자를 말하여라. 또, 이 순환소수를 분수로 나타내어라.

6. 바둑돌을 이용하여 정수의 뺄셈 모델을 만들어라.

지도상의 유의점 2-1-4

1. 수직선 위에서 수 0 (zero)이 대응하는 점을 **원점**(origin)이라고 하고 기호로 영문자 O로 나타낸다.
2. 음수의 개념을 지도하기 위해 실생활에서 상반된 대상의 예를 충분히 제시하도록

한다. 그렇게 함으로서 음수는 허구적인 수가 아니라, 실생활에서 유용하게 사용될 수 있는 수임을 이해하고 이를 유용하게 사용하려는 자세를 갖게 하도록 한다.

3. 유리수의 표현 $\frac{p}{q}$(단, $q \neq 0$, p는 정수)에서 자연수, 정수, 유리수가 이런 꼴로 표현될 수 있음을 알게 하고 그 포함관계를 알아 수 개념의 확장을 이해하게 한다.
4. 순환소수를 분수로 고치는 방법을 바르게 이해하려면 극한 개념을 알고 있어야 한다. 고등학교 과정에서 다루는 무한등비급수의 개념을 이용하여 순환소수를 분수로 고치는 것이 바람직한 방법이다.
5. 정수의 음의 부호 $(-)$와 빼셈의 부호 $(-)$의 차이점을 알게 한다. 즉, $-2-3$에서 2 앞의 부호 $(-)$는 음의 부호이고, 3 앞의 부호 $(-)$는 빼셈 부호이다.
6. 순환소수 $0.\dot{9}$와 정수 1은 본질적으로 서로 다르다. 순환소수 $0.99999\cdots=0.\dot{9}$를 분수로 고치면 1이 된다. 즉, $0.\dot{9}=1$이다. 이 식을 두고, $0.\dot{9}$를 정수라고 주장하는 경우가 있는데, 그것은 잘못된 주장이다. $0.\dot{9}=1$은 $0.\dot{9}$의 값과 1의 값이 서로 같다는 것을 뜻하는 기호이다. 그러나 $0.\dot{9}$는 무한소수의 하나이며 1은 정수의 기본단위로서 그 본질이 다르다. 예를 들면, $\frac{2}{4}=\frac{1}{2}$은 성립한다. 그러나 $\frac{2}{4}$와 $\frac{1}{2}$은 그 본질이 서로 다르며, 이들이 다른 목적으로 사용하는 경우도 있음과 같다.
7. (양의 정수) × (음의 정수), (음의 정수) × (음의 정수)의 이해를 돕기 위해 현실적인 모델을 찾아 설명하도록 하고, 궁극적으로는 수의 연산의 규칙성을 확장한 것임을 이해하게 한다.
8. 정수와 유리수의 연산법칙을 지도할 때에는 수 계산에 도움이 되는 정도로만 다루도록 한다.

5 무리수와 실수

1) 제곱근과 그 성질

어떤 수를 제곱하여 a가 되었을 때 그 어떤 수를 a의 **제곱근**(square root)이라고 한다. 예를 들면, $2^2=4$, $(-2)^2=4$이므로, 2와 -2는 각각 4의 제곱근이다. 양수 a의 제곱근에는 양의 제곱근과 음의 제곱근이 있다. 양수 a의 양의 제곱근을

$\sqrt{a}$ 로 나타내고 음의 제곱근을 $-\sqrt{a}$ 로 나타낸다. 제곱근을 나타내는 기호 $\sqrt{\ }$ 를 **근호**(root)라고 하며, $\sqrt{a}$ 를 '**루트 a**'라고 읽는다.

제곱근의 정의에 의하여 다음과 같은 성질이 성립한다.

$$a > 0 \text{ 일 때, } (\sqrt{a})^2 = a, (-\sqrt{a})^2 = a, \sqrt{a^2} = a, \sqrt{(-a)^2} = a$$

2) 제곱근의 대소 관계

제곱근의 대소 관계를 알아보자. 한 변의 길이가 a 인 정사각형 A 의 넓이를 2, 한 변의 길이가 b 인 정사각형 B 의 넓이를 3 이라고 하면,

$$2 < 3 \text{ 이므로 } a < b.$$

그런데, $a = \sqrt{2}$, $b = \sqrt{3}$. 따라서 $\sqrt{2} < \sqrt{3}$ 임을 알 수 있다. 일반적으로 제곱근의 대소 관계에는 다음과 같은 성질이 성립한다.

$$a > 0, b > 0 \text{ 일 때, } a < b \Leftrightarrow \sqrt{a} < \sqrt{b}.$$

3) 무리수와 실수

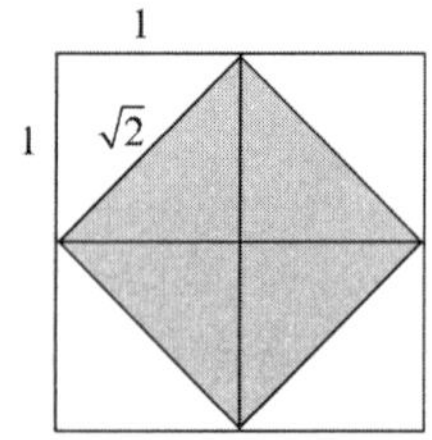

2 의 양의 제곱근인 $\sqrt{2}$ 는 다음 그림에서와 같이 넓이가 2 인 정사각형의 한 변의 길이로서 그 크기가 분명하게 정해져 있지만 유리수는 아님이 알려져 있다. 즉, $\sqrt{2}$ 의 값을 아래와 같은 방법으로 소수로 나타내어보면 순환하지 않는 무한소수가 됨이 알려져 있다.

$$(\sqrt{2})^2 = 2,\ 1^2 = 1, 2^2 = 4$$

이고, $1 < 2 < 4$. 따라서 $1 < \sqrt{2} < 2$ 즉, $\sqrt{2} = 1.\cdots$.

또,

$$1.4^2 = 1.96,\ (\sqrt{2})^2 = 2, 1.5^2 = 2.25$$

이고, $1.96 < 2 < 2.25$. 따라서 $1.4 < \sqrt{2} < 1.5$ 즉, $\sqrt{2} = 1.4\cdots$.

또,

$$1.41^2 = 1.9881, 1.42^2 = 2.0164$$

이고, $1.9881 < 2 < 2.0164$ 이므로, 따라서 $1.41 < \sqrt{2} < 1.42$ 즉, $\sqrt{2} = 1.41\cdots$.

위와 같은 방법을 계속하면, $\sqrt{2}$ 의 근삿값은 $1.41421356237\cdots$ 이며, 순환하지 않는 무한소수임이 알려져 있다. $\sqrt{2}$ 와 같이 어떤 수를 소수로 고칠 때, 순환하지 않는 무한소수로 나타내어지는 수를 **무리수**(irrational number)라고 한다. $\sqrt{2}$ 가 무리수이므로, $1+\sqrt{2}$, $2\sqrt{2}$, $\dfrac{\sqrt{2}}{3}$ 등은 모두 무리수이다. 또, 원주율 π 도 무리수임이 알려져 있다. 유리수와 무리수를 통틀어 **실수**(real number)라고 한다.

$\sqrt{2}$ 가 무리수임을 귀류법을 이용하여 간결하게 증명하여 보자.

$\sqrt{2}$ 를 유리수라고 가정하고 기약분수 $\dfrac{a}{b}$ 로 나타내면

$$\sqrt{2}=\frac{a}{b},\ b\sqrt{2}=a$$

양변을 제곱하면 $2b^2=a^2$.

따라서, a^2 은 2 의 배수, 그러므로 a 는 2 의 배수 … ①

$a=2k$ (단, k 는 정수)라 두면

$$2b^2=(2k)^2=4k^2,\ \ b^2=2k^2$$

따라서, b^2 은 2 의 배수이므로 b 는 2 의 배수 … ②

①, ②에서 $\dfrac{a}{b}$ 는 기약분수가 아님.

이 사실은 $\dfrac{a}{b}$ 를 기약분수로 정한 것에 모순이므로 $\sqrt{2}$ 는 유리수가 될 수 없다. 즉, $\sqrt{2}$ 는 무리수이다.

4) 근호를 포함한 식의 계산

$a\ge 0,\ b\ge 0$ 일 때, $\sqrt{a}\sqrt{b}=\sqrt{ab}$ 임을 이용하면 근호를 포함한 식의 곱셈을 간단히 할 수 있다. 이 성질이 성립함을 알아보자.

$$(\sqrt{a}\sqrt{b})^2=(\sqrt{a})^2(\sqrt{b})^2=ab,\ \text{따라서,}\ \sqrt{a}\sqrt{b}=\sqrt{ab}.$$

위와 같은 방법으로 생각하면 $a\ge 0,\ b>0$ 일 때, $\dfrac{\sqrt{a}}{\sqrt{b}}=\sqrt{\dfrac{a}{b}}$ 임을 알 수 있다.

분모에 근호가 있는 식에서 분자, 분모에 같은 수를 곱하여 분모를 유리수로 고치는 것을 분모의 **유리화**(rationalization)라고 한다.

5) 실수와 수직선

수직선 위에 임의의 실수에 대응하는 점을 잡을 수 있다. 예를 들면, 실수 2는 원점에서부터 오른쪽으로 단위 길이의 두 배에 해당하는 점에 대응시킬 수 있으며, $1/2$는 단위 길이의 반에 해당하는 점에 대응시킬 수 있다. 또, 무리수 $\sqrt{2}$는 직각을 낀 두 변의 길이가 각각 1인 직각이등변 삼각형의 빗변의 길이에 해당하는 점에 대응시킬 수 있다.

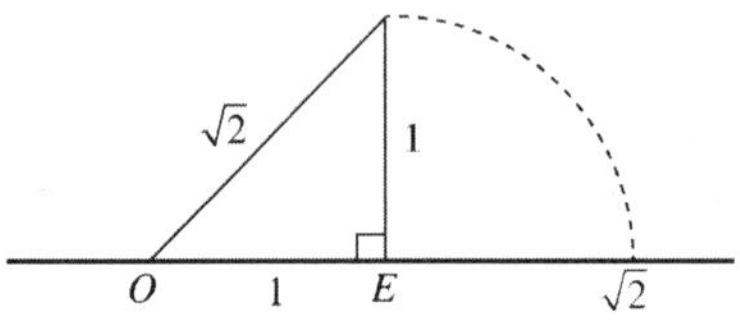

임의의 두 실수를 잡으면 그 사이에는 무수히 많은 다른 실수들이 존재함을 알 수 있다. 이와 같은 성질을 실수의 **조밀성**(density)이라고 한다. 유리수의 집합도 조밀성이 성립한다. 그러나 정수의 집합에는 조밀성이 성립하지 않는다.

실수의 집합은 조밀성뿐만 아니라 연속성도 성립한다. 연속성이란 다음과 같은 데데킨트(Dedekind)의 절단공리(연속공리)가 성립함을 의미한다.

데데킨트의 절단공리(연속공리)

실수의 절단 (A, B)는 A조와 B조의 경계로서 한 개의 수를 확정한다. 즉, 절단 (A, B)가 주어졌을 때는 한 수 s가 존재하여 s는 A의 최대수 이거나 B의 최소수이고 앞의 경우에는 B에 최소수가 없고 뒤의 경우에는 A에 최대수가 없다.

위의 실수의 연속성의 공리에 의하여 모든 실수는 수직선에 나타낼 수 있을 뿐만 아니라 수직선상의 임의의 점에 대응하는 실수를 생각할 수 있다. 즉, 실수의 집합과 수직선은 일대일 대응시킬 수 있다. 그러나 유리수의 집합에는 데데킨트의 절단공리가 성립하지 않음을 알 수 있다. 즉, 유리수의 집합은 연속이 아니다.

유리수의 집합은 연속성이 성립하지 않음을 증명하여보자.

[증명] (이 사실을 증명하려면, 유리수의 집합은 데데킨트의 절단공리를 만족하지 않음을 보이면 된다.)

음의 유리수 전체와 $a \geq 0, a^2 < 2$ 인 유리수 a 전체를 A 조라 하고, $b^2 > 2$ 인 양의 유리수 전체를 B 라 하면 유리수의 절단 $(A,\ B)$가 얻어진다.

a 를 A 조의 임의의 양의 유리수라 하면 $a^2 < 2$ 이므로,

$$\frac{2a+2}{a+2} = a + \frac{2-a^2}{a+2} > a \geqq 0$$

$$\left(\frac{2a+2}{a+2}\right)^2 = 2 - \frac{2(2-a^2)}{(a+2)^2} < 2$$

이므로, $\dfrac{2a+2}{a+2}$ 는 A 조의 유리수이고 $\dfrac{2a+2}{a+2} > a$ 이다. 그러므로 A 조에는 최대인 유리수가 없다. 또, b 를 B 조의 임의의 유리수라 하면 $b > 0,\ b^2 > 2$ 이므로

$$\frac{b^2+2}{2b} = b - \frac{b^2-2}{2b} < b,$$

$$\left(\frac{b^2+2}{2b}\right)^2 = 2 + \left(\frac{b^2-2}{2b}\right)^2 > 2.$$

그러므로, $\dfrac{b^2+2}{2b}$ 는 B 조의 유리수이고 $\dfrac{b^2+2}{2b} < b$ 이다. 그러므로 B 조에는 최소인 유리수가 없다. 따라서 유리수의 집합은 연속이 아니다.

6) 실수의 대소 관계

실수를 수직선 위의 점에 대응시킬 때, 어떤 수와 그 수에 대응되는 점을 같은 것으로 생각한다. 실수의 대소 관계는 수직선에서 오른쪽에 있는 수가 왼쪽에 있는 수보다 크다고 정의한다. 이 정의에 의하면, 다음과 같은 실수의 대소 관계에 관한 성질이 성립한다. 이 성질을 **실수의 대소 관계**라고 한다.

① a 가 실수이면 $a > 0,\ a = 0,\ a < 0$ 중 어느 하나만 성립한다.

② $a > 0,\ b > 0$ 이면 $a + b > 0,\ ab > 0$.

③ $a > 0$ 이면 $-a < 0$, $a < 0$ 이면 $-a > 0$.

④ $a - b > 0 \Leftrightarrow a > b,\ a - b = 0 \Leftrightarrow a = b,\ a - b < 0 \Leftrightarrow a < b$.

⑤ $a > b,\ b > c$ 이면 $a > c$.

⑥ $a > b$이면 $a+c > b+c$, $a-c > b-c$.

⑦ $a > b$, $c > 0$이면 $ac > bc$.

⑧ $a > b$, $c < 0$이면 $ac < bc$.

7) 실수의 성질

수의 집합 A의 임의의 두 원소 a, b에 대하여 $a * b$가 A에 속할 때, 집합 A는 연산 $*$에 대하여 **닫혀있다**(closed)고 한다. 예를 들면, 자연수의 집합은 덧셈과 곱셈에 대하여 각각 닫혀 있지만, 뺄셈과 나눗셈은 각각 닫혀있지 않다.

실수의 집합 R은 덧셈과 곱셈에 대하여 닫혀 있으며, 다음 연산법칙이 성립한다.

임의의 $a, b \in R$이면

$a+b \in R$ (덧셈에 대하여 닫혀 있음)

$a \times b \in R$ (곱셈에 대하여 닫혀 있음)

$a+b = b+a$ (덧셈에 대한 **교환법칙**(commutative law))

$(a+b)+c = a+(b+c)$ (덧셈에 대한 **결합법칙**(associative law))

$ab = ba$ (곱셈에 대한 교환법칙)

$(ab)c = a(bc)$ (곱셈에 대한 결합법칙)

$a(b+c) = ab+ac$, $(a+b)c = ac+bc$ (**분배법칙**(distributive law))

집합 A의 임의의 원소 a에 대하여

$$a * e = e * a = a$$

를 만족하는 A의 원소 e가 존재하면 e를 연산 $*$에 대한 **항등원**(identity)이라고 한다. 집합 A가 연산 $*$에 대하여 닫혀있고 e가 a의 항등원일 때, 집합 A의 원소 a에 대하여

$$a * x = x * a = e$$

를 만족시키는 A의 원소 x가 존재하면 x를 연산 $*$에 대한 a의 **역원**(inverse)이라고 한다.

일반적으로 어떤 집합 A와 연산 $*$에 대하여 성립하는 성질에 따라서 **군**(group), **환**(ring), **체**(field)를 정의한다. 군, 환, 체를 통틀어 **대수적 구조**(algebraic structure)라고 한다. 대수적 구조에 대한 성질은 현행 교육과정의 수준을 넘으므로 발전연구에서 다루기로 한다.

발전연구 2-1-5

(1) 대수적 구조

① 군의 정의

집합 G와 연산 $*$에 대하여 다음 네 조건을 만족하면 $(G, *)$를 **군**(group)이라고 한다.

임의의 $a, b, c \in G$에 대하여,

- $a * b \in G$ (닫혀 있음)
- $a * (b * c) = (a * b) * c$ (결합법칙)
- $a * e = e * a = a$인 e가 존재 (항등원이 존재)
- $x * a = a * x = e$인 x가 존재 (역원이 존재)

$(G, *)$가 군이고, 임의의 $a, b \in G$에 대하여 $a * b = b * a$이면 $(G, *)$를 **가환군**(commutative group)이라고 한다.

② 환의 정의

어떤 집합 R과 두 연산 $+$, $*$에 대하여 다음 조건을 만족하면 $(R, +, *)$를 **환**(ring)이라고 한다.

- 두 연산 $+$, $*$가 각각 R에서 닫혀 있다.
- R는 $+$에 대하여 가환군이다.
- R는 $*$에 대하여 결합법칙이 성립한다.
- $a, b, c \in R$일 때,

$$a * (b + c) = (a * b) + (a * c), (a + b) * c = (a * c) + (b * c)$$

즉, $*$의 $+$에 대한 분배법칙이 성립한다.

③ 체의 정의

어떤 집합 F와 두 연산 $+$, $*$에 대하여 다음 조건을 만족하면 $(F, +, *)$를 **체**(field)라고 한다.

- 두 연산 $+$, $*$가 각각 F에서 닫혀 있다.
- 연산 $+$에 대하여 교환법칙, 결합법칙, 항등원, 역원이 존재한다.
- 연산 $*$에 대하여 교환법칙, 결합법칙, 항등원, 임의의 $a(\neq 0)$에 대하여

역원이 존재한다.

- 분배법칙 $a*(b+c)=a*b+a*c$가 성립한다.

(2) 실수체계

공집합이 아닌 집합 R가 체의 공리, 순서공리, 완비성공리 (연속성 공리)를 만족할 때, 이것을 **실수체계**(real number field)라고 한다.

체의 공리란 체의 정의를 뜻하며, 순서공리와 완비성의 공리는 다음과 같다.

순서공리

다음 두 조건을 만족하는 공집합이 아닌, R의 부분집합 P가 존재한다.

Q1: 임의의 $a, b \in P$에 대하여 $a+b \in P, ab \in P$

Q2: 임의의 $c \in R$에 대하여

(i) $c \in P$.

(ii) $c=0$

(iii) $-c \in P$ 중 꼭 하나만 성립한다.

이때, 집합 P의 원소를 양수, 집합 $N=\{a \in R \mid -a \in P\}$의 원소를 음수라고 한다. 순서공리에 의하여 R의 임의의 두 원소 사이의 대소 관계를 다음과 같이 정의한다.

$$a, b \in R\text{에 대하여 } a > b \Leftrightarrow a-b \in P$$

완비성공리

공집합이 아닌 R의 부분집합 S가 위로 유계이면, 반드시 S의 상한이 존재한다. 즉, 모든 $x \in S$에 대하여 $x \le \mu$인 최소의 $\mu \in R$가 반드시 존재한다.

연구과제 2-1-5

1. 다음 두 수를 개평법에 의해 근삿값을 소수점 이하 둘째자리까지 구하여라.

(1) $\sqrt{2}$　　　　(2) $\sqrt{175.3}$

2. $a \geq 0, b > 0$ 일 때 다음을 증명하여라.

(1) $\dfrac{\sqrt{a}}{\sqrt{b}} = \sqrt{\dfrac{a}{b}}$ (2) $\dfrac{\sqrt{a}}{\sqrt{b}} = \dfrac{\sqrt{ab}}{b}$ (분모의 유리화)

3. 다음 식을 간단히 하여라.

(1) $\sqrt{8} \times \sqrt{28}$ (2) $6\sqrt{6} \div \sqrt{3}$

(3) $3\sqrt{2} \times \dfrac{2}{\sqrt{10}}$ (4) $\sqrt{27} - \sqrt{12} + 2\sqrt{3}$

4. 정수의 집합은 연속성이 성립하지 않음을 설명하여라.

5. 유리수가 실생활에서 사용되는 예를 조사하여라.

6. '힐베르트의 호텔' 이야기를 알아보고, 이 주장에 의하면 $1 + \infty = \infty$, $2 \times \infty = \infty$ 는 타당함을 토론하여라.

7. 개평법으로 $\sqrt{2}$ 의 근삿값을 소수점 이하 셋째 자리까지 구해보아라. 또 개평법이 성립하는 이유를 조사하여라.

8. a, b, c가 실수일 때, 다음이 성립함을 증명하여라.

(1) $a \neq 0$ 일 때, $a^2 b \geq a^2 c \Rightarrow b \geq c$.

(2) $a^2 + b^2 = 0 \Rightarrow a = 0, b = 0$

지도상의 유의점 2-1-5

1. 실수의 대소 관계는 수직선을 이용하여 정의하였다. 이 정의로부터 대수적 성질 즉, $a > b$와 $a - b > 0$은 동치임을 이해한 다음, 이 성질을 사용하여 실수의 대소 관계에 대한 여러 가지 문제를 해결할 수 있게 한다.
2. 무리수를 도입할 때는 무한소수를 소재로 한다. 예를 들면, $\sqrt{2}$ 가 무리수임을 설명하기 위하여 $\sqrt{2}$ 를 소수로 나타내어 보면 순환마디가 발견되지 않고 계속됨을 보고 무리수라고 직관적으로 판단하는 것이다. 고등학교 수준에서는 귀류법을 사

용하여 $\sqrt{2}$ 가 무리수임을 밝히는 것이 바람직하다.

3. 제곱근의 근삿값이 필요할 때에는 제곱근표나 계산기를 사용하고, 제곱근 풀이법(**개평법**)(extraction of the square root)은 다루지 않는다.
4. 무리수의 지도에 있어서 가장 유의할 점은 무리수의 실제를 인식하게 하 는 것이다. 그 방법으로서 한 변의 길이가 1 인 정사각형의 대각선을 한 변으로 하는 정사각형의 넓이는 2 임을 밝히고, 이 정사각형의 한 변의 길이가 $\sqrt{2}$ 인 무리수임을 이해함으로서 무리수가 실생활 주변에서 실재하는 수임을 이해하게 한다.
5. 수직선은 유리수와 무리수에 대응하는 점들 전체로 메워져 있음을 이해하게 한다. 즉, 수직선은 실수에 대응하는 점으로 채워져 있고, 그 이외의 수에 대응하는 점은 없다는 것을 이해하게 한다.

6 복소수

(1) 복소수의 뜻과 사칙연산

제곱하여 -1 이 되는 하나의 수를 생각하여 $\sqrt{-1}$ 로 쓰고, 이것을 기호 i 로 나타낸다. 즉, $i^2=-1$ 이다. 또, $-i=(-1)\times i$ 이므로, $(-i)^2=-1$ 이다. 그러므로 -1 의 제곱근은 $\pm i$ 이다.

실수 a, b 에 대하여 $a+bi$ 꼴의 수를 생각하여 이를 **복소수**(complex number)라고 한다. 복소수 $a+bi$ 에 대하여 $b=0$ 이면 $a+bi=a+0i$ 이고, 이것은 실수 a 와 같은 것으로 간주한다. 즉, $a+0i=a$ 이다. 따라서 실수는 복소수이다. 복소수 중에서 실수가 아닌 것을 **허수**(imaginary number)라 한다.

복소수의 필요성

1. 복소수는 대수학의 기본정리를 만족하게 한다.(n 차 방정식이 n 개의 근을 갖게 할 수 있다.)
2. 실수는 수직선 위의 임의의 점의 위치를 나타낼 수 있다. 복소수는 평면 위의 임의의 점의 위치를 나타낼 수 있다.

복소수가 서로 같을 조건

두 복소수 $a+bi, c+di$(단, a, b, c, d는 실수)에 대하여 $a=c, b=d$ 일 때,

$a+bi=c+di$ 라고 한다. 즉,

$$a+bi=c+di \Leftrightarrow a=b,\ c=d$$

이다.

a, b 가 실수일 때, $a+bi$ 에 대하여 복소수 $a-bi$ 를 $a+bi$ 의 **켤레복소수**(공액복소수, conjugate complex number)라 하고, 이것을 기호로 $\overline{a+bi}$ 로 나타낸다. 즉,

$$\overline{a+bi}=a-bi$$

이다.

$(a+bi)+(\overline{a+bi})=(a+bi)+(a-bi)=2a$

$(a+bi)(\overline{a+bi})=(a+bi)(a-bi)=a^2-(bi)^2=a^2-b^2(-1)^2=a^2+b^2$

이므로, 어떤 복소수와 그 켤레복소수의 합과 곱은 각각 실수임을 알 수 있다.

복소수의 사칙연산은 i 가 허수 $\sqrt{-1}$ 을 나타내는 기호이므로 이를 문자로 생각하여 계산한 다음, i^2 을 -1 로 바꾸어 계산하면 된다. 이와 같이 생각하면 다음과 같은 연산법칙을 얻는다.

복소수의 연산법칙

① $(a+bi)+(c+di)=(a+c)+(b+d)i$

② $(a+bi)-(c+di)=(a-c)+(b-d)i$

③ $(a+bi)(c+di)=(ac-bd)+(ad+bc)i$

④ $\dfrac{a+bi}{c+di}=\dfrac{ac+bd}{c^2+d^2}+\dfrac{bc-ad}{c^2+d^2}i$ (단, $c+di\neq 0$)

(2) 복소수의 성질

두 복소수를 덧셈, 뺄셈, 곱셈, 나눗셈한 결과는 모두 $a+bi$ 의 꼴로 나타낼 수 있으므로, 복소수 전체의 집합은 사칙연산에 대하여 닫혀있다. 또한 실수의 범위에서 성립하는 연산에 대한 기본법칙은 모두 복소수의 범위에서도 성립한다.

복소수의 연산에 대한 성질

복소수의 집합과 덧셈, 곱셈에 대하여 다음 성질이 성립한다.

① 덧셈과 곱셈에 대하여 닫혀 있다.

② 덧셈과 곱셈에 대하여 교환법칙과 결합법칙이 성립한다.

② 곱셈의 덧셈에 대한 분배법칙이 성립한다.

③ 덧셈에 대한 항등원 0과 임의의 원소 a에 대한 역원 $-a$가 존재한다.

④ 곱셈에 대한 항등원 1과 0을 제외한 임의의 원소에 대한 역원이 존재한다.

(3) 음수의 제곱근

-4의 제곱근을 x라 하면 $x^2=-4$이고, $(2i)^2=-4$, $(-2i)^2=-4$이므로, -4의 제곱근은 $2i$와 $-2i$이다. 그런데, 4의 제곱근 2, -2를 $\sqrt{4}$, $-\sqrt{4}$로 나타내듯이 -4의 제곱근을 $2i=\sqrt{-4}$, $-2i=-\sqrt{-4}$로 나타내기로 한다.

일반적으로, 임의의 양수 a에 대하여 $-a$의 제곱근을 $\sqrt{-a}=\sqrt{a}\,i$, $-\sqrt{-a}=-\sqrt{a}\,i$로 나타내기로 한다.

이 정의에 의하면 임의의 양수 a, b에 대하여 다음 성질이 성립한다.

$$\sqrt{-a}\sqrt{-b}=(\sqrt{a}\,i)(\sqrt{b}\,i)=\sqrt{a}\sqrt{b}\,i^2=-\sqrt{ab},$$

$$\frac{\sqrt{-a}}{\sqrt{-b}}=\frac{\sqrt{a}\,i}{\sqrt{b}\,i}=\frac{\sqrt{a}}{\sqrt{b}}=\sqrt{\frac{a}{b}}.$$

발전연구 2-1-6

(1) 허수의 기원

1550년 이탈리아의 수학자 봄벨리(R. Bombelli, 1526~1573)가 어떤 방정식의 해를 나타내기 위하여 $\sqrt{-1}$, $\sqrt{-2}$ 등과 같은 수를 소개하였다. 이때, 수학자들은 이것을 수로 받아들이지 않았다.

17세기의 대표적인 독일의 수학자 라이프니츠(G.W. Leibniz)도 이런 수를 가상적인 양이라고 생각하여 허수(imaginary number)라고 불렀다. 현재 허수의 단위로 사용하는 문자 i를 처음 사용한 사람은 오일러(L. Euler)이다. 허수는 역사적으로 한동안 수로 인정을 받지 못하였으나 좌표평면에서 x축을 실수축, y축을 허수축으로 놓고 표현한 후부터 비로소 수로써 인정되었다. 이렇게 표현함으로써, 우리가 지금까지 사용한 실수는 일차원의 수인데 비해 복소수는 이차원의 수가 되었다. 즉, 복소수가 끝없이 넓은 대평원이라면 실수는 그 평원에 나 있는 한줄기 길일뿐이다. 오늘날 복소수는 기계공학이나 전기 공학 등에서 없어서는 안 될 중요한 수이다.

연구과제 2-1-6

1. 다음 복소수 중에서 허수를 찾아라.

   (1) $1+i$ (2) $0+0i$

   (3) $\sqrt{(-1)^2}$ (4) i^2

2. 다음 계산을 하여라.

   (1) $\sqrt{-3}\,\sqrt{-5}$ (2) $\dfrac{\sqrt{-27}}{\sqrt{-3}}$

   (3) $\sqrt{-32}-\sqrt{-8}$ (4) $\dfrac{1+\sqrt{3}\,i}{i}$

3. 집합 $\{i,\,-1,\,i,\,-i\}$는 곱셈에 대하여 닫혀 있음을 확인하고, 이를 이용하여 i^{2002}의 값을 구하여라.

4. $w=\dfrac{1}{2}(-1+\sqrt{3}\,i)$일 때, $w^{12}+w^7+1$의 값을 구하여라.

5. 허수 사이에는 대소 관계를 정의하지 않는다. 그 이유에 대하여 설명하여라.

지도상의 유의점 2-1-6

1. 방정식의 풀이의 일반화를 위해 허수가 탄생하게 되었지만, 허수는 다음에 학습할 삼각방정식이나 벡터에 유용하게 사용되는 개념임을 설명함으로써 그 유용성을 이해하게 한다.

7 근삿값

1) 근삿값과 오차

물건의 개수나 값 등과 같이 여러 가지 양의 실제 크기를 나타낸 값을 **참값**(exact value)이라고 하고, 측정 기구를 이용하여 측정하여 얻어진 값을 **측정값**(measurement value)이라고 한다. 측정값은 참값일 수도 있으나 일반적으로 참값에 가까운 값이다. 측정값과 같이 참값은 아니지만 참값에 가까운 값을 **근삿값**(approximate value)이라고 한다.

반올림(rounding)하여 얻은 근삿값이 4.3 이면 이 값은 4.25 이상 4.35 미만인 수를 반올림하여 얻은 수이다. 따라서 참값의 범위는

$$4.25 \le (\text{참값}) < 4.35$$

이다.

근삿값은 참값과 얼마간의 차이가 있을 수 있다. 이 차이를 나타내기 위하여 다음과 같은 **오차**(error)의 개념을 도입한다.

$$(\text{오차}) = (\text{근사값}) - (\text{참값})$$

오차의 절댓값이 어떤 값 이하이면 그 값을 근삿값에 대한 **오차의 한계**(limit of error)라고 한다. 이를테면, 반올림하여 얻은 근삿값이 4.3m 이면

$$4.25\text{m} \le (\text{참값}) < 4.35\text{m}$$

이므로, 오차의 한계는 0.05m 이다.

2) 근삿값의 표현

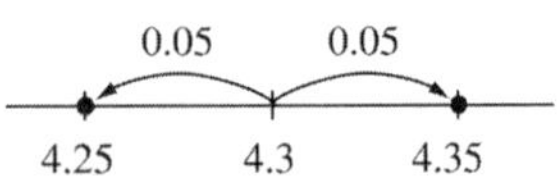

참값 3900.3 을 소수 첫째 자리에서 반올림하여도, 3901 을 일의 자리에서 반올림하여도, 3900 을 십의 자리에서 반올림하여도 그 결과는 근삿값 3900 으로 서로 같다.

근삿값 3900 이 일의 자리에서 반올림한 경우 3, 9, 0 은 믿을 수 있는 숫자이고 그 뒤의 0 은 단순히 일의 자리를 나타내기 위한 숫자이다. 근삿값 3900 이 십의 자리에서 반올림하여 얻어진 근삿값이라면 믿을 수 있는 숫자는 3, 9 이고 그 뒤의 0, 0 은 십의 자리와 일의 자리를 나타내기 위한 숫자이다. 이와 같이 근삿값을 나

타내는 숫자 중에서 믿을 수 있는 숫자를 근삿값의 **유효숫자**(significant digit)라고 한다.

근삿값 3900 에서 유효숫자가 3, 9, 0 인 경우 이 근삿값을

$$3.90\times10^3$$

으로 나타낸다. 근삿값 3.9×10^3 은 십의 자리에서 반올림하여 얻어진 근삿값으로서 믿을 수 있는 숫자는 3, 9 이다.

일반적으로, 유효숫자를 사용한 근삿값의 표현은 다음과 같은 형식으로 나타낸다.

$$a\times10^n \text{ 또는 } a\times\frac{1}{10^n} \text{ (단, } 1\le a<10\text{ , } n\text{ 은 양의 정수)}$$

3) 근삿값의 계산

근삿값 36m 는 오차의 한계가 0.5m 이고 근삿값 25.1m 의 오차의 한계는 0.05m 이다. 이 두 근삿값의 합을

$$36\text{m}+25.1\text{m}=57.1\text{m}$$

라고 한다면, 0.1m 는 오차의 한계보다도 작은 수이므로 덧셈에서 의미가 없는 수이다. 그러므로 57m 라고 하는 것이 더 타당하다.

근삿값의 사칙연산의 방법은 근삿값의 속성상 일의적으로 정하여지지 않기 때문에 사용자의 판단에 의하여 계산되어지는 경우가 있으며, 일반적으로는 근삿값의 사칙계산을 간단히 하는 것으로 목적으로 다음의 알고리즘을 따른다.

근삿값의 사칙연산

덧셈(뺄셈)은 오차의 한계가 가장 큰 수에 맞추어 반올림을 한 후에 덧셈(뺄셈)을 한다.

곱셈(나눗셈)은 유효숫자의 개수가 가장 적은 수에 맞추어 반올림을 한 후에 곱셈(나눗셈)을 한 다음 그 결과를 곱셈한 수의 유효숫자의 개수에 맞게 반올림한다.

발전연구 2-1-7

(1) 측정값과 어림수

근삿값에는 참값을 모르는 상태에서 측정하여 얻어진 측정값과 참값을 알지만 정밀한 값을 사용할 필요가 없는 경우 또는 정확하게 말할 수 없는 경우에 쓰이는 어림수로 분류할 수 있다.

근삿값으로 어림수를 택하는 것이 편리한 경우로서 다음과 같은 것들을 생각할 수 있다.

① 참값은 있으나, 자세한 값이 필요하지 않은 경우: 지난달에 사용한 용돈은 약 20만원이다.

② 양의 크기가 수시로 변하여 일정하지 않은 경우: 서울의 인구는 약 1200만 명이다.

③ 어떤 양을 고정된 단위에 맞추려는 경우: 여기 있는 연필은 약 3다스 가량이다.

④ 나눗셈에서 나누어떨어지지 않을 때 그 몫을 말하는 경우: 10m 의 나무를 세 토막으로 나누면 한 토막의 길이는 약 3.3cm 이다.

연구과제 2-1-7

1. 반올림하여 얻은 근삿값이 2.54kg 일 때 참값의 범위를 구하여라.

2. 다음 측정값의 오차의 한계를 구하여라.

(1) 27.5g (2) 3.45kg (3) 0.051m

3. 다음 측정값의 유효숫자를 말하여라.

(1) 4.56 × 103kg (2) 0.054kg (3) 1.230 × 103kg

지도상의 유의점 2-1-7

1. 근삿값의 덧셈과 뺄셈을 계산할 경우, 계산을 간편히 하기 위하여 먼저 오차의 한계가 큰 수와 끝자리가 같게 정리한 다음 덧셈과 뺄셈을 계산하였다. 지금은 계산기의 발달로 인하여 두 근삿값을 곧장 계산 한 다음 끝자리를 상황에 따라 적당히 맞추는 것이 일반적이다. 예를 들면, 10개의 근삿값 중에서 9개는 오차의 한계가 0.05 이고 나머지 한 개만 오차의 한계가 0.5 일 때, 그 계산한 결과의 오차의 한계는 0.5 보다는 0.05 로 하는 것이 더 바람직하고 볼 수 있다.
2. 일상생활에서는 두 근삿값의 곱셈을 구한 다음 오차의 한계가 큰 수와 같은 오차의 한계를 갖도록 반올림하여 사용하는 것이 일반적이다. 수학적 이론에 의하면, 두 근삿값을 유효숫자의 개수가 작은 쪽으로 반올림하여 맞춘 후 그 두 수를 곱한 다음 그 결과를 다시 유효숫자의 개수가 작은 것의 유효숫자의 개수와 같게 되도록 하여 계산하는 것이 일상적인 계산 방법보다는 더 합리적이라고 볼 수 있다. 그러나 이 방법에서도 오차의 한계의 영향을 많이 받고 있으므로, 현재는 위에서 소개한 바와 같은 방법으로 간단히 처리하는 것이 일반적이다.

2.
문자와 식

1 문자의 사용과 식의 계산

1) 문자 사용의 필요성

수학에서 사용하는 문자는 미지수, 변수, 상수, 특수한 수, 수학적 조작 등을 나타내며, 문자의 사용은 수학적인 표현을 간결하면서도 정확하게 표현할 수 있게 할 뿐만 아니라 수학적인 성질을 일반화하기에도 용이하게 한다.

문자는 수학에서 반복적으로 많이 사용하면서도 간단히 나타낼 수 없는 수, 예를 들면 원주율이나 자연대수의 밑을 나타내는 수는 그 참값을 숫자로는 표시할 수 없지만 문자 π 와 e 를 사용하여 간단히 나타낼 수 있다. 그리고 특수한 수학적 조작을 하게 하는 기호, 예를 들면 적분 기호 $\int$ 나 수열의 합을 구하게 하는 기호 $\sum$ 등은 수학적인 문장을 간결하고 정확하게 표현할 수 있게 할 뿐만 아니라 수학적인 사고를 유연하게 할 수 있게 한다.

수학에서 문자를 사용하면 다음과 같은 이점이 있다.

첫째, 문자는 임의의 수를 대신함으로서 구체적인 수학적 성질을 일반화하는 데 도움을 준다. 이를테면, 두 수의 덧셈에서 교환법칙이 성립함을 $2+3=3+2$, $5+7=7+5$, $\cdots$ 와 같은 구체적인 예를 일일이 조사하여 설명할 수는 없다. 이 경우, 임의의 두 수를 a, b 라 할 때 $a+b=b+a$ 임을 설명함으로서 ($a+b$ 를 a 개의 벽돌에 b 개의 벽돌을 포개어 놓은 벽돌의 총 개수라고 하면 이것을 그 역순으로 놓은 것은 $b+a$ 개가 되며 벽돌의 총수는 변하지 않음을 설명함) 덧셈에 대하여 교환법칙이 성립함을 설명할 수 있다. 또, 초항 a, 공차 d 인 등차수열의 임의의 항(일반항)을 문자 n 을 사용함으로서 나타낼 수 있다.

둘째, 문자는 양적인 대상뿐만 아니라 비 양적인 대상도 나타낼 수 있어서 그들에 대한 성질을 수학적으로 사고할 수 있게 한다. 이를테면, 로그, 삼각비, 벡터, 행렬 등도 문자로 나타내어 그 성질을 탐구할 수 있다.

셋째, 문자를 사용함으로써 이질적인 성질들을 하나의 모델로 나타낼 수 있다. 예를 들면 물체의 자유낙하운동 거리, 자동차의 제동 거리, 직사각형의 넓이 등은 이차함수로 나타낼 수 있다.

넷째, 어떤 수학적 성질을 문자로 나타냄으로서 그 의미를 이해하고 기억하기 쉽다. 예를 들면, 삼각형의 넓이를 구하는 공식을

$$(\text{넓이}) = (\text{밑변의 길이}) \times (\text{높이}) \div 2$$

로 나타내는 것보다는 $S = \frac{1}{2}ah$ 로 나타내는 것이 훨씬 간단하며 그 의미를 이해하고 기억하기 쉽다.

2) 문자 사용의 지도 방안

문자 사용의 지도는 구체적인 상황으로부터 점진적 추상화의 과정을 거쳐서 형식화로 지도하는 것이 바람직하다. 중학교 학생들이 문자식의 연산은 잘 다루지만 그 의미를 이해하지 못하는 경우가 많은데, 그 원인은 문자의 의미를 바르게 이해하지 못한 채 그것을 다루는 기교만을 익혔기 때문이라고 생각된다. 문자의 의미를 지도하기 위해서는 미지수로서의 문자와 변수로서의 문자의 의미를 구체적이고 다양한 상황을 통해 지도하는 것이 바람직하다.

먼저, 미지수로서의 문자의 의미를 지도하는 한 방안으로 다음 순서를 생각해 볼 수 있다.

첫째, 구체물을 나타내는 그림을 이용하여 세운 등식에서 그 중 한 그림을 보자기로 덮고 그 밑에 있는 그림을 알아보게 한다.

둘째, 보자기가 있는 자리를 괄호 ( ) 또는 □를 사용하여 그 안에 들어갈 수를 알아보게 한다.

셋째, 기호 ( ) 또는 □를 문자 x 로 대신하여 나타내고 x 의 값을 알아보게 한다.

넷째, 문제 상황을 여러 가지로 바꾸어서 위와 같은 절차를 반복함으로써 □와 x 는 상황에 따라서 여러 가지 수를 나타낼 수 있음을 인식하게 한다.

다섯째, 구체적인 방정식의 의미가 이해된 다음에는 미지수의 계수를 문자로 대신함으로서 임의의 방정식을 나타내는 방법을 이해하게 한다.

이제 변수로서의 문자의 의미를 지도하는 한 방안을 생각해 보자.

변수(variable)란, 두 개의 대상이 있어서 한 대상의 값이 변할 때 그에 따라서 다른 대상의 값도 변할 경우, 각 대상을 나타내는 문자들을 뜻한다. 두 대상이 따라서 변할 때, 먼저 변하는 대상을 **독립변수**(independent variable)라 하고 그것에 따라서 변하는 변수를 **종속변수**(dependent variable)라고 한다. 이와 같은 변수 개념은 변수의 동적인 성질을 잘 나타내는 것으로서 고전적인 변수의 개념이라고 하겠다. 변수의 다른 개념은 두 집합 사이의 대응을 생각할 때, 정의역의 모든 원소와 공변역의 모든 원소를 각각 나타내는 문자를 변수라고 한다. 이때 변수의 개념은 수량 관계뿐만 아니라 비수량적인 것도 포함할 수 있다. 이를테면, 자판기에서 물건을 선택하는 버튼과 그 결과로 나오는 물건 사이의 관계를 각각을 대표하는 변수를 사용하여 나타낼 수 있다.

3) 문자의 사용과 식

문자를 사용하여 식을 나타낼 때에는 다음의 규약을 따른다.

(1) 문자와 문자 사이의 곱셈 기호는 생략하고 알파벳의 순으로 쓴다.
(2) 수와 문자 사이의 곱셈 기호는 생략하고 수를 문자 앞에 쓴다.
(3) 수와 괄호, 문자와 괄호, 괄호와 괄호 사이의 곱셈기호는 생략한다.
(4) $1, -1$ 과 문자의 곱셈에서 1 은 생략한다.
(5) 같은 문자의 곱은 거듭제곱으로 나타낸다.
(6) 특정한 수를 나타내는 문자(예: 원주율 π)는 일반문자 앞에 쓴다.
(7) 문자식에서는 보통 나눗셈 기호는 쓰지 않고 분수의 꼴로 나타낸다.
(8) 문자식에서 곱셈기호가 생략된 부분은 하나의 문자로 간주한다. 예를 들어 보면,

$$x \div yz$$

에서 yz 는 하나의 문자로 간주하여 $\frac{x}{yz}$ 와 같은 것으로 본다.

문자가 있는 식에서 문자에 수를 넣는 것을 문자에 수를 **대입**(substitution)한다고 하며, 문자에 수를 대입하여 얻은 값을 **식의 값**(value of the expression)이라고 한다.

식 $-3x+4y-5$ 는 $(-3x)+(4y)+(-5)$ 와 같이 덧셈으로 나타낼 수 있다. 이때 덧셈을 이루는 식 $-3x,\ 4y,\ -5$ 를 각각 이 식의 **항**(term)이라고 한다. 특히,

-5와 같이 수만으로 이루어진 항을 **상수항**(constant term)이라고 한다. 식 $2x-3y+4$에서 항은 $2x$, $-3y$, 4이다.

하나 이상의 항의 합으로 이루어진 식을 **다항식**(polynomial)이라고 하며 하나의 항만으로 이루어진 식을 **단항식**(monomial)이라고 한다. 수와 문자의 곱으로 이루어진 항에서 곱해진 수를 그 문자의 **계수**(coefficient)라고 한다. 예를 들면, 항 $-3y$에서 y의 계수는 -3이다. 항에 포함되어 있는 어떤 문자의 곱해진 개수를 그 문자에 관한 항의 **차수**(degree)라고 한다. 예를 들면, x에 관한 항 $3x^2$의 차수는 2이다. 한 다항식에서 가장 큰 항의 차수를 그 다항식의 차수라고 한다. 차수가 1인 다항식을 **일차식**(linear expression), 차수가 n인 다항식을 n **차식**(n-th degree expression)이라고 한다. 다항식에서 곱해진 문자의 종류와 그 개수가 같은 항들을 **동류항**(similar term)이라고 한다. $ax+bx=(a+b)x$와 같이 동류항이 들어 있는 다항식에서는 동류항끼리 모아서 간단히 나타낼 수 있다.

4) 식의 계산

문자를 사용한 식의 계산은 수식의 계산과 같은 방법으로 실행한다. 즉, 덧셈, 뺄셈, 곱셈, 나눗셈이 혼합되어 있는 경우는 곱셈과 나눗셈을 먼저 계산하며, 덧셈과 뺄셈을 그 순서대로 계산한다. 왜냐하면 문자는 수를 대신하기 때문이다.

식의 계산을 할 때에 다음의 지수법칙을 사용하면 편리하다.

지수법칙

$a \neq 0$, m, n이 자연수일 때

(1) $a^m \times a^n = a^{m+n}$

(2) $(a^m)^n = a^{mn}$

(3) $m > n$이면 $a^m \div a^n = a^{m-n}$

(4) $m = n$이면 $a^m \div a^n = 1$

(5) $m < n$이면 $a^m \div a^n = \frac{1}{a^{n-m}}$

(6) $(ab)^n = a^n b^n$, $\left(\frac{b}{a}\right)^n = \frac{b^n}{a^n}$

5) 다항식의 곱셈과 인수분해

다항식의 계산은 식의 계산과 같이 분배법칙과 지수법칙을 이용하여 하나의 다항식으로 나타낸 다음 동류항을 정리하면 된다. 다항식과 다항식의 곱을 하나의 다항식으로 나타내는 것을 **전개**(development)한다고 하며, 전개하여 얻은 다항식을 **전개식**(expansion)이라고 한다.

다항식의 곱셈을 지도하기 위해서는 두 단항식의 곱셈, 단항식과 다항식의 곱셈, 다항식과 다항식의 곱셈의 순서로 지도한다. 단항식의 곱셈은 지수가 자연수인 지수법칙을 이용하고, 단항식과 다항식의 곱셈은 분배법칙 $a(b+c)=ab+ac$를 이용한다. 또, 다항식과 다항식의 곱셈은 하나의 다항식을 한 문자로 치환하여 단항식과 다항식의 곱으로 변환하여 전개한 다음, 치환한 문자를 원래의 다항식으로 치환하여 단항식과 다항식의 곱을 계산하면 된다. 다항식의 곱셈 중 기본이 되는 것을 모아 **곱셈공식**이라고 하며, 이 공식을 한 다항식을 두 다항식의 곱으로 볼 때 **인수분해 공식**이라고 한다. 즉, 곱셈공식과 인수분해 공식은 동일한 공식이다.

곱셈 공식	인수분해 공식
$(a+b)(c+d)=ac+ad+bc+bd$	$ma+mb=m(a+b)$
$(a+b)^2=a^2+2ab+b^2$	$a^2+2ab+b^2=(a+b)^2$
$(a-b)^2=a^2-2ab+b^2$	$a^2-2ab+b^2=(a-b)^2$
$(a+b)(a-b)=a^2-b^2$	$a^2-b^2=(a+b)(a-b)$
$(x+a)(x+b)=x^2+(a+b)x+ab$	$x^2+(a+b)x+ab=(x+a)(x+b)$
$(ax+b)(cx+d)=acx^2+(ad+bc)x+bd$	$acx^2+(ad+bc)x+bd=(ax+b)(cx+d)$
$(a+b)^3=a^3+3a^2b+3ab^2+b^3$	$a^3+3a^2b+3ab^2+b^3=(a+b)^3$
$(a-b)^3=a^3-3a^2b+3ab^2-b^3$	$a^3-3a^2b+3ab^2-b^3=(a-b)^3$
$(a+b)(a^2-ab+b^2)=a^3+b^3$	$a^3+b^3=(a+b)(a^2-ab+b^2)$
$(a-b)(a^2+ab+b^2)=a^3-b^3$	$a^3-b^3=(a-b)(a^2+ab+b^2)$

6) 다항식의 나눗셈

다항식을 단항식으로 나누는 나눗셈은 지수법칙에 의하여 처리할 수 있다. 예를 들면,

$$\frac{2x^3-3x^2+x-5}{2x^2}=x-\frac{3}{2}+\frac{1}{2}x^{-1}-\frac{5}{2}x^{-2}$$

과 같이 간단히 처리한다.

여기서는 다항식을 다항식으로 나누는 것에 대하여 알아보자.

다항식 A, B, Q, R에 대하여

$$A = BQ + R \quad (\text{단, } R\text{의 차수} < B\text{의 차수})$$

일 때, A를 B로 나눈 **몫**은 Q, **나머지**(remainder)는 R이라고 한다. 특히, $R=0$ 일 때 A는 B로 나누어떨어진다고 한다.

7) 항등식

주어진 식의 문자에 어떤 값을 대입하여도 항상 성립하는 등식을 그 문자에 대한 **항등식**(identity)이라고 한다. 항등식에 대하여 다음 성질이 성립한다.

항등식의 성질

① $ax^2+bx+c=0$이 x에 대한 항등식일 필요충분조건은 $a=b=c=0$ 이다.

② $ax^2+bx+c=a'x^2+b'x+c'$이 x에 대한 항등식일 필요충분조건은 $a=a', b=b', c=c'$이다.

위의 ①과 ②는 서로 동치이다.

항등식의 성질을 이용하여 등식의 계수를 결정하는 방법을 **미정계수법**(method of undetermined coefficient)이라고 한다. 미정계수법에는 항등식의 양변에서 차수가 같은 항을 비교하여 계수를 결정하는 **계수비교법**(method of coefficient comparison)과 항등식의 문자에 임의의 수를 대입하여 계수를 결정하는 **수치대입법**(method of number substitution)이 있다.

예를 들면, 등식

$$a(x-1)(x+1)+b(x-1)+c(x+1)=2x^2+x+1$$

이 항등식이 되도록 상수 a, b, c를 정하는 방법으로서 다음 두 가지가 있다.

1. 수치대입법

양변에 $x=1$을 대입하면 $2c=4$ $\quad \therefore c=2$

양변에 $x=-1$을 대입하면 $-2b=2$ $\quad \therefore b=-1$

양변에 $x=0$을 대입하면 $-a-b+c=1$ $\quad \therefore a=2$

2. **계수비교법**

좌변을 전개하여 정리하면

$$ax^2+(b+c)x+(-a-b+c)=2x^2+x+1$$

같은 차수의 항의 계수를 비교하면,

$$a=2,\ b=-1,\ c=2$$

미정계수법을 사용할 때, 수치대입법을 사용할 것인지 계수비교법을 사용할 것인지는 문제의 상황을 고려하여 계산 과정이 더 간편한 방법을 택하면 된다.

8) 나머지정리와 인수정리

x에 대한 다항식 $f(x)$를 일차식 $x-a$로 나눌 때의 몫을 $Q(x)$, 나머지를 R라 하면

$$f(x)=(x-a)Q(x)+R$$

이 식에서 나머지 R을 구하려면 $(x-a)Q(x)$의 값을 0이 되게 하면 된다. 그렇게 하기 위해서는 이 등식에 $x=a$를 대입하면 된다. 따라서, 나머지는 $R=f(a)$이다. 이와 같은 방법으로 다항식을 일차 다항식으로 나눌 때의 나머지를 구하는 방법을 **나머지정리**(remainder theorem)라고 한다.

일차식 $x-a$가 다항식 $f(x)$의 인수일 조건은 $f(a)=0$이다. 이것을 **인수정리**(factor theorem)라고 한다.

다항식 $f(x)$를 $x-a$로 나눌 때 $f(x)$의 각 항의 계수와 a를 이용하여 몫과 나머지를 구하는 한 방법으로 다음 예와 같은 **조립제법**(synthetic division)이 있다.

예: $2x^3+3x^2+4x+5$를 $x-2$로 나눌 때의 몫과 나머지를 구하여라.

$$\begin{array}{c|cccc} 2 & 2 & 3 & 4 & 5 \\ & & 4 & 14 & 36 \\ \hline & 2 & 7 & 18 & \boxed{41} \end{array}$$

몫: $2x^2+7x+18$, 나머지: 41

위와 같은 나눗셈의 방법을 조립제법이라고 한다.

9) 약수와 배수

정수의 경우와 마찬가지로, 두 개 이상의 다항식의 공통인 약수를 이들 다항식의 **공약수**(common divisor)라고 하고, 이 중에서 차수가 가장 높은 것을 **최대공약수**(greatest common divisor, G.C.D.)라고 한다. 특히, 두 개의 다항식에서 일차식 이상의 공약수가 없을 때, 이 두 다항식은 **서로소**(disjoint)라고 한다. 또, 두 개 이상의 다항식의 공통인 배수를 이들 다항식의 **공배수**(common multiple)라고 하고, 이 중에서 차수가 가장 낮은 것을 **최소공배수**(least common multiple, L.C.M.)라고 한다. 두 개 이상의 다항식의 공약수나 공배수를 구하기 위해서는 먼저 이들을 인수분해한 다음 공약수나 공배수를 구하면 된다.

최대공약수와 최소공배수 사이에는 다음과 같은 성질이 있다.

최대공약수와 최소공배수의 성질

최고차항의 계수가 1인 두 다항식 A, B의 최대공약수를 G, 최소공배수를 L이라 할 때,

① $A=GA'$, $B=GB'$ (단, A'와 B'은 서로소)

② $L=GA'B'$

③ $AB=GL$

10) 유리식과 무리식

(1) 유리식

두 다항식 A, B에 대하여 $\frac{A}{B}$(단, $B\neq 0$)꼴로 나타내어진 식을 **유리식**(rational expression)이라고 한다. 특히, 분모에 상수가 아닌 문자를 포함한 유리식을 **분수식**(fractional expression)이라고 한다. 예를 들면, 식 $\frac{x+1}{x^2}+1$은 유리식인 동시에 분수식이며, 식 $\frac{x+1}{3}$은 유리식이지만 분수식은 아니다. 유리식에서 문자는 수를 대신하므로 유리식의 성질과 유리식의 사칙연산에 대하여 다음 성질이 성립한다.

유리식의 연산

① 유리식의 분자, 분모에 0이 아닌 같은 수로 곱하거나 나누어도 그 값은 변하지 않는다.

② 유리식의 덧셈과 뺄셈은 분모를 통분한 후 분자끼리 더하거나 뺀다.
③ 분수식의 곱셈은 분자끼리의 곱을 분자로, 분모끼리의 곱을 분모로 한다.
④ 분수식의 나눗셈은 나누는 식의 역수를 곱하는 곱셈으로 고쳐 계산한다.

(2) 무리식

거듭제곱근호 안에 문자가 포함되어 있는 식 중에서 유리식으로 나타낼 수 없는 것을 **무리식**(irrational expression)이라고 한다. 무리식을 다룰 때는 근호 안의 식의 값이 음이 아닌 경우만을 생각한다. 무리식에서도 문자는 수를 대신하므로 무리식의 계산은 무리수의 계산과 같은 방법으로 한다.

어떤 식의 분모가 무리식일 때, 분모와 분자에 적당한 수 또는 식을 곱하여 분모가 근호를 포함하지 않도록 변형하는 것을 무리식의 **분모의 유리화**(rationalization of denominator)라고 한다.

근호 안에 근호가 들어 있는 것을 **이중근호**(double radical sign)라고 한다. 바깥 근호 안의 수식을 변형하여 완전제곱 꼴로 고칠 수 있으면, 이 식을 이중근호가 없는 식으로 변형할 수 있다. 이중근호의 변형은 다음과 같은 경우에 가능하다.

이중근호의 변형

$a \geq b \geq 0$일 때,

$$\sqrt{a+b+2\sqrt{ab}} = \sqrt{a}+\sqrt{b},$$
$$\sqrt{a+b-2\sqrt{ab}} = \sqrt{a}-\sqrt{b}$$

연구과제 2-2-1

1. 중학교 수준의 수학에서 사용하는 문자나 기호의 종류를 조사해 보아라.

2. 수학에서 사용하는 문자나 기호와 컴퓨터 프로그램에서 사용하는 문자나 기호 사이의 차이점을 조사하여라.

3. 원주율을 나타내는 기호 π, 제곱근을 나타내는 기호 $\sqrt{\quad}$, 미지수를 나타내는

기호 x가 어떻게 하여 사용되기 시작하였는지 조사하여라.

4. 다음 식을 인수분해 하여라.

(1) x^2-3x+2 (2) $2x^4-4x^2+2$

(3) $2x^3-x^2+x-1$ (4) $y^3+xy^2-2x^2-2xy+x+y$

5. 인수정리를 설명하고, 위의 다항식을 인수정리를 이용하여 인수분해 하여라.

6. 다음을 증명하여라.

(1) $ax^2+bx+c=0$이 x에 대한 항등식일 필요충분조건은 $a=b=c=0$이다.

(2) $ax^2+bx+c=a'x^2+b'x+c'$이 x에 대한 항등식일 필요충분조건은 $a=a'$, $b=b'$, $c=c'$이다.

7. 다항식 $f(x)$를 $x-1$, $x+2$로 나눌 때의 나머지를 각각 -3, 2라 할 때, $f(x)$를 $(x-1)(x+2)$로 나누었을 때의 나머지를 구하여라.

8. $f(x)$를 $ax+b$로 나누었을 때의 나머지를 구하여라.

9. 조립제법을 이용하여 다음 나눗셈의 몫과 나머지를 구하여라.

(1) $(2x^3+x^2-3x+4)\div(x-1)$ (2) $(x^3-x+4)\div(2x-1)$

10. 유클리드의 호제법 원리를 설명하는 과정(p.191～192)에서 A, B의 최대공약수는 B, R_1의 최대공약수와 같음을 증명하여라.

11. 두 다항식 x^3-2x^2-x+2, x^3-4x^2+5x-2의 최대공약수를 유클리드의 호제법을 이용하여 구하여라.

12. 다음 식을 인수분해 하여라.

(1) $64x^3-48x^2+12x-1$ (2) x^4+x^2+1

(3) x^3+3x^2-4

13. 인수분해가 가능한 다항식의 계수는 일반적으로 정수이다. 그 이유를 설명하여라.

14. 다항식을 인수분해할 경우 '수인수'에 대하여 설명하여라.

15. 대수식 $3x^{3/2}-9x^{1/2}+6x^{-1/2}$을 인수분해 하여라.

16. $a:b=c:d$일 때, 다음 식이 성립함을 증명하여라.

(1) $\dfrac{a}{b}=\dfrac{c}{d}=\dfrac{a+c}{b+d}$ (단, b, d, $b+d$는 0이 아님)

(2) $\dfrac{a-c}{b-d}=\dfrac{a}{b}$

(3) $\dfrac{a+b}{a-b}=\dfrac{c+d}{c-d}$

17. 다음 식을 간단히 하여라.

(1) $\sqrt{2-\sqrt{3}}$

(2) $\sqrt{4-\sqrt{12}}$

(3) $\sqrt{4-\sqrt{15}}$

18. $\sqrt{19-8\sqrt{3}}$의 정수부분을 a, 소수부분을 b라 할 때, $a+b+\dfrac{1}{b}$의 값을 구하여라.

지도상의 유의점 2-2-1

1. 수학에서 다루는 문자는 임의의 수를 대신하는 것임을 이해할 수 있도록 다양한 상황을 만들어서 지도하는 것이 중요하다. 고등학교 수준에서는 문자가 임의의 수뿐만 아니라 식, 함수, 행렬 등과 같은 수가 아닌 것도 나타낸다. 이때는 그 문자가 무엇을 나타내는지를 정의한 후 사용하는 것이 바람직하다.
2. 문자를 사용하여 식을 간단히 나타낼 수 있음을 인식하게 하고 식의 값을 구하여 보게 한다.
3. 일차식의 계산은 하나의 문자에 관한 일차식만을 다루고, 일차방정식을 푸는 데 도움이 되는 정도로 다룬다.
4. 다항식의 계산의 기본 원리는 항등식의 성질임을 알고 식의 계산에 관한 여러 가

지 성질들 사이의 관계를 이해할 수 있게 한다.

5. 다항식의 계산의 기본 원리를 잘 이해하지 못하는 학생들을 위해서는 다항식의 각 항을 구체적인 수로 생각하여 그 원리를 설명하는 것이 효과적일 수 있다. 다항식에서 문자는 수를 대신한 것이며 중학교 수준의 학생들은 수의 계산에는 익숙해 있기 때문이다.
6. 인수분해가 가능한 다항식의 계수는 일반적인 정수이다. **수인수가 나오는 경우는 취급하지 않는 것이 바람직하다.**
7. 무리식은 근호 안이 일차식 이거나 이차식인 간단한 경우만 다루도록 한다.

2 방정식과 부등식

1) 일차방정식

숫자 또는 문자를 사용한 식

$$3+5=8,\, 2x-5=7$$

과 같이 등호 "="를 사용하여 두 수 또는 식이 같음을 나타낸 식을 **등식**(equality)이라고 한다. 등식에서 등호의 왼쪽에 있는 식을 **좌변**(left side), 오른쪽에 있는 식을 **우변**(right side), 좌변과 우변을 통틀어 **양변**(both sides)이라고 한다.

등식

$$2x-5=7$$

과 같이 x 의 값에 따라 참이 되기도 하고 거짓이 되기도 하는 등식을 x 에 관한 **방정식**(equation)이라고 한다. 이때, x 를 **미지수**(unknown)라고 한다. 방정식을 참이 되게 하는 x 의 값을 그 방정식의 **해**(solution) 또는 **근**(root)이라고 한다. 어떤 방정식의 해를 구하는 것을 그 방정식을 **푼다**(solve)고 한다. 등식

$$2x+4=2(x+2)$$

와 같이 x 에 어떤 수를 대입하여도 항상 참인 등식을 **항등식**(identity)이라고 한다.

방정식을 풀 때는 다음과 같은 등식의 성질을 이용한다.

등식의 성질

(1) 양변에 같은 수를 더하여도 등식은 성립한다.

$$a=b \text{ 이면 } a+c=b+c.$$

(2) 양변에 같은 수를 빼어도 등식은 성립한다.

$$a=b \text{ 이면 } a-c=b-c$$

(3) 양변에 같은 수를 곱하여도 등식은 성립한다.

$$a=b \text{ 이면 } ac=bc$$

(4) 양변을 0 이 아닌 같은 수로 나누어도 등식은 성립한다.

$$a=b \text{ 이면 } \frac{a}{c}=\frac{b}{c} (\text{단, } c \neq 0)$$

등식의 성질을 지도하는 한 방안으로서 천칭저울(양팔저울)을 사용하여 양쪽에 같은 양을 더하거나 덜어내어도 저울의 균형은 변하지 않음을 관찰함으로써 등식의 성질을 이해하게 할 수 있다. 또 다른 방법으로는 수로서 만들어진 등식의 양변에 구체적인 수를 더하거나, 빼거나, 곱하거나, 나누어도 그 결과는 항상 같음을 보여주고 이때 처음의 식을 $a=b$, 이 식에 작용한 수를 c로 둠으로써 위의 등식이 성립함을 이해시킬 수 있다. 등식의 성질을 처음 접하는 초등학교 수준에서는 흔히 천칭저울을 이용하여 그 성질을 지도한다.

등식의 성질을 이용하여 등식의 한 변에 있는 항을 부호를 바꾸어 다른 변으로 옮기는 것을 **이항**(transposition)이라고 한다. 이를테면,

$$x+3=5$$

에서 3 을 이항하면

$$x=5-3$$

이다. 이항은 위의 등식의 성질 중 (1)과 (2)의 결과를 개념화한 것으로써, 일종의 계산의 기교에 해당한다고 하겠다. 계산의 기교보다는 원리의 이해를 중시하는 교과서에서는 이항이란 용어나 개념을 찾아보기 어렵다(예: 미국의 교과서. 일본 교과서는 중학교 1학년에서 이항을 지도함).

방정식의 모든 항을 좌변으로 이항하여 정리한 식이

$$(\text{일차식})=0$$

의 꼴로 변형되는 방정식을 일차방정식이라고 한다. 예를 들면,

$$x+5=-x, \ x^2+3x=x^2-2x+1$$

은 일차방정식이지만,

$$x^2-x=0, \ x-x=0$$

은 일차방정식이 아니다.

일차방정식에서 미지수가 한 개이면 일원일차방정식이라고 하고, 미지수가 두 개이면 이원일차방정식이라고 한다. 일차방정식이라고 하면 일반적으로 미지수가 한 개인 일차방정식을 뜻한다. 미지수가 한 개인 일차방정식은 단 한 개의 근을 가진다. 이 방정식을 좌표평면에 나타내면 좌표축에 평행한 직선을 나타낸다. 예를 들면 미지수가 x 인 일차방정식

$$ax+b=0 \ (\text{단, } a, b \text{ 는 상수, } a \neq 0)$$

은 한 개의 근 $-\dfrac{b}{a}$ 를 가지며, 그 그래프는 y 축에 평행하며, x 축과 $-\dfrac{b}{a}$ 에서 만난다. 미지수가 두 개인 일차방정식

$$ax+by+c=0 \ (\text{단, } a, b, c \text{ 는 상수, } a \neq 0, \ b \neq 0)$$

는 무수히 많은 근을 가지며, 이 방정식을 좌표평면에 나타내면 직선을 나타낸다. 모든 직선의 방정식은 일차방정식으로 나타낼 수 있다.

일반적으로 일차방정식은 다음과 같은 방법으로 푼다.

(1) 계수에 분수나 소수가 들어 있으면 양변에 알맞은 수를 곱하여 계수를 정수로 고친다.
(2) 괄호가 있으면 괄호를 풀고 정리한다.
(3) 등식의 성질을 이용하여 미지수 x 를 포함한 항은 좌변으로, 상수항은 우변으로 모은다.
(4) 양변을 정리하여 $ax=b\,(a \neq 0)$ 의 꼴로 고친다.
(5) x 의 계수 a 로 양변을 나눈다.

방정식을 이용하면 실생활에 관련된 많은 문제들을 해결할 수 있다. 일반적으로 방정식을 이용하여 문제를 풀 때에는 다음과 같은 순서에 따른다.

(1) 구하려는 것을 미지수 x로 놓는다.
(2) 등식 관계가 되는 수량을 찾아 방정식을 세운다.
(3) 방정식을 푼다.
(4) 구한 해가 문제의 뜻에 맞는지를 확인한다.

2) 미지수가 두 개인 연립일차방정식

일반적으로, 미지수가 두 개인 연립일차방정식은 각 방정식을 그래프로 나타낼 때, 한 점에서 만나는 두 직선, 평행인 두 직선, 일치하는 두 직선으로 구분된다. 두 직선이 한 점에서 만날 때 연립방정식은 한 쌍의 근을 가지며, 그 교점의 x좌표는 미지수 x의 값, 교점의 y좌표는 미지수 y의 값을 나타낸다. 두 직선이 평행인 경우는 근을 갖지 못하며, 일치하는 경우는 무수히 많은 쌍의 근을 갖는다.

연립방정식의 근을 대수적인 방법으로 풀이하는 방법에는 **가감법**, **대입법**, **등치법**이 있다. 가감법이란, 두 등식 중의 어느 한 등식에 적당한 상수를 곱한 것을 다른 등식에 더하여 한 개의 미지수를 소거함으로써 이 연립방정식을 푸는 방법이다. 대입법이란 두 등식 중 하나를 $y=f(x)$(또는 $x=g(y)$)의 꼴로 고친 다음 다른 등식의 y에 $f(x)$를 대입(또는 x에 $g(y)$를 대입)하여 한 개의 미지수를 소거하여 연립방정식을 푸는 방법이고, 등치법은 두 등식을 각각 $y=f(x)$, $y=g(x)$의 꼴로 고친 다음 $f(x)=g(x)$의 꼴로 고쳐서 연립방정식을 푸는 방법이다.

연립방정식을 푸는 다른 방법으로는 역행렬을 이용하는 방법과 가우스의 소거법이 있다.

3) 일차부등식과 연립일차부등식

변수가 한 개인 일차부등식 $ax+b>0$의 풀이는 좌변과 우변에서 같은 수 b를 뺀 다음 양변을 a로 나누어 x의 범위를 구하면 된다. 부등식의 양변을 나눌 때, 양수로 나누면 부등식의 방향이 바뀌지 않지만 음수로 나누면 부등식의 방향이 바뀌어진다. 이 성질은 부등식을 (양수)>(양수), (양수)>(음수), (음수)>(음수)인 경우로 구분한 다음 부등식의 각 변을 음수로 나눌 때의 부호와 그 절댓값을 조사해 봄으로써 알 수 있다.

부등식의 성질을 지도하기 위해 수직선을 이용할 수 있다. 연립일차부등식의 해는 두 부등식의 해의 공통집합이다.

4) 이차방정식

이차방정식은 9단계 수학에서 처음으로 지도한다. 방정식의 모든 변을 좌변으로 이항하여 정리하였을 때, 좌변이 x 에 관한 이차식이 되는 방정식, 즉

$$(x \text{ 에 관한 이차식}) = 0$$

의 꼴로 변형되는 방정식을 x 에 관한 **이차방정식**(quadratic equation)이라고 한다. 일반적으로 x 에 관한 이차방정식은

$$ax^2 + bx + c = 0 \, (a,\ b,\ c \text{ 는 상수, } a \neq 0)$$

과 같이 나타낸다.

참고: 방정식 $ax^2 + bx + c = 0$ 을 이차방정식이라고 할 경우에는 $a \neq 0$ 이라는 조건을 명시하지 않아도 된다.

이차방정식의 풀이는 인수분해를 이용하는 방법과 완전제곱식을 이용하는 방법, 근의 공식을 이용하는 방법이 있다.

인수분해를 이용하는 경우, 이차방정식의 한 변을 0 이 되게 정리한 다음 다른 한 변을 인수분해하여

$$(ax + b)(cx + d) = 0$$

의 꼴로 고친 다음

$$ax + b = 0 \quad \text{또는} \quad cx + d = 0$$

에서 x 의 값을 구한다.

이차방정식 $ax^2 + bx + c = 0$ 의 좌변이 인수분해 되지 않는 경우는

$$(ax + b)^2 = c \quad (\text{단, } c > 0)$$

와 같이 한 변을 완전제곱 꼴로 변형한 다음, $ax + b$ 의 값을 구함으로서 이 방정식의 근을 구할 수 있다. 이 방법을 $ax^2 + bx + c = 0$ 에 적용하면

$$x^2+\frac{b}{a}x+\frac{c}{a}=0,\ x^2+\frac{b}{a}x=-\frac{c}{a}$$

$$x^2+\frac{b}{a}x+\left(\frac{b}{2a}\right)^2=-\frac{c}{a}+\left(\frac{b}{2a}\right)^2$$

$$\left(x+\frac{b}{2a}\right)^2=\frac{b^2-4ac}{4a^2}$$

$$x+\frac{b}{2a}=\pm\frac{\sqrt{b^2-4ac}}{2a}\ (\text{단},\ b^2-4ac\ge 0)$$

$$x=-\frac{b}{2a}\pm\frac{\sqrt{b^2-4ac}}{2a}=\frac{-b\pm\sqrt{b^2-4ac}}{2a}$$

즉, 임의의 이차방정식 $ax^2+bx+c=0$ 의 근은 $b^2-4ac\ge 0$ 일 때,

$$x=\frac{-b\pm\sqrt{b^2-4ac}}{2a}$$

임을 알 수 있다. 이 식을 **이차방정식의 근의 공식**(quadratic formula)이라고 한다. 근의 공식을 지도하는 한 방법으로서 계수가 정수인 이차방정식의 근을 위의 절차를 따라하여 본 다음 계수가 문자인 이차방정식의 근을 구하는 과정을 보여 주는 것이 바람직하다. 이와 같은 방법을 **이열방법**(two column method)이라고 한다.

이차방정식의 근의 공식에서 $b^2-4ac=0$ 이면 이 이차방정식은 **중근** $-\frac{b}{2a}$ 를 갖는다. $b^2-4ac<0$ 이면 이 방정식은 서로 다른 두 **허근**(imaginary root; 복소수로 된 근)을 갖는다. b^2-4ac 의 부호는 이차방정식의 근의 성질을 결정함으로 **판별식**(discriminant)이라고, D $=$ b^2-4ac 으로 나타낸다.

5) 근과 계수의 관계

이차방정식 $ax^2+bx+c=0$ 의 두 근을 $\alpha,\ \beta$ 라 하면

$$\alpha+\beta=-\frac{b}{a},\quad \alpha\beta=\frac{c}{a}$$

가 성립하는데, 이 관계를 **근과 계수의 관계**(relation of roots and coefficients)라고 한다. 이 관계식에서 $a=1$ 이면

$$\alpha+\beta=-b,\quad \alpha\beta=c$$

이므로, 이차항의 계수가 1 이고 두 수 α, β를 근으로 하는 이차방정식은

$$x^2-(\alpha+\beta)x+\alpha\beta=0$$

임을 알 수 있다.

한편, $x=\alpha$가 방정식 $f(x)=0$의 근이면 $f(\alpha)=0$이므로, 인수정리에 의하여 $f(x)$는 $(x-\alpha)$를 인수로 갖는다. 따라서, $x=\alpha,\ x=\beta$를 두 근으로 하고 이차항의 계수가 a인 이차방정식은 $a(x-\alpha)(x-\beta)=0$으로 나타낼 수 있다.

6) 삼차방정식과 사차방정식

$f(x)=0$인 꼴의 방정식에서 $f(x)$가 삼차식일 때는 삼차방정식, $f(x)$가 사차식일 때는 사차방정식이라고 한다. 삼차 이상의 방정식을 통틀어 **고차방정식**(equation of higher order)이라고 한다. 이차방정식의 경우 근의 공식을 이용하면 임의의 방정식의 근을 간단히 구할 수 있지만, 삼차방정식이나 사차방정식에 대해서는 비록 근의 공식이 알려져 있지만 일반적으로 간단하지 않다. 특히, 5차 이상의 고차방정식에 대해서는 근의 공식이 없음이 밝혀진 바 있다.

고등학교 수준에서 다루는 삼차방정식 또는 사차방정식은 (좌변)$=0$이 되게 식을 변형한 다음, 식의 일부를 치환하거나 인수정리와 조립제법을 사용하여 인수분해 한 다음 근을 구할 수 있다.

실생활에 관련된 문제해결을 위해 복잡한 방정식의 근을 구할 필요가 있을 경우는 계산기나 컴퓨터를 사용하는 것이 바람직하다. 복잡한 방정식의 실근의 존재나 어떤 범위에서 실근의 근삿값을 구할 필요가 있을 경우는 방정식의 좌변과 우변을 각각 함수로 하는 두 함수의 그래프를 그려 그 교점의 개수나 그 교점의 x좌표값을 읽음으로 그 방정식의 실근의 근삿값을 구할 수 있다.

7) 연립방정식

미지수가 2개인 일차연립방정식은 중학교 수준에서 가감법이나 대입법을 사용하여 푸는 방법을 공부하였다. 고등학교 수준에서는 미지수가 3개인 일차연립방정식을 다루는데, 그 풀이 방법은 미지수가 2개인 연립방정식과 같이 가감법이나 대입법을 사용하여 미지수의 개수를 하나씩 줄여감으로써 그 연립방정식의 해를 구할 수 있다. 그러나 특수한 형태의 연립방정식은 그 모양에 따라 특수한 방법을 사용하여 간단히 풀 수 있는 경우도 있다.

미지수가 두 개인 연립방정식에서 한 방정식이 이차방정식이고 다른 방정식이 이차방정식 또는 일차방정식일 때 이 연립방정식을 **연립이차방정식**(system of quadratic equation)이라고 한다. 한 방정식이 일차방정식인 경우는 그 일차방정식을 한 미지수에 대하여 푼 다음 이차방정식에 대입하여 풀 수 있고, 두 방정식 모두 이차방정식인 경우는 한 이차방정식을 두 개의 일차방정식으로 분해한 다음 이차방정식과 일차방정식의 풀이 방법을 사용하여 풀 수 있다.

8) 분수방정식과 무리방정식

(1) 유리방정식

유리식으로만 이루어진 방정식을 **유리방정식**(rational equation)이라고 하고, 분수식을 포함하는 방정식을 **분수방정식**(fractional equation)이라고 한다.

분수방정식

$$A(x) = B(x) \qquad \cdots ①$$

를 푸는 일반적인 방법은 다음과 같다.

먼저, 방정식 ①의 분모의 최소공배수 $L(x)$를 양변에 곱하여 다항방정식

$$A(x)L(x) = B(x)L(x) \qquad \cdots ②$$

로 변형한다.

둘째, 방정식 ②의 근을 구한다.

셋째, ②의 근 중에서 ①의 분모를 0이 되지 않게 하는 것을 ①의 근으로 한다.

위의 풀이 과정에서 ②의 근 중에서 ①의 분모를 0이 되게 하는 것을 방정식 ①의 **무연근**(extraneous root)이라고 한다. 방정식 ②의 근의 일부는 $L(x)=0$의 근을 포함하는 데, 이 근은 ①의 분모를 0이 되게 하므로 ①의 무연근이 된다.

분수방정식을 풀 때, 분수식의 분모는 0이 될 수 없다. 이 조건을 처음부터 이용하면 무연근은 생성되지 않는다.

(2) 무리방정식

거듭제곱근호를 포함하는 방정식을 **무리방정식**(irrational equation)이라고 한다. 유리수가 아닌 수를 무리수라 하듯이 유리방정식이 아닌 방정식을 무리방정식이라고 정의하는 경우도 있다. 그러나, 유리방정식이 아닌 방정식들 중에는 지수에 미지수가 있는 지수방정식, 로그의 진수나 밑에 미지수가 있는 로그방정식, 삼각함수의 각이

미지수인 삼각방정식 등은 무리방정식의 범위에 포함시키지 않는 것이 일반적이다. 중등학교 수준에서 다루는 무리방정식은 제곱근호를 포함하는 방정식으로서 일반적인 풀이 방법은 다음과 같다.

먼저, 무리방정식을

$$(\text{무리식}) = (\text{유리식}) \qquad \cdots ①$$

의 꼴로 변형한다.

둘째, 방정식 ①의 양변을 제곱하여

$$(\text{다항식}) = (\text{다항식}) \qquad \cdots ②$$

으로 변형한다.

셋째, 방정식 ②의 근 중에서 방정식 ①의 근호 안의 값을 음수가 되지 않게 하는 것을 근으로 택한다.

참고: 방정식 ②의 근 중에서 방정식 ①의 근호 안의 값을 음수가 되게 하는 것을 방정식 ①의 무연근이라고 한다.

9) 부등식의 성질

복소수는 대소 관계를 생각할 수 없으므로, 부등식의 해는 실수 범위에서만 존재한다. 부등식의 해를 구하기 위해서는 다음과 같은 실수에서의 부등식의 성질을 이용하면 된다.

부등식의 성질

① $a > b,\ b > c$ 이면 $a > c$

② $a > b$ 이면 $a + c > b + c,\ a - c > b - c$

③ $a > b,\ c > 0$ 이면 $ac > bc,\ \frac{a}{c} > \frac{b}{c}$

④ $a > b,\ c < 0$ 이면 $ac < bc,\ \frac{a}{c} < \frac{b}{c}$

절댓값 기호가 있는 부등식의 풀이는 다음 성질을 이용하면 편리하다. 양수 c에 대하여

① $|x| < c \Leftrightarrow -c < x < c$,

② $|A| > c \Leftrightarrow A < -c$ 또는 $A > c$

10) 이차부등식과 연립이차부등식

부등식에서 모든 항을 좌변으로 이항하여 정리하였을 때, 좌변이 x에 대한 이차식으로 나타내어지는 부등식을 x에 대한 **이차부등식**(quadratic inequality)이라고 한다. 이차부등식 $ax^2+bx+c>0$ 또는 $ax^2+bx+c<0$의 해는 방정식 $ax^2+bx+c=0$의 해가 서로 다른 두 실근을 가질 경우, 중근을 가질 경우, 허근을 가질 경우로 나누어 생각할 수 있다.

(1) 방정식 $ax^2+bx+c=0$의 해가 서로 다른 두 실근 α, β를 가질 경우(단, $\alpha < \beta$라고 가정함), $(x-\alpha)(x-\beta)>0$ 또는 $(x-\alpha)(x-\beta)<0$의 꼴로 고친 다음 각 항의 부호를 결정하여 해결한다. 이를테면 $\alpha<\beta$이므로 $x-\alpha > x-\beta$이다. 따라서

$$(x-\alpha)(x-\beta)>0 \Leftrightarrow x-\alpha>0, x-\beta>0$$

$$\text{또는 } x-\alpha<0, x-\beta<0$$

$$\Leftrightarrow x>\beta \text{ 또는 } x<\alpha$$

$$(x-\alpha)(x-\beta)<0 \Leftrightarrow x-\alpha>0, x-\beta<0$$

$$\Leftrightarrow \alpha<x<\beta$$

$\alpha<\beta$라 할 때, 위의 성질을 다음과 같은 표로 간단히 나타낼 수 있다.

x	$x<\alpha$	$x=\alpha$	$\alpha<x<\beta$	$x=\beta$	$x>\beta$
$x-\alpha$	$-$	0	$+$	$+$	$+$
$x-\beta$	$-$	$-$	$-$	0	$+$
$(x-\alpha)(x-\beta)$	$+$	0	$-$	0	$+$

(2) 방정식 $ax^2+bx+c=0$의 해가 중근 α를 가질 경우, 부등식을 정리하면 $(x-\alpha)^2>0$ 또는 $(x-\alpha)^2<0$으로 나타낸다. 이때,

$(x-\alpha)^2>0 \Leftrightarrow x$는 α를 제외한 모든 실수

$(x-\alpha)^2<0 \Leftrightarrow x$는 없음

(3) 방정식 $ax^2+bx+c=0$ 이 허근을 가질 경우, 이차부등식을 정리하면 $(x-m)^2+n^2>0$ 또는 $(x-m)^2+n^2<0$ 으로 표현될 수 있다. 이때,
부등식 $(x-m)^2+n^2>0$ 의 해는 모든 실수이며,
부등식 $(x-m)^2+n^2<0$ 의 해는 존재하지 않는다.

주의: 부등식이 등호를 포함할 경우는 그 해가 등호를 포함하는지를 조사하여야 한다.

두 개 이상의 부등식을 한 묶음으로 생각한 것을 **연립부등식**(system of inequality)이라고 하고, 연립부등식의 해는 각 부등식의 해를 구하여 이들의 공통부분을 구하면 된다. 두 부등식의 해의 공통부분을 구할 때, 수직선을 이용하면 편리하다.

11) 고차부등식과 분수부등식

(1) 삼차부등식과 사차부등식

다항식으로 이루어진 부등식을 한 변은 0이 되게 정리하였을 때, 다른 한 변을 $f(x)$라 하자. 이때, $f(x)$가 삼차식이면 처음의 부등식을 **삼차부등식**(cubic inequality), $f(x)$가 사차식이면 처음의 부등식을 **사차부등식**(biquadratic inequality)이라고 한다. 삼차 이상의 부등식을 **고차부등식**(inequality of higher order)이라고 한다.

주의: 부등식 $x^4+2x^2-x<x^4-x^2+3$ 은 이차부등식이다.

고차부등식 $f(x)>0$ 을 푸는 몇 가지 방법을 알아보자.

먼저, $f(x)$를 일차식 또는 이차식의 곱으로 인수분해 한 다음, 부등식을 만족하는 각 인수의 부호를 조사함으로서 부등식의 해를 구하는 방법이 있다.

다른 한 방법으로는, $y=f(x)$의 그래프를 그린 다음 이 그래프가 x축 위쪽에 있는 x의 범위를 찾아 부등식의 해를 구하는 방법이 있다.

부등식 $x^3-3x^2-x+3<0$ 의 해를 위의 두 방법으로 풀어보자.

방법 1: 좌변을 인수분해하면

$$x^3-3x^2-x+3=(x+1)(x-1)(x-3)$$

여기서 x의 값 $-1, 1, 3$을 경계로 하여 구분되는 x의 범위에 따라 각 항

$x+1,\ x-1,\ x-3$ 의 부호를 조사하여 $(x+1)(x-1)(x-3)$ 의 부호를 다음 표와 같이 조사한다.

x 의 범위	$x<-1$	$-1<x<1$	$1<x<3$	$x>3$
$x+1$	$-$	$+$	$+$	$+$
$x-1$	$-$	$-$	$+$	$+$
$x-3$	$-$	$-$	$-$	$+$
$(x+1)(x-1)(x-3)$	$-$	$+$	$-$	$+$

위의 표로부터 부등식 $(x+1)(x-1)(x-3)<0$ 의 해는

$$x<-1,\ 1<x<3$$

이다.

이 방법에서, 제 1 열에 있는 인수의 배열은 크기의 순서로 하는 것이 부호를 결정하기에 편리하다.

방법 2: $f(x)=x^3-3x^2-x+3=(x+1)(x-1)(x-3)$의 그래프를 그리면 아래와 같다.

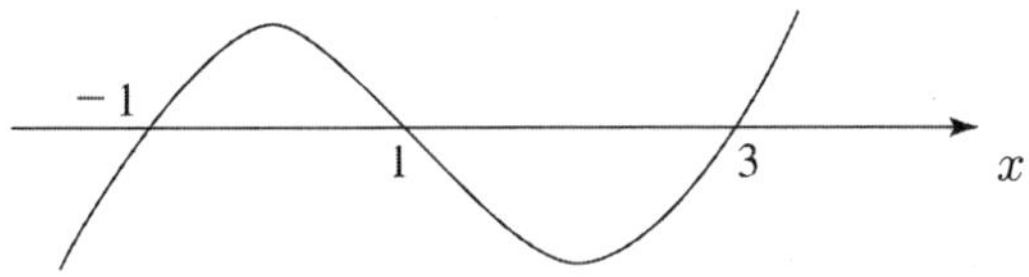

이 그래프에서 x 축과 만나는 점에서의 $f(x)$의 값은 0 이며, x 축의 위쪽 부분의 $f(x)$는 양의 값을 취하고, 아래쪽 부분은 음의 값을 취한다.

따라서, $f(x)<0$ 을 만족하는 x 의 범위는

$$x<-1,\quad 1<x<3$$

이다.

참고: 부등식을 풀 때는 그 부등식이 등호를 포함하는지의 여부를 항상 고려하여야 한다.

두 부등식을 동시에 만족하는 해를 생각할 때, 그 두 부등식을 연립부등식이라고 한다. 따라서 연립부등식의 해는 각 부등식의 해의 공통부분이다.

연립부등식의 해를 구할 때, 각 부등식의 해를 구한 다음, 한 해는 수직선의 윗부분에 다른 한 해는 같은 수직선의 아랫부분에 표시하고 그 공통인 구간을 구하면 된다.

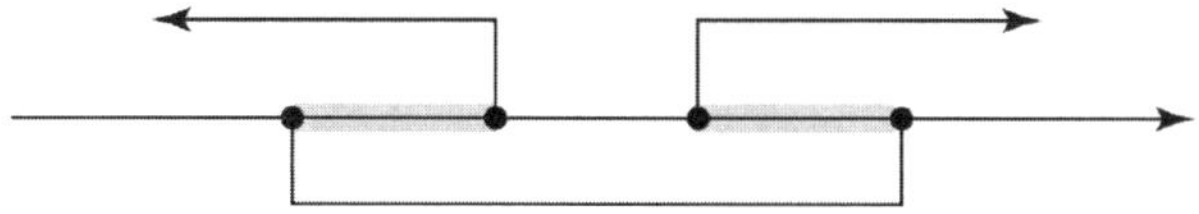

(2) **분수부등식**

유리식으로만 이루어진 부등식을 **유리부등식**(rational inequality)이라고 하고, 분수식을 포함하고 있는 유리부등식을 **분수부등식**(fractional inequality)이라고 한다.

분수부등식의 풀이는 먼저, 이 부등식을 $\frac{A(x)}{B(x)} \geq 0$의 꼴로 정리한 다음, $\{B(x)\}^2$을 부등식의 양변에 곱하여 다항식으로만 이루어진 부등식 $A(x)B(x) \geq 0$의 해를 구한 다음, $B(x)=0$의 해를 제외한 것을 구하면 된다.

12) 부등식의 증명

부등식의 문자에 어떠한 실수를 대입해도 항상 성립하는 부등식을 **절대부등식**(absolute inequality)이라고 한다. 절대부등식은 그 부등식이 항상 성립하는 이유를 밝히는 증명을 필요로 한다.

부등식을 증명할 때는 다음과 같은 실수의 성질이 흔히 이용된다. a, b가 실수일 때,

① $a^2 \geq 0$　　② $a^2+b^2 \geq 0$

③ $a>b \Leftrightarrow a-b>0$　　④ $a^2+b^2=0 \Leftrightarrow a=b=0$

13) 부등식의 영역과 최대 · 최소

방정식 $y=f(x)$가 나타내는 곡선에 의하여 좌표평면은 이 곡선의 위쪽부분과 아래쪽 부분으로 나뉜다. 이 곡선의 위쪽 부분에 임의의 한 점 $P(x, y)$를 잡고 P에서 y축에 평행한 직선을 그어 곡선 $y=f(x)$와의 교점 을 $Q(x, y')$이라 하면, $y>y'$이다.

그런데, 점 Q는 곡선 위의 점이므로 $y'=f(x)$이다. 따라서 곡선 $y=f(x)$의

위쪽에 있는 모든 점은

$$y > f(x)$$

를 만족한다. 또, 위의 과정을 역으로 생각하면, $y > f(x)$를 만족하는 모든 점은 곡선 $y = f(x)$의 위쪽 부분에 있음을 알 수 있다.

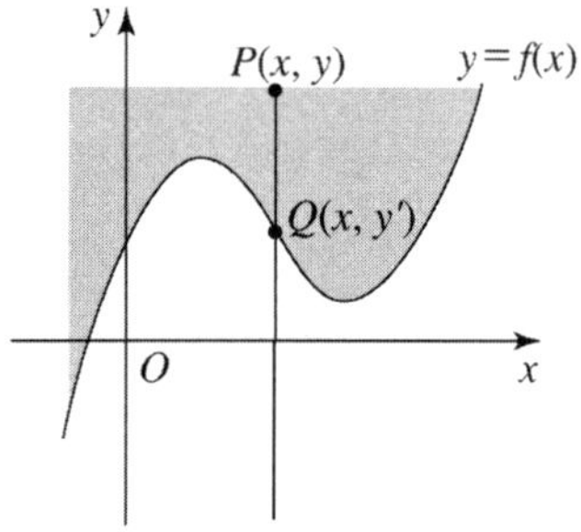

같은 방법으로 생각하면, 부등식 $y < f(x)$를 만족하는 모든 점은 곡선 $y = f(x)$의 아래 부분에 있음을 알 수 있다.

위와 같이 생각하면,

$x^2 + y^2 < r^2$의 영역은 원 $x^2 + y^2 = r^2$의 내부이고,

$x^2 + y^2 > r^2$의 영역은 원 $x^2 + y^2 = r^2$의 외부임을 알 수 있다.

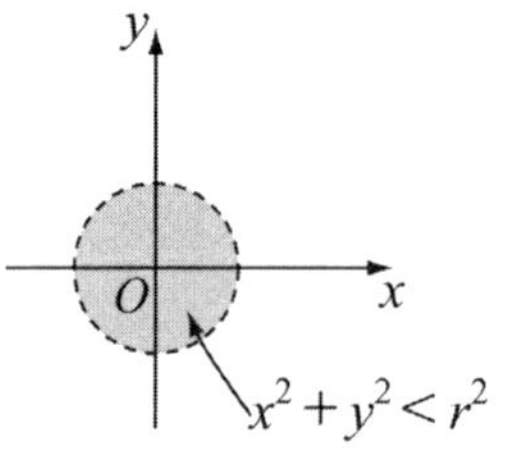

〈원의 내부〉

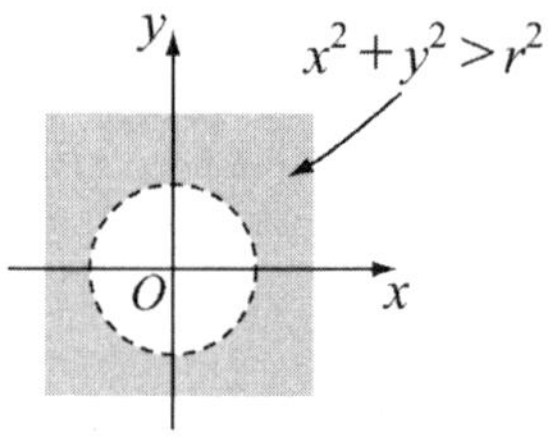

〈원의 외부〉

최대 · 최소 문제

연립부등식의 영역에서 x, y에 관한 일차식 $ax + by$의 최댓값과 최솟값을 다음과 같은 방법으로 구할 수 있다. 일차식 $ax + by = k$라 두고, 이 식을 $y = f(x)$을 꼴로 변형한 다음, 이 직선이 부등식의 영역을 지나는 것 중에서 y절편이 최대인 경우와 최소인 경우를 각각 조사함으로써 k값이 최대인 경우와 최소인 경우를 찾을 수 있다.

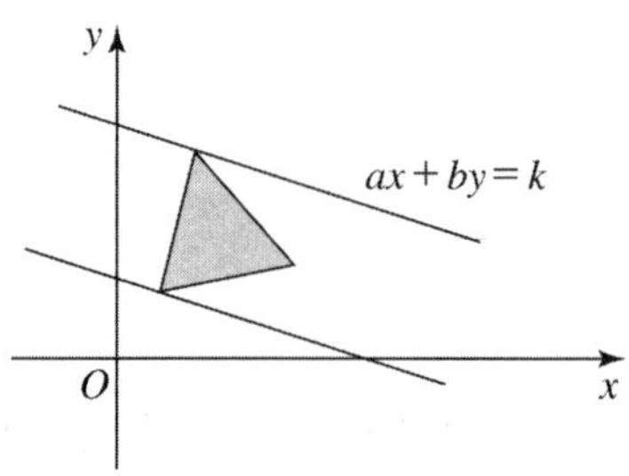

최대인 k값이 $ax + by$의 최댓값이고, 최소인 k값이 $ax + by$의 최솟값이다.

발전연구 2-2-1

(1) 삼차방정식의 근의 공식(카르다노의 해법)

삼차방정식 $a_0x^3 + a_1x^2 + a_2x + a_3 = 0$ 의 근을 구하기 위하여 양변을 a_0 로 나누면

$$x^3 + ax^2 + bx + c = 0 \qquad \cdots ①$$

와 같은 형의 방정식을 얻는다. 이 방정식에서

$$x = y - \frac{a}{3} \qquad \cdots ②$$

로 놓으면

$$y^3 + py + q = 0 \qquad \cdots ③$$

형을 얻는다. 이 p, q에 대하여

$$3uv = -p, u^3 + v^3 = -q \qquad \cdots ④$$

를 만족하는 u, v 에 대하여

$$u + v, \omega u + \omega^2 v, \omega^2 u + \omega v \left(\text{단}, w = \frac{-1 + \sqrt{-3}}{2}\right) \qquad \cdots ⑤$$

가 방정식 ③의 세 근이다. 이 세 근을 ②에 대입하면 방정식 ①의 세 근을 얻는다.

(2) 사차방정식의 근의 공식(페라리의 해법)

사차방정식 $x^4 + ax^3 + bx^2 + cx + d = 0$ 의 근을 구하기 위하여 $x = y - \frac{a}{4}$ 로 놓고 y 에 관한 4차방정식

$$y^4 + py^2 + qy + r = 0 \qquad \cdots ①$$

을 풀면 된다. 이 식의 p, q, r 에 대하여

$$z^3 - pz^2 - 4rz + (4pr - q^2) = 0$$

을 만족하는 z 값을 구한 다음,

$$y^2 = -\frac{z}{2} \pm \sqrt{z-p}\left(y - \frac{q}{2(z-p)}\right)$$

을 풀어 4개의 근을 구하면 이것이 ①의 근이다.

(3) 고차방정식의 실근의 근사해

고차방정식 $f(x)=0$의 풀이는 $f(x)$를 일차식 또는 이차식의 곱으로 인수분해가 가능한 경우, 이를 이용하여 근을 구할 수 있다. 인수분해를 할 수 없을 경우는 컴퓨터 소프트웨어를 이용하여 함수 $y=f(x)$의 그래프를 그리고 그 그래프가 x축과 만나는 점의 값을 구함으로써 이 방정식의 실근의 근사해를 구할 수 있다. 다항함수의 그래프를 그릴 경우는 그 함수의 그래프의 개형이 온전하게 나타나게 하여 그래프가 x축과 만나는 점의 개수를 확인한 다음에 그 그래프가 x축과 만나는 점의 눈금을 읽어야 한다.

(4) 고차부등식의 풀이

고차부등식 $f(x)>0$의 풀이를 위해서는 먼저, 다항식 $f(x)$를 일차식 또는 이차식의 곱으로 인수분해 한다. 이때, 이차식의 판별식의 부호가 양이면 이 이차식을 두 일차식의 곱으로 인수분해하고, 이차식의 판별식의 부호가 음일 경우, 그 이차식의 이차항의 계수가 양수이면 그 이차식의 부호는 항상 양이고 이차항의 계수가 음수이면 그 이차식의 부호는 항상 음임을 이용하여 이차식의 인수들을 제거하고, 일차식들의 곱의 부등식으로 고친 다음, 부등식을 풀면 된다.

연구과제 2-2-2

1. 다음 방정식을 풀어라.

(1) $\frac{2(1-5x)}{3} - 2 = \frac{1}{2} - 2.1(x-3)$

(2) $\frac{4}{3}(y-3) = \frac{3}{2} - \frac{1-y}{2}$

2. x에 관한 방정식 $2(7-2x)=a$의 해가 자연수일 때, 가능한 자연수 a의 개수를 구하여라.

3. 3% 의 소금물과 8% 의 소금물을 적당히 섞어서 6% 의 소금물을 만들려고 한다. 이때, 3% 의 소금물과 8% 의 소금물의 비를 구하여라.

4. 다음을 계산하여라.

(1) $(4x^2y+2xy^2)\div(2x^2y^3)\times 8x^3y^2$

(2) $-5x(3x+2y)-\dfrac{x^2y+3x^2y^2-4xy^2}{xy}$

5. 다음 연립방정식을 아래의 각 방법으로 풀어라.

$$\begin{cases}3(x-y)-2y=7\\(4x-3)(x-2y)=10\end{cases},\quad \begin{cases}2x+y-z=2\\-5x+3y+2z=-11\\x-3y+z=6\end{cases}$$

(1) 가감법 (2) 가우스의 소거법

(3) 역행렬

6. 다음 부등식을 풀어라.

$$\begin{cases}5+2x>-(7-5x)+1\\5-2(x+2)\geq 3x-1\end{cases}$$

7. 사과를 학생 1명당 4개씩 나누어주면 21개가 남고, 6개씩 나누어주면 맨 끝의 학생은 1개 이상 3개 이하를 받는다고 한다. 이때, 학생들은 모두 몇 명인가?

8. 아래 그림과 같이 가로, 세로의 길이가 각각 35m, 26m 인 직사각형 모양의 잔디밭에 폭이 같은 두 개의 길을 만들려고 한다. 길을 제외한 잔디밭의 넓이가 682m^2 가 되도록 하려고 한다. 길이 폭을 구하여라.

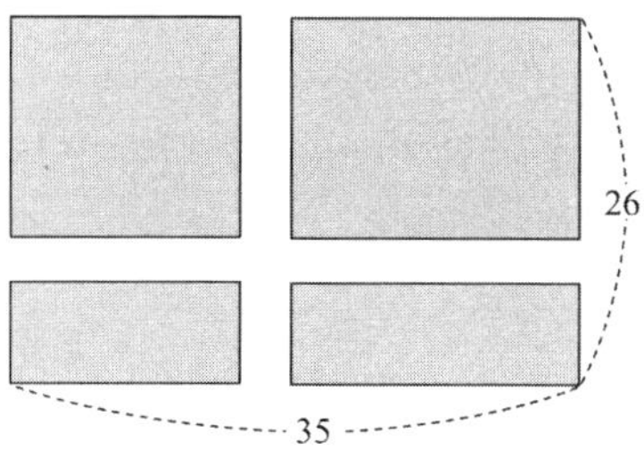

9. 지면으로부터 100m 되는 높이에서 초속 40m 로 위로 던져 올린 물체의 t 초 후의 높이를 hm 라고 하면 t 와 h 사이에는 $h = -5t^2 + 40t + 100$ 인 관계가 성립한다.

(1) 물체의 높이가 180m 인 순간은 몇 초 후인가?

(2) 이 물체는 몇 초 후에 땅에 떨어지는가?

10. 고대 이집트(아메스 파피루스)에서는 임시위치법(rule of false position)으로 일차방정식을 풀었다고 한다. 그 방법에 대하여 조사해 보아라.

11. 교과서에서 다루는 방정식들의 계수는 모두 정수인 것을 확인하고, 그 이유를 토론해 보아라.

12. 유리방정식이나 무리방정식의 근을 구하는 방법을 다룰 때는 실수의 근만 나오는 간단한 방정식을 다루는 것이 바람직하다. 그 이유를 토론하여라.

13. $x^3 = 1$ 의 한 허근을 ω 라 할 때, ω^{2002} 의 값을 구하여라.

14. 부등식 $(x-1)(x-2)(x+3)(x+4) > 0$ 의 해를 구하여라.

15. 본문에서 설명한 분수방정식의 일반적인 풀이 방법에서 다항방정식 ②의 근을 방정식 ①에 대입해보지 않고도 무연근을 찾아내는 방법을 설명하여라. (참고: 이 방법으로 분수방정식을 푼다면 무연근의 개념이 불필요하게 된다.)

16. 분수방정식 $\frac{1}{x+3} - \frac{1}{x-7} = \frac{1}{x+5} - \frac{1}{x-5}$ 을 풀어라.

17. 무리방정식이 무연근을 가질 수 있음을 설명하여라.

18. 무리방정식 $\sqrt{x^2+2x-3} + \sqrt{x^2+2x-2} = 1$ 을 풀어라.

19. 다음 부등식을 풀어라.

(1) $x^3 < x$　　　　(2) $x^3 - 5x^2 + 8x - 4 \le 0$

20. 다음 연립부등식의 해를 구하여라.

$$\begin{cases} x^3 + 2x^2 + 2x + 1 > 0 \\ x^4 - 4x^3 - x^2 + 16x - 12 \ge 0 \end{cases}$$

21. 다음 부등식의 영역을 좌표평면 위에 나타내어라.

(1) $x(2x - y) > 0$

(2) $(x - y + 1)(x^2 + y^2 - 4) < 0$

22. 연립이차방정식을 이용하여 해결할 수 있는 실생활 문제를 만들어 보아라.

23. 연립이차부등식을 이용하여 해결할 수 있는 문제를 만들어 보아라.

24. 다음 표는 두 약품 P, Q의 각 1g에 대하여 A성분, B성분의 함유량과 가격을 나타낸 것이다.

약품	A성분(mg)	B성분(mg)	가격(천원)
P	2	1	4
Q	1	2	6

치료를 위하여 A를 12mg 이상, B를 15mg 이상 섭취해야 할 필요가 있을 때, 그 비용을 최소로 하려면 두 약품 P, Q를 각각 몇 g씩 섭취하여야 하는가? 이때 비용을 구하여라.

지도상의 유의점 2-2-2

1. 방정식의 풀이의 근본 원리는 등식의 성질을 이용하는 것이다. 방정식의 풀이 알고리즘을 지나치게 강조한 나머지 방정식의 양변을 같은 수로 나누는 것도 이항이라고 생각하는 우를 범하지 않도록 한다.
2. 지수법칙은 지수가 자연수인 범위에서 다루고, 다항식의 곱셈과 나눗셈을 하는 데

필요한 정도로만 다룬다.

3. “이차방정식 $ax^2+bx+c=0$”이라고 하면 $a \neq 0$임을 의미하고 있다. 중학교 수준에서 이차방정식은 실수해를 가지는 경우만 다룬다.
4. 고차방정식의 경우 실근의 개수를 알 필요가 있거나 실수 해의 근삿값으로도 충분한 경우는 함수의 그래프를 이용하여 방정식의 해를 찾을 수도 있다. 이 경우, 컴퓨터나 그래픽 계산기를 이용하는 것이 바람직하다.
5. 부정, 불능인 경우의 연립방정식은 다루지 않는다.
6. 방정식은 계수가 실수인 경우만 다룬다. 일반적으로, 방정식의 계수는 정수배인 것을 다루며, 분수 또는 무리수를 다룰 필요는 없다.
7. 방정식과 부등식은 인수분해를 통하여 풀 수 있는 간단한 것을 다루되, 실생활 문제의 해결을 위해 이용하는 데 중점을 둔다.
8. 방정식의 해를 복소수 범위까지 확장하여 다룬다.
9. 삼차방정식과 사차방정식은 계수가 정수이며, 유리수 범위에서 인수분해되는 것만을 다루도록 한다.
10. 부등식의 성질은 실수의 대소 관계의 기본 성질을 이용하여 이해하도록 한다.
11. 이차부등식의 해는 어떤 구간으로 나타내어짐을 수직선에서 이해하도록 지도한다.

3. 지수와 로그

1 지수와 로그

1) 거듭제곱과 거듭제곱근

a를 n번 곱한 것을 a의 **n제곱**(n-th power)이라 하고 a^n으로 나타낸다. $a^2, a^3, \cdots, a^n, \cdots$ 을 통틀어 a의 **거듭제곱**(power)이라고 하고, a^n에서 a를 거듭제곱의 **밑**(base), n을 거듭제곱의 **지수**(exponent)라고 한다. 2 이상의 양의 정수 n에 대하여 n제곱하여 실수 a가 되는 수를 a의 **n제곱근**(n-square root)이라고 한다. a의 **제곱근**(square root), **세제곱근**(cubic root), $\cdots$, n제곱근, $\cdots$ 을 통틀어 a의 **거듭제곱근**(radical root)이라고 한다. 예를 들면 -1의 세제곱근을 x라 하면

$$x^3 = -1,\ (x+1)(x^2-x+1) = 0$$

$$\therefore x = -1 \text{ 또는 } x = \frac{1 \pm \sqrt{3}\,i}{2}$$

그러므로, -1의 세제곱근은 $-1, \dfrac{1 \pm \sqrt{3}\,i}{2}$ 이다.

실수 a의 n제곱근 중에서 실수인 것의 개수에 관해서는 다음과 같은 성질이 있다.

n이 짝수일 때

$a > 0$이면 a의 n제곱근 중 실수인 것은 양수와 음수 두 개가 있고, 그 절댓값은 같다. 이때, 양수와 음수를 각각 $\sqrt[n]{a}, -\sqrt[n]{a}$로 나타낸다.

$a = 0$이면 0의 n제곱근은 0 하나뿐이다. 즉, $\sqrt[n]{0} = 0$이다.

$a < 0$이면 a의 n제곱근 중 실수인 것은 없다.

n 이 홀수일 때

$a > 0$, $a = 0$, $a < 0$ 에 관계없이 a 의 n 제곱근 중 실수인 것은 하나뿐이다. 이것을 $\sqrt[n]{a}$ 로 나타낸다.

위의 성질이 성립함은 $y = x^n$ 의 그래프와 $y = a$ 의 그래프를 그려 그 교점의 x 좌표의 부호를 조사해 봄으로써 알 수 있다.

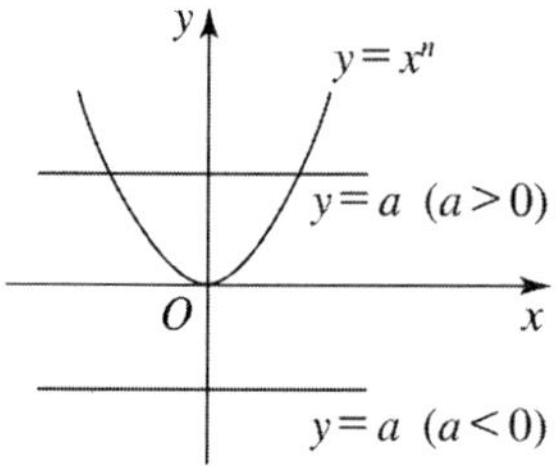

n이 짝수

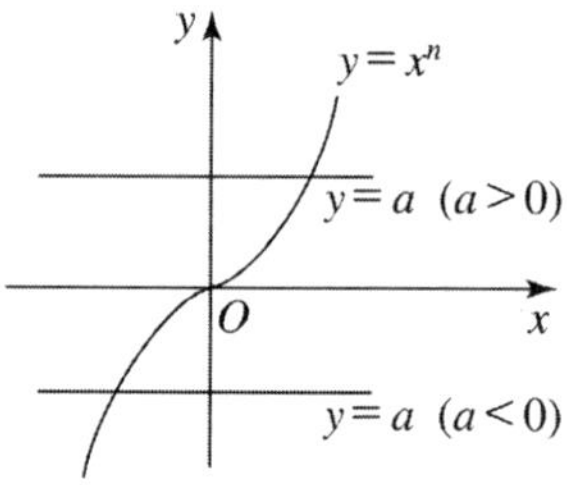

n이 홀수

참고: 실수 a 의 n 제곱근의 개수는, 중근을 두 개의 근으로 간주할 때, n 개임을 알 수 있다. 이 성질을 처음 발견한 사람은 가우스이다.

2) 거듭제곱근의 성질

$a > 0$, n 은 양의 정수일 때, $\sqrt[n]{a}$ 는 a 의 한 개의 양의 제곱근이므로 제곱근의 정의에 의하여 $(\sqrt[n]{a})^n = a$ 이다. 이 성질을 이용하면 다음과 같은 거듭제곱근의 성질이 성립함을 알 수 있다.

$a > 0$, $b > 0$, m, n 이 양의 정수일 때,

① $\sqrt[n]{a}\sqrt[n]{b} = \sqrt[n]{ab}$

② $\dfrac{\sqrt[n]{a}}{\sqrt[n]{b}} = \sqrt[n]{\dfrac{a}{b}}$

③ $(\sqrt[n]{a})^m = \sqrt[n]{a^m}$

④ $\sqrt[m]{\sqrt[n]{a}} = \sqrt[mn]{a}$

성질 ③이 성립함을 증명하여 보자.

$(\sqrt[n]{a})^m = x$ 라 놓고 양변을 n 제곱하면

$$x^n = ((\sqrt[n]{a})^m)^n = (\sqrt[n]{a})^{mn} = ((\sqrt[n]{a})^n)^m = a^m$$

따라서 $x = \sqrt[n]{a^m}$. 그러므로 $(\sqrt[n]{a})^m = \sqrt[n]{a^m}$. 다른 성질들도 위와 같은 방법으로 증명할 수 있다.

3) 0과 음의 정수의 지수

$a \neq 0$ 이고 n, m 은 양의 정수일 때, 거듭제곱 a^n 은 a 를 n 번 곱한 것으로서 의미를 갖는다. 이때,

$$a^n \times a^m = a^{n+m} \qquad \cdots ①$$

이 성립한다. 이 식이 $m = 0$ 일 때에도 성립한다고 가정하면

$$a^n \times a^0 = a^{n+0} = a^n$$

이 식의 양변을 a^n 으로 나누면

$$a^0 = 1 \qquad \cdots ②$$

을 얻는다. 역으로, $a^0 = 1$ 가 성립한다고 가정하면

$$a^n = a^n \times 1 = a^n \times a^0$$

그런데,

$$a^n = a^{n+0}$$

따라서,

$$a^{n+0} = a^n \times a^0$$

그러므로, m, n 이 음이 아닌 정수에 대하여도 지수법칙 ①이 성립한다.

따라서, $a^0 = 1$ 이 성립한다고 정의한다. 지수법칙 ①이 $n = -m$ 에 대하여 성립한다고 가정하면

$$a^n \times a^{-n} = a^{n+(-n)} = a^0 = 1$$

이 식의 양변을 a^n 으로 나누면

$$a^{-n} = \frac{1}{a^n} \qquad \cdots ③$$

을 얻는다. 역으로 ③이 성립한다고 가정하면 지수법칙 ①이 성립함을 알 수 있다. 따라서 앞으로는 ③이 성립한다고 정의한다.

앞에서 0의 지수와 음의 정수의 지수를 도입한 방법과 같이 어떤 집합에서 성립한 성질을 그 집합을 포함하는 더 큰 집합에서도 성립하도록 어떤 개념을 확장하는 원리를 **대수의 원리**(principle of algebra) 또는 **형식불역의 원리**(permanence of arithmetic laws)라고 한다.

a^0과 a^{-n}은 다음과 같이 규칙성을 이용하여 정의할 수도 있다.

지수가 1씩 줄어짐

$$a^3 = a \times a \times a$$
$$a^2 = a \times a$$
$$a^1 = a$$
$$a^0 = 1$$
$$a^{-1} = \frac{1}{a}$$
$$a^{-2} = \frac{1}{a^2}$$

a로 나누어 감

n이 양의 정수이고 $a \neq 0,\ a^0 = 1,\ a^{-n} = \dfrac{1}{a^n}$이라고 하면 다음의 지수법칙이 성립한다.

지수가 정수일 때의 지수법칙

$a \neq 0,\ b \neq 0$이고, $m,\ n$이 정수일 때,

① $a^m \times a^n = a^{m+n}$

② $(a^m)^n = a^{mn}$

③ $(ab)^n = a^n b^n$

④ $a^m \div a^n = a^{m-n}$

앞의 법칙이 성립함을 증명하려면 $m,\ n$이 음의 정수인 경우에 위의 법칙이 성립함을 밝히면 된다.

법칙 ①이 성립함을 증명하여보자. $m = -p,\ n = -q$(단, $p,\ q$는 양의 정수)라 두면

$$\begin{aligned} a^m \times a^n &= a^{-p} \times a^{-q} \\ &= \frac{1}{a^p} \times \frac{1}{a^q} = \frac{1}{a^p \times a^q} = \frac{1}{a^{p+q}} \\ &= a^{-(p+q)} = a^{(-p)+(-q)} = a^{m+n} \end{aligned}$$

다른 성질들도 위와 같은 방법으로 증명할 수 있다.

4) 유리수의 지수

$a > 0,\ b > 0,\ n$ 이 양의 정수일 때, $a^n = b$ 이면 $a = \sqrt[n]{b}$ 임을 알고 있다. 이제, $m = \frac{k}{n}$(단 k는 정수, n은 양의 정수)일 때도 지수법칙 $(a^m)^n = a^{mn}$ 이 성립한다고 가정하면

$$(a^m)^n = \left(a^{\frac{k}{n}}\right)^n = a^{\frac{k}{n} \times n} = a^k$$

따라서, $a^{\frac{k}{n}} = \sqrt[n]{a^k}$. 그러므로, 유리수의 지수를 다음과 같이 정의한다.

유리수 지수의 정의

$a > 0,\ m$은 정수, n은 양의 정수일 때, $a^{\frac{m}{n}} = \sqrt[n]{a^m}$.

이 정의에 의하면 $a^{\frac{1}{n}} = \sqrt[n]{a}$ 이다. 지수가 유리수일 때에도 다음 지수법칙이 성립함을 알 수 있다. 이 성질을 증명하려면 앞에서 다룬 거듭제곱근의 성질을 이용하여야 한다.

지수가 유리수일 때의 지수법칙

$a > 0,\ b > 0$ 이고, $r,\ s$ 가 유리수일 때,

① $a^r \times a^s = a^{r+s}$ ② $(a^r)^s = a^{rs}$

③ $(ab)^r = a^r b^r$ ④ $a^r \div a^s = a^{r-s}$

실수의 지수

$a > 0$ 이고, r 가 실수일 때, a^r 의 뜻을 알아보자. 먼저 $2^{\sqrt{2}}$ 의 뜻을 알아보자. 무

리수 $\sqrt{2}$ 는 무한소수 1.414213 ⋯ 으로 나타난다. 여기서 $\sqrt{2}$ 에 가까워지는 유리수를 지수로 하는 거듭제곱

$$2^{1.4},\ 2^{1.41}, 2^{1.414},\ 2^{1.4142}, \cdots$$

을 조사해보면 아래 표와 같이 어떤 일정한 수에 한없이 가까워짐을 알 수 있다. 이 수를 $2^{\sqrt{2}}$ 으로 정의한다. 이와 같이 지수를 실수까지 확장하여 거듭제곱 a^r 을 정의할 수 있다.

r	2^r
1.4	2.639015⋯
1.41	2.657371⋯
1.414	2.664749⋯
1.4142	2.665119⋯
1.41421	2.665137⋯
↓	↓
$\sqrt{2}$	$2^{\sqrt{2}}$

지수가 유리수일 때의 지수법칙은 지수가 실수일 때에도 그대로 성립함이 알려져 있다.

5) 로그와 그 성질

지수의 성질에 의하여 $a > 0,\ a \neq 1$ 일 때, 임의의 양수 N에 대하여 $N = a^x$ 을 만족하는 실수 x 는 오직 하나만 존재한다. 이 수 x 를

$$\log_a N$$

으로 나타내고, a 를 밑으로 하는 N의 **로그**(logarithm)라고 한다. 또, N을 $\log_a N$ 의 진수라고 한다. 예를 들면, $2^3 = 8$ 이므로 $\log_2 8 = 3$ 이다.

$a > 0,\ a \neq 1$ 일 때, 로그의 정의로부터

$$a^0 = 1 \text{ 이므로 } \log_a 1 = 0,$$

$$a^1 = a \text{ 이므로 } \log_a a = 1$$

이다. 또, 지수법칙을 이용하면 다음과 같은 로그의 성질을 얻을 수 있다. 이 성질은 지수의 법칙을 이용하여 증명할 수 있다.

로그의 성질

$a>0,\ a\neq 1,\ b>0,\ b\neq 1,\ M>0,\ N>0,\ r$ 은 실수일 때

① $\log_a MN=\log_a M+\log_a N$

② $\log_a \dfrac{M}{N}=\log_a M-\log_a N$

③ $\log_a M^r = r\log_a M$

④ $\log_a M=\dfrac{\log_b M}{\log_b a}=\dfrac{1}{\log_M a}$

6) 상용로그

우리는 일상생활에서 십진법을 사용하고 있으므로, 십진법으로 나타내어진 수의 계산에서는 밑이 10 인 로그를 이용하는 것이 편리하다. 10 을 밑으로 하는 로그를 **상용로그**(common logarithm)라고 하며, 상용로그 $\log_{10}N$은 보통 밑을 생략하여 $\log N$으로 나타낸다.

참고: 밑을 $e\left(=\lim_{x\to 0}(1+x)^{\frac{1}{x}}\right)$로 하는 N의 로그를 **자연로그**(natural logarith -m)라고 하고 보통 밑을 생략하여 $\ln N$으로 나타낸다.

로그의 값을 쉽게 구하기 위하여 로그표나 계산기 또는 컴퓨터를 이용할 수 있다. 일반적으로 로그표에는 소수점 이하 네 자리까지 로그의 값이 나타나 있는데, 대부분의 값은 참값이 아니고 근삿값이다. 이 근삿값을 포함하는 등식에서 ≒ 대신에 = 을 사용한다.

지표와 가수

임의의 양수 N은 $N=a\times 10^n$ (단, $1\le a<1$, n은 정수)의 꼴로 나타낼 수 있다. 따라서, N의 상용로그의 값은

$$\log N=\log(a\times 10^n)=\log a+\log 10^n = n+\log a$$

이므로, 상용로그표에서 $\log a$의 값을 찾아서 구할 수 있다. 여기서, 정수 n을 $\log N$의 **지표**(characteristic), $\log a$를 $\log N$의 **가수**(mantissa)라고 한다. 가수 $\log a$는 $0\le \log a<1$ 이다. 이를테면,

$$\log 345 = \log(3.45 \times 10^2) = 2 + \log 3.45 = 2 + 0.5378$$

$$\log 0.345 = \log(3.45 \times 10^{-1}) = -1 + \log 3.45 = -1 + 0.5378$$

이므로, $\log 345$ 의 지표는 2, 가수는 0.5378 이며, $\log 0.345$ 의 지표는 -1, 가수는 0.5378 이다.

$\log 0.345$ 의 값을 $\log 0.345 = -1 + 0.5378 = 0.4622$ 로 나타내면 지표와 가수를 찾아내기가 불편하다. 이러한 이유로, 상용로그의 값을 나타낼 때에는 지표와 가수를 쉽게 알아볼 수 있도록 $-1 + 0.5378 = \bar{1}.5378$과 같이 나타내기도 한다. 지표와 가수에는 다음과 같은 성질이 있다.

지표와 가수의 성질

① 정수부분이 n 자리인 양수의 상용로그의 지표는 $n-1$ 이다.

② 소수 n 째 자리에서 처음으로 0 이 아닌 숫자가 나타나는 소수의 상용로그의 지표는 $-n$ 이다.

③ 소수점의 위치는 다르더라도 숫자의 배열이 같은 수의 상용로그의 가수는 같다.

발전연구 2-3-1

로그는 곱셈과 나눗셈을 좀더 간단한 연산인 덧셈과 뺄셈으로 전환시킬 수 있다는 장점을 가지고 있다.

네이피어(Napier)는 속도의 개념으로부터 로그의 개념에 도달하여 천문학에서 큰 숫자의 계산을 간단히 하는데 착안하여 로그를 만들었는데, 그의 로그에 대한 정의는 다음과 같다.

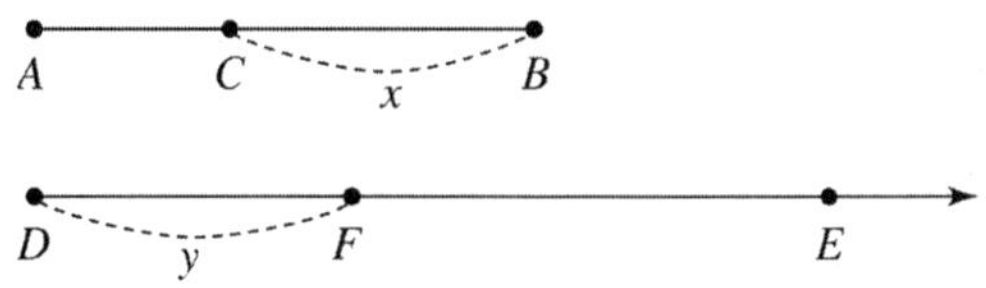

위의 그림에서, 선분 AB와 반직선 DE를 생각하자. 점 C와 점 F는 각각 점 A와 점 D에서 동시에 출발하며 그것들의 초기속도는 같다고 하자. 또, 점 C가 선분 CB의 길이와 같은 속도로 움직이고 점 F는 균일한 속도로 움직인다고 가정하

자. 이 경우에, 선분 DF의 길이를 선분 CB의 길이의 로그라 한다. 이것을 기호

$$y = \mathrm{Logx} \qquad \cdots ①$$

로 나타낸다(여기서 Log는 네이피어의 로그를 나타내는 기호이며, 상용로그를 나타내는 기호 log와는 다르다).

네이피어는 소수를 피하기 위하여 선분 AB의 길이를 10^7으로 택하였는데, 그것은 당시 그가 접했던 사인 표(table of sine function)가 소수점 아래 일곱째 자리까지 전개되어 있었기 때문이었다고 한다. 네이피어의 로그 ①을 자연로그로 고치면

$$\mathrm{Log\,x} = \frac{7\ln 10}{\ln x}$$

와 같이 표현할 수 있다.

연구과제 2-3-1

1. 다음 수의 거듭제곱근을 구하여라.
   (1) 1의 세제곱근　　(2) -8의 세제곱근
   (3) 16의 네제곱근

2. 거듭제곱근의 성질 ①, ②, ④를 증명하여라.

3. 지수가 정수일 때의 지수법칙이 성립함을 증명하여라.

4. 다음 값을 구하여라.
   (1) $16^{\frac{3}{2}}$　　(2) $8^{-\frac{2}{3}}$
   (3) $25^{-0.25}$

5. 다음 식을 간단히 하여라.
   (1) $(\sqrt{2}^{\sqrt{2}})^{\sqrt{2}}$　　(2) $3^{2+\sqrt{3}} \times 3^{2-\sqrt{3}}$
   (3) $2\pi + 2 \div 2\pi + 1$

6. 로그의 성질을 증명하여라.

7. $\left(\frac{1}{2}\right)^{30}$ 은 소수 몇째 자리에서 처음으로 0 이 아닌 숫자가 나타나는가?

8. 어느 나라의 인구 증가율은 매년 2% 로서 일정하다고 한다. 10 년 후에는 현재 인구의 몇 배가 되는가?

9. 빛이 어떤 유리판을 한 장을 통과할 때마다 그 빛의 밝기가 $\frac{1}{10}$ 씩 줄어든다고 한다. 빛의 밝기를 $\frac{1}{2}$ 이하로 약화시키려면 몇 개의 유리판을 통과시키면 되는가?

10. 다음 수의 대소를 비교하여라.

$$\log_2 3,\ 2,\ \frac{1}{2}log_2 5,\ -\log_{\frac{1}{2}} 5$$

11. 다음 방정식과 부등식을 풀어라.

(1) $\log_2(x-4)=\log_4(x-2)$　　(2) $\log_{x+1}25=2$

(3) $\log_{\frac{1}{2}}x+\log_{\frac{1}{2}}(x+1)\geq -1$

12. 어느 보험회사는 피보험자가 한 번씩 사고를 낼 때마다 일정한 비율로 보험료를 인상한다고 한다. 갑, 을 두 사람이 같은 보험료를 내었는데 갑은 사고를 2회, 을은 사고를 5회 내었다. 이때 을은 처음 보험료의 300% 를 내야 한다면 갑은 처음 보험료의 몇 배를 내야 하는가?

13. 육안으로 볼 수 있는 가장 어두운 별을 6등성이라고 하며 이 밝기를 a 로 놓으면, 천체 중에서 가장 밝은 20개 정도의 별의 밝기의 평균은 약 $100a$ 라고 한다. 따라서, 6등성보다 100배 밝은 별을 1등성이라고 한다. 이 두 가지를 기준으로 밝기가 $ka,\ k^2a,\ k^3a,\ \cdots$ 인 별을 차례로 5등성, 4등성, 3등성, …으로 정한다. 이를테면, 1등성의 밝기는 $k^5a=100a$ 이므로 $k=\sqrt[5]{100}$ 이다. 2등성의 별은 6등성의 별보다 몇 배 밝은가?

지도상의 유의점 2-3-1

1. 로그의 성질은 지수의 성질과 연관 지어 지도한다.
2. 지수의 법칙이 자연수의 지수에서 실수의 지수로까지 확대되는 과정을 이해할 수 있게 한다.
3. 지수와 로그의 발생 발달에 관한 역사적 과정을 이해하게 한다.
4. 로그를 이용한 수의 계산 결과는 근삿값임을 알고 사용하여야 한다.
5. 로그 계산에서 계산기를 활용할 수 있게 한다.
6. 로그 방정식을 풀 때에는 밑의 조건과 진수의 조건을 항상 확인하여 해를 구할 수 있게 한다.

4. 행렬

1 행렬

1) 행렬의 뜻과 그 연산

(1) 행렬의 뜻

수를 직사각형 모양으로 배열하여 나타낸 것을 **행렬**(matrix)이라고 하며, 행렬을 이루는 각 수를 그 행렬의 **성분**(element)이라고 한다. 행렬에서 성분의 가로의 배열을 **행**(row)이라고 하고 위로부터 차례로 제 1 행, 제 2 행, …이라고 한다. 또, 행렬에서 성분의 세로의 배열을 **열**(column)이라고 하고, 왼쪽부터 차례로 제 1 열, 제 2 열, …이라고 한다.

행의 수가 m, 열의 수가 n 인 행렬을 m 행 n 열의 행렬 또는 $m \times n$ **행렬**이라고 한다. 행의 수와 열의 수가 n 개로 같은 행렬을 n **차 정사각행렬**(square matrix of n-th order) 또는 n **차 행렬**이라고 한다.

행렬에서 제 i 행과 제 j 열이 만나는 위치에 있는 성분을 (i, j) **성분**(component)이라고 한다. 행렬 A 의 (i, j) 성분을 a_{ij} 로 나타내기도 한다.

참고: 직사각형 모양으로 배열된 자료를 여러 가지 모양의 행렬로 나타낼 수 있다. 이를테면 아래 왼쪽의 표를 두 행렬 M, N 으로 나타낼 수 있다.

	국어	수학	영어
영희	82	88	78
철수	80	85	82

$$M=\begin{pmatrix} 82 & 88 & 78 \\ 80 & 85 & 82 \end{pmatrix},\quad N=\begin{pmatrix} 82 & 80 \\ 88 & 85 \\ 78 & 82 \end{pmatrix}$$

이때, 행렬 M 의 1행은 영희의 국어, 수학, 영어 성적을 나타내고 행렬 N 의 1

행은 영희와 철수의 국어 성적을 나타낸다. 일반적으로는 주어진 자료의 배열과 같은 배열을 행렬로 나타낸다. 행렬 M의 1행, 2행을 그 순서로 1열, 2열로 나타낸 행렬 N을 행렬 M의 **전치행렬**(transposed matrix)이라고 한다.

행렬은 직사각형 모양의 표로 제시된 자료뿐만 아니라 그래프로 나타낸 정보도 나타낼 수 있으며, 연립방정식을 나타낼 수도 있다.

아래 그래프는 세 도시 A, B, C 사이를 오고 가는 데 걸리는 시간을 나타내고 있다. 이 그래프가 나타내는 정보를 행렬로 나타내면 아래와 같다.

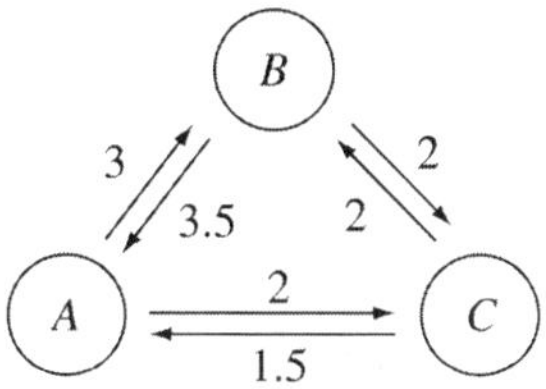

		도착하는 도시		
		A	B	C
출발하는 도시	A	0	3	2
	B	3.5	0	2
	C	1.5	2	0

(2) 서로 같은 행렬(행렬의 상등)

두 행렬 A, B의 행의 수, 열의 수가 각각 같을 때, 이 두 행렬은 서로 같은 꼴의 행렬이라고 한다. 특히, 두 행렬 A, B가 서로 같은 꼴의 행렬이고 대응하는 성분이 각각 같을 때, 이 두 행렬은 서로 같다(**상등**(equality))고 하고, 이것을 기호

$$A = B$$

로 나타낸다. 이를테면 $\begin{pmatrix} x & 1 \\ 2 & y \end{pmatrix} = \begin{pmatrix} -2 & 1 \\ z & -1 \end{pmatrix}$이면 $x = -2$, $y = -1$, $z = 2$이다.

(3) 행렬의 덧셈

서로 같은 꼴의 두 행렬 A, B에 대하여 대응하는 성분의 합을 성분으로 하는 행렬을 A와 B의 합이라고 하고, 기호 $\boldsymbol{A+B}$로 나타낸다. 이를테면 두 행렬

$$A = \begin{pmatrix} a & b \\ c & d \end{pmatrix}, \quad B = \begin{pmatrix} p & q \\ r & s \end{pmatrix}$$

에 대하여

$$A + B = \begin{pmatrix} a+p & b+q \\ c+r & d+s \end{pmatrix}$$

이다. 행렬의 합을 구하는 연산을 **행렬의 덧셈**(addition of matrix)이라고 한다. 행렬

의 덧셈에는 실수의 덧셈에서와 같이 교환법칙과 분배법칙이 성립한다.

성분이 모두 0 인 행렬을 **영행렬**(zero matrix)이라고 한다. 예를 들면,

$$(0,0),\ \begin{pmatrix} 0 & 0 \\ 0 & 0 \end{pmatrix}$$

는 모두 영행렬이다. 영행렬은 행과 열의 개수에 대하여 혼동할 염려가 없을 때에는 일반적으로 기호 O로 나타낸다. 즉, 2×3 행렬 A에 대하여 $A+O$이라고 표기하면 이때의 영행렬 O는 특별한 언급이 없을 경우 덧셈이 성립할 수 있도록 하기 위하여 행렬 O를 2×3 행렬로 취급한다.

행렬의 덧셈에는 다음과 같은 성질이 성립한다.

행렬의 연산법칙(1)

같은 꼴의 임의의 행렬 A, B, C와 영행렬 O에 대하여

① $A+B=B+A$(교환법칙)

② $(A+B)+C=A+(B+C)$(결합법칙)

③ $A+O=O+A=A$(항등원)

위의 성질이 성립함을 지도하는 일반적인 한 방법은 임의의 2차 행렬 A, B, O에 대하여 위의 각 성질이 성립함을 확인하는 과정을 통하여 일반화할 수 있음을 이해하게 하는 것이다.

(4) 행렬의 뺄셈

행렬 $A=\begin{pmatrix} a & b \\ c & d \end{pmatrix}$에 대하여 각 성분의 부호를 바꾼 행렬 $\begin{pmatrix} -a & -b \\ -c & -d \end{pmatrix}$를 $-A$로 나타내기로 한다. 즉, $A=\begin{pmatrix} a & b \\ c & d \end{pmatrix}$이면 $-A=\begin{pmatrix} -a & -b \\ -c & -d \end{pmatrix}$이다. 따라서,

$$A+(-A)=(-A)+A=O$$

이다. 같은 꼴의 두 행렬 A, B에 대하여 $A+(-B)$를 $A-B$로 나타내고 행렬 A에서 행렬 B를 뺀 차(difference)라고 한다. 즉, 행렬

$$A=\begin{pmatrix} a & b \\ c & d \end{pmatrix},\quad B=\begin{pmatrix} p & q \\ r & s \end{pmatrix}$$

일 때,

$$A-B=\begin{pmatrix} a-p & b-q \\ c-r & d-s \end{pmatrix}.$$

(5) 행렬의 실수배

임의의 행렬 A의 각 성분에 임의의 실수 k를 곱한 것을 성분으로 하는 행렬을 행렬 A의 k배라 하고, 이것을 기호 kA로 나타내기로 한다. 즉, 행렬 $A=\begin{pmatrix} a & b \\ c & d \end{pmatrix}$에 대하여 $kA=\begin{pmatrix} ka & kb \\ kc & kd \end{pmatrix}$이다.

행렬의 실수배에 대하여 다음과 같은 법칙이 성립한다.

행렬의 연산법칙(2)

① $k(A+B)=kA+kB$

② $(k+l)A=kA+lA$

③ $(kl)A=k(lA)=l(kA)$

(6) 행렬의 곱셈

$m\times n$ 행렬 A와 $n\times r$ 행렬 B에 대하여, 행렬 A의 제i 행의 각 성분과 행렬 B의 제j 열의 각 성분을 그 순서대로 곱하여 더한 것을 $(i,\ j)$ 성분으로 하는 행렬을 두 행렬 A와 B의 곱이라고 하고, 이것을 기호

$$A\times B \text{ 또는 } AB$$

로 나타낸다. 이를테면, 두 행렬

$$A=\begin{pmatrix} a & b \\ c & d \end{pmatrix},\quad B=\begin{pmatrix} p & q \\ r & s \end{pmatrix}\text{일 때,}\quad AB=\begin{pmatrix} ap+br & aq+bs \\ cp+dr & cq+ds \end{pmatrix}$$

이다. 수의 거듭제곱과 같이, 임의의 정사각행렬 A에 대하여 AA, AAA, $\cdots$를 차례로 A^2, A^3, $\cdots$ 로 나타낸다.

행렬의 곱셈에는 다음 법칙이 성립함을 알 수 있다.

합과 곱이 정의되는 임의의 행렬 A, B, C와 임의의 실수 k에 대하여

① $(AB)C=A(BC)$(결합법칙)

② $A(B+C)=AB+AC$, $(A+B)C=AC+BC$(분배법칙)

③ $k(AB) = (kA)B = A(kB)$

위의 성질이 성립함을 지도하는 한 방법으로 고등학교 수준에서는 구체적인 행렬에 대해 규칙성을 발견하게 하여 임의의 행렬로 일반화하는 것이 일반적이다.

(7) 단위행렬

정사각행렬 중에서 (i, i)성분은 1 이고 그 밖의 성분은 모두 0 인 정사각행렬을 **단위행렬**(unit matrix)이라고 한다. 단위행렬을 기호로 I, 또는 E로 나타낸다. 임의의 정사각행렬 A와 같은 꼴의 단위행렬 I에 대하여

$$AI = IA = A$$

인 성질이 있다. 이 성질이 성립함을 지도하는 한 방법으로 임의의 2차 행렬 A와 2차 단위행렬을 이용하여 AI, IA, A가 서로 같음을 확인한 다음 3차 이상의 행렬로 일반화하는 방법이 있다. 이와 같이 일반화하는 과정에서 학생들로 하여금 그 타당성을 토론해 보게 하는 것이 바람직하다. 또한 단위행렬 I의 곱셈에 대한 성질과 실수 1 의 곱셈에 대한 성질을 비교해 보게 하는 것이 바람직하다.

2) 역행렬

같은 꼴의 정사각행렬 A와 단위행렬 I에 대하여

$$AX = XA = I$$

인 행렬 X가 존재할 때, X를 A의 **역행렬**(inverse matrix)이라고 하고, 이것을 기호

$$A^{-1}$$

로 나타낸다.

정사각행렬 중에는 역행렬을 갖는 것도 있고 갖지 않는 것도 있다. 이를테면, 행렬 $A = \begin{pmatrix} 1 & 0 \\ 2 & 1 \end{pmatrix}$에 대하여 A^{-1}은 존재하지만 행렬 $A = \begin{pmatrix} 1 & 2 \\ 2 & 4 \end{pmatrix}$에 대하여는 A^{-1}이 존재하지 않음을 계산을 통하여 알 수 있다.

이차행렬의 역행렬은 공식에 의하여 구할 수 있지만(문제 1 참조), 삼차이상의 행렬의 역행렬은 역행렬의 정의에 의하여 구할 수 있다. 문제해결을 위하여 역행렬을 구할 필요가 있을 경우는 그래픽 계산기를 이용하면 편리하게 구할 수 있다.

역행렬에는 다음과 같은 성질이 있다.

역행렬의 성질

같은 차수의 두 정사각행렬 A, B에 대하여 A^{-1}, B^{-1}가 존재하면

① $AA^{-1} = A^{-1}A = I$

② $(A^{-1})^{-1} = A$

③ $(AB)^{-1} = B^{-1}A^{-1}$

위의 성질 ①, ②는 역행렬의 정의에 의하여 설명할 수 있고, 성질 ③은 $(AB)(B^{-1}A^{-1})$, $(B^{-1}A^{-1})(AB)$를 각각 계산하여 I임을 밝힘으로 설명할 수 있다.

3) 연립일차방정식과 행렬

x, y에 대한 연립일차방정식

$$ax + by = p$$

$$cx + dy = q$$

를

$$\begin{pmatrix} a & b \\ c & d \end{pmatrix}\begin{pmatrix} x \\ y \end{pmatrix} = \begin{pmatrix} p \\ q \end{pmatrix}$$

로 나타낼 수 있다. 이 식에서 $\begin{pmatrix} a & b \\ c & d \end{pmatrix}^{-1}$가 존재하면

$$\begin{pmatrix} a & b \\ c & d \end{pmatrix}^{-1}\begin{pmatrix} a & b \\ c & d \end{pmatrix}\begin{pmatrix} x \\ y \end{pmatrix} = \begin{pmatrix} a & b \\ c & d \end{pmatrix}^{-1}\begin{pmatrix} p \\ q \end{pmatrix}$$

즉,

$$\begin{pmatrix} x \\ y \end{pmatrix} = \begin{pmatrix} a & b \\ c & d \end{pmatrix}^{-1}\begin{pmatrix} p \\ q \end{pmatrix}$$

이다. 위의 식의 우변을 정리하여 x, y의 값을 구할 수 있다.

위의 식에서 $\begin{pmatrix} a & b \\ c & d \end{pmatrix}^{-1}$가 존재하지 않을 때, 즉 $ad - bc = 0$일 때, 이 연립방정식은 해가 없거나 무수히 많다.

발전연구 2-4-1

(1) 역행렬 구하는 방법

역행렬은 연립일차방정식을 해결하는 데 중요한 개념이다. 2×2 행렬의 역행렬은 역행렬의 정의를 이용하여 간단하게 구할 수 있으며, 그 공식은 본문에서 다루었다. 그러나, n 의 값이 클 경우 $n\times n$ 행렬의 역행렬을 역행렬의 정의에 의하여 구하려면 복잡한 계산 과정을 거쳐야 한다. 여기서는 차수가 큰 행렬의 역행렬을 간단히 구하는 방법을 알아보기로 한다. 먼저, 다음과 같은 행렬의 기본(행)변형에 관한 지식이 필요하다.

행렬의 기본(행)변형(elementary (row) operations)

(i) 한 행에 $k(\neq 0)$배를 한다.

(ii) 한 행에 다른 한 행의 k 배를 더한다.

(iii) 한 행과 다른 한 행을 서로 바꾼다.

이제 $n\times n$ 행렬 A가 역행렬을 가질 경우 A의 역행렬 A^{-1}을 구하는 방법을 알아보자.

행렬 A의 역행렬을 행렬 P라 하면

$$PA=I$$

가 성립한다. 그러므로, $n\times 2n$ 행렬 $[A\,|\,I]$의 왼쪽에 P를 곱하면

$$P[A\,|\,I]=[PA\,|\,P]=[I\,|\,P]$$

가 된다. 그런데, $PA=I$이므로, $P=A^{-1}$. 즉,

행렬 $[A\,|\,I]$를 행렬의 기본변형에 의하여 $[I\,|\,P]$가 되게 하였을 때. P가 A의 역행렬이다.

이와 같은 방법으로 역행렬을 구할 수 있다.

(2) 가우스의 소거법

일차연립방정식을 계수의 행렬로 표시한 후 위의 기본변형을 적용할 경우 그 연립방정식의 해는 변하지 않는다. 이 성질을 이용하여 다음과 같이 연립일차방정식을 풀 수 있다. 이 방법을 **가우스의 소거법**(Gaussian elimination)이라고 한다. 이를테면,

연립방정식

$$\begin{cases} ax+by=h \\ cx+dy=k \end{cases}$$

를 다음과 같이 행렬로 나타낸다.

$$\begin{pmatrix} a & b & h \\ c & d & k \end{pmatrix}$$

이 행렬에 '행렬의 기본변형'을 실시하여 다음과 같이 변형한다.

$$\begin{pmatrix} 1 & 0 & p \\ 0 & 1 & q \end{pmatrix}$$

이 행렬을 연립방정식으로 나타내면 $x=p$, $y=q$이다. 이것이 구하는 연립방정식의 해이다.

(3) 행렬식

행렬식의 개념은 연립방정식의 해를 구하기 위해 탄생되었으며, 행렬의 개념보다도 먼저 발생하였다. 이를테면, 연립방정식

$$\begin{cases} ax+by=h \\ cx+dy=k \end{cases}$$

의 해 $x=\dfrac{hd-bk}{ad-bc}$, $y=\dfrac{ak-ch}{ad-bc}$(단, $ad-bc\neq 0$)를

$$x=\frac{\begin{vmatrix} h & b \\ k & d \end{vmatrix}}{\begin{vmatrix} a & b \\ c & d \end{vmatrix}},\quad y=\frac{\begin{vmatrix} a & h \\ c & k \end{vmatrix}}{\begin{vmatrix} a & b \\ c & d \end{vmatrix}}$$

와 같이 연립방정식의 계수와 상수항을 사용하여 나타낸다. 이때, $\begin{vmatrix} a & b \\ c & d \end{vmatrix}$와 같이 정사각형 모양의 수의 배열에 절댓값 기호를 붙인 식을 **행렬식**(determinant)이라고 한다.

행의 수와 열의 수가 각각 n인 행렬식을 n차 행렬식이라고 한다.

A가 n차 행렬일 때, A의 행렬식 $|A|$의 값은 다음과 같이 정의한다. 단 행렬 A_{ij}는 행렬 A에서 i행과 j열의 원소를 모두 제거한 행렬이다.

$$|A|=a_{11}|A_{11}|-a_{12}|A_{12}|+\cdots+(-1)^{1+n}a_{1n}|A_{1n}|.$$

예를 들면, 3차 행렬식 $\begin{vmatrix} a_{11} & a_{12} & a_{13} \\ a_{21} & a_{22} & a_{23} \\ a_{31} & a_{32} & a_{33} \end{vmatrix}$의 값은 다음과 같이 구할 수 있다.

$$\begin{vmatrix} a_{11} & a_{12} & a_{13} \\ a_{21} & a_{22} & a_{23} \\ a_{31} & a_{32} & a_{33} \end{vmatrix} = (-)^{1+1} a_{11} \begin{vmatrix} a_{22} & a_{23} \\ a_{32} & a_{33} \end{vmatrix} + (-1)^{1+2} a_{12} \begin{vmatrix} a_{21} & a_{23} \\ a_{31} & a_{33} \end{vmatrix}$$

$$+ (-1)^{1+3} a_{13} \begin{vmatrix} a_{21} & a_{22} \\ a_{31} & a_{32} \end{vmatrix}$$

우변의 이차행렬식의 값을 구하여 대입하면 구하고자 하는 삼차행렬식의 값을 구할 수 있다. 위의 이원일차 연립방정식의 해와 같이, n 개의 미지수를 갖는 일차연립방정식의 해를 분모는 계수들로 만들어지는 행렬식, 분자는 분모의 행렬식과 같되 그 변수에 해당하는 계수를 상수항으로 대치한 행렬식으로 하여 구하는 공식을 **크래머의 공식**(Cramer's rule)이라고 한다.

(4) 케일리-해밀턴 정리(Cayley-Hamilton theorem)

이차행렬 $A = \begin{pmatrix} a & b \\ c & d \end{pmatrix}$에 대하여 A^n 을 포함하는 n 차 방정식을 A 의 차수를 하나 낮게 한, A^{n-1} 을 포함하는 $n-1$ 차 방정식으로 변형할 필요가 있는 경우가 있다. 이를테면 이차행렬 A 가 주어졌을 때 A^{10} 의 행렬을 구하여야 할 경우가 있다. 이때 다음의 케일리-해밀턴 정리를 사용하면 편리하다.

케일리-해밀턴 정리

행렬 $A = \begin{pmatrix} a & b \\ c & d \end{pmatrix}$, $I = \begin{pmatrix} 1 & 0 \\ 0 & 1 \end{pmatrix}$에 대하여

$$A^2 - (a+d)A + (ad-bc)I = O$$

즉,

$$A^2 = (a+d)A - (ad-bc)I$$

가 성립한다. 이 정리의 증명은 좌변을 변형하여 우변으로 만들면 된다.

연구과제 2-4-1

1. 오른쪽 그림은 세 나라 C_1, C_2, C_3 사이의 국제 통신망을 화살표로 나타낸 것이다. 행렬 A의 (i, j)성분은 C_i에서 C_j로 보내는 통신망의 수를 나타낸다고 할 때, 행렬 A를 구하여라. 단, (i, i)성분은 0이고, 화살표 방향으로만 통신할 수 있다고 한다.

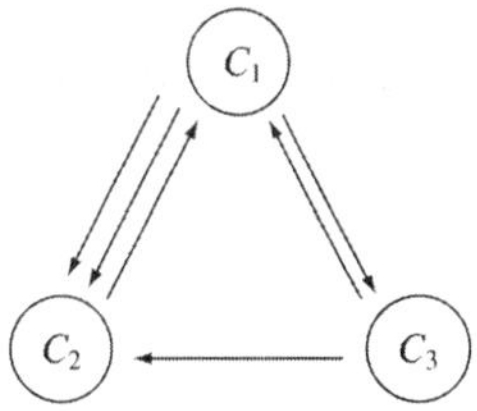

2. 행렬 $A=\begin{pmatrix} -1 & 2 \\ 3 & 0 \end{pmatrix}, B=\begin{pmatrix} -4 & 2 \\ 2 & -6 \end{pmatrix}$에 대하여 $3X-2A=X-B$를 만족하는 행렬 X를 구하여라.

3. 행렬의 곱셈에는 교환법칙이 성립하지 않음을 증명하여라.

4. 행렬의 곱셈에 이루어지는 실생활적인 예를 만들어 보아라.

5. 같은 꼴의 행렬 A, B에 대하여 $A^2-B^2=(A-B)(A+B)$가 성립하는가, 성립하지 않는가? 그 이유를 설명하여라.

6. 이차행렬 $A=\begin{pmatrix} a & b \\ c & d \end{pmatrix}$가 역행렬을 가질 조건을 설명하고 그 역행렬을 구하여라.

7. 다음 행렬의 역행렬을 구하여라.

(1) $\begin{pmatrix} 1 & 3 \\ 0 & 2 \end{pmatrix}$ (2) $\begin{pmatrix} 1 & 2 \\ 3 & 6 \end{pmatrix}$ (3) $\begin{pmatrix} 1 & -1 & 0 \\ 2 & 0 & 1 \\ -1 & 1 & 1 \end{pmatrix}$

8. 역행렬의 성질 ③이 성립함을 증명하여라.

9. 임의의 2차 행렬 $A=\begin{pmatrix} a & b \\ c & d \end{pmatrix}$에 대하여 $(A^{-1})^2=(A^2)^{-1}$가 성립하는지를 설명하여라.

10. 연립방정식을 세워 해결할 수 있는 실생활에 관련된 문제를 만들고 이를 행렬을 이용하여 풀어라.

11. 케일리-해밀턴의 정리를 사용하여, $A = \begin{pmatrix} 1 & -1 \\ 2 & 1 \end{pmatrix}$에 대하여 다음을 계산하여라.

(1) A^4 (2) $A^3 - A^2 + A + 3I$

12. 세 개의 미지수를 갖는 일차연립방정식을 하나 만들고, 그 해를 크래머의 공식을 이용하여 설명하여라.

지도상의 유의점 2-4-1

1. 행렬의 연산을 지도할 때, 실생활에서 그 연산이 이루어지는 경우를 경험하게 한 다음 그 상황을 형식화함으로써 수학화의 경험을 하게 한다.
2. 행렬의 곱셈에 관한 여러 가지 성질을 지도할 때, 수의 곱셈과 비교해보게 함으로써 그 특성을 이해하게 한다.
3. 역행렬의 개념은 2×2행렬을 대상으로 지도하되, 역행렬을 구할 수 있는 계산기를 사용할 수 있는 경우는 3차 또는 4차 행렬의 역행렬을 구해보게 하고, 이를 연립방정식의 풀이에 활용해 보는 것은 행렬의 유용성을 이해하는 데 도움이 된다.

5.

수열

1 수열

1) 수열의 뜻

일수에 따른 적립금의 총합, 시간의 흐름에 따른 세포분열의 수나 인구 증가 등과 같은 어떤 규칙에 따라 차례로 나열되는 수에 관한 연구는 실생활에서 중요하게 다루어진다.

어떤 규칙에 따라 차례로 나열한 수의 열을 **수열**(sequence)이라고 하고, 수열을 이루는 각각의 수를 그 수열의 **항**(term)이라고 한다. 항은 앞에서부터 차례로 제 1 항, 제 2 항, … , 제n 항이라고 한다. 특히, 제 1 항을 **초항**(initial term), 제n 항을 **일반항**(general term)이라고도 한다.

수열은 보통 번호가 붙은 문자의 열

$$a_1,\ a_2,\ a_3,\ \cdots,\ a_n,\ \cdots$$

으로 나타내며, 이를 간단히 $\{\mathrm{a_n}\}$ 으로 나타내기도 한다.

수열의 항의 개수가 유한인 수열을 **유한수열**(finite sequence), 무한인 수열을 **무한수열**(infinite sequence)이라고 한다.

2) 등차수열

첫째항부터 일정한 수를 차례로 더하여 그 다음 항이 얻어지는 수열을 **등차수열**(arithmetic sequence)이라고 하고, 그 일정한 수를 **공차**(common difference)라고 한다. 첫째항이 a 이고, 공차가 d 인 등차수열

$$a,\ \ a+d, a+2d, a+3d, \cdots, a+(n-1)d+\cdots$$

의 일반항 a_n 은

$$a_n = a + (n-1)d$$

이다.

세 수 a, b, c가 이 순서로 등차수열을 이룰 필요충분조건은

$$b - a = c - b,\ 즉\ b = \frac{a+c}{2}$$

이다. 이때 b를 a, c의 **등차중항**(arithmetic mean)이라고 한다.

첫째항이 a 이고 공차가 d , 제n 항이 l 인 등차수열의 첫째항부터 제n 항 까지의 합을 S_n 이라 하면

$$S_n = \frac{n(a+l)}{2} = \frac{n\{2a+(n-1)d\}}{2}$$

임을 여러 가지 방법으로 알 수 있다. 그 중 한 방법은 가우스가 어릴 때 (10세 때) 1 에서 100 까지의 수를 구할 때 사용한 방법과 같은 방법으로서 다음과 같다.

$$S_n = a + (a+d) + \cdots + (l-d) + l$$

$$S_n = l + (l-d) + \cdots + (a+d) + a$$

$$2S_n = (a+l) + (a+l) + \cdots + (a+l) = n(a+l)$$

따라서

$$S_n = \frac{n\{2a+(n-1)d\}}{2}$$

다른 한 방법으로서, 아래 그림은 첫째항이 a, 제n 항이 l 인 등차수열의 제n 항까지의 합을 시각적으로 나타낸 것이다. 이 그림에서 초항 a , 끝항 l , 항의 개수 n 인 등차수열의 합은 $S_n = \frac{n(a+l)}{2}$ 임을 쉽게 이해할 수 있다.

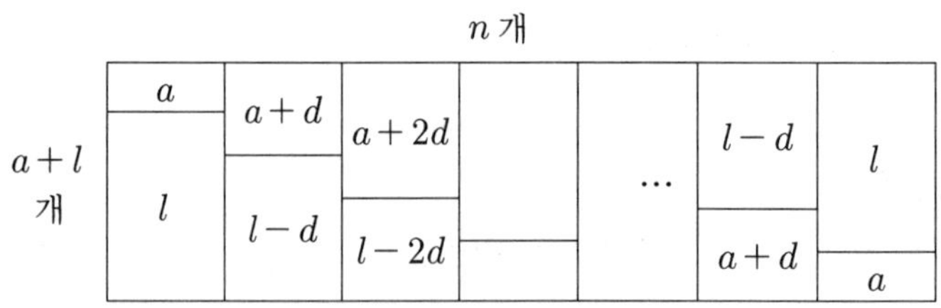

3) 등비수열

첫째항부터 일정한 수를 곱하여 그 다음 항이 얻어지는 수열을 **등비수열**(geometric sequence)이라고 하고, 그 일정한 수를 **공비**(common ratio)라고 한다. 첫

째항이 a 이고, 공비가 r 인 등비수열의 일반항 a_n 은

$$a_n = ar^{n-1}$$

이다.

0 이 아닌 세 수 a, b, c 가 이 순서로 등비수열을 이룰 필요충분조건은

$$\frac{b}{a} = \frac{c}{b} \text{ 즉, } b^2 = ac$$

이다. 이때 b 를 a, c 의 **등비중항**(geometric mean)이라고 한다.

첫째항이 a 이고, 공비가 r 인 등비수열의 제n 항까지의 합을 S_n 이라고 하면

$$S_n = a + ar + ar^2 + ar^3 + \cdots + ar^{n-1} \qquad \cdots ①$$

이 식의 양변에 r 을 곱하면

$$rS_n = ar + ar^2 + ar^3 + \ldots + ar^{n-1} + ar^n \qquad \cdots ②$$

①에서 ②를 변끼리 빼면

$$(1-r)S_n = a - ar^n = a(1-r^n)$$

따라서, $r \neq 1$ 일 때, $S_n = \dfrac{a(1-r^n)}{(1-r)}$

$r = 1$ 일 때는 ①로부터

$$S_n = a + a + a + \cdots + a = na$$

4) 여러 가지 수열

(1) $\sum$ 의 뜻과 성질

수열 $\{a_n\}$ 에서 첫째항부터 제n 항까지의 합

$$a_1 + a_2 + \cdots + a_n$$

을 합의 기호 $\sum$ (시그마)와 일반항 a_n 을 써서 $\sum_{k=1}^{n} a_k$ 로 나타낸다. 즉,

$$\sum_{k=1}^{n} a_k = a_1 + a_2 + \cdots + a_n$$

이다. 예를 들면, $\sum_{k}^{5} k^2 = 1^2 + 2^2 + 3^2 + 4^2 + 5^2 = 55$ 이다.

$\sum$ 의 성질에는 다음과 같은 것들이 있다.

$\sum$ 의 성질

① $\sum_{k=1}^{n}(a_k + b_k) = \sum_{k=1}^{n} a_k + \sum_{k=1}^{n} b_k$

② $\sum_{k=1}^{n} ca_k = c\sum_{k=1}^{n} a_k$ (단, c는 상수)

③ $\sum_{k=1}^{n} c = cn$ (단, c는 상수)

위의 성질은 증명은 $\sum$ 의 정의에 의하여 간단히 할 수 있다.

$\sum$ 의 성질을 사용하여 여러 가지 수열의 합을 구할 수 있다. 이때 다음의 거듭제곱의 합을 구하는 공식이 많이 이용된다.

거듭제곱의 합

① $\sum_{k=1}^{n} k = \frac{n(n+1)}{2}$

② $\sum_{k=1}^{n} k^2 = \frac{n(n+1)(2n+1)}{6}$

③ $\sum_{k=1}^{n} k^3 = \left\{\frac{n(n+1)}{2}\right\}^2$

위의 성질 ②는 항등식

$$(k+1)^3 - k^3 = 3k^2 + 3k + 1$$

에 $k=1, k=2, \cdots, k=n$을 차례로 대입한 식들을 변끼리 더함으로써 증명할 수 있다.

(2) 계차수열

수열 $\{a_n\}$에 대하여 $b_n = a_{n+1} - a_n$(단, $n = 1, 2, 3, \cdots$)으로 정의되는 수열

$\{b_n\}$을 수열 $\{a_n\}$의 **계차수열**(sequence of differences)이라고 한다. 수열 $\{a_n\}$의 계차수열이 수열 $\{b_n\}$일 때, 수열 $\{a_n\}$의 일반항은

$$a_n = a_1 + \sum_{k=1}^{n-1} b_k \ \ (n = 2, 3, 4, \cdots)$$

이다. 이 성질은 계차수열의 정의 $b_n = a_{n+1} - a_n$에 $n = 1, 2, \cdots, n-1$을 차례로 대입하여 구할 수 있다.

5) 수학적 귀납법

n에 관한 식 또는 명제 $P(n)$이 임의의 자연수 n에 대하여 성립함을 증명하기 위해서는 다음 ①, ②를 증명하면 된다. 이 증명 방법을 **수학적 귀납법**(mathematical induction)이라고 한다.

수학적 귀납법

n에 관한 식 또는 명제 $P(n)$이 임의의 자연수 n에 대하여

① $n = m$일 때 $P(n)$이 성립한다.

② $n = k \geq m$일 때 $P(n)$이 성립함을 가정하면, $n = k+1$일 때에도 $P(n)$이 성립한다.

따라서, $P(n)$은 $n \geq m$인 모든 자연수 n에 대하여 성립한다.

수학적 귀납법은 연역적 추론의 하나로서 정의역이 자연수의 집합인 함수의 성질을 증명하는 데 유용하게 사용된다. 예를 들어 $x > 0$, n은 2 이상인 자연수일 때, 부등식

$$(1+x)^n > 1 + nx \qquad \cdots ①$$

가 성립함을 증명하여 보자.

[증명] (ⅰ) $n = 2$일 때, (좌변)$= (1+x)^2 = 1 + 2x + x^2 > 1 + 2x =$(우변)

따라서, 부등식 ①이 성립한다.

(ⅱ) $n = k$일 때 부등식 ①이 성립한다고 하면

$$(1+x)^k > 1 + kx \qquad \cdots ②$$

$n = k+1$일 때, $1 + x > 0$이므로 ②로부터

$$(\text{좌변}) = (1+x)^{k+1} = (1+x)^k(1+x)$$

$$> (1+kx)(1+x) = 1+(k+1)x+kx^2$$

$$> 1+(k+1)x = (\text{우변})$$

따라서, $n=k+1$ 일 때에도 부등식 ①은 성립한다.

(ⅰ), (ⅱ)에서 부등식 ①은 2 이상인 모든 자연수에 대하여 성립한다.

6) 알고리즘과 순서도

어떤 문제를 해결하기 위한 계획을 **프로그램**(program)이라고 한다. 특히, 컴퓨터나 그래픽 계산기로 어떤 문제를 풀기 위한 프로그램을 작성할 때는 주어진 문제를 충분히 이해하고 분석하여 문제해결의 순서를 구성해야 한다. 이와 같이 문제를 해결하기 위한 처리 순서를 **알고리즘**(algorithm)이라고 한다. 많이 사용되고 있는 알고리즘의 형식에는 문장, 순서도, 컴퓨터 프로그램 등이 있다. 문장은 쉽게 표현할 수 있으나 모호할 가능성이 많다. 컴퓨터 프로그램은 엄밀하지만 각 프로그램마다 독특한 컴퓨터 언어에 대한 지식을 필요로 한다. 이를테면, 코볼, 포트란, 베이직, 파스칼, C 언어 등은 프로그램을 만들기 위한 컴퓨터 언어로서 고유한 지식을 필요로 한다.

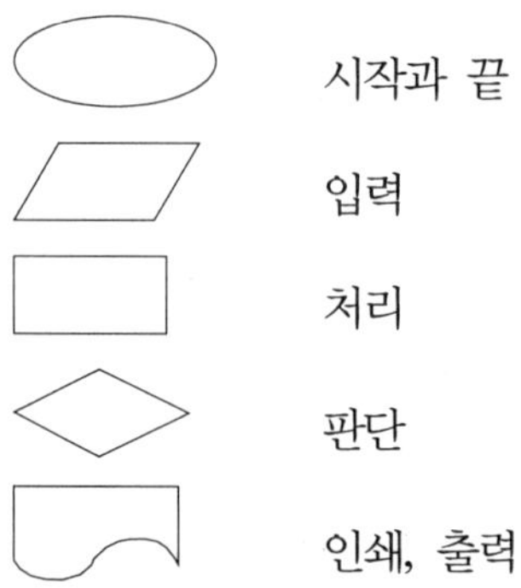

기호를 사용하여 알고리즘을 그림으로 나타낸 것을 **순서도**(flow chart)라고 한다. 순서도는 그 과정을 이해하기 쉽고 컴퓨터 프로그램을 작성하는 데 도움이 된다. 순서도에 사용되는 기본적인 기호로 그림과 같은 것이 있다.

순서도의 형식에는 직선형, 분기형, 순환형 등이 있다.

발전연구 2-5-1

(1) 귀납적 정의(inductive definition)

수열에 대하여 자연수 n과 그 함수 $f(n)$의 관계분석이 복잡하여 직접 정의하기 어려운 경우에는 다음과 같은 귀납적인 방법에 의하여 수열을 정의할 수 있다.

첫째, $f(k)$를 결정한다. (단, k는 자연수)

둘째, $f(n+1)$을 $f(n)$과의 관계로 나타낸다. (단, $n \geq k$)

참고: $f(n+1)$을 $f(n)$과의 관계로 생각하는 것을 **순환적 사고**(recursive thinking)이라고 한다.

(2) 수학적 귀납법의 원리

정수 n에 대한 명제 $P(n)$에 대하여 $n=a$일 때, $P(a)$가 참이고, $k \geq a$인 임의의 정수 k에 대하여 $P(k)$가 참일 때 $P(k+1)$도 참이면, $P(n)$은 $n \geq a$인 모든 자연수 n에 대하여 참이다. 수학적 귀납법을 처음으로 다룬 사람은 파스칼(Pascal)이다.

(3) 알고리즘

문제를 해결하기 위해 작업의 절차를 나타낸 것을 알고리즘이라고 한다. 알고리즘의 형식에는 언어적 진술, 순서도, 컴퓨터 프로그래밍, 의사코드(컴퓨터 프로그래밍의 의미만 살린, 모든 컴퓨터 언어에 사용하기 간편하게 한 것) 등이 있다. 알고리즘은 다음의 세 조건을 만족하여야 한다.

(i) 일의성: 문제를 푸는 각 단계마다 절차가 명확하게 정해져 있고, 주어진 같은 데이터에 대하여 항상 같은 결과가 정해진다.

(ii) 일반성: 특정한 한 문제뿐만 아니라 주어진 조건을 만족하는 모든 문제 대하여 적용할 수 있다.

(iii) 유한성: 유한 번의 조작으로 결론에 도달한다.

연구과제 2-5-1

1. 생활 주변에서 등차수열, 등비수열, 그 외의 수열의 예를 찾아보아라.

2. 다음 수열의 일반항을 찾아보아라.

   (1) 3, 5, 7, 9, ⋯ (2) 9, 99, 999, ⋯

   (3) 7, 11, 15, 19, 23, ⋯

3. 다음 수열에서 첫째항부터 제n항까지의 합을 구하여라.

   (1) 5, 7, 9, ⋯ (2) $1, \sqrt{2}, 2, 2\sqrt{2}, \cdots$

   (3) 3, 33, 333, ⋯

4. 어느 달 초에 a 원을 빌리고 한 달 후부터 매달 일정한 액수의 금액을 갚아 나가려고 한다. 월이율은 r 이고 한 달마다 복리로 하여 n 개월 후에 완전히 갚으려면 매달 얼마씩 갚아나가야 하는가?

5. 다음 수열의 일반항과 제n 항까지의 합을 구하여라.

   (1) 1, 2, 5, 10, 17, 26, ⋯ (2) 1, 3, 7, 15, 31, 63, ⋯

6. 다음이 성립함을 여러 가지 방법으로 증명하여라.

   (1) n 이 자연수일 때 $1+2+3+\cdots+n=\dfrac{n(n+1)}{2}$

   (2) n 이 2 이상인 자연수일 때,

   (3) $1+\dfrac{1}{2}+\dfrac{1}{3}+\cdots+\dfrac{1}{n}>\dfrac{2n}{n+1}$

   (4) $0<a<b$ 일 때, 임의의 자연수 n 에 대하여 부등식 $a^n<b^n$

7. 다음을 구하는 순서도를 그려라.

   (1) 서로 다른 두 수 a, b 중 큰 수

   (2) $|a-b|$

   (3) 일차부등식 $ax+b>0$ 의 해

   (4) $n=1, 2, \cdots, 100$ 인 경우에 $S_n=1+2+3+\cdots+n$ 의 값

8. 피보나치수열 $\{a_n\}$에 대하여 $\lim_{n\to\infty}\frac{a_{n+1}}{a_n}$의 극한값을 구하고, 그 값은 황금비임을 확인하여라.

지도상의 유의점 2-5-1

1. 수열의 일반항이나 제n항까지의 합을 다룰 때는 귀납적 사고에 의하여 일반항을 예측해 보게 한 다음, 수학적 귀납법으로 그 예측의 타당성을 증명해보게 한다. 수학적 귀납법은 정의역을 자연수의 집합으로 하는 함수의 일반성을 증명하는 데 중요한 연역적 방법 중의 하나이다.
2. 수학적 귀납법의 원리를 도미노 원리로부터 이해한 다음 수학적 귀납법을 사용할 수 있게 한다.
3. 수학적 귀납법을 사용하여, 명제 $P(n)$이 성립한다고 가정할 때, $P(n+1)$이 성립함을 증명하는 방법에는 다음 두 가지 방법이 있음을 이해시키고 편리한 것을 사용할 수 있게 한다.
   첫째 방법: $P(n)$으로부터 $P(n+1)$을 유도한다.
   둘째 방법: $P(n+1)-P(n)$의 결과가 참인가를 확인하고, $P(n+1)$이 참임을 선언한다.

2 수열의 극한

1) 무한수열의 극한

(1) 무한수열의 수렴, 발산

무한수열 $\{a_n\}$에서 n이 한없이 커질 때, 제n항 a_n이 어떤 일정한 실수의 값 α에 한없이 가까워지면 수열 $\{a_n\}$은 α에 **수렴**(converge)한다고 하고, α를 수열 $\{a_n\}$의 **극한값**(limit)이라고 하며, 이것을 기호

$$\lim_{n\to\infty} a_n = \alpha \quad \text{또는} \quad n\to\infty \text{ 일 때 } a_n \to \alpha$$

로 나타낸다. 여기서 기호 $\lim$는 극한을 뜻하는 limit의 약자로서 '리미트'라고 읽는다.

[보기] 수렴하는 수열의 예

수열 $1, \frac{1}{2}, \frac{1}{3}, \cdots, \frac{1}{n}, \cdots$ 은 수렴하고, $\lim_{n\to\infty}\frac{1}{n}=0$ 이다.

수열 $2, \frac{2}{2}, \frac{2}{3}, \cdots, \frac{2}{n}, \cdots$ 은 수렴하고, $\lim_{n\to\infty}\frac{2}{n}=0$ 이다.

수열 $-5, \frac{-5}{2}, \frac{-5}{3}, \cdots, \frac{-5}{n}, \cdots$ 은 수렴하고, $\lim_{n\to\infty}\frac{-5}{n}=0$ 이다.

수열 중에는

$$1, 2, 3, 4, \cdots, n, \cdots$$

와 같이 n 이 한없이 커짐에 따라 그 일반항이 한없이 커지는 수열이 있으며, 수열

$$1, -1, 1, -1, \cdots, (-1)^{n+1}, \cdots$$

와 같이 일정한 값으로 가까워지지 않는 수열도 있다. 이와 같이 수렴하지 않는 수열은 **발산**(divergence)한다고 한다.

무한수열 $\{a_n\}$ 에서 n 이 한없이 커질 때, a_n 도 한없이 커지면 수열 $\{a_n\}$ 은 양의 무한대로 발산한다고 하고, 이것을 기호

$$\lim_{n\to\infty} a_n = \infty$$

로 나타낸다.

또, 무한수열 $\{a_n\}$ 에서 n 이 한없이 커질 때, a_n 은 음이면서 그 절댓값이 한없이 커지면 수열 $\{a_n\}$ 은 음의 무한대로 발산한다고 하고, 이것을 기호

$$\lim_{n\to\infty} a_n = -\infty$$

로 나타낸다.

수열 중에는 다음 두 수열과 같이 수렴하지도 않고, 양의 무한대로도 발산하지 않으며, 음의 무한대로도 발산하지 않는 수열이 있다.

$$1, -1, 1, -1, \cdots, (-1)^{n+1} \cdots$$

$$1, -2, 3, -4, \cdots, (-1)^{n+1}n \cdots$$

이와 같이, 증가와 감소를 되풀이하면서 발산하는 것을 **진동**(vibration)이라고 한

다.

참고: 기호 ∞ 는 수가 아니라 한없이 커지는 상태를 나타내는 기호로 **무한대**(infinite)라 고 읽는다. 월리스(Wallis, 1616~1703)가 만들었다.

어떤 수열이 수렴하는지를 알아보는 직관적 방법으로는 수열의 각 항을 좌표평면에 그래프로 나타내고 그 변화 상태를 알아보기, 그래픽 계산기나 컴퓨터로 제n항의 값을 실제로 조사해보고 그 변화 상태를 알아보기 등이 있다. 그러나 이와 같은 직관적 방법으로는 복잡한 수열의 수렴여부를 판단하기가 어려운 경우가 많다. 여기서는 수열의 수렴여부와 수렴할 경우 그 극한값을 알아보는 데 필요한 기본 성질을 알아보기로 한다.

(2) 무한수열의 극한값

무한수열의 극한에 관한 다음과 같은 기본성질이 있다. 이 성질을 이용하면 여러 가지 무한수열의 극한값을 간단히 구할 수 있다.

이 성질을 연역적으로 증명하려면 극한의 개념을 $\epsilon-\delta$ 논법으로 정의하여야 하는데, 이 개념은 고등학교 수준을 넘으므로, 여기에서는 직관적으로 이해하게 한다.

무한수열의 극한에 관한 기본성질(1)

수렴하는 수열 $\{a_n\}$, $\{b_n\}$에 대하여

① $\lim_{n\to\infty}|a_n|=\infty$ 이면 $\lim_{n\to\infty}\frac{1}{a_n}=0$

② $\lim_{n\to\infty}ka_n=k\lim_{n\to\infty}a_n$ (단, k는 상수)

③ $\lim_{n\to\infty}(a_n\pm b_n)=\lim_{n\to\infty}a_n\pm\lim_{n\to\infty}b_n$ (복호 동순)

④ $\lim_{n\to\infty}a_nb_n=\lim_{n\to\infty}a_n\lim_{n\to\infty}b_n$

⑤ $\lim_{n\to\infty}\frac{a_n}{b_n}=\frac{\lim_{n\to\infty}a_n}{\lim_{n\to\infty}b_n}$ (단, $\lim_{n\to\infty}b_n\neq 0$)

특히, $\lim_{n\to\infty}a_n=\infty$, $\lim_{n\to\infty}b_n=\infty$ 일 때, $\left\{\frac{a_n}{b_n}\right\}$, $\{a_n-b_n\}$의 수렴, 발산은 극한의

기본성질을 이용할 수 있는 꼴로 바꾸어 조사한다.

무한수열의 극한에 관한 기본성질(2)

수열 $\{a_n\}$, $\{b_n\}$이 수렴하고, $\lim_{n\to\infty} a_n = \alpha$, $\lim_{n\to\infty} b_n = \beta$ (단, α, β는 실수)일 때,

⑥ $a_n \leqq b_n$ (단, $n = 1, 2, \cdots$)이면 $\alpha \leqq \beta$

⑦ 샌드위치 정리(sandwich theorem)

수열 $\{c_n\}$에 대하여 $a_n \leqq c_n \leqq b_n$ (단, $n = 1, 2, \cdots$)이고 $\alpha = \beta$이면 $\lim_{n\to\infty} c_n = \alpha$

(3) 무한등비수열의 극한값

무한수열이 등비수열일 때, 이 수열을 **무한등비수열**이라고 한다. 무한등비수열에는 다음과 같은 성질이 있다. 이 성질은 앞에서 제시한 무한수열의 극한에 관한 기본성질을 이용하여 연역적으로 증명할 수 있다.

무한등비수열의 수렴, 발산

무한등비수열 $\{r^n\}$에서

① $r > 1$일 때, $\lim_{n\to\infty} r^n = \infty$ (발산)

② $r = 1$일 때, $\lim_{n\to\infty} r^n = 1$ (수렴)

③ $|r| < 1$일 때, $\lim_{n\to\infty} r^n = 0$ (수렴)

④ $r \leq -1$일 때, $\{r^n\}$은 발산한다.

위의 성질 ①을 증명하여 보자.

$r > 1$이므로 $r = 1 + h\,(h > 0)$로 놓으면

$$r^n = (1+h)^n \geq 1 + nh \ (n = 1, 2, 3, \cdots)$$

여기서 $h > 0$이므로 $\lim_{n\to\infty}(nh) = \infty$

따라서 $\lim_{n\to\infty} r^n = \infty$

2) 무한급수

(1) 무한급수의 수렴, 발산

무한수열 $\{a_n\}$의 각 항을 차례로 덧셈기호 + 로 연결한 식

$$a_1 + a_2 + a_3 + \cdots + a_n + \cdots$$

을 **무한급수**라고 하고, 이것을 기호 $\sum_{n=1}^{\infty} a_n$ 으로 나타낸다.

무한급수 $\sum_{n=1}^{\infty} a_n$ 에서 첫째항부터 제n항까지의 합

$$S_n = a_1 + a_2 + \cdots + a_n = \sum_{k=1}^{n} a_k$$

를 무한급수 $\sum_{n=1}^{\infty} a_n$ 의 제n항까지의 **부분합**(partial sum)이라고 한다.

무한급수 $\sum_{n=1}^{\infty} a_n$ 의 부분합으로 이루어진 수열 $\{S_n\}$이 실수 S에 수렴할 때, 즉

$$\lim_{n\to\infty} S_n = \lim_{n\to\infty} \sum_{k=1}^{n} a_k = S$$

일 때, 무한급수 $\sum_{n=1}^{\infty} a_n$ 는 S에 수렴한다고 한다. 이때, S를 **무한급수의 합**이라고 하고, 이것을

$$a_1 + a_2 + a_3 + \cdots + a_n + \cdots = S \text{ 또는 } \sum_{n=1}^{\infty} a_n = S$$

로 나타낸다.

무한급수 $\sum_{n=1}^{\infty} a_n$ 의 부분합으로 이루어진 수열 $\{S_n\}$이 발산할 때 이 무한급수는 발산한다고 한다. 이를테면 무한급수 $0.01 + 0.01 + 0.01 + \cdots$ 은 제n항까지의 합 S_n이 $S_n = 0.01n$이고, $\lim_{n\to\infty} S_n = \infty$ 이므로 발산한다.

무한급수의 수렴, 발산에는 다음과 같은 성질이 있다.

① 무한급수 $\sum_{n=1}^{\infty} a_n$ 이 수렴하면 $\lim_{n\to\infty} a_n = 0$ 이다. 그러나 그 역은 성립하지 않는다.

② $\lim_{n\to\infty} a_n \neq 0$ 이면 $\sum_{n=1}^{\infty} a_n$ 은 발산한다.

(2) 무한등비급수의 합과 그 활용

무한등비수열의 각 항의 합으로 이루어진 급수를 **무한등비급수**라고 한다. 무한등비급수의 합은 무한급수의 합을 구하는 방법에 의하여 구할 수 있으며, 이 방법에 의하면 다음과 같은 공식을 얻을 수 있다.

무한등비급수의 합

무한등비급수 $\sum_{n=1}^{\infty} ar^{n-1} = a + ar + ar^2 + \cdots + ar^{n-1} + \cdots \ (a \neq 0)$은

① $|r| < 1$ 일 때 수렴하고, 그 합은 $\dfrac{a}{1-r}$ 이다.

② $|r| \geq 1$ 일 때 발산한다.

순환소수와 무한등비급수

중학교 1학년 수준에서 분수는 유한소수 또는 순환소수로 나타낼 수 있으며, 순환소수는 분수로 나타낼 수 있음을 공부하였다. 그러나, 중학교 수준에서 순환소수를 분수로 나타내는 방법은 그 무한급수가 수렴함을 규명하지 않은 상태에서 수렴한다고 가정하였기 때문에 논리적으로 엄밀하지 못하였다. 순환소수에 무한등비급수의 성질을 적용하면, 논리적으로 엄밀한 방법으로 순환소수를 분수로 나타낼 수 있다.

예를 들면,

$$\begin{aligned} 1.2\dot{3}\dot{4} &= 1.2 + (0.034 + 0.00034 + 0.0000034 + \cdots) \\ &= 1.2 + \frac{0.034}{1-0.01} \\ &= 1.2 + \frac{34}{990} \\ &= \frac{1222}{990} = \frac{611}{495} \end{aligned}$$

발전연구 2-5-2

수열 $\{a_n\}$이 일정한 값 α로 수렴할 때, 기호로 $\lim_{n\to\infty} a_n = \alpha$로 나타낸다. 이 식

을 중등학교 수준에서는 'n이 한없이 커질 때, a_n이 일정한 값 α에 무한히 가까워진다.'라고 정의하고 있다. 그런데, 이 정의에서 '한없이 커진다', '무한히 가까워진다' 등과 같은 표현은 그 구체성이 없어서 어떤 상황이 이 정의를 만족하는지를 판단할 수 없다. 이와 같은 모호성을 없애기 위하여 대학수학 수준에서는 수열의 극한을 다음과 같이 $\epsilon-\delta$ 논법으로 정의한다.

정의 1 수열 $\{a_n\}$에서 임의의 양수 ϵ에 대하여 양의 정수 N이 존재하여

$$n > N \text{이면 } |a_n - \alpha| < \epsilon$$

일 때, 수열 $\{a_n\}$은 극한값 α에 수렴한다고 한다. 즉, $\lim_{n\to\infty} a_n = \alpha$

정의 2 수열 $\{a_n\}$에서 임의의 양수 M에 대하여 적당한 양의 정수 N이 존재하여

$$n > N \text{이면 } a_n > M$$

일 때, 수열 $\{a_n\}$은 양의 무한대로 발산한다고 한다. 즉, $\lim_{n\to\infty} a_n = \infty$

정의 3 수열 $\{a_n\}$에서 임의의 양수 M에 대하여 양의 정수 N이 존재하여

$$n > N \text{이면 } a_n < -M$$

일 때, 수열 $\{a_n\}$은 음의 무한대로 발산한다고 한다. 즉, $\lim_{n\to\infty} a_n = -\infty$

위의 정의에 의하여 $\lim_{n\to\infty}\frac{1}{n} = 0$임을 증명하여 보자.

임의의 양수 ϵ에 대하여 양의 정수 N을

$$N = 1 + \left[\frac{1}{\epsilon}\right] \quad \left(\text{단, } \left[\frac{1}{\epsilon}\right]\text{는 } \frac{1}{\epsilon}\text{을 넘지 않는 최대의 정수}\right)$$

로 잡으면, $n > N$일 때,

$$|a_n - 0| = \frac{1}{n} < \frac{1}{N} < \epsilon$$

따라서, $\lim_{n\to\infty}\frac{1}{n} = 0$이다.

연구과제 2-5-2

1. 다음 극한값을 구하고, 그 방법을 설명하여라.

(1) $\lim_{n\to\infty}\frac{1}{3^n}$ (2) $\lim_{n\to\infty}\frac{2n^2+n+1}{n^2+1}$

(3) $\lim_{n\to\infty}(\sqrt{n-1}-\sqrt{n})$ (4) $\lim_{n\to\infty}\frac{\cos n}{n}$

2. 무한등비수열의 수렴, 발산에 관한 성질 ③, ④를 각각 증명하여라.

3. 극한에 대한 개념이 정착되지 않았던 시절에 여러 가지 논란이 있었는데, 그 중 다음과 같은 일화가 있다고 한다. 1703년 그랜디(Grandi, 1671~1742)는 나눗셈으로 얻어지는 급수

$$\frac{1}{1+x}=1-x+x^2-x^3+\cdots$$

에 $x=1$을 대입하여

$$\frac{1}{2}=1-1+1-1+\cdots$$

을 얻고, 다시

$$\frac{1}{2}=(1-1)+(1-1)+(1-1)+\cdots=0+0+0+\cdots=0$$

임으로, 세계는 무에서 형성될 수 있다는 증명을 하였다고 주장하였다고 한다. 이에 대하여 라이프니츠는 짝수항까지의 합은 0, 홀수항까지의 합은 1이므로 그 두 수의 합의 평균인 $\frac{1}{2}$이 그 결과라고 주장하였다고 한다. 이 두 사람의 주장에 대하여 토론하여라.

4. 무한등비급수

$$\sum_{n=1}^{\infty}ar^{n-1}=a+ar+ar^2+\cdots+ar^{n-1}+\cdots\quad(a\neq 0)$$

의 합을 구하는 과정을 설명하여라.

5. 다음 순환소수를 분수로 나타내어라.

(1) $0.\dot{1}2\dot{3}$　　　　　　(2) $1.\dot{2}$

지도상의 유의점 2-5-2

1. 극한에 관한 정의와 성질은 직관에 의하여 지도한다. 예를 들면, 초항이 1/2이고 공비가 1/2인 무한등비급수는 한 변의 길이가 1인 정사각형의 넓이를 메워가는 것과 같으므로, 그 극한은 극한값 1에 수렴함을 직관으로 이해하게 한다.
2. 무한수열이 어떻게 변하는지를 그래프를 통해 예측해보게 한다. 이때, 그래픽 계산기나 컴퓨터를 이용하는 것이 편리하고 효과적이다.
3. 그래픽 계산기의 테이블을 이용하여 수열이 수렴하는지를 알아볼 수도 있다.

6.

역사적 배경

1) 집합

집합론의 출현은 수학을 근대 수학과 현대 수학으로 갈라놓는 분기점이 될 정도로 수학에 있어서 혁명적 존재로 등장하였다. 칸토어(G. Cantor, 1845 ~ 1918)는 집합의 이론을 1879년부터 연구하기 시작하여 1895년에 발표하였다. 그는 집합을 "확정적이고 명확히 구별되는 직관이나 사고의 대상의 모임을 하나의 전체로 한 것"이라고 정의하였다. 이 정의는 칸토어가 임의의 초한수(transfinite number)보다 더 큰 초한수는 항상 존재한다는 사실을 증명함으로서 집합 정의 자체의 문제점이 대두되었다. 그 후 러셀(B. Russel)은 러셀의 패러독스로 유명한 '자기 자신에 속하지 않는 집합 전체를 원소로 하는 집합을 X라 할 때, X가 X에 속하면 X는 X에 속하지 않고, X가 X에 속하지 않으면 X는 X에 속하게 된다.'를 제시함으로서 칸토어의 집합의 정의에 대한 논리적 모순을 지적하였다. 이 후부터 집합의 개념은 무정의 용어로 간주하고 있다. 칸토어는 그의 집합론에서 무한집합의 농도의 개념을 도입함으로서 무한의 개념을 분석하기 시작하였다. 칸토어는 두 집합 사이에 일대일 대응이 존재할 때 이 두 집합은 같은 **농도**(cardinal number)를 가진다고 정의하였다.

자연수 전체의 집합 N과 같은 농도를 가지는 집합 또는 유한집합을 **가산집합**(countable set)이라고 하고 가산집합이 아닌 집합을 **비가산집합**(uncountable set)이라고 한다. 무한집합에서 원소를 차례로 한 개씩 뽑아내어 자연수의 집합과 일대일로 대응되는 부분집합을 구성할 수 있으므로 자연수의 집합을 무한집합 중에서 최소인 것으로 본다. 자연수 전체의 집합의 농도를 $\aleph_0$(알레프 제로)로 나타낸다. 자연수 전체의 집합 N과 유리수 전체의 집합 Q 사이에는 일대일 대응이 존재한다. 그러므로 유리수 전체의 집합의 농도도 $\aleph_0$이다.

실수 전체의 집합은 자연수의 집합과 일대일 대응시킬 수 없음은 칸토어의 대각선법에 의하여 알 수 있다.

칸토어의 대각선법

개구간 $(0, 1)$이 가산집합이라고 가정하자. 그러면 일대일대응인 함수 $f: N \to (0, 1)$이 존재함으로서 $(0, 1)$의 모든 원소를 다음과 같이 나타낼 수 있다.

$$f(1) = .a_{11}a_{12}a_{13}\cdots$$
$$f(2) = .a_{21}a_{22}a_{23}\cdots$$
$$\vdots$$
$$f(k) = .a_{k1}a_{k2}a_{k3}\cdots$$
$$\vdots$$

단, $a_{jk} \in \{1, 2, 3, \cdots, 9\}$.

위와 같이 나열한 $f(k)$ 중에서 찾을 수 없는 하나의 수 $z \in (0, 1)$을 다음과 같이 구성한다. $z = .z_1z_2z_3\cdots$. 단, 각 $k \in N$에 대하여 $a_{kk} \neq 5$ 이면 $z_k = 5$ 로, $a_{kk} = 5$ 이면 $z_k = 1$ 로 놓는다.

이렇게 하여 생성된 $z = .z_1z_2z_3\cdots$는 $z \in (0, 1)$이지만 $z_1 \neq a_{11}$ 이므로 $z \neq f(1)$, $z_2 \neq a_{22}$ 이므로 $z \neq f(2), \cdots$, $z_k \neq a_{kk}$ 이므로 $z \neq f(k), \cdots$.

따라서 $z \notin f(N)$.

이것은 $f(N) = (0, 1)$에 모순이다.

그러므로 $(0, 1)$은 비가산집합이다.

실수 전체의 집합 R의 농도를 $\aleph$ 로 나타낸다. 무한집합의 농도에 대하여 다음과 같은 성질이 있다.

$$\aleph_0 + \aleph_0 = \aleph_0,\ \aleph_0 \times \aleph_0 = \aleph_0,$$

$$2^{\aleph_0} = \aleph,\ \ \aleph + \aleph = \aleph,\ \ \aleph \times \aleph = \aleph,\ \ 2^{\aleph} > \aleph$$

칸토어는 임의의 집합 X에 대하여 멱집합 $P(X)$의 농도는 X의 농도보다 크다는 사실을 밝힘으로서 농도가 얼마든지 큰 집합이 존재함을 밝혔다. 이 결과에 의하여 자신이 창조한 집합론에 역리(paradox)가 생김을 발견하였다. 즉, X를 모든 집합의 집합이라고 하면, X의 모든 부분집합으로 이루어진 집합 $P(X)$의 농도는 집합 X의 농도보다 커야 한다. 한편 모든 집합은 X의 원소이므로 $P(X)$의 각 원소는 X의 원소이므로 $P(X) \subset X$로 되어 $P(X)$의 농도는 X의 농도보다 클 수 없다는 상반된 결론에 도달한다. 이와 같은 문제를 해결하기 위하여 수학의 기초론이 발달하기 시작하였다.

2) 수 개념과 기수법

수 개념은 인류학을 연구하는 학자들의 연구에 의하면 인류의 역사와 함께 발전하였다고 한다. 원시인들은 가축과 같은 세고자 하는 물건의 개수를 손가락, 손목, 팔, 어깨, 가슴과 같은 신체의 특정부위에 대응시켜서 세었으며, 그 신체 부위의 이름을 수사로 사용하는 경우가 많았다고 한다.(어떤 부족은 100까지 대응하였다고 함). 그 후 세야할 물건의 개수가 많아짐으로서 기록을 사용하기 시작하였으며 숫자가 나타나기 시작하였다. 고대인들이 주로 사용한 1 에서 10 까지의 숫자의 예는 다음 표와 같다.

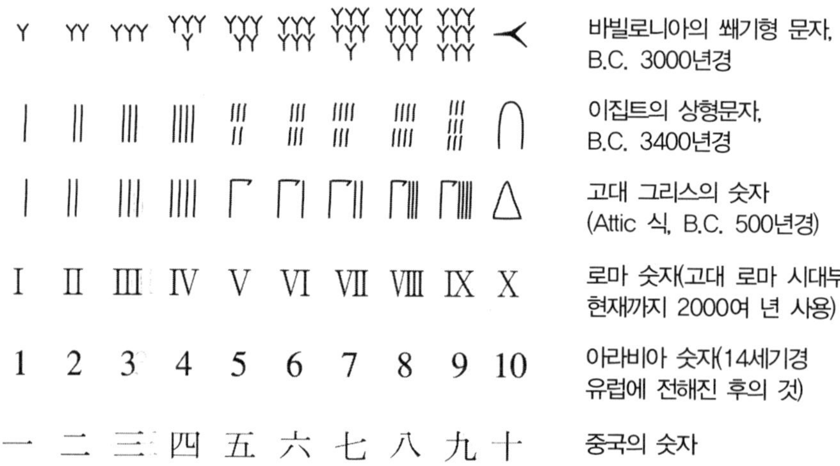

수를 구성하는 방법을 **기수법**(numeration system)이라고 한다. 기수법의 원리에는 가법적 기수법, 승법적 기수법, 위치적 기수법이 있다. 가법적 기수법이란 위의 표의 바빌로니아 문자나 이집트 문자처럼 같은 모양의 기호를 여러 개 사용하여 그 개수만큼의 수를 나타내는 방법이다. 한자의 一, 二, 三도 여기에 해당한다. 승법적 기수법이란 두 숫자의 곱으로 수의 값을 나타내는 방법이다. 예를 들면, 500 을 한자로는 五百으로 나타내는데, 이것은 五와 百의 곱을 나타내는 값이다. 위치적 기수법이란 숫자의 위치에 따라서 그 숫자가 나타내는 수 값이 결정되는 방법이다. 그 대표적인 것이 십진기수법으로서 234에서 2는 200을, 3은 30을, 4는 그대로 4를 나타낸다. 위치적 기수법을 사용함으로써 매우 큰 수도 간단히 나타낼 수 있게 되었다.

3) 자연수의 공리

페아노(G. Peano, 1858 ~ 1932)는 자연수를 형식적 논리로 다룰 수 있게 하기 위하여 다음과 같이 공리화하였다.

자연수의 공리(페아노의 공리)

집합 N이 다음 조건을 만족할 때, N의 원소를 자연수라고 한다.

(1) $1 \in N$

(2) $x \in N$에 대하여 x에 대응하는 $x^+ \in N$인 x^+이 다만 한 개 있다. 이 때, x^+을 x의 후임자(successor)라 한다.

(3) $x^+ = y^+$ 이면 $x = y$ 이다.

(4) $x \in N$이면 $x^+ \neq 1$ 이다.

(5) M이 N의 부분집합으로서 $1 \in M$이고 $x \in M$일 때 $x^+ \in M$이다 를 만족하면 $M = N$이다.

자연수의 덧셈은 다음과 같이 귀납적으로 정의한다.

(1) $1 + x = x^+$

(2) $x^+ + y = (x+y)^+$

이 덧셈의 정의를 이용하면 다음과 같은 자연수의 덧셈에 대한 기본성 질을 증명할 수 있다.

(3) 결합법칙 $x + (y + z) = (x + y) + z$

(4) 교환법칙 $x + y = y + x$

(5) 소거법칙 $x + z = y + z$ 이면 $x = y$.

자연수의 곱셈은 다음과 같이 귀납적으로 정의한다.

(6) $1y = y$

(7) $x^+ y = xy + y$

이 곱셈 정의를 이용하면 다음과 같은 곱셈의 기본성질을 유도할 수 있다.

(8) 결합법칙 $x(yz) = (xy)z$

(9) 교환법칙 $xy = yx$

(10) 소거법칙 $xz = yz$ 이면 $x = y$

(11) 분배법칙 $x(y+z) = xy + xz$

자연수의 집합 N에서의 순서의 개념은 다음과 같이 정의한다.

(12) 임의의 $x, y \in N$에 대하여 적당한 $z \in N$이 존재하여 $x = y + z$ 이면 $x > y$ 이다.

순서에 관한 위의 정의로부터 다음 성질을 얻는다.

(13) 추이법칙 $x > y$ 이고 $y > z$ 이면 $x > z$ 이다.

(14) 삼자택일법칙 N의 임의의 원소 x, y에 대하여 다음 중 꼭 하나만이 성립한다. $x > y$, $x = y$, $x < y$.

4) 유리수와 음수

유리수는 고대의 여러 지역에서 각기 다른 형태로 발전하였다. 기원전 2000년 경 바빌로니아인들은 육십진법의 위치적 기수법을 사용하였다. 그들은 수를 나타낼 때 빈자리는 그냥 비워둠으로서 0을 대신하였다. 이들은 또한 1보다 작은 값을 사용하였는데, 1보다 작은 값을 구분하는 곳에 소수점과 같은 특별한 기호를 사용한 것이 아니라 빈자리로 남겨 둠으로서 수를 읽는 데 혼란을 야기할 수 있었다.

이집트인들이 수를 사용한 기록으로서 기원전 3400년경의 왕의 철퇴 위에 상형문자로 적힌 것이 있는데 이 기록은 전리품으로서 12만 명의 포로, 소 40만 마리, 염소 142만 2천 마리를 나타내고 있다고 한다. 고대 이집트의 파피루스에 적힌 기록을 보면 분수도 사용하였는데, 이 분수는 분모를 나타내는 수 위에 꽃잎모양의 기호 또는 점을 놓음으로서 표시하였다.

고대 그리스에서는 1, 5, 10, 100, 1000, 10000을 각각 나타내는 기호 I, Γ, Δ, H, X, M을 합성하여 나타내었으며, 분수는 수를 나타내는 기호 위에 액센트를 붙여서 단위분수를 나타내고 그 뒤에 분자에 해당하는 수를 나타내었다. 후기에는 위에 분모 아래에 분자를 나타내는 형식을 사용하였으나 그 사이에 경계를 이루는 선분은 사용하지 않았다.

「알마게스트」(Almagest, 150년)에 나타난 톨레미(Ptolemy)의 계산표에는 바빌로니아의 60진법을 사용하면서 빈자리에는 $\bar{o}$ 가 사용되었으며 그 후 아무것도 없음

(ouden)의 첫 문자인 o(오미크론)을 사용하였다.

마야문명(4세기경)에서는 이십진법의 수를 사용하였는데, 1은 점으로, 5는 선분으로, 0은 조개껍질 모양의 그림으로 나타내었다.

오늘날 우리가 사용하고 있는 아라비아 숫자의 모양과 유사한 가장 오랜 기록은 B.C. 250년경 인도의 불교신자였던 아소카왕조 시대에 건축된 사원의 돌기둥에서 발견되었다. 그러나 0에 해당하는 기호는 없었다. 인도에서 사용되었던 최초의 0의 기호는 바크흐살리(Bakhsali)의 필사본에 나타나는 두꺼운 점이었을 것이다. 인도의 수체계가 완전하게 발전한 것은 4세기에서 7세기 사이로 보는 것이 일반적이다. 인도에서는 비어있는 자리를 sifr로 불렀는데 이것이 라틴어 zephrium으로 음역되고 변천하여 오늘날 zero로 발전하였다고 한다.

인도 수학자들은 이차방정식 $ax^2 - bx = 0$ 의 한 근을 나타내기 위해서, 그리고 수에 관한 연산의 성질을 체계적으로 연구하기 위해서 0 의 개념을 사용하기 시작하였다고 한다. 850년경의 인도 수학자 마하비라(Mahavira)는 그의 저서에서 어떤 수에 0 을 곱하면 0 이 되며, 어떤 수에 0 을 더하거나 0 으로 나누면 그 값은 변하지 않는다고 하였다. 0 으로 나누는 것의 잘못된 개념은 1150년경에 바스카라(Bhaskara, 1114 ~ ?)가 확정된 수(definite number)를 0 으로 나누면 무한한 양(infinite quantities)이라고 설명하였다.

음수 개념은 인도와 중국에서 먼저 사용되었다. 인도에서는 이익에 대한 부채를 나타내기 위하여 음수의 개념을 사용하였으며, 음수를 나타내는 방법으로는 량을 나타내는 수 위에 점을 찍어 사용하였다고 한다. 바스카라는 제곱근에 복호(±)를 사용하였으며, 음수의 제곱근이 불가능하다는 것도 알았다고 한다(김용운, 김용국, p. 53).

중국, 한국, 일본에서는 수의 연산을 위하여 수막대(number rods)를 사용하였는데, 중국 송나라의 수학자 이야(李治)의 저서(1248, 1259)에서 수막대로 나타낸 수의 맨 오른쪽 자릿수를 대각선으로 획을 그어 음수로 나타내었다. 예를 들면, − 10724를 아래 그림과 같이 나타냈다(이우영, 신항균, 1996. pp. 190~193).

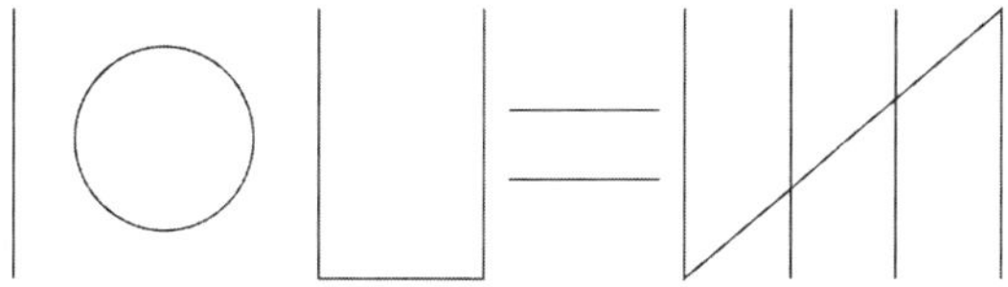

영을 나타내는 독립된 기호로서 원을 사용한 기록은 중국 송대의 진구소(秦九韶)의 저서(1247)에 나와 있다고 한다.

5) 무리수

고대 바빌로니아 시대부터 $\sqrt{2}$ 의 근삿값을 사용한 기록이 있다. 그러나 $\sqrt{2}$ 가 유리수가 아님을 증명한 것은 피타고라스학파 아리스토텔레스(Aristotle, B.C. 384 ~ 322)로서 이들은 정사각형의 대각선의 길이는 한 변의 길이의 $\sqrt{2}$ 배이며 $\sqrt{2}$ 는 유리수가 아님을 증명하였다. 당시 사회는 모든 수를 정수 및 정수의 비로 나타내었으므로 정수의 비로 나타낼 수 없는 수 즉 무리수의 발견에 큰 충격을 받았으며, 이 사실을 절대적인 비밀로 삼았다고 한다. 이 비밀을 발설한 히파수스(Hippasus)는 그 죄로 바다 속에 던져졌다고 한다(이우영 외, 1996, pp. 67 ~ 70).

고대 중국의 수학책 중에서 가장 중요한 「구장산술」(九章算術)은 한나라 시대인 기원전 1세기경에 쓰인 것으로 이 책에는 현의 길이가 b 이고 호의 높이가 s 인 원호의 넓이가 경험공식인 $\dfrac{s(b+s)}{2}$ 로 나타나 있다. 이 공식은 무리수인 원주율 π 를 3으로 취한 것으로 보인다. 구장산술의 제 9 장에서는 피타고라스의 정리를 다루고 있다.

6) 불 대수

명제의 참, 거짓을 판정하는 논리학의 시초는 그리스의 아리스토텔레스(Aristoteles)에 의해 시작되었고, 19세기에 들어와서 불(G. Boole, 1815 ~ 1864)과 드 모르간(A. De Morgan, 1806 ~ 1871)은 명제의 참, 거짓을 체계적으로 다루기 위한 기호 논리학을 형성하면서 현대의 수학적 논리학 또는 수리논리학을 발전시켰다. 불의 논리학적 체계는 명제가 참인 것을 1, 거짓인 것을 0 으로 하는 이가적 논리대수이다. 이 논리대수를 불 대수(Boolean algebra)라고 한다. 불 대수는 집합 $\{0, 1\}$에서 두 연산 $+$, $\times$를 다음과 같이 정의하여 수학적 체계를 이룬 것이다.

$$0+0=0,\ 1+0=1,\ 1+1=1$$

$$0\times 0=0,\ 0\times 1=1\times 0=0,\ 1\times 1=1$$

불 대수는 오늘날 컴퓨터의 연산과 회로구성에 이용된다.

7) 실수와 허수

인류의 조상은 사회생활을 하게 되면서부터 사물에 대한 개수를 다루어야 했고, 수를 인식하게 된 인류는 그 수를 나타내는 방법인 기수법을 발견하게 되었으며, 오늘날 우리가 사용하고 있는 십진기수법은 인도에서 창안되었다고 한다. 이집트에서 발견된 기원전 1650경에 만들어진 아메스(Ahmes)의 파피루스에는 85개의 문제가 실려 있는데, 여기에는 십진법의 수와 분수가 적혀 있다.

그 후, 피타고라스(Pythagoras)는 무리수가 있음을 발견하였고, 유클리드(Euclid)는 「원론」(Elements)에서 $a \pm \sqrt{b}$, $\sqrt{a \pm \sqrt{b}}$ 모양의 무리수도 다루었다.

인도에서는 3세기에서 12세기 사이에 0과 음수의 실재를 인식한 반면 유럽에서는 1545년에 카르다노(G. Cardano, 1501 ~ 1576)가 음수를 생각하였으나 실재하지 않는 수로 간주하였으며, 음수가 수로 인정된 것은 데카르트(R. Descartes, 1596 ~ 1650) 이후부터이다.

봄벨리(R. Bombelli, 1526 ~ 1572)가 1572년 삼차방정식을 풀던 중 허수를 인식하였다. 그러나 실수와 허수란 용어를 처음으로 사용한 사람은 데카르트이고, 오일러(L. Euler, 1707 ~ 1753)는 $\sqrt{-1}$ 을 i 로 나타내었으며, 코시(A.L. Cauchy, 1789 ~ 1857)는 $a-bi$ 를 $a+bi$ 의 공액복소수라고 하였으며, 가우스(K.F. Gauss, 1777~1855)는 $a+b\sqrt{-1}$ 의 꼴을 복소수라고 하였다.

우리가 현재 사용하고 있는 덧셈과 뺄셈의 연산기호 +, − 기호는 1489년에 위트만(J. Widmann)에 의해, 소수점의 기호는 스테빈(S. Stevin)에 의해, 근호 $\sqrt{\ }$ 는 1525년 루돌프(C. Rudolff)에 의해, 등호 = 는 1557년 레코드(R. Recorde)에 의해 처음 사용되었다.

8) 방정식

수학에서 다루는 식이나 방정식을 간단한 기호(대수적 기호)를 사용하여 나타내는 것은 계산을 효율적으로 하기 위해 매우 중요하다. 대수적 기호의 발달은 3단계로 나누어 볼 수 있는데, 언어적 형식(verbal, rhetorical), 축약어 형식(syncopated), 기호 형식(symbolic)이 그것이다.

고대로부터 사용된 식이나 방정식은 언어적 형식으로 표현되어 오다가, 디오판토스(Diophantus, 250년경)는 방정식을 축약어를 사용하여 나타내기 시작하였다. 그는 자기의 묘비에 자기의 일생을 기록하고 이를 이용하여 자기의 나이를 알아보게 하였다. 이 문제를 해결하기 위해 언어적 형식의 방정식보다는 그가 사용한 축약어 형식과 거꾸로 풀기 전략을 이용하면 훨씬 더 간편함을 알 수 있다.

참고: 디오판토스의 묘비의 기록 내용은 다음과 같다.

사랑하는 묘에
디오판토스여 잠드소서.
아, 위대한 사람이여!
그 생애의 6분의 1을
어린이로서 보내고
12분의 1 세월 뒤에는
볼 전체에 수염이 가득
그후 7분의 1 뒤에
화촉을 밝히지요.
결혼한 후 5년 뒤
한 명의 아들을 내려주시네.
아, 불쌍한 자식이여!
아버지의 전 생애의 반으로서
그의 세상을 마치네!
아버지, 디오판토스
그 비극의 4년 뒤 생애를 마치네.
(그리스 시집에서...)

위의 문제를 풀기 위하여 디오판토스의 나이를 x라 하고 방정식을 세워서 x를 구하면 그의 나이는 84임을 알 수 있다.

17세기경부터 상징적 대수 기호를 사용하기 시작하면서부터 대수학은 급속도로 발전하기 시작하였다. 상징적 기호를 사용하기 시작한 사람은 비에트(F. Viete, 1540~1603)이며, 오늘날 우리가 사용하고 있는 것과 비슷한 기호를 사용하기 시작한 사람으로서 데카르트와 윌리스 등이 있다.

미지수를 설정하여 방정식을 만들고, 그 방정식을 풀어서 미지수의 값을 구하는 방법은 고대 이집트나 바빌로니아의 기록에 남아 있다. 고대 이집트의 문헌으로서 기원전 1650년경에 만들어진 것으로 추정되는 아메스(Ahmes) 파피루스(일명 린드(Rhind) 파피루스)에는 어떤 수와 그의 $\frac{1}{7}$을 더하면 19가 된다. 어떤 수는 얼마인가? $x^2+y^2=100, y=\frac{3}{4}x$와 같은 이차방정식에 관한 문제도 다루었으나 그 일반적인 해법은 다루지 않았다.

방정식을 본격적으로 연구한 수학자는 디오판토스이고 일반적인 이차방정식을 취급한 사람은 인도의 아리아바타(Aryabhata, 476~500?)이다. 지금과 같이 차수에 따라 방정식을 분류하고 그 일반적인 해법을 연구한 것은 17세기부터이다. 우리가 현재 사용하고 있는 이차방정식의 일반적인 해법은 실베스터(Sylvester, 1814~1897)에 의해서다. 1535년 타르탈리아(Tartaglia, 1500?~1557)는 삼차방정식의 해법을 얻었으나 발표하지 못했고, 카르다노(Cardano, 1501~1576)에 의하여 삼차방정식의 일반적인 해법이 정리되었다. 사차방정식은 페라리(Ferrari, 1522~1565)에 의해 해결되었으며, 아벨(Abel, 1802~1829)에 의하여 오차 이상의 방정식의 일반적인 해법은 존재하지 않음이 증명되었다. 그 후 가우스는 n차의 방정식은 복소수의 범위에서 n개의 근을 갖는다는 것을 증명하였다.

9) 로그와 지수

16세기는 상업의 번창으로 인하여 항해, 지리, 천문학의 발달을 필요로 하였으며, 그 결과 큰 수의 계산을 필요로 하게 되었다. 이 시대에 네이피어(J. Napier, 1550~1617)가 큰 수의 계산을 간단히 할 수 있게 하기 위하여 로그(logarithm)를 창안하였고, 같은 시대에 뷔르기(J. Burgi, 1552~1632)에 의해서도 로그가 발견되어 천문학자들의 계산 능력을 크게 향상시켰다. 그 후, 브리그스(H. Briggs, 1556?~1631)가 상용로그를, 스파이델(J. Speidell, 1619경)이 자연로그를 계산함으로써 로그의 사용이 급속히 확산되었으며, 매우 완벽한 로그표들이 만들어졌다.

네이피어는 지수를 사용하지 않고 로그를 구성하였다. 로그가 오늘날과 같이 지수함수의 역함수로 정의되기 시작한 것은 18세기의 오일러에 이르러서이다.

정수 지수와 간단한 분수의 지수에 대한 지수법칙은 슈티펠(Stifel, 1487~1567)의 저서에 처음으로 나타난다. 근세의 지수 기호는 스테빈(Stevin, 1548~1620)이 사용한 기호에서 찾아볼 수 있다. 그는 x, x^2, x^3을 각각 (1), (2), (3)으로 나타내었으며, $x^{\frac{1}{2}}$, $x^{\frac{1}{3}}$, $x^{\frac{2}{3}}$를 각각 $\left(\frac{1}{2}\right)$, $\left(\frac{1}{3}\right)$, $\left(\frac{2}{3}\right)$로 나타내었다. 데카르트는 a^4과 같은 지금의 지수 기호를 사용했으나, 음의 정수 및 분수의 지수는 월리스(Wallis, 1616~1703)에 의하여 처음으로 사용되었다.

10) 행렬식과 행렬

행렬(matrix)보다 먼저 사용되었던 행렬식(determinant)은 라이프니츠가 삼원일차 방정식의 풀이에 사용한 것에서 시작한다. 그 후 크래머는 라이프니츠와는 독립적으로 행렬식을 재발명 하였으며, 1841년에 케일리(Cayley, 1821~1895)가 오늘날의 행렬식의 용어와 기호를 발명하였다.

행렬의 아이디어는 해밀턴(W. Hamilton, 1805~1865)의 사원수 연구와 그라스만(H. Grassmann, 1809~1877)의 확장 차원 (n-순서쌍)의 연구에서 싹트기 시작하였다. 그러나, 케일리가 1857년에 행렬을 창안하였다고 인정하고 있다. 케일리는 행렬의 아이디어를 행렬식으로부터 얻었으며, 연립방정식

$$\begin{cases} x' = ax + by \\ y' = cx + dy \end{cases}$$

를

$$\begin{pmatrix} x' \\ y' \end{pmatrix} = \begin{pmatrix} a & b \\ c & d \end{pmatrix} \begin{pmatrix} x \\ y \end{pmatrix}$$

로 표시하였다.

그 후 실베스터, 프로베니우스(Frobenius, 1849~1917) 등에 의하여 행렬의 대수는 더욱 발전하였으며, 행렬을 'matrix'라고 부른 것도 실베스터이다.

행렬 개념은 금세기에 들어와서 물리학, 공학, 경제학 등 여러 분야에서 중요하게 사용되고 있다.

11) 피보나치의 수열

이탈리아의 수학자 피보나치(Fibonacci, 1180~1250)가 1220년에 출판한 「산반서」(Liber Abaci)에는 오늘날 피보나치의 수열이라고 부르는 다음과 같은 독특한 수열에 대한 문제가 있다.

수열 $\{a_n\}$에서

(ⅰ) $a_1 = 1, a_2 = 1$

(ⅱ) $a_n = a_{n-1} + a_{n-2}$ (단, $n = 3, 4, 5, \cdots$)

를 만족할 때, 이 수열을 **피보나치의 수열**(Fibonacci's sequence)이라고 한다. 이를테면, 수열

$$1, 1, 2, 3, 5, 8, 13, 21, \cdots$$

은 피보나치의 수열의 일부이다.

피보나치의 수열은 우리의 생활 주변에서도 찾아볼 수 있다고 한다. 예를 들면, 식물의 줄기에 나와 있는 잎의 배열, 해바라기 꽃의 씨의 배열, 솔방울 씨의 배열, 토

끼의 번식 수 등에서 피보나치의 수열을 찾아볼 수 있다고 한다.

피보나치수열의 제n 항을 a_n이라 하면 다음 성질이 성립한다.

(ⅰ) $a_{n+1}a_{n-1} = a_n^2 + (-1)^n$ (단, $n \geq 2$)

(ⅱ) $a_n = \dfrac{1}{\sqrt{5}}\left\{\left(\dfrac{1+\sqrt{5}}{2}\right)^n - \left(\dfrac{1-\sqrt{5}}{2}\right)^n\right\}$ (단, $n \geq 1$)

(ⅲ) $\displaystyle\lim_{n\to\infty}\frac{a_n}{a_{n+1}} = \frac{\sqrt{5}-1}{2}$

(ⅳ) a_n과 a_{n+1}은 서로소이다.

12) 수열과 급수

역사적으로 가장 먼저 나타난 수열은 고대 그리스의 수학자들이 다룬 등차수열과 등비수열이며 그들은 조화수열도 다루었다. 인도의 대부분의 수학자들은 등차수열과 등비수열만을 다루었지만 브라마굽타(Brahmagupta, 588~660?), 마하비라(Mahavira, 800?~870?), 바스카라(Bhaskara, 1114~1185)는 제곱수의 합과 세제곱수의 합을 다루었다고 한다. 아랍과 유태인 수학자들도 이 유형의 급수를 다루었다고 한다.

급수(series)란 용어는 그리스의 피타고라스학파 사람들이 처음으로 사용하기 시작하였으며, 그레고리(Gregory, 1638~1675)는 1671년에 무한급수(infinite series)란 용어를 처음으로 사용하였으며, 이 시기에 영국에서는 무한수열(infinite sequence)란 용어가 사용되었다고 한다.

무한등비급수의 합을 처음으로 구한 사람은 아르키메데스로서 그는 다음과 같은 무한 등비급수의 합을 구하였다.

$$1+\frac{1}{4}+\left(\frac{1}{4}\right)^2+\cdots+\left(\frac{1}{4}\right)^n+\cdots$$

무한등비수열 $a, ar, ar^2, \cdots, ar^{n-1}, \cdots$ (단, $0 < r < 1$)의 합을 구하는 일반 공식을 처음으로 구한 사람은 비에트(Viete, 1540~1603)이다.

근세에 들어와서 그레고리는 다음 무한급수를 사용하였다.

$$x = \tan x - \frac{1}{3}tan^3 x + \frac{1}{5}tan^5 x - \frac{1}{7}tan^7 x + \cdots$$

$$\tan x = x + \frac{1}{3}x^3 + \frac{2}{15}x^5 + \frac{17}{315}x^7 + \cdots$$

$$\sec x = 1 + \frac{1}{2}x^2 + \frac{5}{24}x^4 + \frac{61}{720}x^6 + \cdots$$

메르카토르(Mercator, 1620~1687)는 다음과 같은 무한급수를 발견하였다.

$$\log(1+a) = a - \frac{1}{2}a^2 + \frac{1}{3}a^3 - \frac{1}{4}a^4 + \cdots \quad (\text{단, } -1 < a \le 1)$$

오늘날은 함수의 급수전개식을 이용하여 그 근삿값을 용이하게 구하고 있다.

제3장

기하영역

1_ 기본도형

2_ 평면도형과 입체도형

3_ 도형의 방정식과 이동

4_ 공간도형과 공간좌표

5_ 벡터

6_ 역사적 배경

1.

기본도형

1 기본도형과 작도

1) 점, 선, 면, 각

점(point), **선**(line), **면**(plane)은 기본도형으로서 그 개념을 정의하지 않고 경험에 의하여 사용하는 무정의 용어이다. 점, 선, 면의 개념을 이해시키기 위하여 연필 끝을 종이 위에 누르면 점이 생성되고, 이 연필을 종이 위에 누른 상태에서 움직이면 선이 그어지고, 분필을 흑판 위에 눕혀 놓은 상태로 움직이면 흑판에 면이 그려짐을 경험해 보게 하는 것은 점, 선, 면의 개념을 경험적으로 이해하게 하는 한 방법이다.

그러나, 점이 모여 선이 되고 선이 모여 면이 된다고 지도하는 것은 바람직하지 않다. 왜냐하면 점의 크기는 생각할 수 없지만 선의 길이는 생각할 수 있으며, 선의 넓이는 생각할 수 없지만 면의 넓이는 생각할 수 있기 때문이다.

삼각형, 사각형, 원, 직육면체, 삼각뿔, 원기둥, 구 등과 같은 모든 도형은 점, 선, 또는 면으로 구성되어 있다. 면에는 직육면체의 한 면과 같은 **평면**(plane)과 원기둥의 옆면과 같은 **곡면**(surface)이 있다.

두 점 A, B를 곧게 이은 선을 **선분**(segment) AB라고 하고 기호로 $\overline{\boldsymbol{AB}}$와 같이 나타낸다. $\overline{AB}$를 양쪽으로 끝없이 늘인 곧은 선을 **직선**(line) AB라고 하고 기호로 $\overleftrightarrow{\boldsymbol{AB}}$와 같이 나타낸다.

선분 AB를 B의 방향으로 한없이 연장한 선을 **반직선**(half line, ray) AB라고 하고, 기호로 $\overrightarrow{\boldsymbol{AB}}$로 나타낸다.

한 점 O에서 그은 두 반직선 $\overrightarrow{OA}$, $\overrightarrow{OB}$로 이루어진 도형을 **각**(angle) AOB라고 하고 기호로 $\angle \boldsymbol{AOB}$와 같이 나타낸다. 이때, 점 O를 그 각의 **꼭짓점**(vertex), $\overrightarrow{OA}$, $\overrightarrow{OB}$를 각각 그 **각의 변**(side)이라고 한다. $\angle AOB$의 두 변 OA, OB가 직선

을 이룰 때 $\angle AOB$를 **평각**(straight angle)이라고 한다. 평각의 크기는 $180°$이다. 각의 크기가 $90°$인 각을 **직각**(right angle)이라고 하고 기호로 $\angle \boldsymbol{R}$로 나타낸다. R은 직각을 나타내는 기호이다.

일반적으로 각의 이름과 각의 크기를 같은 기호로 나타낸다. 이를테면 직각을 $\angle R$과 같이 나타내며, 직각 $\angle R$의 크기 $90°$를 $\angle R = 90°$와 같이 나타낸다. 그러나 수학교육 현대화 운동시기(1940년대~1960년대)의 학교 수학은 도형과 도형의 크기는 서로 다른 개념이기 때문에 이 차이점을 분명하게 나타내기 위하여 도형의 크기는 측정(measurement)을 뜻하는 기호 m을 도형의 이름 앞에 붙여 사용하였다. 즉, 직각의 크기는 $m(\angle R) = 90°$, $\overline{AB}$의 길이가 $5\,\text{cm}$인 것은 $m(\overline{AB}) = 5\text{cm}$, $\triangle ABC$의 넓이가 $10\,\text{cm}^2$인 것을 $m(\triangle ABC) = 10\text{cm}^2$와 같이 나타내었다. 미국이나 유럽의 일부 교과서는 지금도 이 기호법을 사용하고 있다.

2) 점, 직선, 평면의 위치관계

(1) 두 직선의 위치관계

공간에서 서로 다른 두 직선의 위치관계는 다음과 같다.

(i) 한 점에서 만난다.
(ii) 서로 평행하다.
(iii) 꼬인 위치에 있다.

위의 (i)과 (ii)의 경우는 두 직선이 하나의 평면을 결정한다. 이제 한 평면 위에 있는 두 직선의 성질에 대하여 알아보자.

두 직선이 서로 만날 때, 만나는 점을 **교점**(intersection point)이라고 한다. 두 직선이 서로 만나지 않을 때, 두 직선은 서로 **평행**(parallel)하다고 한다. 두 직선이 서로 만나서 이루는 네 개의 각을 그 두 직선의 **교각**(intersection angle)이라고 한다. 두 직선이 이루는 교각 중에서 서로 마주보는 각을 **맞꼭지각**(opposite vertical angle)이라고 한다. 평각의 성질을 이용하여 두 맞꼭지각의 크기는 서로 같음을 논리적으로 설명해 보게 하는 것은 논리적 추론 능력을 기르기 위한 좋은 소재가 될 수 있다.

두 직선이 서로 수직일 때, 한 직선을 다른 직선의 **수선**(perpendicular)이라고 하고, 직선 l 위에 있지 않은 점 P에서 직선 l에 수선을 그었을 때, 그 교점을 점 P에서 l에 내린 **수선의 발**(foot of perpendicular)이라고 한다. 한 P점에서 한 직선 l

에 내린 수선의 발을 H라 할 때, 선분 PH의 길이를 점 P에서 직선 l에 그은 **수선의 길이**(length of perpendicular)라고 한다.

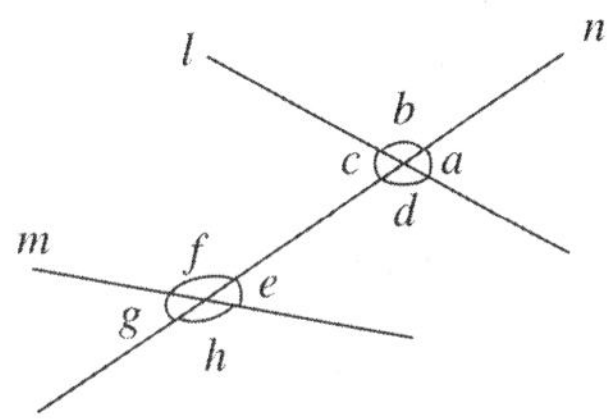

오른쪽 그림과 같이 한 평면 위에 있는 두 직선 l, m이 다른 한 직선 n과 만나면 8개의 교각이 생긴다. 이때, $\angle a$와 $\angle e$, $\angle b$와 $\angle f$, $\angle c$와 $\angle g$, $\angle d$와 $\angle h$를 각각 서로 **동위각**(corresponding angle)이라고 한다. 또, $\angle c$와 $\angle e$, $\angle d$와 $\angle f$를 각각 서로 **엇각**(alternate interior angle)이라고 한다.

(2) 직선과 평면의 위치관계

공간에서 직선과 평면의 위치관계는 직선과 평면이 한 점에서 만나는 경우, 직선이 평면에 포함되는 경우, 직선과 평면이 만나지 않는 경우 즉 직선과 평면이 평행한 경우가 있다. 이상을 정리하면 다음과 같다.

직선과 평면의 위치관계

(i) 직선과 평면이 한 점에서 만난다.
(ii) 직선이 평면에 포함된다.
(iii) 직선과 평면이 평행하다.

(3) 두 평면의 위치관계

공간에서 서로 다른 두 평면의 위치관계는 서로 만나거나 만나지 않는 두 가지 경우가 있다. 두 평면이 만나는 경우는 만나서 한 직선을 이루는데, 이 직선을 그 두 평면의 **교선**이라고 한다. 두 평면이 서로 만나지 않는 경우 그 두 평면은 서로 **평행**하다고 한다.

3) 평행선의 성질

한 평면 위에서 평행한 두 직선이 다른 한 직선과 만나면 8개의 각을 이룬다. 이때, 동위각과 엇각에 대하여 다음 성질이 성립하는데 이 성질을 **평행선의 성질**이라고 한다.

평행선의 성질

(1) 평행한 두 직선과 다른 한 직선이 만날 때, 동위각의 크기는 같다. 역으로, 두 직선이 다른 한 직선과 만날 때, 동위각의 크기가 같으면 그 두 직선은 서로 평행하다.

(2) 평행한 두 직선과 다른 한 직선이 만날 때, 엇각의 크기는 같다. 역으로, 두 직선이 다른 한 직선과 만날 때, 엇각의 크기가 같으면 그 두 직선은 서로 평행하다.

위의 두 성질이 성립함을 지는 일반적인 방법은 다음과 같다. 먼저, 두 개의 삼각자로 평행선을 작도하는 과정에서 두 직선이 서로 평행하면 동위각의 크기가 같음을 경험적으로 이해하였기 때문에 그 사실을 증명 없이(공리로 간주하여) 받아들인다. 이 성질을 근거로 하여 두 직선이 평행하면 엇각의 크기가 같으며 그 역도 성립함을 연역적으로 증명한다. 즉, 평행선의 성질은 '동위각의 크기는 같다'는 것을 공리로 사용하여 증명한다.

4) 간단한 도형의 작도

자와 컴퍼스를 사용하되 자의 눈금은 사용하지 않고 도형을 그리는 것을 **작도**(construction)라고 한다. 도형을 그릴 때 자의 눈금을 사용하여 선분의 길이를 읽으면 그 길이의 참값이 아니라 측정값 즉 근삿값을 사용하게 되므로 오차가 생기게 된다. 따라서, 작도할 때는 길이를 그대로 옮기거나 원호를 그리기 위하여 컴퍼스를 사용하며, 직선을 긋기 위해 자를 사용하되 그 눈금을 사용하지는 않는다. 즉, 앞으로 기하에서 작도를 할 때는 컴퍼스와 눈금 없는 자만을 사용하는 것을 원칙으로 한다.

(1) 기본작도

선분의 수직이등분선 작도, 크기가 같은 각의 작도, 각의 이등분선 작도를 할 수 있으면 이를 이용하여 여러 가지 도형을 작도할 수 있다. 그래서 위의 세 가지 작도를 기본작도라고도 한다. 각 도형의 작도 순서는 다음과 같다.

선분의 수직이등분선 작도

① 선분의 한 끝점에서 컴퍼스를 이용하여 반지름의 길이가 선분의 길이의 반보다 큰 원호를 그린다.

② 선분의 다른 한 끝점에서 반지름의 길이가 위의 것과 같은 원호를 그려 두 원호가 서로 다른 두 점에서 만나게 한다.

③ 두 원호가 만나는 두 점을 자를 이용하여 연결한다.

주어진 각과 크기가 같은 각의 작도

① 새로운 각을 그릴 곳에 $\overrightarrow{PQ}$를 긋는다.

② 주어진 $\angle XOY$의 꼭짓점 O를 중심으로 하는 반지름의 길이가 적당한 원호를 컴퍼스로 그려 각의 변 $\overrightarrow{OX}$, $\overrightarrow{OY}$와 차례로 만나는 두 점 A, B를 잡는다.

③ 컴퍼스의 크기를 그대로 하여 점 P를 중심으로 하는 원호를 그려 $\overrightarrow{PQ}$와 만나는 점 B'을 잡는다.

④ 컴퍼스로 점 B'을 중심으로 하고 $\overline{AB}$를 반지름으로 하는 원호를 그려 ③에서 그린 원호와의 교점 A'을 잡는다.

⑤ $\overrightarrow{PA'}$를 그어 $\angle A'PB'$을 만든다.

각을 이등분하기

① 각 XOY의 꼭짓점 O를 중심으로 하는 적당한 크기의 원호를 그려 두 변 $\overrightarrow{OX}$, $\overrightarrow{OY}$와 만나는 교점 A, B를 잡는다.

② 점 A, B를 중심으로 하고 반지름의 길이가 같은 두 원호를 그려 그 교점을 P라 한다.

③ 점 O, P를 잇는 $\overrightarrow{OP}$를 긋는다.

위의 작도 방법을 이용하면 삼각형, 사각형, 부채꼴 등 선분과 원호로 이루어진 여러 가지 도형과 크기와 모양이 같은 도형 (합동인 도형)을 작도할 수 있다.

(2) 삼각형의 작도

삼각형은 세 개의 변과 세 개의 각으로 구성되어 있다. 이 중에서 최소 개수의 구성요소로 삼각형을 작도할 수 있는 경우를 알아보면 다음과 같다.

(ⅰ) 세 변이 주어졌을 때 삼각형을 작도할 수 있다. 이때, 두 변의 길이의 합이 가장 긴 변의 길이보다 커야 한다.

(ii) 두 변과 그 사이각이 주어졌을 때 삼각형을 작도할 수 있다.
(iii) 한 변과 그 양 끝각이 주어졌을 때 삼각형을 작도할 수 있다.

위의 세 경우에 의하여 삼각형을 작도하면 그 모양과 크기가 일정하게 결정되므로, 이것을 삼각형의 결정조건이라고 한다.

삼각형의 결정조건

① 세 변의 길이가 주어졌을 때
② 두 변의 길이와 그 끼인각의 크기가 주어졌을 때
③ 한 변의 길이와 그 양 끝각의 크기가 주어졌을 때

5) 도형의 합동

평행이동, 대칭이동, 회전이동과 같은 도형의 이동을 통하여 두 도형을 완전히 겹치도록 포갤 수 있을 때, 이 두 도형은 **합동**(congruence)이라고 한다. $\triangle ABC$와 $\triangle A'B'C'$이 합동일 때 이것을 기호로 $\triangle ABC \equiv \triangle A'B'C'$와 같이 나타낸다. 합동인 두 도형을 포개어 놓을 때, 포개어지는 꼭짓점과 꼭짓점, 변과 변, 각과 각은 각각 서로 **대응**(correspondence)한다고 한다. 두 도형이 합동이면 다음과 같은 성질이 성립한다.

합동인 도형의 성질

① 대응하는 변의 길이는 서로 같다.
② 대응하는 각의 크기는 서로 같다.

합동인 도형의 성질은 평면도형뿐만 아니라 입체도형에 대해서도 성립한다. 두 삼각형이 다음의 세 조건 중 하나를 만족하면 그 두 삼각형은 서로 합동이고, 그 역도 성립한다. 이 조건을 **삼각형의 합동조건**이라고 한다.

삼각형의 합동조건

① 대응하는 세 변의 길이가 각각 같다.
② 대응하는 두 변의 길이가 각각 같고 그 끼인각의 크기가 같다.
③ 대응하는 한 변의 길이가 같고 그 양 끝각의 크기가 각각 같다.

특히, 두 직각삼각형에서 빗변의 길이가 같고 다른 한 변의 길이가 같거나 한 각의 크기가 같으면 그 두 직각삼각형은 서로 합동이다. 이 성질을 **직각삼각형의 합동조건**이라고 한다.

직각삼각형의 합동조건

① 빗변의 길이가 같고 직각이 아닌 한 각의 크기가 서로 같다.

② 빗변의 길이가 서로 같고 다른 한 변의 길이가 서로 같다.

위의 합동 조건은 직각삼각형의 성질을 이용하여 간단히 설명할 수 있다.

발전연구 3-1-1

(1) 뫼비우스의 띠

직사각형 모양의 종이 $ABCD$에서 A와 D, B와 C를 붙이면 한 개의 경계를 가지는 한 곡면을 가지게 된다. 이것을 **뫼비우스의 띠**(Möbius' band)라고 한다.

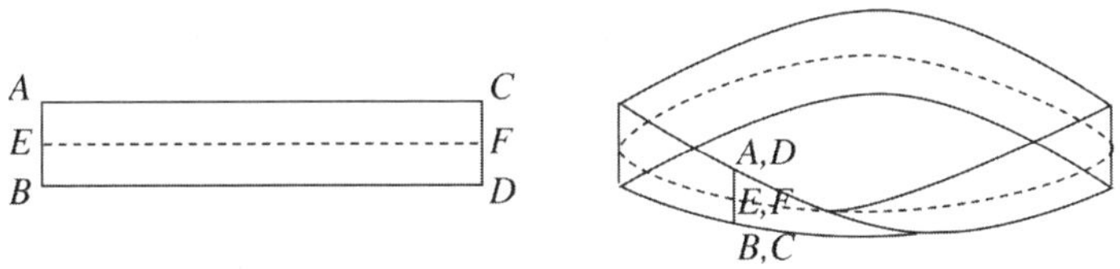

뫼비우스의 띠에는 다음과 같은 성질이 있다.

- 곡면의 바깥쪽과 안쪽의 구분이 없다.
- 뫼비우스의 띠에서 중앙선을 따라 절단하면 곡면이 두 부분으로 분리되지 않고 두 개의 경계를 가지는 띠 모양의 한 곡면이 얻어진다.

뫼비우스의 띠는 공학에서 벨트의 마모를 줄이기 위하여 사용되기도 한다.

(2) 3대 작도 불능 문제

유클리드 도구(눈금 없는 자와 컴퍼스)를 사용하여 작도할 수 없는, 그리스 시대부터 해결하려고 노력해 온 역사적으로 유명한 다음 세 문제가 있다.

- 임의의 각을 삼등분하기(**각의 삼등분문제**)
- 주어진 정육면체보다 부피가 두 배인 정육면체 그리기(**배적문제**, 델로스의 문제)
- 주어진 원과 같은 면적을 갖는 정사각형을 그리기(**원적문제**)

이 문제들은 작도 불가능함이 19세기에 이르러 밝혀졌다. 이 문제의 증명에 필요한 근거로서 다음 두 정리가 있다.

[1] 주어진 단위 길이로부터 유클리드 도구를 써서 작도 가능한 임의의 길이는 대수적 수이다.

[2] 주어진 단위 길이로부터 유클리드 도구를 써서 유리계수를 가지지만 유리근을 갖지 않는 3차방정식의 근을 크기로 하는 선분을 작도할 수 없다.

이 정리를 사용하여 3대 작도 불능문제가 불가능한 이유를 다음과 같이 설명할 수 있다.

각의 삼등분문제

어떤 한 각을 3등분할 수 없다는 반례를 찾을 수 있다. 그 예로서, 60 인 각을 삼등분할 수 있다고 가정하면 반지름의 길이가 1 인 단위원에서 각의 크기가 $20°$ 인 각의 변에서 x 축에 내린 선분의 길이 x 가 유리수로 계산되어야 한다. 그러나 이 길이는 삼차방정식 $8x^3-6x-1=0$ 을 만족하여야 하고, 이 근은 무리수이다. 따라서, 작도가 불가능하다.

배적문제

단위 길이로 주어진 정육면체의 한 모서리를 잡고, 구하려는 정육면체의 한 모서리의 길이를 x 라 하면, $x^3=2$ 가 되어야 한다. 유클리드 도구로 작도할 수 있는 길이는 유리수가 되어야 하는데, 방정식 $x^3=2$ 를 만족하는 x 는 유리수가 아니다. 따라서, 작도가 불가능하다.

원적문제

주어진 원의 반지름을 단위 길이로 잡으면, 구하려는 정사각형의 한 변의 길이는 $\sqrt{\pi}$ 이다. 그런데, $\sqrt{\pi}$ 는 대수적이 아니므로 작도할 수 없음이 1882년 린데만에 의하여 밝혀졌다.

연구과제 3-1-1

1. 두 직선이 만나서 이루는 맞꼭지각의 크기는 서로 같음을 증명하여라.

2. 엇각의 크기가 같으면 두 직선은 서로 평행함을 증명하여라.

3. 다음 도형을 작도하여라.
   (1) 한 직선 밖의 한 점을 지나고 그 직선에 평행한 직선
   (2) 주어진 직선 상의 한 점에서 그 점을 지나고 주어진 직선에 수직인 직선
   (3) 주어진 선분을 n 등분하는 점

4. 직각삼각형의 합동조건을 설명하여라.

5. 뫼비우스의 띠를 만들어 띠의 중앙에 한 선을 긋고 이를 따라서 잘라 보아라. 또, 띠의 중앙에 두 선을 긋고 이를 따라서 잘라 보아라. 그 결과 어떤 모양이 생기는지 살펴보고 그 이유를 토론해 보아라.

지도상의 유의점 3-1-1

1. 점, 선, 면, 각에 대한 성질은 탐구활동을 통해 직관적으로 이해하게 한다.
2. 각의 크기를 다룰 때, 평각의 크기보다 더 큰 각의 크기는 다루지 않는다.
3. 도형의 작도 지도는 실제로 자와 컴퍼스를 사용하여 작도해 보게 한다. 이때 자는 길이를 측정하는 도구가 아니라 두 점을 잇는 직선을 그리거나 선을 연장하는 도구로만 사용되는 것임을 인식하게 한다.
4. 작도의 방법을 지도한 후 GSP와 같은 컴퓨터 소프트웨어를 사용하여 다양한 도형을 작도하는 과정을 통하여 창의력을 기르게 하는 것은 바람직하다.
5. 삼각형의 작도가 유일하게 결정되는 조건을 조사해 보고 그 조건을 두 삼각형의 합동조건이라고 함을 알게 한다.

2.

평면도형과 입체도형

1 평면도형과 입체도형의 성질

1) 다각형

삼각형, 사각형, 오각형 등과 같이 한 평면 위에서 여러 개의 선분으로 둘러싸인 도형을 통틀어 **다각형**(polygon)이라고 한다. 일반적으로, 한 평면 위에서 n 개의 선분으로 둘러싸인 도형을 n **각형**이라고 한다. 변의 길이가 모두 같고 각의 크기가 모두 같은 다각형을 **정다각형**(regular polygon)이라고 한다.

다각형에서 한 꼭짓점 A 를 지나는 한 변의 연장선과 그 꼭짓점을 지나는 다른 한 변이 이루는 각을 $\angle A$ 의 **외각**(exterior angle)이라고 한다. 다각형에서 한 각의 크기와 그 각의 외각의 크기의 합은 항상 $180°$ 이다.

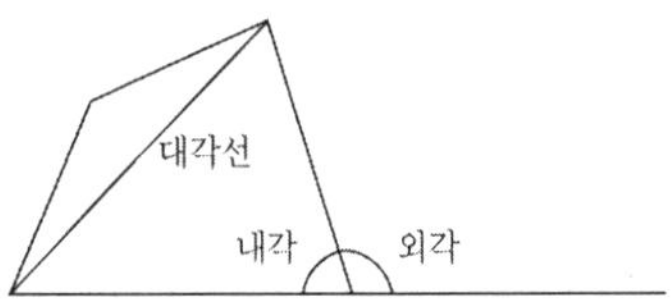

다각형에서 이웃하지 않은 두 꼭짓점을 연결한 선분을 그 다각형의 **대각선**(diagonal line)이라고 한다. n 각형의 대각선의 개수는 $\frac{1}{2}n(n-3)$ 이다. 이 성질은 다각형의 한 꼭짓점에서 그을 수 있는 대각선의 개수는 $n-3$ 임을 이용하면 간단히 설명할 수 있다.

2) 삼각형의 성질

이등변삼각형의 성질

이등변삼각형의 정의는 '두 변의 길이가 같은 삼각형'이다. 이 정의를 이용하여 다음과 같은 이등변삼각형의 성질을 증명할 수 있다.

(1) 이등변삼각형의 두 밑각의 크기는 서로 같다.
(2) 이등변삼각형에서 꼭지각의 이등분선은 밑변을 수직이등분한다.

삼각형의 외심과 내심

삼각형의 세 꼭짓점을 지나는 원을 그 삼각형의 **외접원**(circumscribed circle)이라고 하고, 외접원의 중심을 그 삼각형의 **외심**(circumcenter)이라고 한다. 원 O가 $\triangle ABC$의 외접원일 때, $\triangle ABC$를 원 O의 **내접삼각형**이라고 한다.

한 원이 한 삼각형의 세 변과 각각 접할 때, 이 원을 그 삼각형의 **내접원**(inscribed circle)이라고 하고, 내접원의 중심을 그 삼각형의 **내심**(incenter)이라고 한다.

삼각형의 외심과 내심에 대하여 다음과 같은 성질이 성립한다.

① 삼각형 ABC의 외심을 O라 할 때, $\overline{OA}=\overline{OB}=\overline{OC}$이고, 삼각형의 세 변의 수직이등분선은 한 점 O(외심)에서 만난다.
② 삼각형의 내심에서 각 변에 이르는 거리가 같고, 삼각형의 세 각의 이등분선은 한 점 (내심)에서 만난다.

3) 사각형의 성질

평행사변형의 성질

평행사변형(parallelogram)의 정의는 '두 쌍의 대변이 각각 평행한 사각형'이다. 이 정의를 이용하면 다음과 같은 평행사변형의 성질을 얻을 수 있다. 또, 이 성질을 만족하는 사각형은 평행사변형임을 알 수 있다.

(1) 두 쌍의 대변의 길이는 각각 같다.
(2) 두 쌍의 대각의 크기는 각각 같다.
(3) 두 대각선은 서로 다른 것을 이등분한다.
(4) 한 쌍의 대변이 평행하고 그 길이가 각각 같다.

직사각형의 성질

직사각형(rectangle)의 정의는 '네 각의 크기가 같은 사각형'이다. 이 정의를 이용하면 다음과 같은 직사각형의 성질을 얻는다.

(1) 평행사변형의 모든 성질을 만족한다.

(2) 두 대각선의 길이가 각각 같고, 서로 다른 것을 이등분한다.

마름모의 성질

마름모(rhombus)의 정의는 '네 변의 길이가 같은 사각형'이다. 이 정의를 사용하면 다음과 같은 마름모의 성질을 얻는다.

(1) 평행사변형의 모든 성질을 만족한다.

(2) 두 대각선은 서로 다른 것을 수직이등분한다.

정사각형의 성질

정사각형(square)의 정의는 '네 각의 크기가 같고, 네 변의 길이가 같은 사각형'이다. 이 정의를 이용하면 다음과 같은 정사각형의 성질을 얻는다.

(1) 직사각형의 모든 성질을 만족한다.

(2) 마름모의 모든 성질을 만족한다.

(3) 두 대각선은 길이가 같고, 서로 다른 것을 수직이등분한다.

여러 가지 사각형 사이의 관계

사각형(quadrangle), 사다리꼴(trapezoid), 평행사변형, 직사각형, 마름모, 정사각형 사이의 포함관계를 벤다이어그램으로 나타내면 다음과 같다.

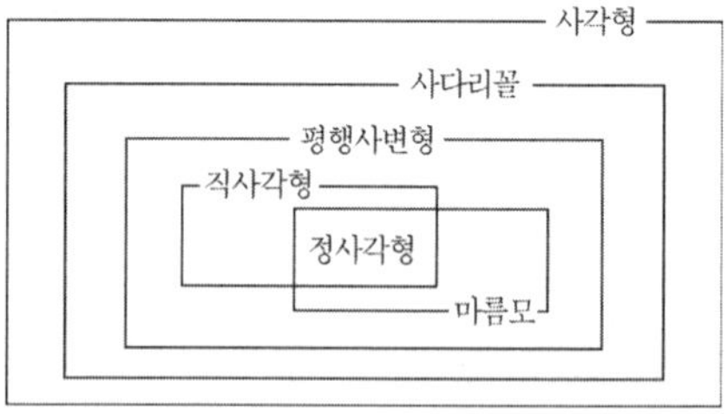

4) 원과 부채꼴

원 위에 두 점을 잡아 원을 두 부분으로 나눌 때 각 부분을 **호**(arc)라고 한다. 한 원 위에 두 점을 잡으면, 원이 두 부분으로 나누어지므로 두 개의 호가 만들어진다.

이때, 작은 호를 **열호**(minor arc), 큰 호를 **우호**(superior arc)라고 한다. 일반적으로 열호를 간단히 호라고 한다. 즉, 호 AB라고 하면 두 점 A, B로 만들어지는 두 개의 호 중에서 작은 것을 뜻한다. 호 AB를 기호로 $\widehat{AB}$와 같이 나타낸다. 특별히 우호를 기호로 나타내려면 그 호 안에 있는 한 점, 예를 들면 점 C를 잡아 호 ACB로 나타낸다. 한 원 위에 두 점을 잡아 연결한 선분을 **현**(chord)이라고 한다. 한 원에서 현과 호로 이루어진 도형을 **활꼴**(segment of a circle)이라고 한다.

한 원에서 두 반지름과 한 호로 이루어진 도형을 **부채꼴**(sector)이라고 한다. 부채꼴에서 두 반지름이 만나서 이루는 도형을 부채꼴의 **중심각**(central angle)이라고 한다. 부채꼴에는 다음과 같은 성질이 있다.

부채꼴의 성질

(1) 부채꼴의 호의 길이와 넓이는 중심각의 크기에 비례한다.

(2) 현의 길이는 중심각의 크기에 비례하지 않는다.

위의 부채꼴의 성질이 성립함을 지도하는 한 방법으로서 다음과 같은 조작적인 방법을 생각할 수 있다. 한 원에서 중심각의 크기가 1배, 2배, 3배, 4배인 부채꼴을 그린 다음 그들을 포개어봄으로써 각각에 대응하는 호의 길이가 1배, 2배, 3배, 4배임을 확인해 보게 한다. 그러나, 중심각의 크기는 2배가 되어도 현의 길이는 2배가 되지 않음을 확인해 보게 한다.

원과 직선의 위치관계

한 직선과 한 원의 위치 관계는 두 점에서 만날 때, 접할 때, 만나지 않을 때의 세 경우가 있다. 한 직선과 한 원이 두 점에서 만날 때 그 직선을 **할선**(secant line)이라고 한다. 또, 한 직선이 원과 한 점에서 만날 때 접한다고 하며 그 직선을 접선, 만나는 점을 접점이라고 한다. 한 직선이 원과 접할 때, 원의 중심과 접점을 이은 반직선은 그 접점을 지나는 접선에 수직이다.

5) 입체도형의 성질

(1) 다면체의 성질

평면이나 곡면으로 둘러싸인 도형을 **입체도형**(solid figure)이라고 하고, 다각형인 면으로 둘러싸인 입체도형을 **다면체**(polyhedron)라고 한다. 다면체 중에서 각 면이 모두 합동인 정다각형이고 각 꼭짓점에 모이는 면의 개수가 같은 도형을 **정다면체**(regular polyhedron)라고 한다.

정다면체의 종류에는 정사면체, 정육면체, 정팔면체, 정십이면체, 정이십면체가 있다. 정사면체의 면의 모양, 면의 수, 모서리의 수, 꼭짓점의 수, 한 꼭짓점에서 만나는 면의 수는 다음 표와 같다.

정다면체	정사면체	정육면체	정팔면체	정십이면체	정이십면체
면의 모양	정삼각형	정사각형	정삼각형	정오각형	정삼각형
면의 수	4	6	8	12	20
모서리의 수	6	12	12	30	30
꼭짓점의 수	4	8	6	20	12
한 꼭짓점에서 만나는 면의 수	3	3	4	3	5

위의 표에서 각 정다면체에 대한 꼭짓점의수, 변의 수, 면의 수를 조사해 보면 다음과 같은 **오일러의 공식**(Euler's formula)

$$(\text{면의 수})+(\text{꼭짓점의 수})=(\text{모서리의 수})+2$$

가 성립함을 알 수 있다. 위의 법칙은 정다면체에서뿐만 아니라 각기둥, 각뿔, 각뿔대 등 모든 입체도형에 대해서도 성립한다.

정다면체에는 위의 다섯 종류 밖에 없음을 논리적으로 설명해 보게 하는 것은 도형에 대한 호기심과 탐구능력을 기르게 하는 데 적절한 활동이다. 나아가서, 학생들이 실제로 실과 빨대를 준비하여 각 정다각형을 만들어 보면서 각 정다면체의 구성요소와 그들 사이의 관계를 조사해 보게 하는 것은 학생들에게 흥미와 호기심을 불러일으키는 학습활동이 될 수 있다.

밑면이 다각형이고 옆면이 삼각형인 다면체를 **각뿔**(pyramid)이라고 한다. 각뿔을 그 밑면에 평행인 평면으로 자를 때, 두 다면체 중에서 각뿔이 아닌 쪽의 다면체를 **각뿔대**(frustum of pyramid)라고 한다.

(2) 회전체의 성질

평면도형을 한 직선을 축으로 하여 1회전시켜 얻어진 입체도형을 **회전체**(solid of revolution)라고 한다. 회전체에는 다음과 같은 성질이 있다.

회전체의 성질

(1) 회전체를 회전축에 수직인 평면으로 자른 단면은 원이다.

(2) 회전체를 회전축을 포함하는 평면으로 자른 단면은 모두 합동이며, 회전축을 대칭축으로 하는 선대칭도형이다.

직각삼각형에서 빗변이 아닌 한 변을 축으로 하여 그 직각삼각형을 회전시켜 만들어진 도형을 **원뿔**(cone)이라고 하며, 원뿔의 옆면을 만드는 선분을 원뿔의 **모선**(generating line)이라고 한다. 원뿔을 밑면과 평행인 평면으로 잘랐을 때, 두 입체 중 원뿔이 아닌 것을 **원뿔대**(truncated circular cone)라고 한다.

발전연구 3-2-1

(1) 삼각형의 오심

임의의 삼각형에는 다음과 같은 5개의 성질이 성립한다.

① 세 중선(꼭짓점에서 대변의 중점에 연결한 선분)은 한 점에서 만난ㄴ다. 이점을 중심(무개심)이라고 한다. 무개심은 중선을 2:1로 내분한다.

② 세 각의 이등분선은 한 점에서 만난다. 이 점을 외심이라고 하며 삼각형의 내접원의 중심이 된다.

③ 세 변의 수직이등분선은 한 점에서 만난다. 이 점을 외심이라고 하며 삼가가형의 외점원의 중심이 된다.

④ 세 꼭짓점에서 대변에 내린 수선은 한 점에서 만난다. 이 점을 수심이라고 한다.

⑤ 두 외각의 이등분선과 다른 한 각의 내각의 이등분선은 한 점에서 만난다. 이 점을 방심이라고 하며, 방접원의 중심을 이룬다.

위의 성질은 삼각형의 합동의 성질을 이용하여 증명할 수 있다.

연구과제 3-2-1

1. 밑면의 반지름의 길이가 4이고 모선의 길이가 8인 원뿔에 대하여 다음 물음에 답하여라.

(1) 원뿔의 전개도를 그려라.

(2) 전개도에서 부채꼴의 호의 길이와 중심각의 크기를 각각 구하여라.

2. 삼각형에서 세 변의 수직이등분선은 한 점에서 만남을 증명하여라.

3. 삼각형에서 세 각의 이등분선은 한 점에서 만남을 증명하여라.

4. 세 변의 길이가 6cm, 8cm, 10cm 인 삼각형의 내접원의 반지름의 길이를 구하여라.

5. 삼각형의 오심이 존재함을 증명하여라.

지도상의 유의점 3-2-1

1. 입체도형의 성질은 입체모형을 조작, 관찰함으로서 발견하게 한다.
2. 도형의 성질을 직관적으로 이해하게 한 다음 연역적 방법으로 증명하는 기술을 익히게 한다. 이때 연역적 방법을 지도하는 목적은 도형의 성질을 지도하기보다는 연역적 방법을 이해하고 익히게 하기 위한 것이다.
3. 도형에 대한 정의와 성질을 구분하여 이해하게 한다.
4. 중학교 수준에서 사용하는 용어인 각기둥, 각뿔, 각뿔대는 각각 직각기둥, 직각뿔, 직각뿔대를 의미한다.
5. 정다면체는 다섯 종류밖에 없음을 지도하고, 전개도를 이용하여 정다면체의 성질을 이해하게 한다.
6. 회전체의 단면에 관한 성질은 회전축에 수직인 평면으로 자른 단면과 회전축을 품는 평면으로 자른 단면에 대하여 지도한다.

2 도형의 닮음

1) 닮은 도형

한 도형을 일정한 비율로 확대 또는 축소하여 다른 도형과 합동이 되게 할 수 있을 때, 이 두 형은 서로 **닮음**(similar)인 관계에 있다고 하고, 서로 닮음인 관계에 있는 두 형을 **닮은 도형**(similar figure)이라고 한다. 두 사각형 $ABCD$와 $A'B'C'D'$이 서로 닮은 도형일 때, 이것을 기호로

$$\square ABCD \backsim \square A'B'C'D'$$

와 같이 나타낸다. 이때, 꼭짓점 A, B, C, D에 각각 대응하는 점은 A', B', C', D'이다.

한 도형을 일정한 비율로 확대 또는 축소한다는 것의 의미를 알아보자. 아래 그림과 같이 한 점 O에서 $\square ABCD$의 각 점을 연결하는 반직선을 긋고

$$\overline{OA} : \overline{OA'} = \overline{OB} : \overline{OB'} = \overline{OC} : \overline{OC'} = \overline{OD} : \overline{OD'} = 1 : r$$

이 되는 점 A', B', C', D'을 잡은 다음, 이들을 연결하여 $\square A'B'C'D'$을 만들었을 때, $\square A'B'C'D'$는 $\square ABCD$을 r 배 확대했다고 말한다. 여기서 $r > 1$이면 확대이고 $r < 1$이면 축소이다.

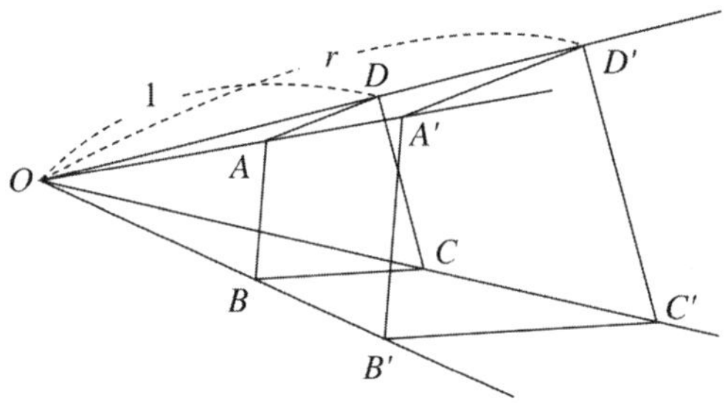

어떤 도형을 r 배로 확대하였을 때, 처음 도형과 확대된 도형의 대응하는 변의 비는 $1 : r$로서 항상 일정하다. 이 비를 **닮음비**(ratio of similarity)라고 한다. 또, 닮은 도형 사이에는 대응하는 각의 크기는 서로 같은 성질이 있다. 이 성질을 닮은 도형의 성질이라고 한다.

평면에서의 닮은 도형의 성질

두 닮은 평면도형에는 다음과 같은 성질이 있다.

두 평면도형에서

(1) 대응하는 변의 길이의 비는 일정하다.

(2) 대응하는 각의 크기는 각각 같다.

입체도형에서의 닮음의 성질

한 입체도형을 일정한 비율로 확대 또는 축소하여 다른 입체도형과 모양과 크기가

똑같게 할 수 있을 때, 이 두 입체도형은 서로 닮은 도형이다, 또는 닮음인 관계에 있다고 한다. 두 닮은 입체도형에는 다음과 같은 성질이 있다.

두 닮은 입체도형에서

(1) 대응하는 모서리의 길이의 비는 일정하다.

(2) 대응하는 면은 닮은 도형이다.

2) 삼각형의 닮음조건

삼각형의 결정조건이 주어지면 삼각형이 유일하게 결정되므로 이 조건과 닮은 도형의 성질에 의하여, 다음 세 조건 중에서 어느 하나를 만족하면 $\triangle ABC$와 $\triangle A'B'C'$은 닮은 도형이 됨을 알 수 있다. 그래서 아래의 조건을 삼각형의 닮음조건이라고 한다.

삼각형의 닮음조건

(1) 세 쌍의 대응하는 변의 길이의 비가 각각 같다.

(2) 두 쌍의 대응하는 변의 길이의 비가 각각 같고, 그 끼인각의 크기가 같다.

(3) 두 쌍의 대응하는 각의 크기가 각각 같다.

3) 닮은 도형 그리기

합동이 아닌 두 닮은 도형의 대응하는 점을 연결한 직선이 모두 한 점에서 만날 때, 그 점을 **닮음의 중심**(center of similarity)이라고 하며, 닮은 두 도형을 **닮음의 위치**(position of similarity)에 있다고 한다.

아래 그림에서 $\triangle ABC$와 $\triangle A'B'C'$은 닮음의 위치에 있으며 점 O는 닮음의 중심이다.

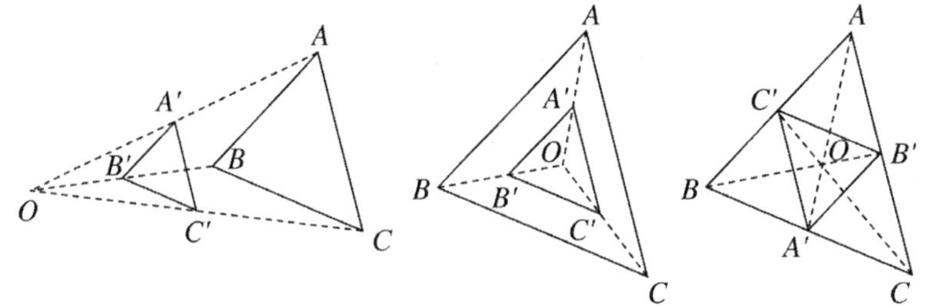

4) 닮음의 응용

삼각형과 선분의 길이의 비

$\triangle ABC$에서 변 BC에 평행한 직선을 그어 두 변 AB, AC와 만나는 점을 각각 D, E라 하면 다음 성질이 성립한다.

(1) $\dfrac{\overline{AD}}{\overline{AB}}=\dfrac{\overline{AE}}{\overline{AC}}=\dfrac{\overline{DE}}{\overline{BC}}$　　　(2) $\dfrac{\overline{AD}}{\overline{DB}}=\dfrac{\overline{AE}}{\overline{EC}}$

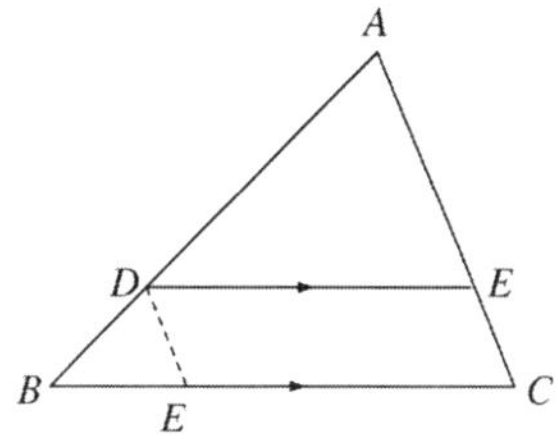

위의 성질 (1)은 삼각형의 닮음조건을 직접이용하면 증명할 수 있고, 성질 (2)는 변 AC에 평행한 선분 DE를 그은 다음 삼각형의 닮음조건을 이용하면 증명할 수 있다.

평행선 사이의 선분의 길이의 비

두 직선이 세 개 이상의 평행선과 만날 때, 평행선에 의하여 잘려서 생긴 그 두 직선의 대응하는 선분의 길이의 비는 같다.

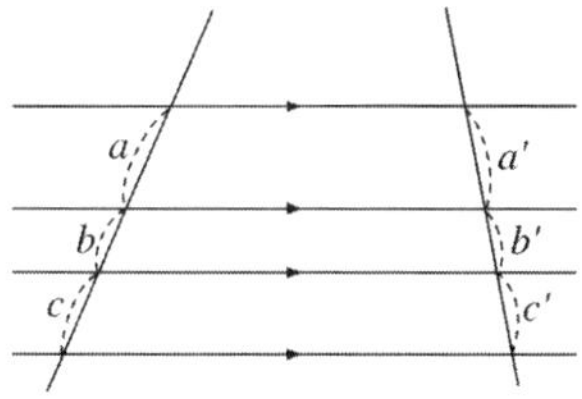

$$\frac{a}{a'}=\frac{b}{b'}=\frac{c}{c'}$$

그러나 이 성질의 역은 성립하지 않음을 다음과 같은 반례를 통하여 알 수 있다.

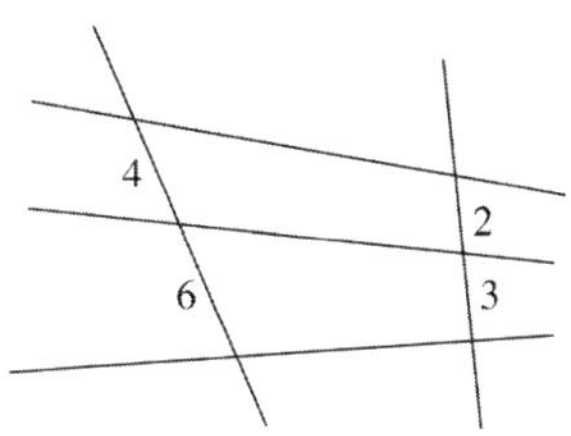

삼각형의 중점연결 정리

삼각형의 두 변의 중점을 연결한 선분은 나머지 한 변과 평행하고, 그 길이는 나머지 한 변의 $\frac{1}{2}$ 이다.

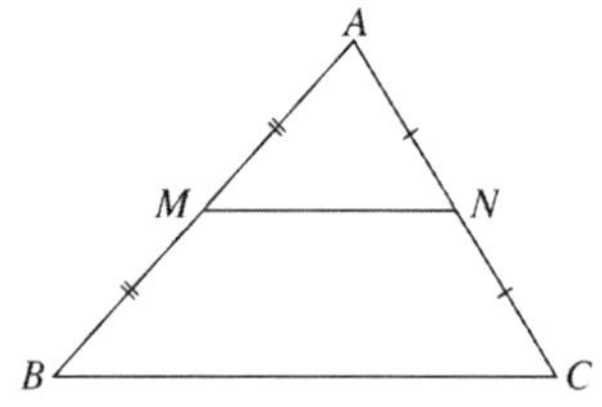

삼각형의 중점 연결정리를 이용하면 다음의 정리를 얻을 수 있다.

삼각형의 무게 중심

삼각형의 세 중선은 한 점에서 만나고, 그 교점인 **무게중심**(centroid)은 세 중선의 길이를 각 꼭짓점으로부터 각각 2 : 1 로 나눈다.

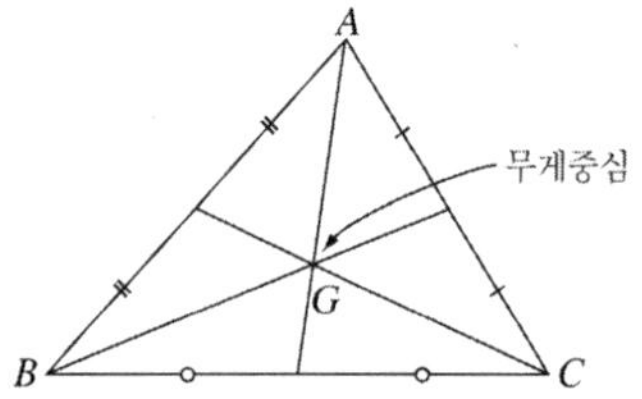

닮은 도형의 넓이와 부피

두 닮은 도형에서 닮음의 비가 $m : n$ 이면 다음 성질이 성립한다.

(1) 둘레의 길이의 비는 $m : n$

(2) 넓이의 비는 $m^2 : n^2$

(3) 부피의 비는 $m^3 : n^3$

발전연구 3-2-2

(1) 닮음변환

닮음변환의 성질은 우리의 생활 주변에서 흔히 볼 수 있다. 예를 들면, 사진의 확대 축소, 지도 만들기, 구체적 모형 만들기 등은 실생활에서 흔히 볼 수 있는 닮음의 성질을 이용한 것들이다.

여기서는 닮음변환의 이론적 면에 대하여 좀더 자세하게 알아보기로 한다.

정의 평면(또는 공간)의 한 변환 f 에 의하여 임의의 두 점 A, B가 각각 A', B' 으로 변환되었을 때(즉 $f(A)=A'$, $f(B)=B'$) 한 양의 상수 r 에 대하여 $d(A', B')=r \cdot d(A, B)$ (즉, $\overline{A'B'}=r \cdot \overline{AB}$)인 관계가 성립할 때, f를 평면(또는 공간)에서의 **닮음변환**(similarity transformation)이라고 한다.
닮음변환에서 $r>1$ 이면 도형은 팽창하고, $0<r<1$ 이면 축소되며, $r=1$ 이면 이동(movement)이다. 이 r를 **닮음비**(ratio of similarity)라고 한다.

닮음비가 r 인 닮음변환을 기호로 $S(r)$와 같이 나타낸다. 닮음변환에 대하여 다음 성질이 성립한다.

정리 1 모든 평면닮음의 집합은 **변환군**(transformation group)이다.

이를테면, 닮음비가 r 인 닮음의 역원의 닮음비는 $\frac{1}{r}$ 이고, 두 닮음의 합성(product)의 비는 두 닮음의 비의 곱이다. 예를 들면, 첫 번째의 닮음비가 2 이고 두 번째의 닮음비가 3 이면 합성변환의 닮음비는 6 이다.

정리 2 닮음변환은 삼각형과 그 상(image)이 주어질 때 유일하게 주어진다.

아래 그림에서 $\triangle A'B'C'$ 가 $\triangle ABC$의 상이고 점 P가 주어져 있으면 선분 $P'A'$, $P'B'$, $P'C'$ 의 길이와 점 P' 를 구할 수 있다.

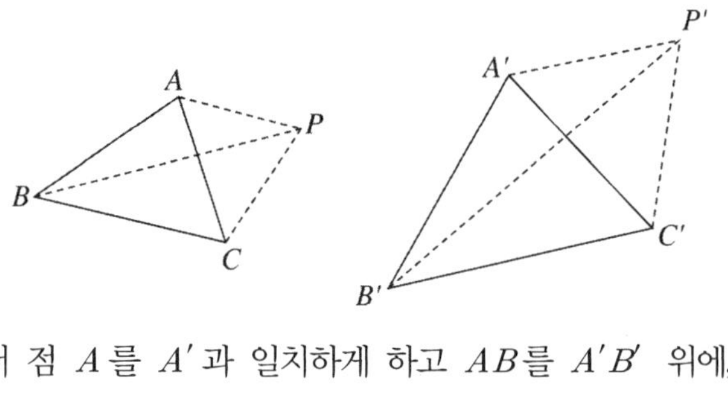

위의 그림에서 점 A를 A'과 일치하게 하고 AB를 $A'B'$ 위에, AC를 $A'C'$ 위에 오도록 $\triangle ABC$의 위치를 옮길 수 있다. 왜냐하면 삼각형의 닮음조건에 의하

여 대응하는 각의 크기가 같기 때문이다.

> **정의** 세 점 O, P, P'이 일직선상에 놓여 있고, $OP' = r \cdot OP$(단 $r \neq 0$)되게 점 P가 P'으로 대응하는 닮음변환을 중심 O, 비 r을 갖는 **확대변환**(dilation)이라고 하고 기호로
>
> $$H(O, r)$$
>
> 와 같이 나타낸다. 여기서 $r < 0$이면 O는 P와 P' 사이에 놓이고, $r > 0$이면 P와 P'은 O의 같은 쪽에 놓인다.

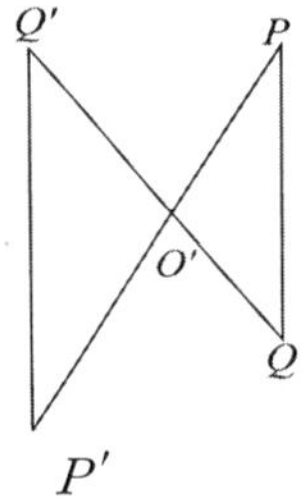

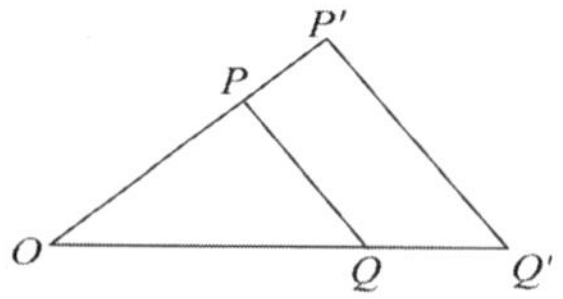

> **정리 3** 확대변환에 의한 선분의 상은 평행한 선분이다.

확대변환은 닮음의 중심을 갖는 닮음변환이다. 즉, 확대변환에 의한 도형의 상은 닮음의 위치에 있는 도형이다. 그러므로 확대변환은 닮음변환이지만, 닮음변환은 확대변환이 아니다.

> **정리 4** 확대변환에 의한 한 원의 상은 원이다.

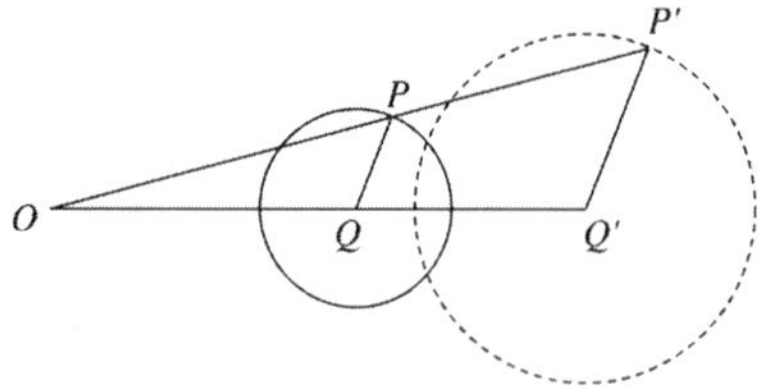

[증명] 점 O를 확대변환의 중심, 점 P'은 중심이 Q인 원 위의 임의의 한 점 P의 상이고 Q'은 Q의 상이라고 하자. 그리고 P는 O, Q와 일직선상에 있지 않다고 가정하자.

정리 3에 의하여 $\overline{PQ} // \overline{P'Q'}$ 이므로,

$$\frac{P'Q'}{PQ} = \frac{OQ'}{OQ} \quad \text{또는} \quad P'Q' = \frac{PQ \ OQ'}{OQ}$$

여기서, PQ, OQ', OQ는 상수이다. 그러므로 $P'Q'$은 상수이다.

그러므로, 점 P가 어느 위치에 있어도 점 P'은 Q'을 중심으로 하는 원 위에 놓인 점이다.

정리 5 $0 < r < 1$ 인 닮음변환 $S(r)$ 은 확대변환과 회전이동(rotation) 또는 대칭이동(reflection)의 합성이다.

참고: 위상수학에서, 이동이 아닌 모든 닮음변환은 고정된 한 점을 갖는다는 정리가 증명되어 있다. 이 고정된 점을 중심으로 하여 주어진 도형을 확대변환 한 도형을 구한다. 이 도형을 고정된 점을 중심으로 하여 회전이동 또는 그 점을 지나는 한 직선을 중심으로 대칭이동 하면 닮음변환에 의한 상과 일치시킬 수 있다.

공간에서의 닮음변환은 평면에서의 닮음변환으로부터 확장할 수 있다.

연구과제 3-2-2

1. 다음 삼각형 ABC에서 $\overline{DE} // \overline{BC}$일 때, 아래 식이 성립함을 증명하여라.

(1) $\dfrac{\overline{AD}}{\overline{AB}} = \dfrac{\overline{AE}}{\overline{AC}} = \dfrac{\overline{DE}}{\overline{BC}}$

(2) $\dfrac{\overline{AD}}{\overline{DB}} = \dfrac{\overline{AE}}{\overline{EC}}$

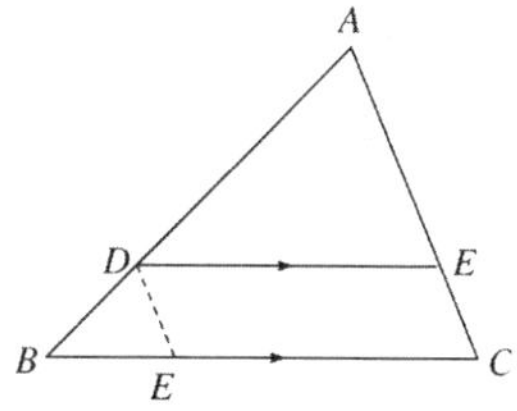

2. $\triangle ABC$에서 각 A의 이등분과 변 BC의 교점을 D라 할 때,

$$\overline{AB} : \overline{AC} = \overline{BD} : \overline{DC}$$

이 성립함을 증명하여라.

3. 삼각형의 중점연결정리가 성립함을 증명하여라.

4. 삼각형에서 세 중선은 한 점 (무게중심)에서 만남을 증명하여라.

5. 직사각형과 직육면체를 예로 하여 닮음의 비가 $m:n$인 두 도형의 넓이의 비는 $m^2:n^2$ 부피의 비는 $m^3:n^3$ 임을 설명하여라.

6. 기원전 600년경에 그리스의 탈레스(Thales)는 이집트로 유학을 가서 피라미드를 보고 들고 있던 지팡이를 이용하여 그 피라미드의 높이를 측정하였다고 한다. 그 방법을 생각해 보아라.

7. 확대변환 $H\left(O, \dfrac{5}{3}\right)$에 의한 점 $p(3, 4)$의 상을 찾아라.

8. 발전연구의 정리 5가 성립함을 구체적인 예를 들어 조사하여라. 또, 이 정리를 증명하여 보아라.

지도상의 유의점 3-2-2

1. 닮은 도형의 성질은 간단한 도형으로부터 복잡한 도형에 대한 여러 가지 성질을 이해하는 데 유용함을 인식하게 하고 활용할 수 있게 한다. 예를 들면, 닮음의 비를 이용하여 닮은 도형의 넓이와 부피를 구할 수 있다.
2. 삼각형의 닮음조건과 합동조건을 비교하여 그 차이점을 알도록 한다.
3. 닮음을 이용하여 축도를 그릴 수 있게 하고, 이것으로부터 높이, 거리 등을 간접적으로 구할 수 있게 한다.

3 피타고라스의 정리

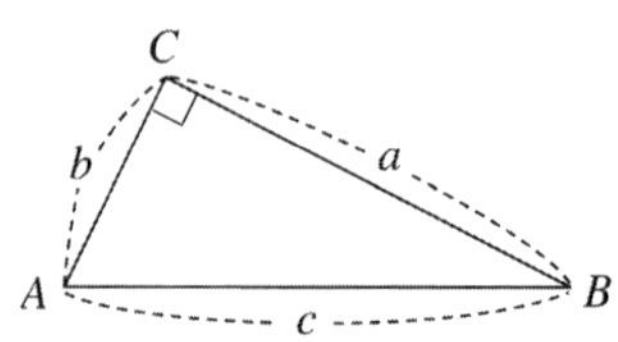

직각삼각형에서 빗변의 길이의 제곱은 직각을 낀 두 변의 길이의 제곱의 합과 같은 성질이 있다. 즉, 오른쪽 그림과 같은 임의의 직각삼각형

ABC에서 $\angle C = 90°$일 때

$$a^2 + b^2 = c^2$$

인 성질이 성립한다. 이 성질을 **피타고라스의 정리**(Phythagorian theorem)라고 한다. 이 정리는 두 점 사이의 거리를 구하는 데 응용될 수 있으므로 측량이나 건축과 같은 실생활 문제해결에 많이 활용된다.

피타고라스의 정리의 역

세 변의 길이가 각각 a, b, c인 삼각형에서 $a^2 + b^2 = c^2$인 관계가 성립하면, 이 삼각형은 빗변의 길이가 c인 직각삼각형이다.

이 정리의 증명은 다음의 정리를 이용하면 쉽게 증명할 수 있다.

삼각형의 각의 크기에 대한 세 변의 관계

$\triangle ABC$에서 $\overline{BC} = a$, $\overline{CA} = b$, $\overline{AB} = c$일 때,

(1) $\angle C < 90°$ 이면 $c^2 < a^2 + b^2$

(2) $\angle C = 90°$ 이면 $c^2 = a^2 + b^2$

(3) $\angle C > 90°$ 이면 $c^2 > a^2 + b^2$

피타고라스의 정리의 역은

$$c^2 = a^2 + b^2 \text{ 이면 } \angle C = 90°$$

이다. 여기서 결론인 $\angle C = 90°$을 부정하면 $\angle C > 90°$ 또는 $\angle C < 90°$이다.

$\angle C > 90°$이면 $c^2 > a^2 + b^2$이고 $\angle C < 90°$이면 $c^2 < a^2 + b^2$이다.

이것은 가정에 모순이다. 따라서, 피타고라스의 정리의 역은 성립한다.

피타고라스의 정리는 선분의 길이나 두 점 사이의 거리를 구하는 데에 사용할 수 있으며 피타고라스의 정리의 역은 어떤 삼각형이 직각삼각형인지를 판단하는 데 사용될 수 있다. 고대의 이집트나 동양에서도 끈으로 매듭의 길이가 3, 4, 5인 삼각형을 만들어 직각을 만듦으로써 건축에 활용하였다고 한다.

발전연구 3-2-3

(1) 피타고라스의 정리의 증명방법

피타고라스의 정리를 증명하는 방법에는 무려 370여 가지의 방법이 알려져 있다

고 한다.

2. 구장산술과 피타고라스의 정리

중국의 한(B.C. 222 ~ 206)시대에 쓰인 구장산술과 그보다 앞서 저술된 주비산경에 피타고라스의 정리에 대한 논의와 문제가 있다.

구장산술의 제 9 장은 구고(句股)로서 직각감각형의 세 변의 길이에 관한 24문제와 그 답을 제시하고 있다. 그 중 일부는 다음과 같다. 이 문제를 통하여 당시에 관심을 가진 문제를 이해할 수 있다(참고문헌, 차종천, 2000).

[문제 1] 지금 밑변이 3자이고 높이가 4자이다. 빗변은 얼마인가? 답) 5자

[문제 5] 지금 나무가 있는데, 높이가 2장이며 둘레가 3자이다. 칡이 그 아래에서 자라나 나무를 7바퀴나 감아 올라가 나무와 높이가 같아졌다. 칡의 길이는 얼마인가? 답) 2장 9자

[문제 6] 지금 연못이 있는데, 정사각형의 한 변이 1장이다. 연못 한가운데서 갈대가 자라나 물 위로 1자나 올라 왔는데, 갈대를 잡아당겨 연못 둑에 닿게 하니, 둑과 가지런히 되었다. 수심과 갈대의 길이는 각각 얼마인가?
답) 수심 1장 2자, 갈대의 길이 1장 3자

[문제 7] 지금 나무가 서 있는데, 그 끝에 밧줄이 매여 있어서 땅에 3자나 드리웠다. 밧줄을 잡아당기면, 뿌리에서 8자 떨어진 곳까지 다가서야 한다. 밧줄의 길이는 얼마인가? 답) 1장 $2\frac{1}{6}$자

[문제11] 문이 있는데, 높이가 너비보다 6자 8치 많으며, 두 모서리 사이의 거리 (즉, 대각선)가 정확히 1장이다. 무늬 높이와 너비는 얼마인가?
답) 너비 2자 8치, 높이 9자 6치

[문제13] 지금 높이가 1장짜리 대나무가 있는데, 꺾여서 끄트머리가 땅에 닿았는데, 뿌리로부터의 거리가 3자이다. 꺾이어진 높이는 얼마인가?
답) $4\frac{11}{20}$자

[문제14] 지금 두 사람이 같은 곳이 서 있는데, 갑의 속도는 7이고 을의 속도는 3이다. 을은 동쪽으로 갔으며, 갑은 남쪽으로 10보 가다가 동북쪽으로 비스듬히 올라가 을과 만났다. 갑과 을이 간 거리는 각각 얼마인가?
답) 을은 동쪽으로 10.5보를 갔으며, 갑은 14.5보를 비스듬히 가서 그를 만났다.

[문제19] 지금 정사각형의 읍성이 있는데, 한 변의 길이를 모른다. 각 변의 한가운데 마다 문이 달려 있으며, 북문을 나서 30보 되는 곳에 나무 한 그루가 있는데, 서문을 나와 750보 되는 곳에서 나무가 보였다.

[문제23] 지금 산이 나무의 서쪽에 있는데, 그 높이를 모른다. 산은 나무로부터 53리 떨어져 있고, 나무의 높이는 9장 5자이다. 사람이 나무로부터 동쪽으로 3리 떨어진 곳에 서서 바라보니, 나무 꼭대기가 산봉우리와 (일직선을 이루며) 고르게 기울어지는데, 사람의 눈높이는 7자이다. 산의 높이는 얼마인가?

답) 164장 9자 $6\frac{2}{3}$치

연구과제 3-2-3

1. 유클리드의 「원론」에 제시되어 있는 피타고라스의 정리 증명 방법을 설명하여라.

2. 주비산경에 제시된 구고현의 정리의 그림을 이용하여 구고현의 정리를 증명하여라.

3. 반지름의 길이가 6cm 인 원기둥의 옆면을 따라 끈을 팽팽하게 하여 나선형 모양으로 한 바퀴 감았을 때, 한 모선과 만나는 두 점 사이의 거리를 재보니 8π cm 이었다. 이 두 점 사이를 감은 끈의 길이를 구하여라.

4. 주변에서 피타고라스의 정리를 이용하는 예를 조사하여 보아라.

지도상의 유의점 3-2-3

1. 피타고라스의 정리를 증명하는 다양한 방법을 알아보게 하여, 수학의 다양한 접근 방법을 경험하게 한다.
2. 피타고라스의 정리가 실생활 문제를 해결하는데 유용함을 인식하게 함으로서 수학의 실용성을 실감하게 한다.
3. 피타고라스의 정리의 역은 증명 없이 문제 상황을 통하여 간단히 다룬다.

4 원과 직선

한 원에서 부채꼴의 중심각과 호의 길이, 부채꼴의 중심각과 부채꼴의 넓이는 비례함을 알고 있다. 여기서는 한 원에서 현의 길이와 부채꼴의 중심각과 원의 접선의 길이에 대하여 알아보기로 한다.

1) 원과 현

한 원에서 중심각과 현 사이에는 다음 성질이 성립함을 알 수 있다. 이 성질이 성립함을 논리적으로 증명해 보는 것은 그 성질의 이해 자체보다는 증명의 이해와 증명 능력을 기르는 데 더욱 도움이 된다. 따라서, 중학교 과정에서 아래 성질을 증명해 보는 것은 중요한 학습활동이다.

원과 현의 성질

(1) 같은 크기의 두 중심각에 대한 현의 길이는 서로 같다.

(2) 같은 길이의 두 현에 대한 중심각의 크기는 서로 같다.

(3) 원의 중심에서 현에 내린 수선은 그 현을 이등분한다.

(4) 현의 수직이등분선은 그 원의 중심을 지난다.

(5) 중심으로부터 같은 거리에 있는 두 현의 길이는 같다.

(6) 길이가 같은 두 현은 원의 중심으로부터 같은 거리에 있다.

2) 원과 접선

원 O 밖의 한 점 P에서 그 원에 그은 접선의 접점을 T라 할 때, $\overline{PT}$의 길이를 점 P에서 원 O에 그은 **접선의 길이**(length of tangent line)라고 한다.

한 원에서 원의 접선과 그 접점을 지나는 반지름에 관하여 다음 성질이 성립한다. 이 성질을 논리적으로 증명해 보는 것도 증명 능력을 기르기 위한 중요한 학습활동이다.

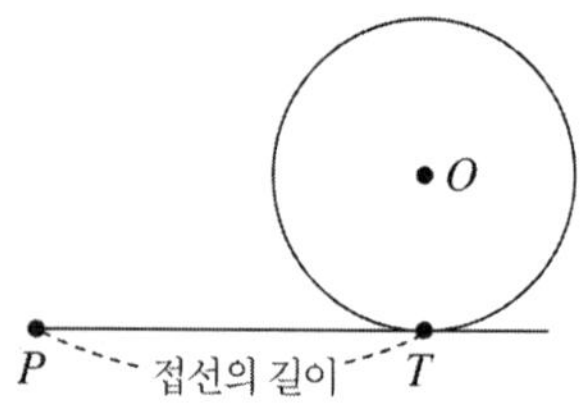

(1) 한 원에서 접선과 그 접점을 지나는 반지름은 서로 수직이다.

(2) 원 O 위의 한 점 A에서 $\overline{OA} \perp l$ 되게 직선 l을 그으면 l은 원 O의 접선이다.

(3) 원 O의 외부에 있는 한 점 P에서 이 원에 두

개의 접선을 그을 수 있고, 그 두 접선의 길이는 서로 같다.

위의 성질 (3)은 직각삼각형의 합동 조건을 이용하여 증명할 수 있다.

3) 원과 각

(1) 원주각

원 O에서 호 AB를 제외한 호 위에 한 점 P가 있을 때, $\angle APB$를 호 AB에 대한 **원주각**(angle of circumference)이라고 한다. 원주각에는 다음과 같은 성질이 성립한다.

원주각의 성질

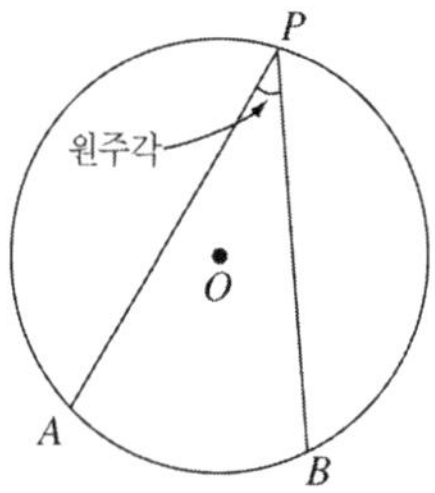

① 한 호에 대한 원주각의 크기는 일정하고, 그 호에 대한 중심각의 크기의 $\frac{1}{2}$이다.

② 한 원에서 같은 길이의 호에 대한 원주각의 크기는 서로 같다. 그 역도 성립한다.

③ 두 점 C, D가 직선 AB에 대하여 같은 쪽에 있고 $\angle ACB = \angle ADB$이면 네 점 A, B, C, D는 한 원 위에 있다.

위의 성질 중 ①의 성질은 원의 중심 O가 원주각의 한 변 위에 있을 경우, 원주각의 내부에 있을 경우, 원주각의 외부에 있을 경우의 세 가지로 나누어 증명할 수 있다.

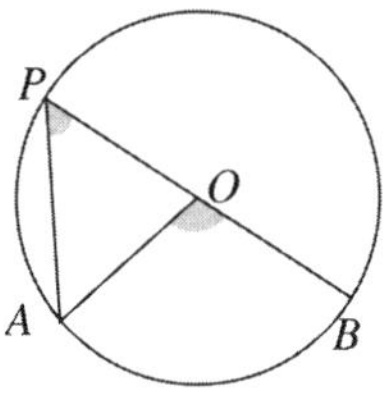

[그림 1]

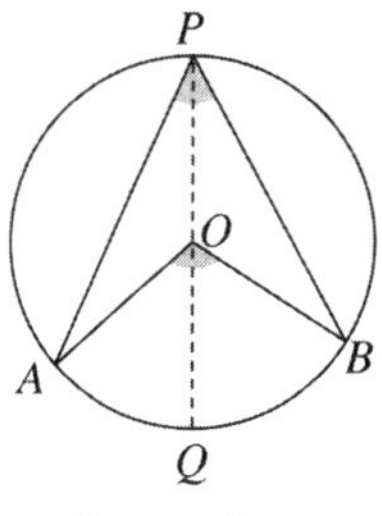

[그림 2]

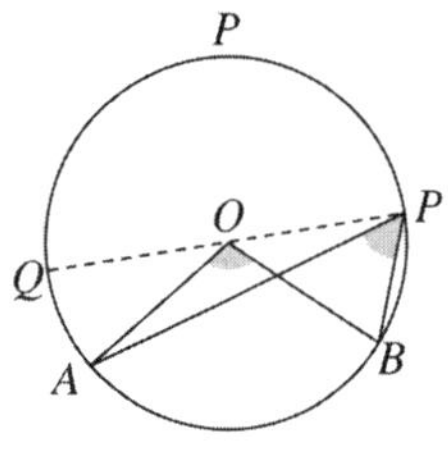

[그림 3]

[그림 1]의 경우는 이등변삼각형의 성질을 이용하여 곧장 증명할 수 있으며, [그림 2]와 [그림 3]은 보조선 PQ를 그어 [그림 1]의 경우를 이용하여 증명할 수 있다.

위의 성질을 이용하면 지름을 현으로 하는 원주각의 크기는 직각임을 알 수 있다.

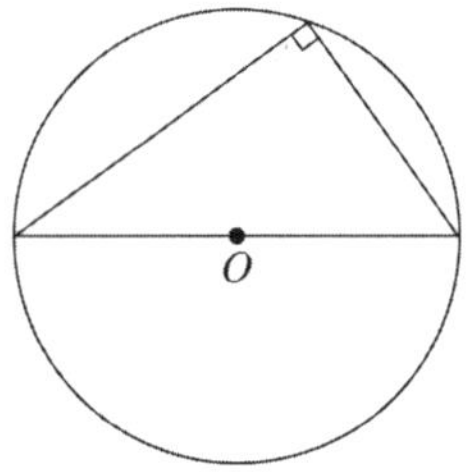

위의 성질 ②는 호이 길이와 중심각의 크기, 중심각의 크기와 원주각의 크기 관계를 이용하여 증명할 수 있으며, 성질 ③은 세 점을 지나는 원은 하나로 결정되며 다른 한 점이 이 원 위에 없다고 가정하면 모순됨을 이용하여 증명할 수 있다.

(2) 원에 내접하는 사각형의 성질

원에 내접하는 사각형에 대하여 다음 성질이 성립한다.

① 원에 내접하는 사각형에서 한 쌍의 대각의 크기의 합은 $180°$ 이다.

② 원에 내접하는 사각형의 한 외각의 크기는 그 내대각(inner opposite angle)의 크기와 같다.

위의 성질의 역인 다음 성질도 성립한다.

사각형이 원에 내접할 조건

① 한 쌍의 대각의 크기의 합이 $180°$ 인 사각형은 원에 내접한다.

② 한 외각의 크기가 그 내대각의 크기와 같은 사각형은 원에 내접한다.

(3) 접선과 현이 이루는 각

원의 접선과 그 접점을 지나는 현이 이루는 각의 크기는 그 각의 내부에 있는 호에 대한 원주각의 크기와 같다. 즉, 다음 그림에서

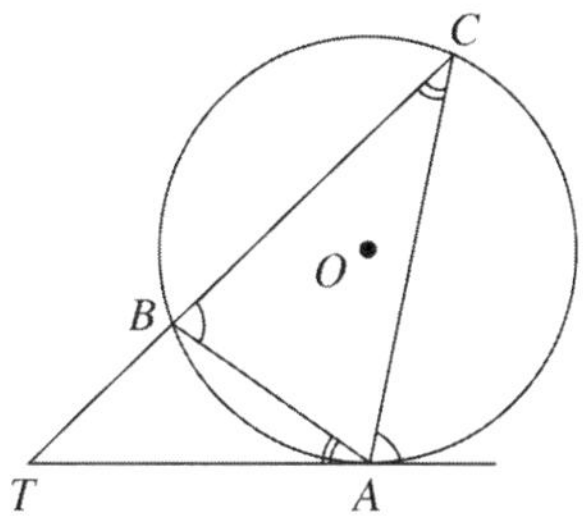

$$\angle TAB = \angle ACB$$

이다. 이 성질은 다음 그림과 같이, $\angle TAB$가 이루는 각이 직각, 예각, 둔각인 경우로 나누어 증명할 수 있다.

[그림 2]의 경우는 $\angle ACB = \angle APB$를 이용하여 증명할 수 있고, [그림 3]은 $\angle BCP = \angle BAP$와 [그림 1]의 성질을 이용하여 증명할 수 있다.

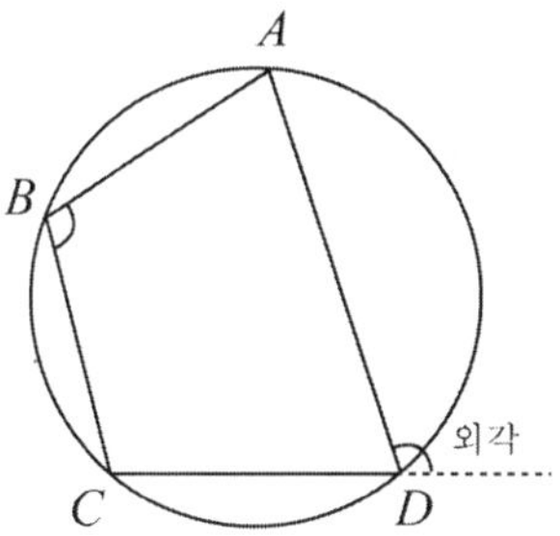

$\angle B$: $\angle D$의 대각
$\angle ADC$의 내대각

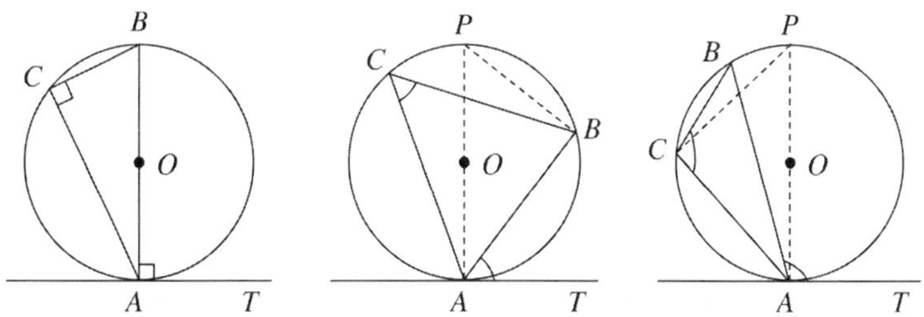

[그림 1] [그림 2] [그림 3]

(4) 원과 비례

한 원에서 두 현 AB, CD 또는 이들의 연장선이 만나는 점을 P라고 하면

$$\overline{PA}\cdot\overline{PB}=\overline{PC}\cdot\overline{PD}$$

이다.

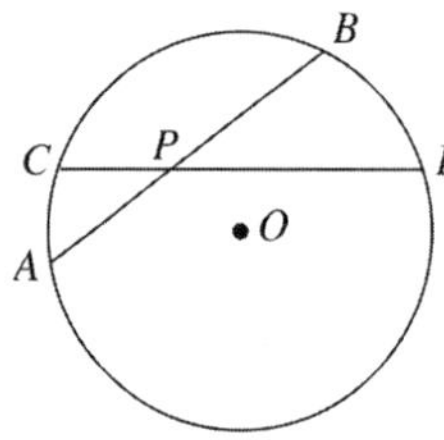

[그림 1]

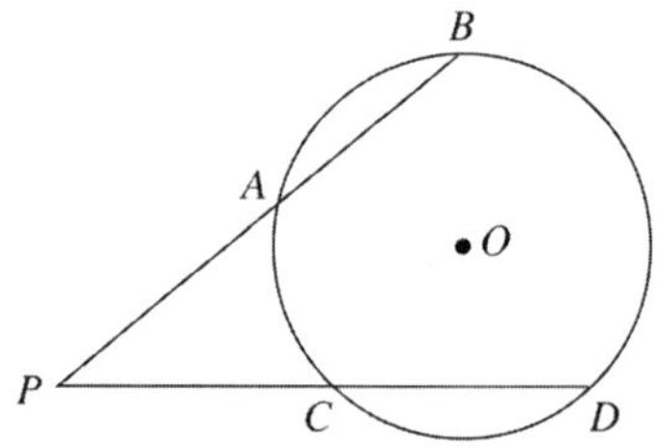

[그림 2]

위의 성질은 다음과 같이 증명할 수 있다.

[그림 1]은 A와 C, B와 D를 연결하면

$$\triangle PAC \backsim \triangle PBD$$

에서 위의 성질을 얻을 수 있다.

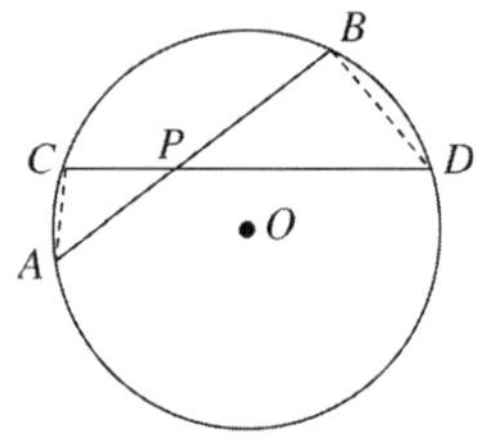

[그림 2]는 A와 D, B와 C를 연결하면

$$\triangle PAD \backsim \triangle PCB$$

임을 이용하여 증명할 수 있다.

위의 성질의 역인 다음 성질도 성립한다.

두 선분 AB, CD 또는 이들의 연장선이 한 점 P에서 만나고

$$\overline{PA}\cdot\overline{PB}=\overline{PC}\cdot\overline{PD}$$

이면 네 점 A, B, C, D는 한 원 위에 있다.

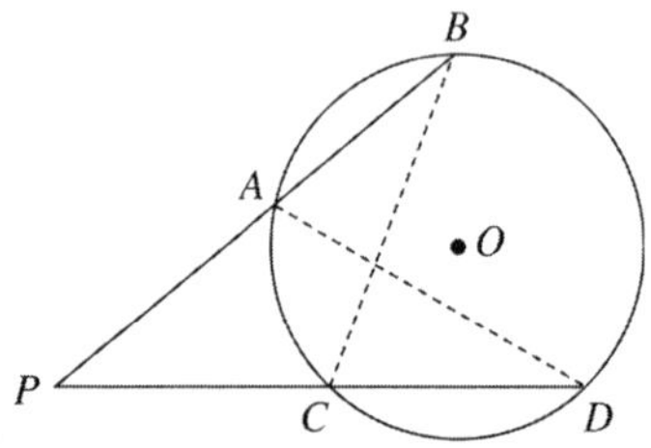

(5) 할선과 접선

할선과 접선의 선분의 길이의 비 사이에는 다음의 성질이 성립한다.

접선과 할선의 선분의 길이의 비

원 O의 외부의 한 점 P에서 이 원에 그은 접선과 할선이 이 원과 만나는 점을

각각 T, A, B라 하면

$$\overline{PT}^2 = \overline{PA} \cdot \overline{PB}$$

가 성립한다.

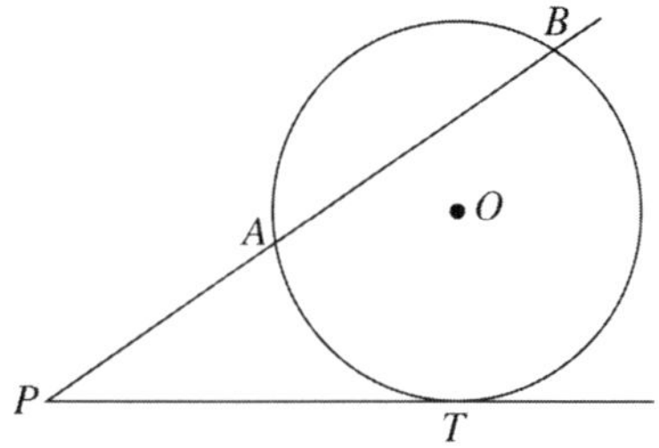

위의 성질이 성립함을 증명하기 위해서는 아래 그림과 같이 A와 T, T와 B를 연결하면 $\triangle PAT$와 $\triangle PTB$는 닮은 삼각형임을 이용하면 된다.

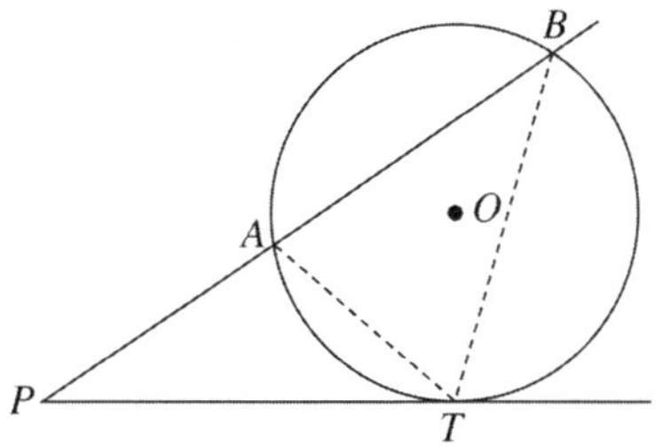

발전연구 3-2-4

1) 컴퓨터 프로그램을 이용한 도형의 성질 연구

도형을 그리고 측정할 수 있는 컴퓨터 프로그램의 종류는 여러 가지가 있다. 현재 많이 사용되고 있는 것으로 GSP(The Geometer's Sketchpad)와 Cabri가 있으며 그래픽 계산기에도 이와 비슷한 기능이 있다. 이 컴퓨터 프로그램을 이용하여 아래의 순서대로 활동을 해보면, 원에 내접하는 사각형의 성질과 접선과 현이 이루는 각에 관한 성질 사이의 관계에 대하여 알 수 있다.

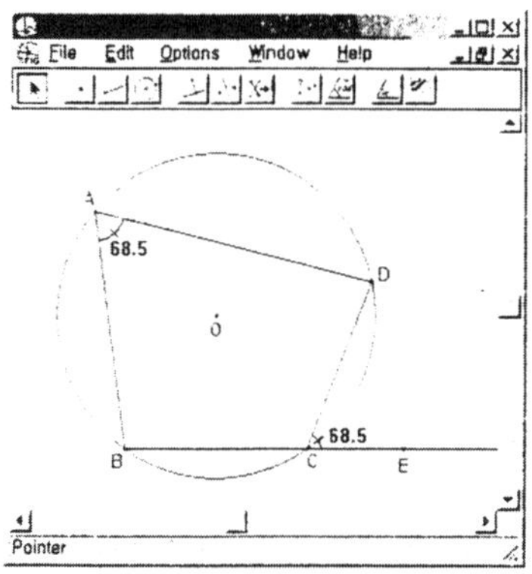

[그림 1]

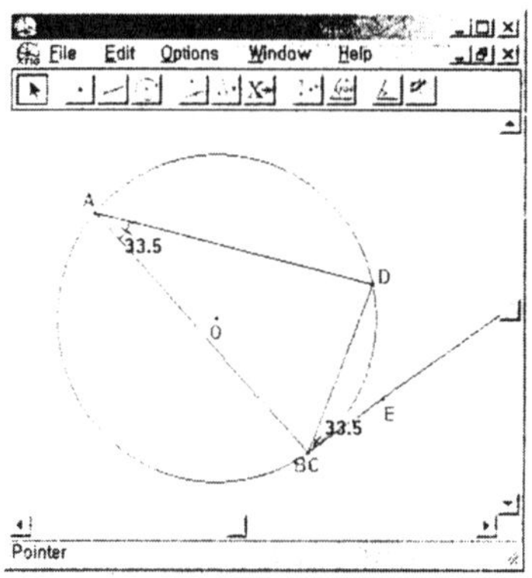

[그림 2]

1. 원 O에 내접하는 사각형 $ABCD$를 그리고, 선분 BC의 연장선을 그린다. [그림 1]
2. 네 점 A, B, C, D를 각각 움직여 보며 한 외각 $\angle DCE$의 크기와 그 내대각 $\angle BCD$의 크기가 항상 서로 같음을 확인한다.
3. 점 B를 서서히 움직여 점 C와 일치시켜서 삼각형 ABD를 만든다. [그림 2]
4. 직선 $\angle BE$가 원 O의 접선임을 확인하고, 접선 BE와 그 접점 B를 지나는 현 BD가 이루는 각 $\angle DBE$가 그 각의 내부에 있는 호 BD에 대한 원주각 $\angle BAD$의 크기와 같음을 확인한다.

연구과제 3-2-4

1. 세 변의 길이가 6cm, 8cm, 10cm 인 삼각형에 내접하는 원의 반지름의 길이를 구하여라.

2. 원에 내접하는 사각형의 성질에 대하여 조사하여라.

3. 그림과 같이 원 O가 $\square ABCD$의 각 변과 점 P, Q, R, S에서 접할 때,

$$\overline{AD}+\overline{BC}=\overline{AB}+\overline{CD}$$

임을 증명하여라.

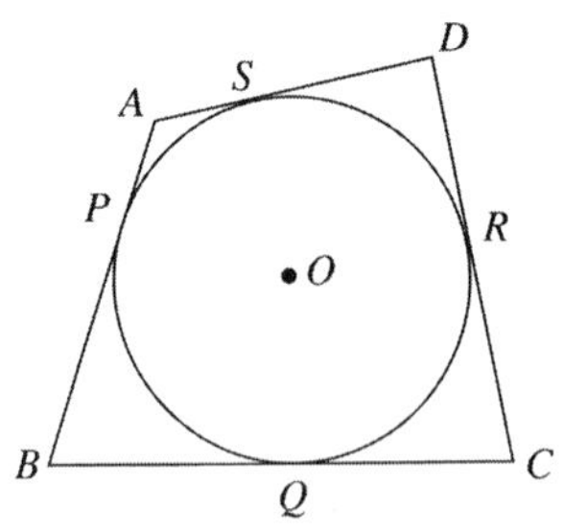

4. 그림에서 점 P는 두 현 AB, CD의 교점이고

$$\widehat{BC}=4\text{cm}, \quad \angle ACD=20°, \quad \angle BPC=65°$$

일 때, 이 원의 둘레의 길이를 구하여라.

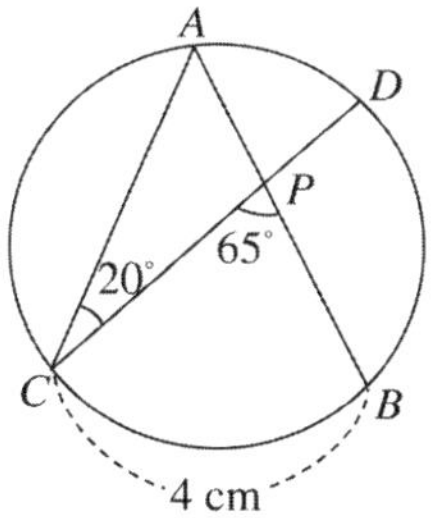

5. 다음 그림에서 직선 l 이 원 O의 접선일 때, $\angle x$ 의 크기를 구하여라.

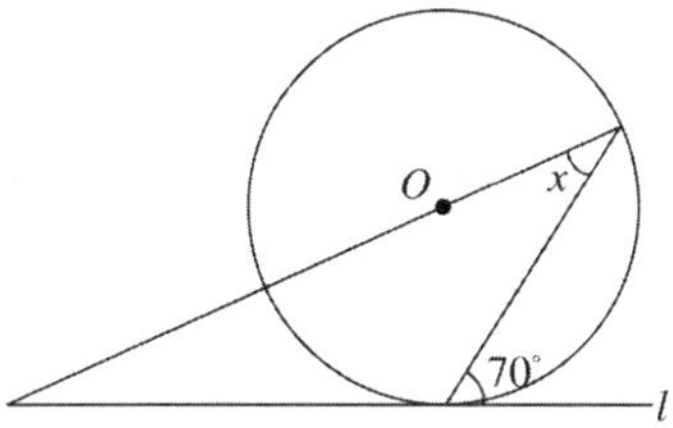

6. 두 선분 AB, CD 또는 이들의 연장선이 한 점 P에서 만나고,

$$\overline{PA} \cdot \overline{PB} = \overline{PC} \cdot \overline{PD}$$

이면, 네 점 A, B, C, D는 한 원 위에 있음을 증명하여라.

7. 다음 그림에서 x 의 값을 구하여라.

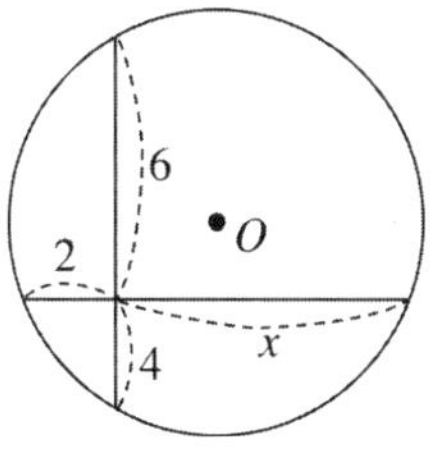

8. 다음 그림에서 선분 PT는 원 O의 접선이고, $\overline{PA}$와 원 O의 교점을 B라 할 때, 원 O의 반지름의 길이를 구하여라.

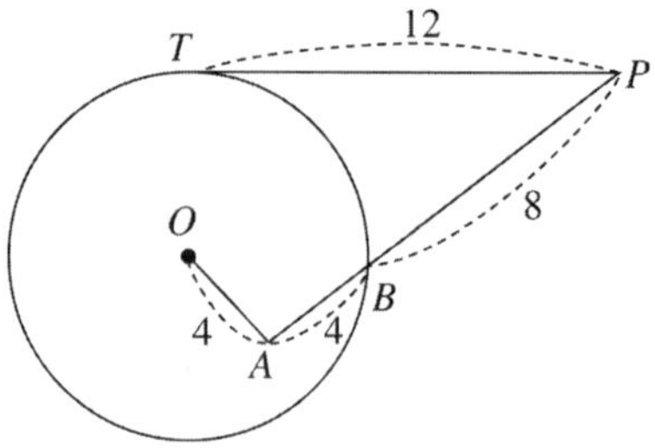

지도상의 유의점 3-2-4

1. 이 단원에서는 엄격한 연역적 증명을 사용할 수 있게 함으로써 논리적 사고력과 증명 능력을 기를 수 있게 한다.
2. 관찰과 조작의 시행착오를 통하여 도형의 성질을 직관적으로 이해한 후 연역적 방법으로 증명하는 것이 바람직하다.
3. 임의의 삼각형에 대해서 외접하는 원과 내접하는 원이 반드시 있지만, 사각형에 대해서는 외접하는 원이나 내접하는 원이 없는 경우도 있음을 이해하게 하고, 그 때의 성질을 이해하게 지도한다.
4. 컴퓨터를 사용하여 다양한 상황을 관찰함으로서 새로운 상황을 창작하거나 성질을 발견하게 하는 경험을 갖게 하며 수학에 대한 흥미와 창의성을 기르게 한다.

5 도형의 측정

1) 삼각형의 각의 크기

삼각형의 각의 크기에는 다음과 같은 성질이 있다.

(1) 삼각형의 내각의 크기의 합은 180°이다.
(2) 삼각형의 한 외각의 크기는 그와 이웃하지 않는 두 내각의 크기의 합과 같다.

삼각형의 각의 크기에 대한 성질을 지도하기 위해서는 먼저 구체적인 몇 개의 삼각형에 대하여 조작활동을 통하여 그 성질이 성립할 수 있다는 인식을 하게 한 다음, 수학적 성질을 사용하여 그 성질이 임의의 삼각형에 대해서도 성립할 수 있음을 이해하게 지도하는 것이 중요하다. 구체적 조작활동으로는 다음과 같은 방법들을 생각할 수 있다.

- 각도기를 사용하여 세 각의 크기를 측정하여 조사해 보기.
- 삼각형의 세 각을 오려 이들의 꼭짓점이 한 점에 오도록 배열하여 한 직선을 이룸을 확인하기.
- 삼각형의 빗변이 아닌 두 변의 중점을 잡아 연결하여 접어 빗변의 대각이 빗변 위에 오도록 접은 다음 다른 두 각도 그 점에 모이도록 접어 세 각의 합이 빗변과 일치함을 확인하기.
- GSP와 같은 컴퓨터 소프트웨어를 사용하여, 삼각형을 어떻게 변형하여도 세 각의 합은 항상 $180°$ 임을 확인하기.

위와 같은 조작활동을 통하여 삼각형의 각의 크기의 성질을 귀납적, 직관적으로 인식한 다음 평행선의 성질을 이용하여 일반적인 삼각형에 대해서도 삼각형의 각의 크기에 대한 성질이 성립함을 이해하게 하는 것이 바람직한 지도 순서이다.

2) 다각형의 내각의 크기의 합

5각형은 한 꼭짓점을 중심으로 하여 세 개의 삼각형으로 나눌 수 있으며, 각 삼각형의 내각의 크기의 합이 5각형의 내각의 크기의 합과 같다. 즉, 5각형의 내각의 크기의 합은

$$(5-2)\times 180° = 540°$$

이다. 이와 같은 방법으로 생각하면 n 각형의 내각의 크기에 대한 다음과 같은 성질을 얻을 수 있다.

- (n 각형의 내각의 크기의 합) $= 180° \times (n-2)$
- (정n 각형의 한 내각의 크기) $= \dfrac{180° \times (n-2)}{n}$
- 다각형의 외각의 크기의 합은 $360°$ 이다.

다각형의 한 각에서 각의 한 변의 연장선과 다른 한 변으로 이루어진 도형을 그 각의 **외각**(exterior angle)이라고 한다. 다각형의 한 각에서 외각을 생각할 때, 처음

각을 **내각**(interior angle)이라고 한다.

다각형의 외각의 크기의 합은 360° 임을 지도하는 방법으로서 먼저, 다음 그림과 같이 삼각형이나 오각형의 각 외각을 한 점에 모아봄으로써 외각의 크기의 합은 360° 임을 경험적으로 인식하게 한 다음, 아래와 같은 대수적 방법으로 설명하는 것이 바람직하다.

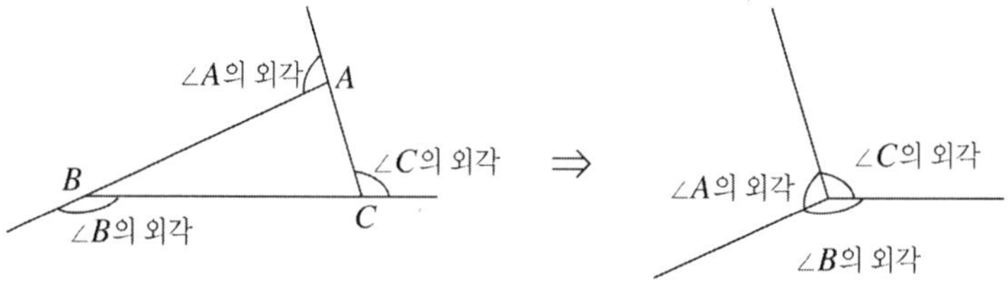

대수적 방법

n 각형의 꼭짓점의 수는 n 개이므로, 모든 꼭짓점에서의 내각과 외각의 크기의 합은 $180° \times n$ 이다. 따라서, 외각의 크기의 합은

$$180° \times n - 180° \times (n-2) = 180° \times 2 = 360°$$

3) 부채꼴의 호의 길이와 넓이

한 원에서 부채꼴의 호의 길이는 중심각의 크기에 비례하고, 부채꼴의 넓이도 중심각의 크기에 비례하는 성질을 이용하면 다음의 성질을 증명할 수 있다.

반지름의 길이가 r , 중심각의 크기가 $x°$ 인 부채꼴의 호의 길이를 l , 넓이를 S 라 하면,

$$\text{원의 둘레의 길이} = 2\pi r, \quad \text{원의 넓이} = \pi r^2$$

따라서

$$l = 2\pi r \times \frac{x}{360}, \ S = \pi r^2 \times \frac{x}{360}$$

이다.

4) 기둥의 겉넓이와 부피

기둥의 겉넓이

기둥(cylinder, prism)은 합동인 두 개의 밑면과 옆면으로 구성되어 있으며, 기둥

의 겉넓이는 기둥의 전개도의 넓이와 같다. 기둥의 옆면의 전개도는 기둥의 밑면의 둘레의 길이를 가로로 하고 기둥의 높이를 세로로 하는 직사각형이다. 이 성질을 이용하여 기둥의 겉넓이를 구할 수 있다.

기둥의 부피

입체도형의 부피를 측정하기 위한 단위에는 1cm^3, 1m^3 등이 있다. 1cm^3는 가로, 세로, 높이가 각각 1cm 인 정육면체의 부피이며, 1m^3는 가로, 세로, 높이가 각각 1m 인 정육면체의 부피이다. 따라서, 입체도형의 부피는 부피의 단위를 나타내는 단위 정육면체의 개수로 구할 수 있다. 이 성질을 이용하면,

$$\text{직육면체(직사각기둥)의 부피} = (\text{직사각형인 밑넓이}) \times (\text{높이})$$

임을 알 수 있다.

삼각기둥의 부피는 밑면이 삼각형의 넓이의 두 배인 직사각형이고 높이가 삼각기둥의 높이와 같은 직육면체의 부피의 $\frac{1}{2}$이므로

$$\begin{aligned}(\text{삼각기둥의 부피}) &= \frac{1}{2} \times (\text{직사각형인 밑넓이}) \times (\text{높이}) \\ &= (\text{삼각형인 밑넓이}) \times (\text{높이})\end{aligned}$$

임을 알 수 있다. 또, 임의의 다각기둥은 높이가 같은 n개의 삼각기둥으로 나눌 수 있고, 그 다각기둥의 밑넓이는 삼각형의 넓이의 합으로 나눌 수 있기 때문에,

$$\begin{aligned}(\text{다각기둥의 부피}) &= (n\text{개의 삼각기둥의 부피의 합}) \\ &= (n\text{개의 삼각기둥의 밑넓이의 합}) \times (\text{높이}) \\ &= (\text{다각형의 밑넓이}) \times (\text{높이})\end{aligned}$$

이다. 원기둥의 밑면인 원의 넓이는 그 원에 내접 또는 외접하는 정다각형의 넓이의 극한으로 생각할 수 있으므로,

$$(\text{원기둥의 부피}) = (\text{밑면인 원의 넓이}) \times (\text{높이})$$

로 구할 수 있다. 위의 사실로부터 기둥의 부피에 대하여 다음 공식을 얻을 수 있다.

$$(\text{기둥의 부피}) = (\text{밑넓이}) \times (\text{높이})$$

5) 뿔의 겉넓이와 부피

뿔(pyramid)의 겉넓이는 뿔의 전개도를 그려 밑면과 옆면의 넓이를 구함으로써 그 겉넓이를 구할 수 있다. 원뿔의 옆면은 곡면으로 그 전개도는 호의 길이가 원뿔의 밑면의 둘레의 길이와 같은 부채꼴이다. 이 성질을 이용하여 뿔의 겉넓이를 구할 수 있다.

삼각뿔의 부피는 그 삼각뿔의 밑면과 합동인 삼각형을 밑면으로 하고 높이가 같은 삼각기둥의 부피의 $\frac{1}{3}$ 임을 물이나 모래와 같은 구체물을 활용한 측정활동을 통하여 인식할 수 있다. 형식적 방법으로는 정적분의 개념을 사용하여 모든 뿔의 부피는 다음과 같음을 증명할 수 있다.

$$(\text{뿔의 부피}) = \frac{1}{3} \times (\text{밑면의 넓이}) \times (\text{높이})$$

6) 구의 겉넓이와 부피

구의 겉넓이와 부피를 구하는 방법을 지도하기 위해서는 다음과 같은 간단한 측정 활동으로 겉넓이와 부피를 구하는 공식이 타당함을 인식하게 한다. 그 다음 대학 수준의 고등수학에서 미적분학을 이용하여 정확한 값을 구할 수 있음을 설명하는 것이 바람직하다.

구의 겉넓이를 측정하는 활동

반지름이 $r$cm 인 반구의 겉면에 전선줄을 감은 다음 그 전선줄의 두 배를 평면 위에 원판과 같은 모양으로 감아 그 넓이를 구하여 보면, 반지름의 길이가 $2r$ 인 원의 넓이와 비슷함을 알 수 있다. 즉,

$$(\text{반지름이 } r \text{ 인 구의 겉넓이}) = \pi(2r)^2 = 4\pi r^2$$

임을 인식할 수 있다.

구의 부피를 측정하는 활동

밑면의 반지름이 r 이고 높이가 r 인 원뿔 모양의 그릇에 물이나 모래를 담은 다음 그것을 반지름이 r 인 반구의 그릇에 옮겨 담으면 반구의 부피는 원뿔의 부피의 두 배 정도임을 알 수 있다. 이 실험으로부터 구(sphere)의 부피를 다음과 같이 구할 수 있음을 이해하게 한다.

$$\begin{aligned}(\text{구의 부피}) &= 2 \times (\text{반구의 부피}) \\ &= 2 \times \{2 \times \{(\text{원뿔의 부피})\} \\ &= 2 \times \left\{2 \times \left(\frac{1}{3} \times \pi r^2 \times r\right)\right\} \\ &= \frac{4}{3}\pi r^3\end{aligned}$$

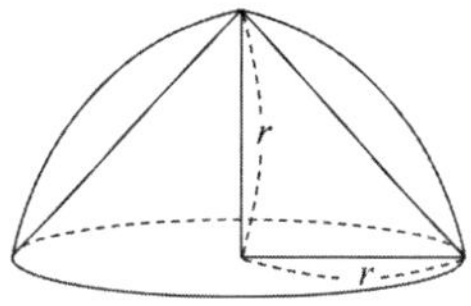

원의 겉넓이와 부피를 구하는 형식적인 증명은 고등학교 과정인 「미분과 적분」 과목에서 정적분의 개념을 이용하여 이해할 수 있다.

발전연구 3-2-5

원뿔(circular cone)을 밑면에 평행한 평면으로 자르면 작은 원뿔과 원뿔이 아닌 부분으로 나누어진다. 이때, 원뿔이 아닌 부분을 **원뿔대**(circular truncated cone)라고 한다. 원뿔대에서 평행인 두 면을 밑면이라고 한다.

원뿔대의 겉넓이와 부피를 구하기 위해서는 원뿔대의 옆면을 연장하여 만들어진 큰 원뿔의 옆넓이와 부피에서 새로 만들어진 작은 원뿔의 옆넓이와 부피를 뺀 차를 구하면 된다. 특히, 원뿔대의 옆넓이는 아래 그림에서

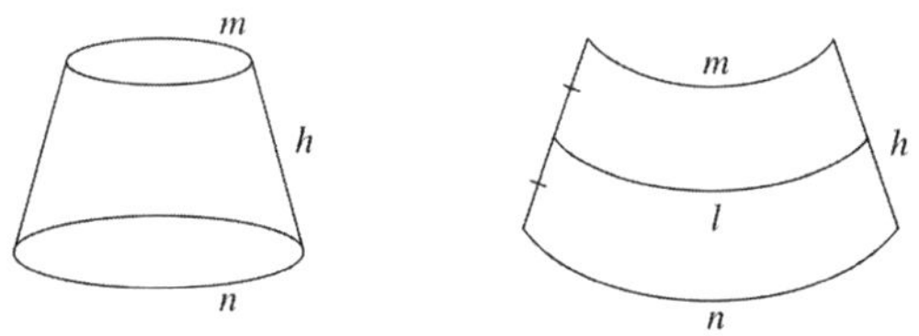

$$\begin{aligned}(\text{옆넓이}) &= (\text{두 밑면의 둘레의 길이의 평균}) \times (\text{모선의 길이}) \\ &= \frac{m+n}{2} \times h = lh\end{aligned}$$

를 계산하여 구할 수 있다. 이 공식은 사다리꼴의 넓이공식과 유사함을 알 수 있다.

연구과제 3-2-5

1. 아래 그림에서 $\angle A + \angle B + \angle C + \angle D + \angle E$의 크기를 구하여라.

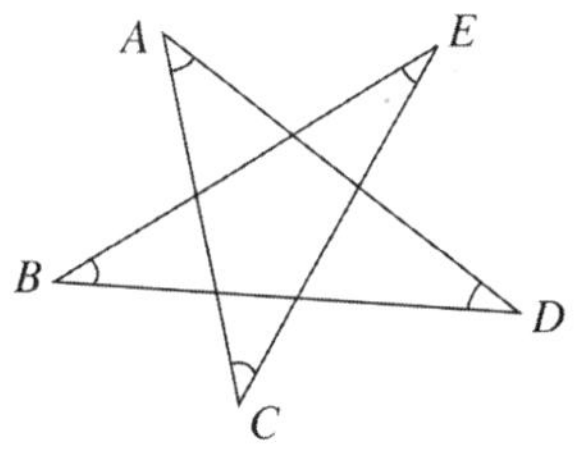

2. 아래 그림에서 색칠한 부분의 넓이를 구하여라.

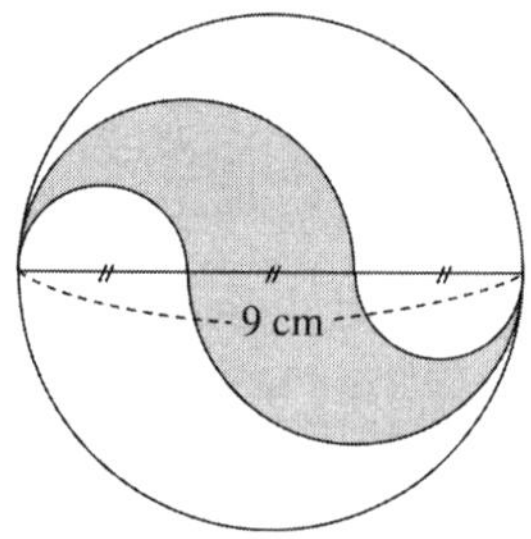

3. GSP나 Cabri와 같은 컴퓨터 소프트웨어를 사용하여 오각형의 내각의 합을 구하여 보고, 그 값은 오각형을 임의로 변형하여도 변하지 않음을 확인하여 보아라.

4. 오목다각형에 대해서도 다각형의 내각의 합의 공식이 성립함을 알아보아라.

5. 한 모서리의 길이가 8cm 인 정육면체 $ABCD-EFGH$에서 꼭짓점 B, G, D를 지나는 평면으로 이 정육면체를 잘랐을 때, 잘려진 삼각뿔의 부피를 구하여라.

6. 윗면의 반지름이 3, 밑면의 반지름이 6, 높이가 4인 원뿔대의 부피를 구하여라.

7. 한 변의 길이가 4cm 인 정육면체의 상자에 내접하는 구와 내접하는 원뿔이 있다. 구의 부피와 원뿔의 부피를 각각 구하고, 정육면체, 구, 원뿔의 부피 사이의 비를 구하여라.

8. 반지름이 r 인 구의 겉넓이는 반지름이 r 인 원의 넓이의 4배와 비슷함을 알아보는 측정활동을 실제로 하여 보아라.

지도상의 유의점 3-2-5

1. 원주율은 특정한 수치로 주어지지 않는 한 π로 사용하게 한다.
2. 입체도형의 넓이나 부피에 관한 성질을 연구하기 위하여 먼저, 구체적 조작 활동을 통하여 그 타당성을 예측한 다음 연역적 방법으로 유도하거나 증명하게 하는 것이 중요하다. 단순한 공식의 적용에 의해 답을 구하는 방법만을 지도하는 것은 바람직하지 못하다.
3. 각기둥의 부피는 삼각기둥으로 나누어 그 부피를 구하면 (밑넓이)×(높이)가됨을 이해하게 한다.
4. 각뿔, 원뿔, 구의 부피, 구의 겉넓이를 구하는 공식은 실험 활동을 통하여 이해하게 한다.

6 삼각비

1) 삼각비

(1) 삼각비의 뜻

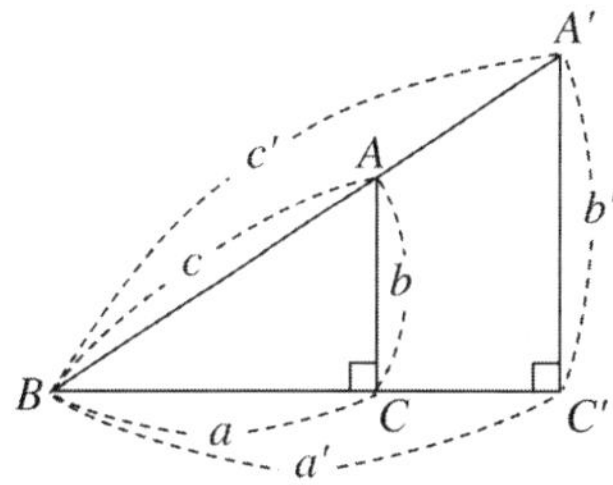

오른쪽 그림에서 두 삼각형 ABC, $A'B'C'$은 $\angle C = \angle C' = 90°$인 직각삼각형이고, $\angle B$를 공통으로 가지므로,

$$\triangle ABC \backsim \triangle A'B'C'$$

이다. 따라서, 두 직각삼각형의 대응하는 변의 길이의 비는 삼각형의 크기에 관계없이 일정하다. 즉,

$$\frac{b}{c} = \frac{b'}{c'},\ \frac{a}{c} = \frac{a'}{c'},\ \frac{b}{a} = \frac{b'}{a'}$$

일반적으로, $0° < B < 90°$일 때, $\angle B$를 한 각으로 가지는 직각삼각형 ABC에서 $\triangle ABC$의 크기에 관계없이 $\frac{b}{c}$, $\frac{a}{c}$, $\frac{b}{a}$의 값은 항상 일정하다.

이때, $\frac{b}{c}$, $\frac{a}{c}$, $\frac{b}{a}$를 차례로 $\angle B$의 **사인**(sine), $\angle B$의 **코사인**(cosine), $\angle B$의 **탄젠트**(tangent)라 하고, 기호로 각각

$$\sin B,\ \cos B,\ \tan B$$

로 나타낸다. $\sin B, \cos B, \tan B$를 통틀어 $\angle B$의 **삼각비**(trigonometric ratio)라고

한다.

(2) 삼각비의 값

한 각의 크기가 30°, 45°, 60° 인 직각삼각형을 각각 그리고 빗변의 길이를 2라 할 때, 각 변의 길이를 조사하여 삼각비의 값을 구해보면, 그 값은 다음 표와 같음을 알 수 있다.

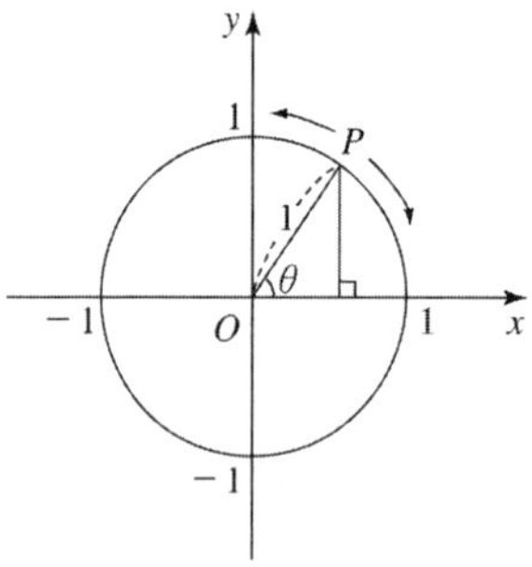

	30°	45°	60°
$\sin A$	$\frac{1}{2}$	$\frac{1}{\sqrt{2}}$	$\frac{\sqrt{3}}{2}$
$\cos A$	$\frac{\sqrt{3}}{2}$	$\frac{1}{\sqrt{2}}$	$\frac{1}{2}$
$\tan A$	$\frac{1}{\sqrt{3}}$	1	$\sqrt{3}$

반지름의 길이가 1인 원호를 그리고 1사분면에서 반지름과 x축이 이루는 각을 한 예각으로 하고 반지름을 빗변으로 하는 직각삼각형을 그린 다음, 다른 두 변의 길이를 측정함으로서 임의의 예각에 대한 삼각비를 구할 수 있다. 이 방법에서, 반지름과 x축이 이루는 각의 크기 θ가 0°에 가깝게 하거나 90°에 가깝게 함으로써 0°와 90°에 대한 삼각비를 다음과 같이 정의하는 것이 타당함을 이해시킬 수 있다.

$$\sin 0° = 0,\ \cos 0° = 1,\ \tan 0° = 0,$$

$$\sin 90° = 1,\ \cos 90° = 0,$$

$\tan 90°$는 정의하지 않음

문제해결을 위하여 임의의 예각에 대한 삼각비를 구하려면 삼각비의 표를 이용하거나 과학용 계산기를 이용하면 편리하다.

2) 삼각비의 활용

삼각비를 이용하면 다음과 같은 문제들을 해결할 수 있다.

(1) 좌표평면에서 두 점 사이의 거리를 구할 수 있다.

(2) 임의의 삼각형에서 두 변의 길이와 그 끼인각의 크기를 알 때 다른 한 변의 길

이를 구할 수 있으며, 한 변의 길이와 두 각의 크기를 알 때에 다른 두 변의 길이도 구할 수 있다.

(3) 두 변의 길이와 그 끼인각의 크기를 알 때 삼각형의 넓이를 구할 수 있다.

(4) 위의 방법을 이용하여 실생활에 관련된 여러 가지 문제들을 구할 수 있다.

발전연구 3-2-6

(1) 삼각비의 그래프 그리기

삼각비의 그래프는 다음과 같은 몇 가지의 방법으로 그릴 수 있다.

첫째, 삼각비를 만족하는 몇 개의 순서쌍을 만들어 이들을 좌표평면에 나타낸 다음 그 점들을 부드럽게 연결한다.

둘째, 그림과 같이 단위원을 이용하여 그린다.

셋째, 그래픽 계산기나 컴퓨터 소프트웨어를 이용하여 그린다. 이때는 각의 단위가 60분법인 (도)가 아니고 호도법(circular measure)을 단위로 하는 경우 라디안(radian)인지를 확인한다.

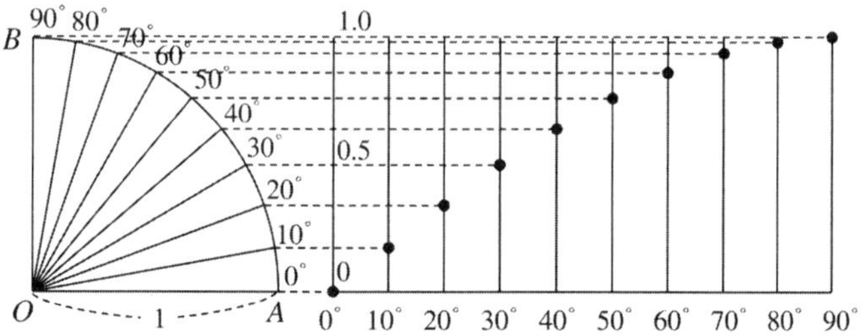

사인의 그래프

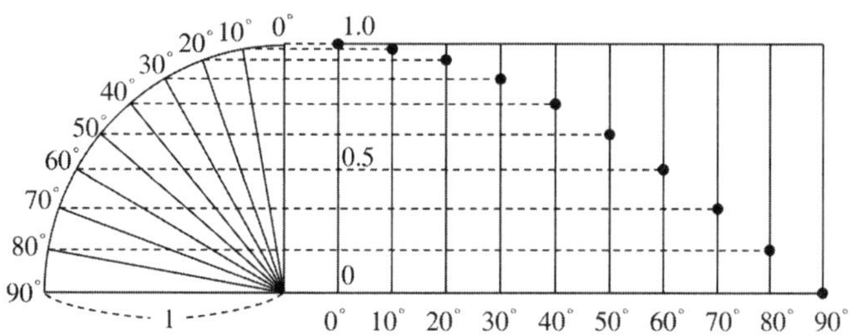

코사인의 그래프

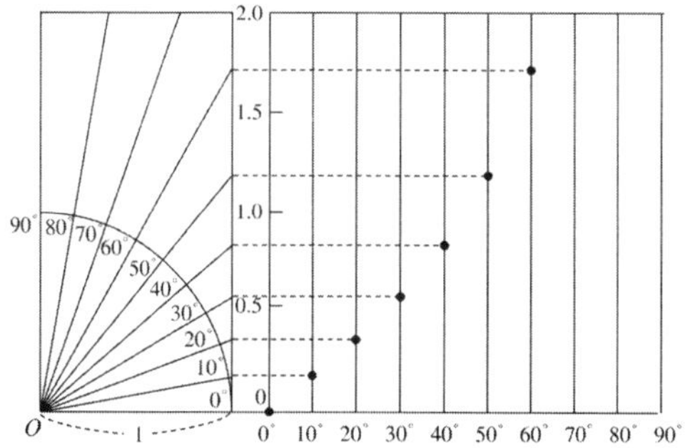

탄젠트의 그래프

연구문제 3-2-6

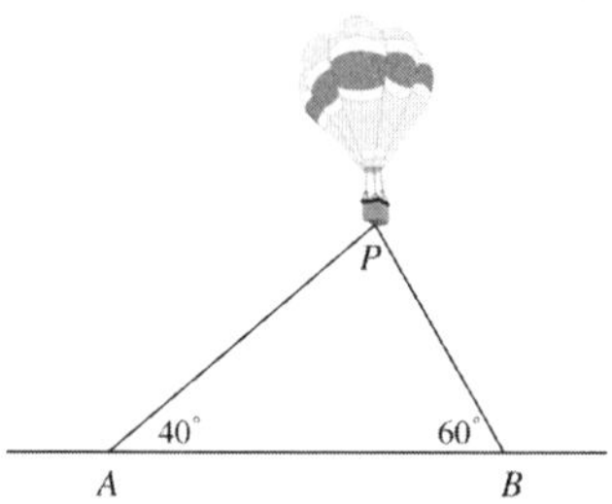

1. 그림과 같이 100m 떨어진 지면 위의 두 지점 A, B에서 하늘에 떠 있는 기구 P를 올려다 본 각의 크기는 각각 $40°$, $60°$ 이다. 이때, 이 기구의 높이를 반올림하여 소수 둘째 자리까지 구하여라.

2. 달이 완전히 반달인 순간 지구에서 태양과 달을 바라본 각의 크기를 측정하였더니 $89.85°$ 이었다고 한다. 지구에서 달까지의 거리를 240000 마일이라고 할 때, 지구에서 태양까지의 거리를 구하여라.

3. 운동장에 서 있는 큰 나무의 높이를 측정하는 방법을 설명하여라.

지도상의 유의점 3-2-6

1. 삼각비의 역사적 발달 과정을 설명함으로써 그 필요성을 인식하게 한다.
2. 일반각에 대한 삼각비의 값을 먼저 이해하게 한 다음 특수각의 삼각비를 이해하게 함으로써 삼각비의 실용성을 이해하는 데 도움을 줄 수 있게 한다.
3. 삼각비의 그래프는 다루지 않는다. 왜냐하면 삼각비는 $0°$ 에서 $90°$ 까지의 각의 크기에 대해서만 다루기 때문에 함수로서 다룰 필요가 없기 때문이다.
4. 삼각비 사이의 관계는 중학교 수준에서는 다루지 않기로 한다. 그러나 고등학교 과정에서는 중요한 학습의 대상이다.

3.

도형의 방정식과 이동

1 도형의 방정식

1) 선분과 직선

(1) 선분의 길이

수직선 위의 두 점 $A(a)$, $B(b)$ 사이의 거리 $\overline{AB}$는

$$a \le b \text{일 때, } \overline{AB} = b - a,$$
$$b < a \text{일 때, } \overline{AB} = a - b$$

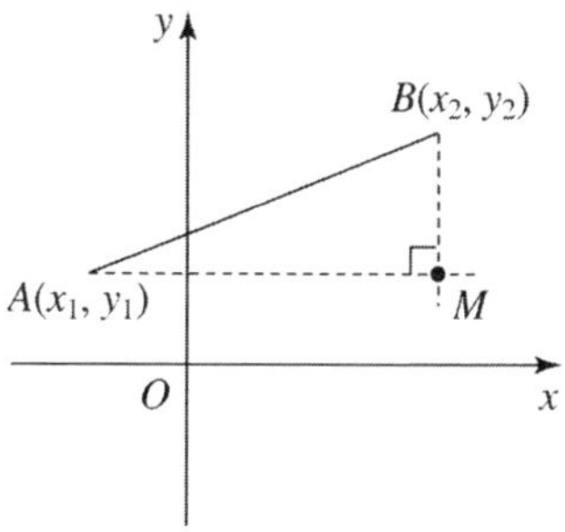

좌표평면 위에 있는 임의의 두 점 $A(x_1, y_1)$, $B(x_2, y_2)$ 사이의 거리는 수직선 위의 두 점 사이의 거리를 구하는 공식과 피타고라스의 정리를 사용하여 다음과 같이 구할 수 있다.

$$\overline{AB} = \sqrt{\overline{AM}^2 + \overline{BM}^2}$$
$$= \sqrt{(x_2 - x_1)^2 + (y_2 - y_1)^2}$$

(2) 선분의 내분점과 외분점

수직선 위의 두 점 $A(x_1)$, $B(x_2)$를 잇는 선분 AB를 $m : n$(단, $m > 0$, $n > 0$)으로 **내분**(internal division)하는 점을 $P(x)$, 선분 AB를 $m : n$으로 **외분**(external division)하는 점을 $Q(y)$라 하면

(i) $x_1 < x_2$, $m > n$일 경우,

$$(x-x_1) : (x_2-x) = m : n \text{이므로 } x = \frac{mx_2+nx_1}{m+n}$$

$$(y-x_1) : (y-x_2) = m : n \text{이므로 } y = \frac{mx_2-nx_1}{m-n}$$

따라서,

$$P\left(\frac{mx_2+nx_1}{m+n}\right),\ Q\left(\frac{mx_2-nx_1}{m-n}\right) \qquad \cdots ①$$

이다.

(ii) $x_1 > x_2$ 인 경우, $m < n$ 인 경우에도 ①이 성립함을 확인할 수 있다.

위의 성질에서 $m > n$ 이면 P의 위치는 선분 AB의 내부에서 B에 가까운 곳에 있으며 Q의 위치는 선분 AB의 외부에서 B에 가까운 곳에 있다.

이 성질을 평면 위에 있는 두 점 $A(x_1, y_1)$, $B(x_2, y_2)$에 적용하면 선분 AB의 **내분점**(internally dividing point) P와 **외분점**(externally dividing point) Q의 좌표는 다음과 같음을 알 수 있다.

$$\text{내분점 } P\left(\frac{mx_2+nx_1}{m+n}, \frac{my_2+ny_1}{m+n}\right)$$

$$\text{외분점 } Q\left(\frac{mx_2-nx_1}{m-n}, \frac{my_2-ny_1}{m-n}\right)$$

위의 성질을 공간 안의 두 점을 잇는 선분에 대해서도 적용할 수 있다.

(3) 직선의 방정식

좌표평면 위에 있는 한 직선에 대하여 그 직선이 지나는 한 점과 그 직선의 기울기를 알면 그 직선은 유일하게 결정된다. 또, 좌표평면 위에 두 점이 주어지면 그 두 점을 지나는 직선은 유일하게 결정된다. 따라서, 좌표평면 위에 있는 직선의 방정식은 다음 두 방법으로 정할 수 있다.

(i) 한 점과 기울기가 주어진 직선

점 $A(x_1, y_1)$을 지나고, 기울기가 m인 직선을 l이라 하고 l 위의 임의의 한 점을 $P(x, y)$라 하면 기울기

$$m = \frac{y - y_1}{x - x_1}$$

은 점 $P(x, y)$에 관계없이 일정하다. 이 식의 양변에 $x - x_1$을 곱하면

$$y - y_1 = m(x - x_1) \qquad \cdots ①$$

이다. 방정식 ①은 점 P가 $A(x_1, y_1)$일 때도 성립하므로 직선 l의 방정식이다.

(ii) 두 점을 지나는 직선

좌표평면 위의 임의의 한 직선 l이 두 점 $A(x_1, y_1)$, $B(x_2, y_2)$을 지난다고 하면 $x_1 \neq x_2$일 때, 이 직선의 기울기는 $\dfrac{y_2 - y_1}{x_2 - x_1}$이므로, 직선 l의 방정식은

$$y - y_1 = \frac{y_2 - y_1}{x_2 - x_1}(x - x_1) \qquad \cdots ②$$

이다.

$x_1 = x_2$일 때, 이 직선은 y축에 평행하므로 직선 l의 방정식은

$$x = x_1 \qquad \cdots ③$$

이다.

참고: 점 $A(x_1, y_1)$를 지나고 x축에 평행한 직선이 지나는 임의의 한 점을 $B(x_2, y_2)$라 하면 $y_1 = y_2$이므로 이 직선의 방정식은 식 ②에서

$$y - y_1 = 0, \text{ 즉 } y = y_1 \cdots ④$$

이다.

위에서 알아본 직선의 방정식 ①, ②, ③, ④는 모두 x, y에 관한 일차방정식

$$ax + by + c = 0 \qquad \cdots ⑤$$

의 꼴로 나타낼 수 있다. 특히, 방정식 ③은 $b = 0$인 경우이고, 방정식 ④는 $a = 0$인 경우이다. 그러므로, 우리는 방정식 ⑤를 **직선의 방정식의 일반형**이라고 한다.

(4) 두 직선의 위치관계

(i) 두 직선이 평행할 경우

두 직선 $y = mx + k$, $y = m'x + k'$ 이 평행할 경우는 기울기가 같고 y 절편이 다르므로

$$m = m', k \neq k'$$

이다.

(ii) 두 직선이 서로 수직일 경우

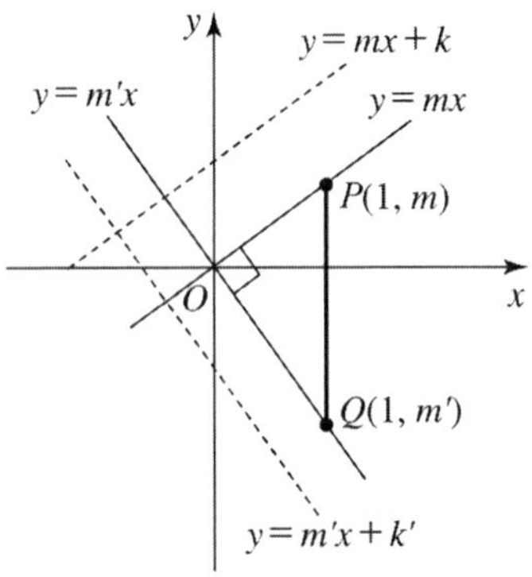

두 직선 $y = mx + k$, $y = m'x + k'$ 이 서로 수직일 조건은 이들을 원점을 지나도록 평행 이동한 두 직선 $y = mx$, $y = m'x$ 가 수직일 조건과 같다.

오른쪽 그림에서 두 직선

$$y = mx \quad \cdots ①$$

$$y = m'x \quad \cdots ②$$

가 직선 $x = 1$ 과 만나는 점은 $P(1, m)$, $Q(1, m')$ 이다.

$\triangle POQ$ 에서 $\angle POQ = 90°$ 이므로, 피타고라스의 정리에 의하여

$$\overline{OP}^2 + \overline{OQ}^2 = \overline{PQ}^2$$

그런데,

$$\overline{OP}^2 = 1 + m^2, \overline{OQ}^2 = 1 + m'^2, \overline{PQ}^2 = (m - m')^2$$

따라서,

$$1 + m^2 + 1 + m'^2 = (m - m')^2$$

이 식을 정리하면 $mm' = -1$ 이다.

(5) 점과 직선 사이의 거리

점 $P(x_1, y_1)$ 과 직선 $l : ax + by + c = 0$ 사이의 거리를 d 라 하면

$$d = \frac{|ax_1 + by_1 + c|}{\sqrt{a^2 + b^2}}$$

임을 알아보자.

점 $P(x_1, y_1)$에서 직선 l에 내린 수선의 발을 $H(x_2, y_2)$라 하면

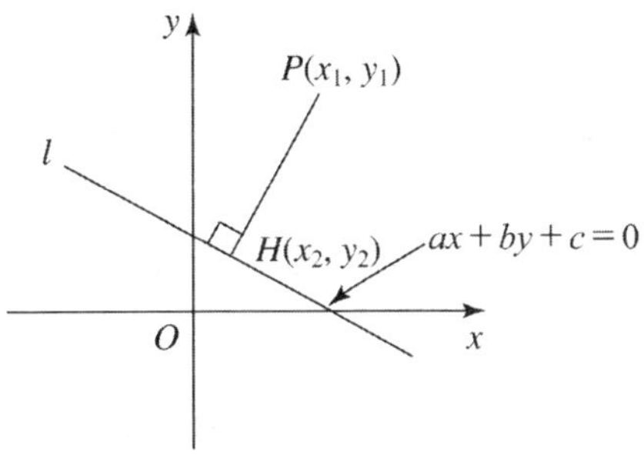

$$\overline{PH}=\sqrt{(x_2-x_1)^2+(y_2-y_1)^2} \quad \cdots ①$$

(i) $a \neq 0, b \neq 0$일 때, 직선 l의 기울기는 $-\frac{a}{b}$, $\overline{PH}$의 기울기는 $\frac{y_2-y_1}{x_2-x_1}$.

따라서

$$\left(-\frac{a}{b}\right)\times\frac{y_2-y_1}{x_2-x_1}=-1 \qquad 즉, \frac{x_2-x_1}{a}=\frac{y_2-y_1}{b}$$

$$\frac{x_2-x_1}{a}=\frac{y_2-y_1}{b}=t$$

라 놓으면

$$x_2=x_1+at,\ y_2=y_1+bt \quad \cdots ②$$

한편, 점 $H(x_2, y_2)$는 직선 l 위에 있으므로

$$ax_2+by_2+c=0$$

이 식에 ②를 대입하면 $a(x_1+at)+b(y_1+bt)+c=0$

$$t=-\frac{ax_1+by_1+c}{a^2+b^2} \quad \cdots ③$$

②를 ①에 대입하면

$$\overline{PH}=\sqrt{(at)^2+(bt)^2}=|t|\sqrt{a^2+b^2}$$

이 식에 ③을 대입하면

$$\overline{PH}=\frac{|ax_1+by_1+c|}{\sqrt{a^2+b^2}} \quad \cdots ④$$

을 얻는다.

(ii) $a=0, b\neq 0$일 때, 직선 l의 방정식은 $y=-\frac{c}{b}$

따라서

$$\overline{PH}=\left|y_1-\left(-\frac{c}{b}\right)\right|=\left|\frac{by_1+c}{b}\right| \quad \cdots ⑤$$

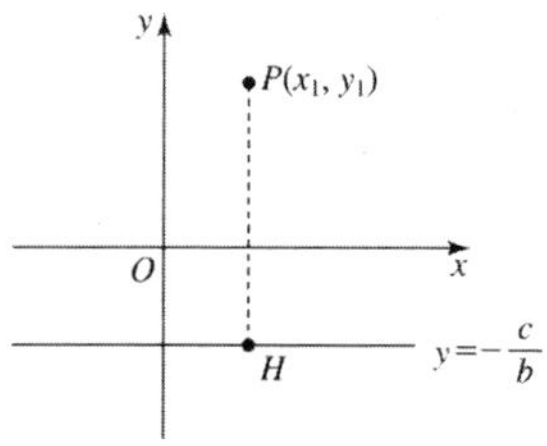

그런데, ⑤는 ④에 $a=0$을 대입한 것과 같다.

(iii) $a\neq 0,\ b=0$일 때, 직선 l의 방정식은 $x=-\dfrac{c}{a}$.

따라서

$$\overline{PH}=\left|x_1-\left(-\frac{c}{a}\right)\right|=\left|\frac{ax_1+c}{a}\right| \quad \cdots ⑥$$

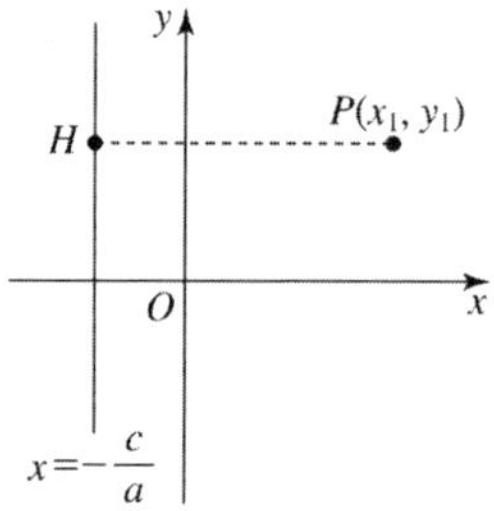

⑥은 ④에 $b=0$을 대입한 것과 같다.

따라서, ④는 임의의 직선 l과 점 $P(x_1,\ y_1)$ 사이의 거리를 나타낸다.

2) 원

(1) 원의 방정식

중심이 $C(a,\ b)$이고, 반지름이 r인 원 위에 있는 임의의 점을 $P(x,\ y)$라 하면 $\overline{CP}=r$이므로

$$\sqrt{(x-a)^2+(y-b)^2}=r$$

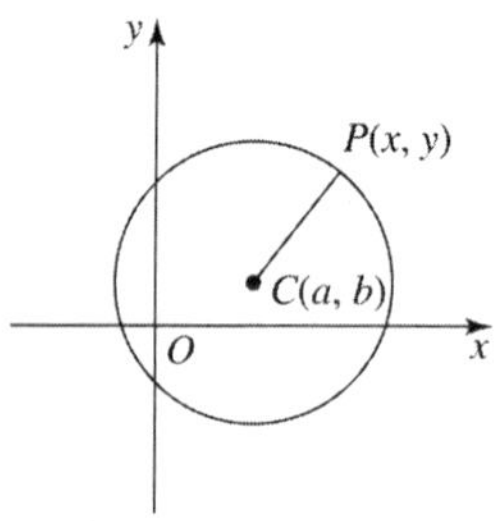

이 식의 양변을 제곱하면

$$(x-a)^2+(y-b)^2=r^2 \quad \cdots ①$$

이다.

역으로, ①을 만족하는 임의의 점을 $P(x,\ y)$라고 하면

$$\sqrt{(x-a)^2+(y-b)^2}=r \text{ 이므로 } \overline{CP}=r$$

따라서 ①은 구하는 중심이 $C(a,\ b)$이고 반지름이 r인 원의 방정식이다.

(2) 두 원의 위치관계

두 원의 위치관계로서 다음 경우를 생각할 수 있다.

두 원 $O,\ O'$의 반지름의 길이를 각각 $r,\ r'$ (단, $r>r'$), 중심거리를 d라 하면

① 한 원이 다른 원의 외부에 있을 때, $d>r+r'$

② 두 원이 외접할 때, $d=r+r'$

③ 두 원이 두 점에서 만날 때, $r-r'<d<r+r'$

④ 두 원이 내접할 때, $d=r-r'$

⑤ 한 원이 다른 원의 내부에 있을 때, $d<r-r'$

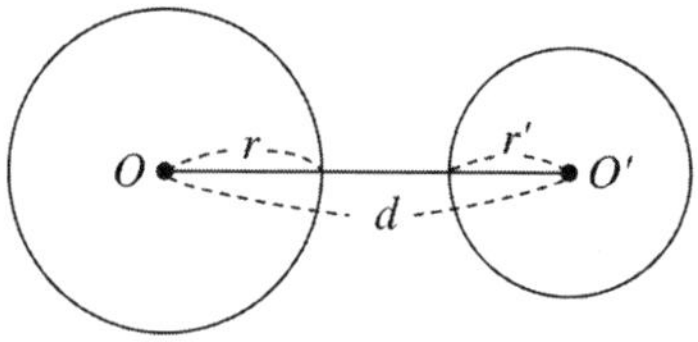

$d>r+r'$

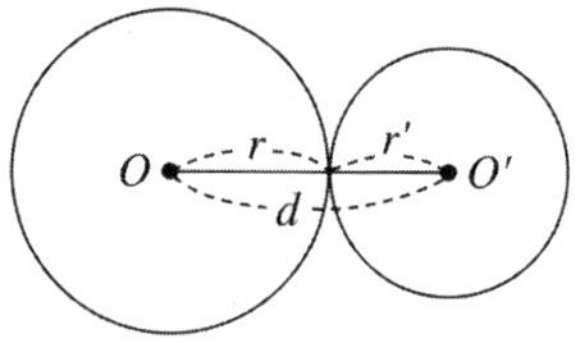

$d=r+r'$ (외접)

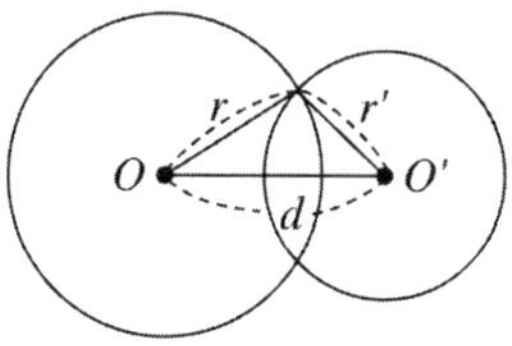

$r-r'<d<r+r'$

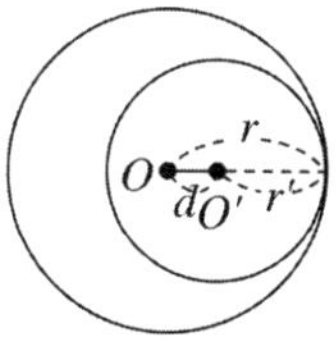

$d=r-r'$ (내접)

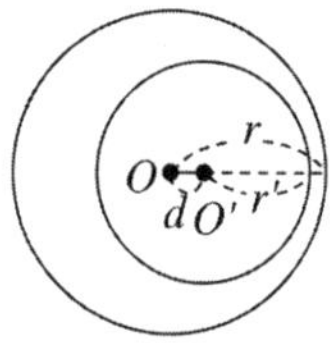

$d<r-r'$

(3) 원의 접선의 방정식

원 $x^2+y^2=r^2$ 위의 점 $P(x_1, y_1)$에서의 접선의 방정식은

$$x_1x+y_1y=r^2$$

임을 알 수 있다.

또, 원 $x^2+y^2=r^2$에 접하고 기울기가 m인 접선의 방정식은

$$y=mx\pm r\sqrt{1+m^2} \quad (\text{단, } r>0)$$

임을 알 수 있다.

3) 포물선

평면 위에 정점 F와 F를 지나지 않는 정직선 l이 주어졌을 때, F와 l에 이르는 거리가 같은 점의 집합을 **포물선**(parabola)이라고 한다. 이때, 정점 F를 이 포물선의 **초점**(focus), 정직선 l을 이 포물선의 **준선**(directrix)이라고 한다. 또, 포물선의 초점을 지나고 준선에 수직인 직선을 **포물선의 축**(axis), 포물선과 축과의 교점을 **포물선의 꼭짓점**(vertex)이라고 한다.

초점이 $F(p,\,0)$, 준선이 $x=-p$ (단, $p \neq 0$)인 포물선의 방정식을 구해보자.

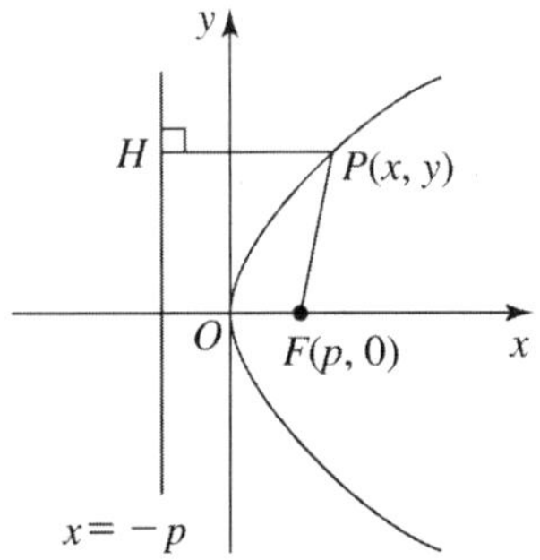

포물선 위의 임의의 한 점 $P(x,\,y)$에서 준선 $x=-p$에 내린 수선의 발을 H라 하면

$$\overline{PH}=|x-(-p)|=|x+p|,\ \ \overline{PF}=\sqrt{(x-p)^2+y^2}$$

포물선의 정의에 의하여

$$|x+p|=\sqrt{(x-p)^2+y^2}$$

이 식을 정리하면

$$y^2=4px \qquad \cdots ①$$

를 얻는다.

역으로 점 $P(x,\,y)$가 ①을 만족하면

$$\begin{aligned}\overline{PF}&=\sqrt{(x-p)^2+y^2}\\&=\sqrt{(x-p)^2+4px}\\&=|x+p|=\overline{PH}\end{aligned}$$

이다. 즉, $\overline{PF}=\overline{PH}$. 그러므로 점 $P(x,\,y)$은 포물선 위에 있다.

따라서 초점이 $F(p,\,0)$이고 준선이 $x=-p$ (단, $p \neq 0$)인 포물선의 방정식은

$$y^2=4px$$

이다.

초점이 y축 위에 있는 포물선은 초점이 x축 위에 있는 포물선에 대하여 직선 $y=x$ 에 대하여 대칭관계에 있으므로 초점이 $F(0,p)$, 준선이 $y=-p$인 포물선의 방정식은 $x^2=4py$ 이다.

포물선의 축에 평행하지 않은 직선이 포물선과 단 한 개의 점에서 만날 때, 이 직

선은 포물선에 접한다고 하고, 이 직선을 **접선**(tangent line), 접선과 포물선이 만나는 점을 **접점**(tangent point)이라고 한다.

포물선 $y^2 = 4px$ (단, $p > 0$)와 직선 $y = mx + n$ (단, $m \neq 0$)의 위치관계를 알아보자.

이 두 방정식에서 y를 소거하여 정리하면

$$m^2x^2 + 2(mn - 2p)x + n^2 = 0 \qquad \cdots ①$$

여기서, $m^2 \neq 0$ 이므로 이것은 x에 대한 이차방정식이다.

따라서 ①의 판별식을 D라 할 때, $D = 4p(p - mn)$이고 포물선과 직선의 교점의 개수는 ①의 실근의 개수와 같으므로, 포물선과 직선의 위치는 다음과 같다.

$D > 0$, 즉 $p > mn$일 때, 서로 다른 두 점에서 만난다.
$D = 0$, 즉 $p = mn$일 때, 접한다.
$D < 0$, 즉 $p < mn$일 때, 만나지 않는다.

포물선의 접선의 방정식은 다음과 같음을 알 수 있다.

① 포물선 $y^2 = 4px$의 기울기가 m인 접선의 방정식은

$$y = mx + \frac{p}{m} \text{(단, } m \neq 0)$$

② 포물선 $y^2 = 4px$ 위의 점 (x_0, y_0)에서의 접선의 방정식은

$$y_0 y = 2p(x + x_0)$$

위의 공식 ①을 증명하기 위해서는 기울기가 m인 접선의 방정식을 $y = mx + k$라 놓고 $D = 0$이 되게 k의 값을 구하면 되고, 공식 ②를 증명하기 위해서는 접선의 기울기를 m으로 놓고 접선의 방정식을 구한 다음, $D = 0$이 되게 m의 값을 구하면 된다. 도함수를 사용할 수 있으면 $y^2 = 4px$에서 y'을 구한 다음 ①의 결과를 이용하면 접선의 방정식을 간단히 구할 수 있다.

4) 타원

평면 위의 두 정점 F, F'으로부터의 거리의 합이 일정한 점들의 집합을 **타원**(ellipse)이라고 하고, 두 정점 F, F'을 그 **타원의 초점**이라고 한다.

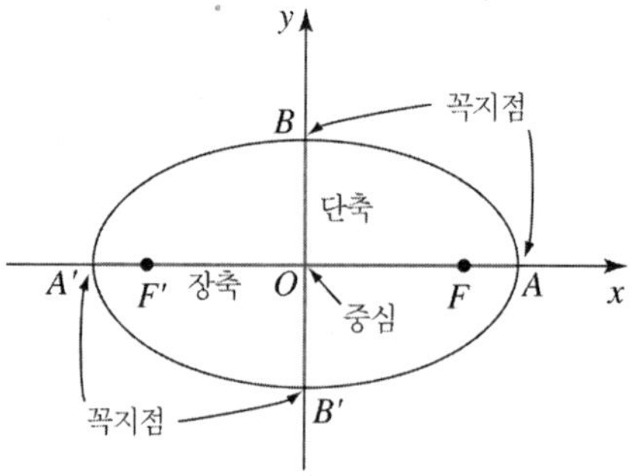

타원의 초점을 잇는 직선이 타원과 만나는 점을 각각 A, A' 이라 하고, $\overline{FF'}$ 의 수직이등분선이 타원과 만나는 점을 각각 B, B' 이라 할 때, 이 네 점을 **타원의 꼭짓점**, $\overline{AA'}$ 을 **장축**(major axis), $\overline{BB'}$ 을 **단축**(minor axis)이라고 하며, 장축과 단축의 교점을 **타원의 중심**(center)이라고 한다.

타원은 장축, 단축, 원점에 대하여 각각 대칭이다.

타원의 방정식

두 초점 $F(c, 0)$, $F'(-c, 0)$로부터 거리의 합이 $2a$인 타원의 방정식은

$$\frac{x^2}{a^2}+\frac{y^2}{b^2}=1 \ (\text{단}, b^2=a^2-c^2,\ a>b>0)$$

이다. 이 공식은 타원 위의 임의의 한 점을 $P(x, y)$라 하고, $\overline{PF}+\overline{PF'}=2a$ 임을 이용하여 구할 수 있다.

두 초점이 y축 위에 있는 타원은 두 초점이 x축 위에 있는 타원에 대하여 직선 $y=x$에 대하여 대칭인 관계가 있으므로, 두 초점이 $F(0, c)$, $F'(0, -c)$로부터 거리의 합이 $2a$인 타원의 방정식은

$$\frac{y^2}{a^2}+\frac{x^2}{b^2}=1 \ (\text{단}, b^2=a^2-c^2,\ a>b>0)$$

이다.

타원의 접선에 대하여 알아보자.

기울기가 m인 임의의 직선이 타원 $\frac{x^2}{a^2}+\frac{y^2}{b^2}=1$에 접하는 경우는 두 가지가 있으며, 그 직선의 방정식을 $y=mx+k$라 하면 k는

$$\frac{x^2}{a^2}+\frac{(mx+k)^2}{b^2}=1$$

가 x 에 대하여 중근을 가지는 경우이다. 이때의 k 값을 구하면

$$k=\pm\sqrt{a^2m^2+b^2}$$

따라서 타원 $\frac{x^2}{a^2}+\frac{y^2}{b^2}=1$ 의 기울기가 m 인 접선의 방정식은

$$y=mx\pm\sqrt{a^2m^2+b^2}$$

이다.

한편, 타원 $\frac{x^2}{a^2}+\frac{y^2}{b^2}=1$ 위의 한 점 $P(x_0, y_0)$를 지나는 접선의 방정식을

$$y=m(x-x_0)+y_0$$

라 하고, 이 직선이 타원과 접하도록 m 의 값을 구한 다음 접선의 방정식을 구하면

$$\frac{x_0x}{a^2}+\frac{y_0y}{b^2}=1$$

임을 알 수 있다. 이상을 정리하면 다음과 같다.

타원의 접선

① 타원 $\frac{x^2}{a^2}+\frac{y^2}{b^2}=1$ 의 기울기가 m 인 접선의 방정식은

$$y=mx\pm\sqrt{a^2m^2+b^2}$$

② 타원 $\frac{x^2}{a^2}+\frac{y^2}{b^2}=1$ 위의 점 $P(x_0, y_0)$에서 접선의 방정식은

$$\frac{x_0x}{a^2}+\frac{y_0y}{b^2}=1$$

실세계에서 타원이 사용되는 예를 찾아보자. 원뿔을 밑면에 비스듬한 평면으로 자르면 그 단면은 타원임이 그리스 시대부터 알려져 왔다. 지구 주위를 공전하는 달은 지구를 초점으로 하는 타원궤도를 돌고 있으며, 지구는 태양을 초점으로 하는 타원궤도를 공전한다고 알려져 있다.

5) 쌍곡선

평면 위의 두 정점으로부터의 거리의 차가 일정한 점들의 집합을 **쌍곡선**(hyperbola)이라고 하고, 두 정점을 그 쌍곡선의 **초점**이라고 한다. 쌍곡선의 두 초점을 잇는 선분을 쌍곡선의 **주축**(principal axis)이라고 하고, 주축과 쌍곡선이 만나는 점을 쌍곡선의 **꼭짓점**이라고 한다. 또, 주축의 중점을 쌍곡선의 **중심**이라고 한다.

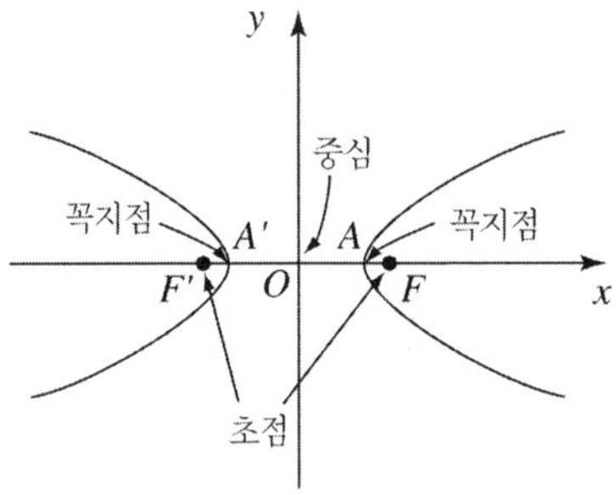

쌍곡선의 방정식

두 초점 $F(c,\ 0)$, $F'(-c,\ 0)$로부터의 거리의 차가 $2a$인 쌍곡선의 방정식은

$$\frac{x^2}{a^2}-\frac{y^2}{b^2}=1\ (\text{단},\ b^2=c^2-a^2,\ c>a>0)$$

이다. 이 식의 증명은 쌍곡선 위의 임의의 한 점을 $P(x,\ y)$라 하고 $|\overline{PF}-\overline{PF'}|=2a$인 조건을 사용하여 증명할 수 있다.

두 초점이 y축 위에 있는 쌍곡선은 두 초점이 x축 위에 있는 쌍곡선에 대하여 직선 $y=x$에 대하여 대칭인 관계가 있으므로 두 초점이 $F(0,c)$, $F'(0,-c)$인 쌍곡선의 방정식은 $\frac{y^2}{a^2}-\frac{x^2}{b^2}=1$(단, $b^2=c^2-a^2$, $c>a>0$)이다.

쌍곡선의 점근선

쌍곡선 $\frac{x^2}{a^2}-\frac{y^2}{b^2}=1$을 y에 관하여 풀면

$$y=\pm\frac{b}{a}x\sqrt{1-\frac{a^2}{x^2}} \qquad \cdots \text{①}$$

이다. 여기서 $|x|$가 한없이 커지면 $\frac{a^2}{x^2}$은 한없이 0에 가까워지므로 ①의 함숫값은

일차함수 $y=\pm\dfrac{b}{a}x$ 의 함숫값에 한없이 가까워진다. 어떤 함수의 그래프가 한없이 가까워지는 직선을 그 그래프의 **점근선**(asymptote)이라고 한다.

그러므로 쌍곡선 $\dfrac{x^2}{a^2}-\dfrac{y^2}{b^2}=1$ 의 점근선의 방정식은

$$y=\frac{b}{a}x\,,\ \ y=-\frac{b}{a}x$$

이다. 같은 방법으로 생각하면 쌍곡선 $\dfrac{x^2}{a^2}-\dfrac{y^2}{b^2}=-1$ 의 점근선의 방정식도 위와 같음을 알 수 있다.

쌍곡선의 접선의 방정식

① 쌍곡선 $\dfrac{x^2}{a^2}-\dfrac{y^2}{b^2}=1$ 의 기울기가 m 인 직선의 방정식은

$$y=mx\pm\sqrt{a^2m^2-b^2}\ \ (\text{단, } a^2m^2>b^2)$$

② 쌍곡선 $\dfrac{x^2}{a^2}-\dfrac{y^2}{b^2}=1$ 위의 점 $(x_0,\,y_0)$에서의 접선의 방정식은

$$\frac{x_0x}{a^2}-\frac{y_0y}{b^2}=1$$

임을 알 수 있다.

발전연구3-3-1

(1) 극좌표계와 원뿔곡선의 방정식

평면 상에서 점들의 위치를 나타내는 한 방법으로 **극좌표계**(polar coordinate system)가 있다. 극좌표계를 만들기 위해서 먼저 한 정점(원점, **극점**, pole) O를 잡고, O를 지나는 고정된 한 반직선(**극축**, 기준선, polar axis)을 잡는다. 그리고 평면 위에 있는 한 점 P에 대하여 선분 OP의 길이를 r , 반직선 OP가 극축과 이루는 각의 크기를 θ 라 할 때, 점 P의 위치를 $\boldsymbol{P(r,\,\theta)}$로 나타낸다. 이때, $(r,\,\theta)$를 점 P의 **극좌표**(polar coordinate)라고 한다. 극좌표에서 각의 크기를 나타내는 θ 는 시계

바늘의 회전방향과 반대방향으로 측정한 값일 때는 양수로, 같은 방향으로 측정한 값일 때는 음수로 나타낸다. 극점 O에서 점 P까지의 거리를 나타내는 값 r은 θ의 방향으로 떨어진 경우는 양수, 그 반대방향으로 떨어진 경우는 음수로 나타낸다. 극좌표계에서 점 P의 방향 θ는 일반각의 크기로 나타낼 수 있다.

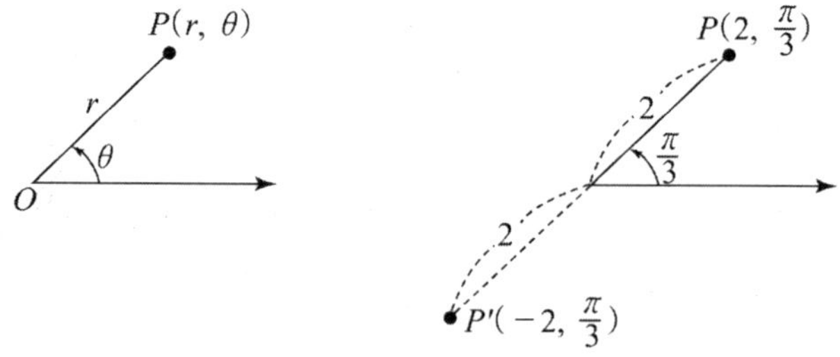

극좌표와 직교좌표와의 관계

극좌표평면에서 극점 O를 원점으로 하고, 극축을 x축의 양의 방향으로 하는 직교좌표계를 도입할 때, 평면상의 점 P의 극좌표를 $P(r, \theta)$, 직교좌표를 $P(x, y)$라 하면

$$x = r\cos\theta,\ y = r\sin\theta$$

인 관계가 있다. 이 관계식에서 r과 θ를 구하면

$$r^2 = x^2 + y^2,\ \tan\theta = \frac{y}{x}\ (\text{단, } x \neq 0)$$

이다. 이제 원뿔곡선을 극좌표방정식으로 나타내어 보자.

원의 극좌표 방정식

반지름이 a인 원 위의 임의의 점은 방향에 관계없이 극점으로부터 a만큼 떨어져 있으므로, 원의 극좌표 방정식은 $r = a$이다.

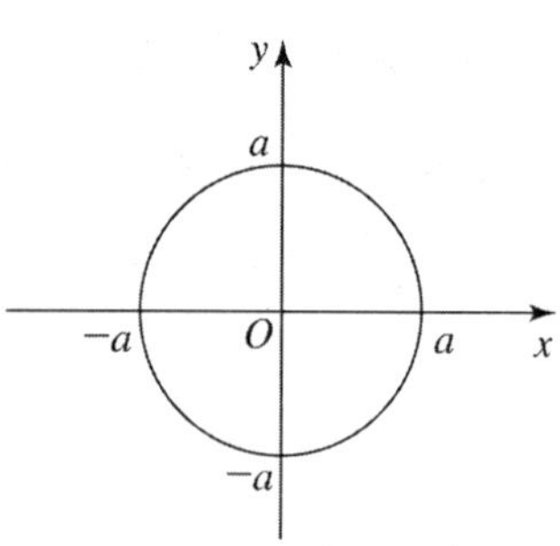

$r = a$

포물선, 타원, 쌍곡선의 극좌표 방정식

극좌표 평면에서 극점 F, 정직선 l, 상수 e(이심률)에 대하여 임의의 한 점을 $P(r,\theta)$라 하자. 이 때, 점 F에서 직선 l까지의 거리를 $d(F,l)(=d)$, 점 P에서 직선 l까지의 거리를 $d(P,l)$이라 하고

$$\frac{r}{d(P,\ l)}=e$$

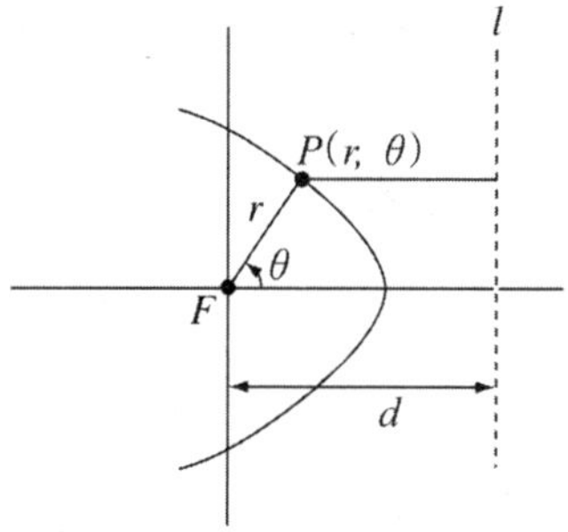

이라 할 때, 점 P는

$e=1$ 이면 포물선
$e<1$ 이면 타원
$e>1$ 이면 쌍곡선

위에 있음을 알 수 있다.

즉, $r=\dfrac{ed}{1+ecos\theta}$ 은 원추곡선을 나타내며 $e=1$이면 포물선, $0<e<1$이면 타원, $e>1$이면 쌍곡선이다.

연구과제 3-3-1

1. 다음 직선의 방정식을 구하여라.

(1) 점 $(1,-2)$를 지나고 기울기가 $\frac{1}{2}$인 직선

(2) 두 점 $(1,\ 2)$, $(-1,\ -3)$을 지나는 직선

(3) 두 직선 $x-2y+2=0$, $2x+y-1=0$의 교점을 지나는 임의의 직선의 방정식

(4) 두 직선 $x-2y+2=0$, $2x+y-1=0$의 교점을 지나고 한 점$(3,\ -1)$을 지나는 직선의 방정식

2. 두 직선 $y=m_1x+k_1$, $y=m_2x+k_2$가 직교할 조건은 $m_1\cdot m_2=-1$임을 여러 가지 방법으로 증명하여라.

3. $\triangle ABC$의 각 꼭짓점에서 대변 또는 그 연장선에 내린 세 수선은 한 점에서 만남을 증명하여라.

4. $\triangle ABC$의 각 변의 수직이등분선은 한 점에서 만남을 증명하여라.

5. 다음 점과 직선 사이의 거리를 구하여 보자.
(1) $(1, -2)$, $2x-y+4=0$ (2) $(2, -1)$, $x=-3$

6. 두 원이 서로 다른 두 점에서 만날 때, 중심선은 두 원의 공통현을 수직이등분함을 증명하여라.

7. 두 원 $x^2+y^2+ax+by+c=0$, $x^2+y^2+a'x+b'y+c'=0$에 대하여 다음 물음에 답하여라.
(1) 공통현의 방정식을 구하여라.
(2) 두 원의 교점을 지나는 임의의 원의 방정식을 구하여라.

8. 원 $x^2+y^2=r^2$ 위의 점 $P(x_1, y_1)$에서의 접선의 방정식은

$$x_1x+y_1y=r^2$$

임을 다음 각 경우로 나누어 증명하여라.
(1) 점 P가 좌표축 위에 있지 않을 경우
(2) 점 P가 x축 위에 있을 경우
(3) 점 P가 y축 위에 있을 경우

9. 원 $x^2+y^2=r^2$에 접하고 기울기가 m인 접선의 방정식은

$$y=mx\pm r\sqrt{1+m^2} \quad (\text{단, } r>0)$$

임을 증명하여라.

10. 점 $(1, -2)$에서 원 $x^2+y^2=1$에 그은 접선의 방정식을 구하여라.

11. 포물선, 타원, 쌍곡선을 각각 그릴 수 있는 도구를 찾거나 만들어 실제로 이

곡선들을 그려보아라.

12. 포물선, 타원, 쌍곡선의 접선의 방정식을 각각 구하는 공식을 유도하여라.

13. 다음 곡선의 방정식을 구하여라.
   (1) 초점 $(0, -5)$, 준선 $y=5$ 인 포물선
   (2) 두 초점 $F(0, 3)$, $F'(0, -3)$ 에서의 거리의 합이 12 인 타원
   (3) 두 초점 $F(0, 5)$, $F'(0, -5)$ 에서의 거리의 차가 4 인 쌍곡선

14. 다음 접선의 방정식을 구하여라.
   (1) 포물선 $y^2 = \frac{1}{2}x$ 위의 점 $(8, 2)$에서의 접선
   (2) 타원 $3x^2+2y^2=18$ 에 접하고 x 축의 양의 방향과 $60°$ 를 이루는 접선
   (3) 쌍곡선 $3x^2-4y^2=12$ 위의 점 $(4, 3)$에서의 접선

15. 쌍곡선 $x^2-4y^2=-12$ 위의 점 $(2, 2)$에서의 접선과 x 축, y 축으로 둘러싸인 도형의 넓이를 구하여라.

16. 타원, 포물선, 쌍곡선을 그리는 여러 가지 방법을 조사하여라.

17. 다음 극좌표 방정식의 그래프를 그려라.
   (1) $y=a\sin\theta$　　　　(2) $y=a\cos\theta$

18. GSP를 이용하여 타원, 포물선, 쌍곡선을 작도하고 그 성질을 조사하여 보아라.

지도상의 유의점 3-3-1

1. 좌표를 활용하면 도형의 성질이나 관계를 매우 편리하게 다룰 수 있음을 인식하게 하고, 직선, 원, 이차곡선을 방정식으로 간단히 나타낼 수 있는 유익함을 인식하게 한다.
2. 두 도형의 위치관계는 그림을 통해 직관적으로 인식하게 한다.
3. 이차곡선은 축이 x 축, y 축에 평행한 것만 다룬다.

4. 원뿔을 평면으로 절단한 면의 여러 가지 모양을 실제로 관찰해 보고 이들이 이차 곡선의 모양을 이루고 있음을 실제로 확인하게 한다. 원뿔의 단면이 실제로 이차 곡선임은 역사적으로 오래 전에 알려진 것이지만, 대학교 과정에서 다루기에 적합한 수준이다.
5. 이심률 개념은 고교 수준에서 다루지 않는다.

2 도형의 이동

1) 평행이동

(1) 점의 평행이동

한 도형을 일정한 방향으로 일정한 거리만큼 옮기는 것을 **평행이동**이라고 한다. 좌표평면 위의 한 점 $P(x,\ y)$를 x축의 방향으로 a만큼, y축의 방향으로 b만큼 평행이동한 점을 $P'(x',\ y')$이라 하면

$$x' = x + a,\ y' = y + b$$

이다. 따라서 점 P'의 좌표는 $P'(x+a,\ y+b)$이다.

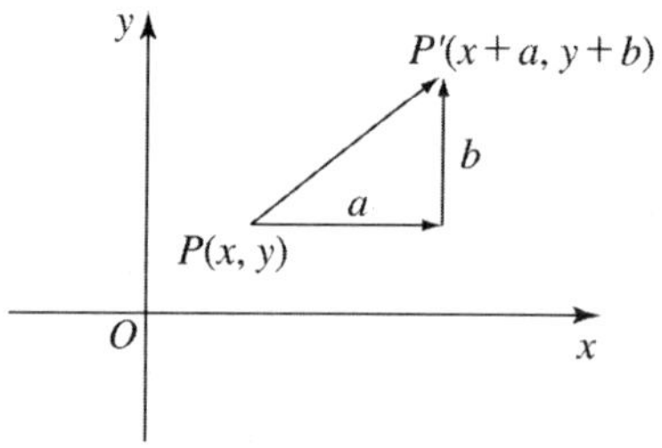

(2) 도형의 평행이동

평면좌표 위의 도형 F위의 임의의 한 점을 $P(x,\ y)$라 할 때 x와 y의 관계식을 도형 F의 방정식이라고 한다. 이를테면, 중심이 원점이고 반지름이 r인 원 위의 임의의 한 점을 $P(x,\ y)$라 할 때, x와 y의 관계는

$$x^2 + y^2 = r^2$$

이다. 이 식을 **원의 방정식**(equation of circle)이라고 한다.

이제, 방정식 $f(x,\ y) = 0$으로 나타내어지는 도형 F위의 각 점을 x축의 방향으

로 a만큼, y축의 방향으로 b만큼 평행이동한 도형 F'의 방정식을 구하여 보자.

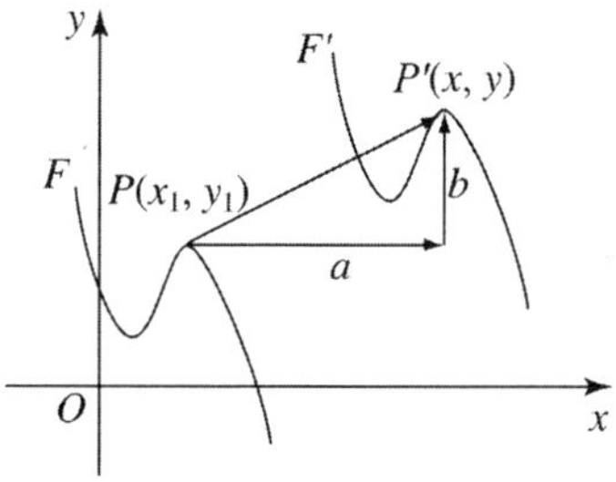

도형 F 위의 임의의 점 $P(x_1, y_1)$이 평행이동에 의하여 도형 F' 위의 점 $P'(x, y)$로 옮겨진다고 하면

$$x = x_1 + a,\ y = y_1 + b \quad \text{즉,}\ x_1 = x - a,\ y_1 = y - b$$

이다. 그런데, 점 $P(x_1, y_1)$는 도형 F 위의 점이므로

$$f(x_1, y_1) = 0$$

이다. 따라서

$$f(x-a, y-b) = 0$$

이다. 이 방정식은 F' 위의 임의의 점 $P'(x, y)$에서 x와 y의 관계를 나타내므로 도형 F'의 방정식이다.

2) 대칭이동

(1) 점의 대칭이동

평면 위의 한 점 $P(x, y)$를 x축에 대하여 대칭이동하면 x좌표는 변하지 않고 y좌표의 부호는 바뀌므로, 그 점을 Q라 하면 $Q(x, -y)$이다. 같은 방법으로 생각하면, $P(x, y)$를 y축에 대하여 대칭이동한 점을 R라 하면 $R(-x, y)$이다.

한 점을 x축에 대하여 대칭이동한 다음 그 점을 y축에 대하여 대칭이동한 결과는 처음의 점을 원점에 대하여 대칭이동한 것과 같다. 따라서 점$P(x, y)$를 원점에 대하여 대칭이동한 점을 P'이라 하면 $P'(-x, -y)$이다.

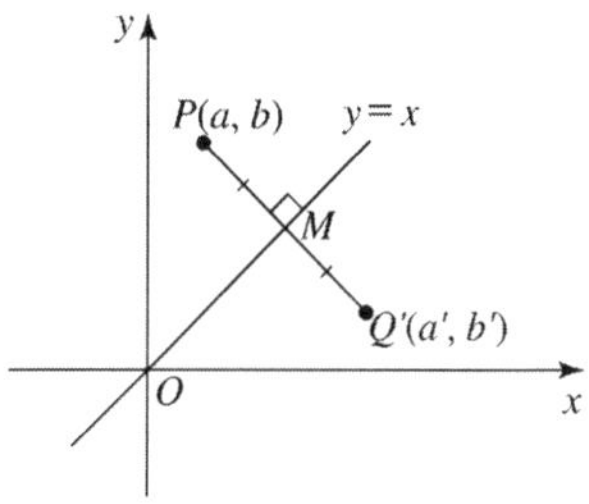

점 $P(a, b)$를 직선 $y = x$에 대하여 대칭이동한 점을 $Q(a', b')$이라 하면 직선 $y = x$는 선분 PQ를 수직이등분한다.

$\overline{PQ}$의 중점을 M이라 하면 $M\left(\frac{a+a'}{2}, \frac{b+b'}{2}\right)$, 이 점은 직선 $y=x$ 위의 점이므로 $\frac{a+a'}{2}=\frac{b+b'}{2}$ … ①

$\overline{PQ}$는 직선 $y=x$와 수직이므로

$$\frac{b'-b}{a'-a}=-1 \quad \cdots ②$$

①, ②를 연립방정식으로 풀면

$$a'=b,\ b'=a$$

이다. 따라서 구하는 점 Q의 좌표는 $Q(b, a)$이다.

(2) 도형의 대칭이동

방정식 $f(x, y)=0$이 나타내는 도형 F를 x축에 대하여 대칭이동하여 얻은 도형 F'의 방정식을 구하여 보자.

도형 F위의 임의의 점 $P(x_1, y_1)$이 도형 F' 위의 점 $P'(x, y)$로 옮겨진다고 하면

$$x_1=x, y_1=-y \quad \cdots ③$$

이다. 그런데 점 $P(x_1, y_1)$는 도형 F위의 점이므로

$$f(x_1, y_1)=0 \quad \cdots ④$$

③을 ④에 대입하면, x, y의 관계식 즉, 도형 F'의 방정식

$$f(x, -y)=0$$

을 얻는다. 이와 같은 방법으로 생각하면, $f(x, y)=0$이 나타내는 도형을 y축, 원점, 직선 $y=x$에 대하여 각각 대칭이동한 도형의 방정식은

y축에 대하여 대칭이동: $f(-x, y)=0$
원점에 대하여 대칭이동: $f(-x, -y)=0$
직선 $y=x$에 대하여 대칭이동: $f(y, x)=0$

임을 알 수 있다.

발전연구 3-3-2

(1) 좌표축의 평행이동

xy 좌표평면 위에 한 점 $P(x, y)$가 있다고 하자. 이 평면 위의 임의의 한 점 $O'(a, b)$를 새로운 좌표평면의 원점으로 하고, 원래의 좌표축과 평행인 새로운 좌표축 $O'X'$, $O'Y'$을 취한다. 이때, 새 좌표축에 의한 점 P의 좌표를 $P(X, Y)$라 하면 점 $O'(a,b)$의 위치에 관계없이

$$x = a + X, y = b + Y$$

를 만족한다.

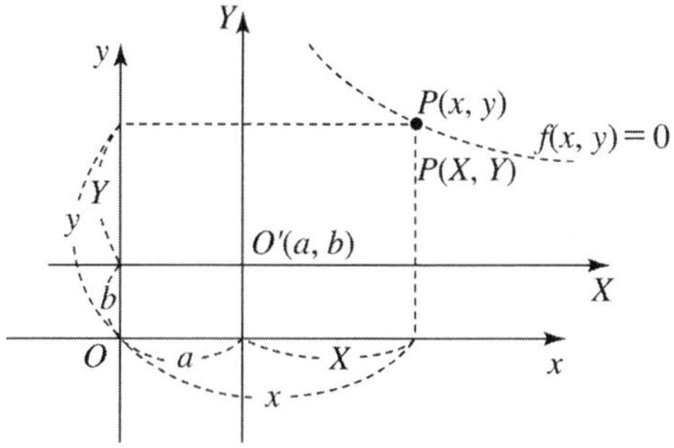

따라서 $f(x, y) = 0$은 $f(X + a,\ Y + b) = 0$으로 변한다. 일반적으로 가로 좌표축은 x, 세로 좌표축은 y로 표시되므로, X, Y를 각각 x, y로 표시하면 점 (a, b)를 새로운 원점으로 하는 좌표평면에서 그 그래프의 방정식은

$$f(x + a,\ y + b) = 0$$

과 같아진다.

참고: xy 좌표평면에서 점 $O'(a, b)$를 새로운 원점으로 하는 X축, Y축을 취하는 것은 그래프 $f(x, y) = 0$을

x축 방향으로 $-a$,

y축 방향으로 $-b$

만큼 평행이동 한 것과 같다. 이때, 이동된 그래프의 방정식은

$$f(x + a,\ y + b) = 0$$

임을 우리는 이미 알고 있다.

(2) 좌표축의 회전이동

Ox, Oy를 축으로 하는 직교좌표축의 원점을 그대로 원점으로 하고, 축이 본래의 축과 각 θ를 이루는 직교좌표축 OX, OY를 만든다. 이 평면상의 점 P의 구좌표축에 의한 좌표를 $P(x, y)$, 신좌표축에 의한 좌표를 $P(X, Y)$라 하면,

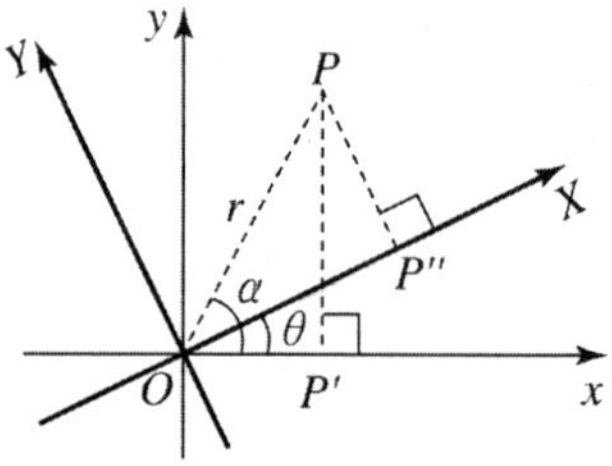

$$x = X\cos\theta - Y\sin\theta$$

$$y = X\sin\theta + Y\cos\theta$$

가 성립한다. 이 사실은 다음과 같이 극좌표를 사용하여 간단히 증명할 수 있다.

$OP = r$, $\angle xOP = \alpha$라 하면

$$x = r\cos\alpha,\ y = r\sin\alpha \qquad \cdots ①$$

$$X = r\cos(\alpha - \theta),\ Y = r\sin(\alpha - \theta) \qquad \cdots ②$$

②에서 $X = r\cos\alpha\cos\theta + r\sin\alpha\sin\theta$. 따라서

$$X = x\cos\theta + y\sin\theta \qquad \cdots ③$$

같은 방법으로 생각하면,

$$Y = -x\sin\theta + y\cos\theta \qquad \cdots ④$$

③, ④에서 x, y를 구하면

$$x = X\cos\theta - Y\sin\theta,\ y = X\sin\theta + Y\cos\theta$$

를 얻는다.

좌표평면에서 그래프를 양의 방향으로 θ만큼 이동한다는 것은 좌표축을 $-\theta$만큼 이동한다는 것과 같다. 이 성질을 이용하면, 회전이동한 그래프의 방정식을 쉽게 구할 수 있다.

연구과제 3-3-2

1. 원 $x^2+y^2=2$ 를 x 축의 방향으로 1 만큼, y 축의 방향으로 -2만큼 평행이동한 원의 방정식을 구하여라.

2. 원 $x^2+y^2=4$ 를 x 축의 방향으로 얼마만큼 평행이동하면 직선 $3x-4y-4=0$ 과 접하는가?

3. 원 $(x-3)^2+(y-1)^2=1$ 을 각각 x 축, y 축, 원점, 직선 $y=x$ 에 대하여 대칭이동한 도형의 방정식을 각각 구하여라.

4. 도형 $f(x, y)=0$ 을 직선 $y=ax+b$ 에 대하여 대칭이동한 도형의 방정식을 구하여라.

5. 다음 곡선을 $30°$ 만큼 회전이동한 도형의 방정식을 구하여라.

   (1) $(x-1)^2+y^2=1$　　(2) $y^2=4x$

   (3) $\dfrac{x^2}{2}+y^2=1$　　(4) $x^2-y^2=1$

6. 점 $P(x,y)$를 x축의 방향으로 a, y축의 방향으로 b만큼 평행이동한 점은 $P'(x+a,\ y+b)$이고, 도형 $f(x,y)=0$을 x축의 방향으로 a, y축의 방향으로 b만큼 평행이동한 도형의 방정식은 $f(x-a, y-b)=0$임을 설명하여라.

지도상의 유의점 3-3-2

1. 도형의 이동에서 좌표축의 평행이동은 정규과정에서는 다루지 않는다. 그러나, 영재 수준의 우수한 학생에게는 탐구해 볼 수 있는 기회를 줌으로서 다양한 접근방법을 생각해 보게 하는 것은 바람직하다.
2. 도형의 대칭이동은 원점, x 축, y 축, 직선 $y=x$ 에 대한 대칭이동만 다룬다.
3. 고등학교 수준에서 도형의 회전이동은 다루지 않는다.
4. 평행이동은 평면 위의 점 $P(x, y)$에 점 $P'(x+a, y+b)$가 대응하는 함수로써

이해하게 한다.

참고: 좌표평면 위의 점을 같은 좌표평면 위의 점으로 옮기는 함수를 변환 (transformation)이라고 한다.

5. 도형의 이동에 대한 개념을 지도할 경우, 먼저 그 도형의 이동을 그림으로 나타내 본 다음, 이동된 도형의 방정식을 대수적인 방법으로 구한다. 그리고 이동된 도형과 이동된 도형의 방정식 사이의 관계를 조사해 본 다음 도형의 이동에 대한 공식을 이해하고 활용하는 순서로 지도하는 것이 바람직하다.

4.

공간도형과 공간좌표

1 공간도형과 공간좌표

1) 직선 · 평면의 위치관계

평면은 다음 각 경우에 하나로 결정된다. 이 성질은 증명 없이 참인 것으로 인정한다.

평면의 결정조건

① 한 직선 위에 있지 않은 세 점
② 한 직선과 그 위에 있지 않은 한 점
③ 한 점에서 만나는 두 직선
④ 평행한 두 직선

또, 공간도형의 성질은 다음 성질을 바탕으로 설명한다. 이 성질도 증명 없이 참인 것으로 인정한다.

① 한 직선 위에 있지 않은 세 점을 지나는 평면은 오직 하나뿐이다.
② 한 평면 위의 서로 다른 두 점을 지나는 직선은 그 평면 위에 놓인다.
③ 한 점을 공유하는 두 평면은 그 점을 지나는 한 직선을 공유한다.

공간에서 서로 다른 두 직선의 위치관계에는 다음 세 가지 경우가 있다.

두 직선의 위치관계

공간에서 서로 다른 두 직선의 위치관계에는 다음 세 가지 경우가 있다.

① 한 점에서 만난다.

② 평행하다.

③ 꼬인 위치에 있다.

직선과 평면의 위치관계

공간에서 직선과 평면의 위치관계에는 다음 세 가지 경우가 있다.

① 직선이 평면에 포함된다.

② 직선과 평면이 한 점에서 만난다.

③ 직선과 평면이 평행하다.

두 평면의 위치관계

서로 다른 두 평면의 위치관계에는 다음 두 가지 경우가 있다.

① 만난다.

② 평행하다.

2) 평행과 수직

다음 정리들은 공간도형에 관한 성질을 알아보는 데 중요한 역할을 한다.

직선과 평면의 평행

두 직선 l 과 m 이 평행할 때, 한 직선 l 은 포함하고 m 은 포함하지 않는 평면 α 는 직선 m 과 평행하다.

[증명] 두 직선 l 과 m 이 이루는 평면을 β 라 하면 직선 l 은 평면 β 위에 있다. 한편, 평면 α 는 직선 l 을 포함하므로 직선 l 은 평면 α 위에 있다. 따라서, 두 평면 α, β 는 한 직선 l 에서 만난다.

만일 평면 α 와 직선 m 이 평행하지 않다고 가정하면 즉, 만난다고 가정하면 직선 m 은 평면 β 위에 있으므로 두 평면 α 와 β 가 만나는 직선 l 과 만난다. 이것은 두 직선 l, m 이 평행하다는 사실에 모순이다.

그러므로, 평면 α 와 직선 m 은 평행하다.

> **정리** 평면 α 위에 있지 않은 한 점 P 를 지나고, α 에 평행한 두 직선 l, m 에 의하여 결정되는 평면 β 는 α 와 평행하다.

이 정리의 증명은 귀류법으로 증명할 수 있다(연구과제 2-3-3, 10번 참고).

직선과 평면의 수직

한 직선 l 이 한 평면 α와 점 O에서 만나고, 점 O를 지나는 α 위의 모든 직선과 수직일 때, 직선 l 은 평면 α와 **수직**(perpendicular)이라고 하고, 기호

$$l \perp \alpha$$

로 나타낸다. 이때, 직선 l 을 평면 α의 **수선**이라고 하고, 점 O를 **수선의 발**(foot of perpendicular)이라고 한다.

이 정의로부터 다음 정리를 얻을 수 있다.

> **정리** 직선 l 이 평면 α와 점 O에서 만나고, 점 O를 지나는 α 위의 서로 다른 두 직선 m, n에 수직이면 $l \perp \alpha$ 이다.

[증명] 점 O를 지나고 평면 α 위에 있으면서 m, n과는 서로 다른 임의의 한 직선을 c라 하자. 평면 α 위에서 세 직선 m, n, c와 만나는 한 직선을 그어 그 교점을 각각 A, B, C라 하자. 또, 직선 l 위에 점 O에 대하여 대칭인 두 점 P, P'을 잡으면 m, n은 모두 선분 PP'의 수직이등분선이므로

$$\overline{AP}=\overline{AP'},\ \overline{BP}=\overline{BP'}$$

이다. 한편, $\overline{AB}$는 공통이다. 따라서

$$\triangle PAB \equiv \triangle P'AB$$

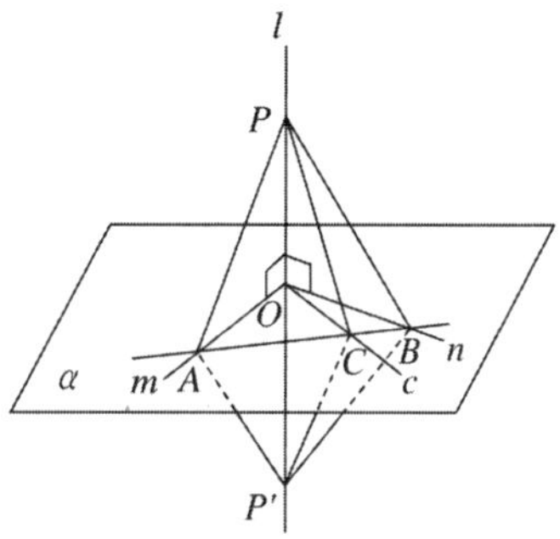

이다. 그러므로 $\angle PAC=\angle P'AC$이다.

또, $\triangle PAC$와 $\triangle P'AC$에서 $\overline{AP}=\overline{AP'}$이고, $\overline{AC}$는 공통이므로

$$\triangle PAC \equiv \triangle P'AC$$

이다. 그러므로 $\overline{CP}=\overline{CP'}$이다. 따라서

$$\triangle PCO \equiv \triangle P'CO$$

이다. 그러므로 $\angle POC=\angle P'OC$. 즉, $l \perp c$이다.

따라서, 직선 $l \perp \alpha$ 이다.

삼수선의 정리

공간에서 평면 α와 직선 PO가 점 O에서 수직으로 만난다고 할 때, 평면 α 위에 있고 점 O를 지나지 않는 직선 l 위에 있는 한 점 H에 대하여 다음과 같은 성질이 있다. 이것을 삼수선의 정리(theorem of three perpendiculars)라고 한다.

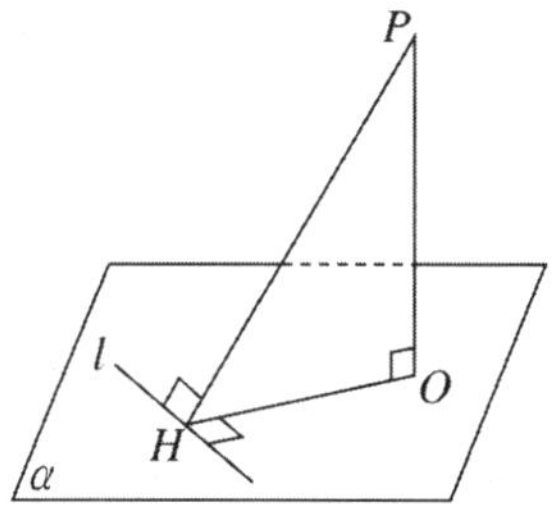

① $\overline{PO} \perp \alpha$, $\overline{OH} \perp l$ 이면 $\overline{PH} \perp l$

② $\overline{PO} \perp \alpha$, $\overline{PH} \perp l$ 이면 $\overline{OH} \perp l$

③ $\overline{PH} \perp l$, $\overline{OH} \perp l$, $\overline{PO} \perp \overline{OH}$ 이면 $\overline{PO} \perp \alpha$.

[증명] 성질 ①은 다음과 같이 증명할 수 있다.

$\overline{PO} \perp \alpha$ 이고, l 은 α 에 포함되어 있으므로 $\overline{PO} \perp l$.

한편 $l \perp \overline{OH}$.

그러므로 $l \perp$ 평면POH.

따라서 $l \perp \overline{PH}$.

위와 같이 생각하면 남은 성질들도 증명할 수 있다.

이면각

오른쪽 그림과 같이 한 직선 l 을 공유하는 두 반평면 α, β로 이루어진 도형을 **이면각**(dihedral angle)이라고 하고, 교선 l 을 **이면각의 변**(edge), 반 평면 α, β를 **이면각의 면**(face)이라고 하며, 이면각의 변 l 위에 있는 한 점 O에서 l 과 수직인 반직선 OA, OB를 각각 이면각의 면 α, β 위에 그릴 때, $\angle AOB$를 이면각의 평면각 (plane angle of a dihedral angle), $\angle AOB$의 크기를 **이면각의 크기**(size)라고 한다.

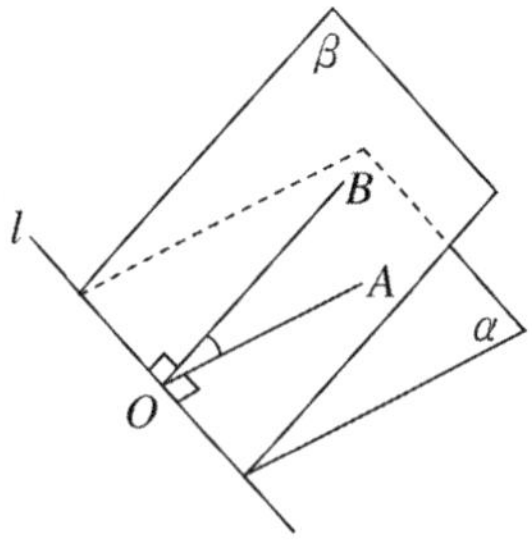

두 평면의 수직

두 평면 α, β가 이루는 각이 직각일 때, 이 두 평면은 서로 수직이라고 하고, 기호

$$\alpha \perp \beta$$

로 나타낸다.

위의 정의를 이용하면 두 평면의 수직 관계에 대하여 다음 정리가 성립함을 알 수 있다.

정리 한 평면 α에 수직인 직선 l을 포함하는 평면을 β라 하면 $\alpha \perp \beta$이다.

3) 정사영

평면 α 밖에 있는 한 점 P에서 α에 내린 수선의 발 P'을 점 P의 평면 α 위로의 **정사영**(orthogonal projection)이라고 한다. 일반적으로, 공간도형 F에 속하는 각 점의 평면 α 위로의 정사영으로 이루어진 도형 F'을 도형 F의 평면 α 위로의 정사영이라고 한다. 도형의 정사영에 대하여 다음 성질이 성립한다.

정사영의 성질

① $\overline{AB}$의 평면 α 위로의 정사영을 $\overline{A'B'}$이라 하고, 직선 AB와 직선 $A'B'$이 이루는 각의 크기를 θ라 할 때, $\overline{A'B'} = \overline{AB}\cos\theta$이다.

② 평면 α 위의 도형 F와 이 도형의 평면 β 위로의 정사영 F'의 넓이를 각각 S, S'이라 하고, 두 평면 α, β가 이루는 각의 크기를 θ라 할 때, $S' = S\cos\theta$이다.

[증명] ①의 경우, 직선 AB와 직선 $A'B'$이 만나는 점을 O라 하면

$$\overline{OB'} = \overline{OB}\cos\theta, \quad \overline{OA'} = \overline{OA}\cos\theta$$

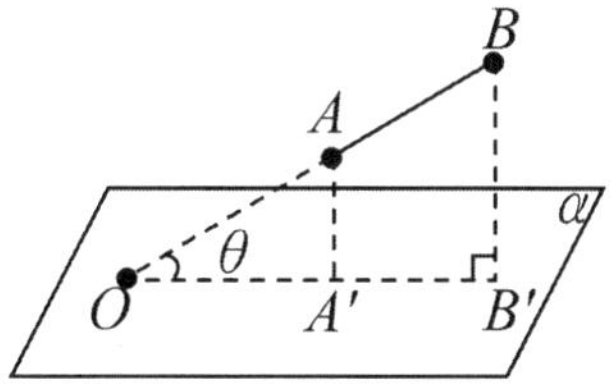

이므로

$$\overline{A'B'} = \overline{OB'} - \overline{OA'} = (\overline{OB} - \overline{OA})\cos\theta = \overline{AB}\cos\theta$$

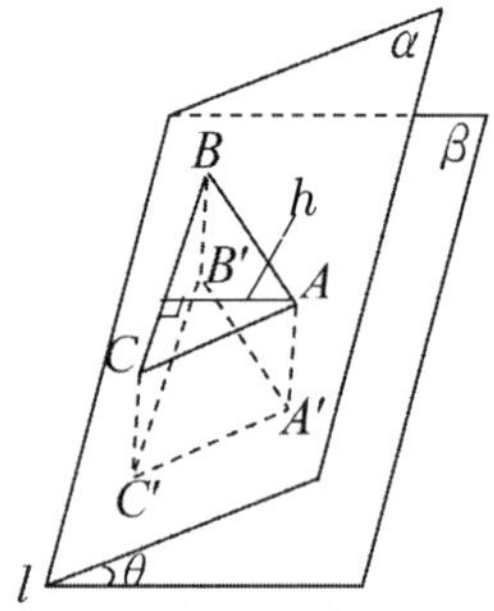

②의 경우, 먼저 특별한 경우로써, 두 평면 α, β의 교선을 l이라 할 때, α 위의 도형 F는 삼각형 ABC로서 밑변 BC는 교선 l에 평행하고, 높이를 h라 할 때, $\triangle ABC$의 평면 β 위로의 정사영을 $\triangle A'B'C'$라 하면

$$\overline{B'C'} = \overline{BC},\ (\triangle A'B'C' \text{ 의 높이}) = h\cos\theta$$

따라서 $\triangle A'B'C' = \triangle ABC\cos\theta$ 임을 알 수 있다.

F가 임의의 다각형일 경우 이 다각형을 밑변이 이면각의 변과 평행한 몇 개의 삼각형으로 나누고 그 도형의 정사영의 넓이를 생각하면 위의 성질이 성립함을 증명할 수 있다.

도형 F가 곡선으로 둘러싸인 경우도 위와 같이 생각하면 위의 성질이 성립함을 알 수 있다.

4) 공간좌표

공간의 한 점 O에서 서로 직교하는 세 수직선 Ox, Oy, Oz를 그어 이 세 수직선을 각각 x축, y축, z축이라고 하자. 이때 세 축을 통틀어 **직교좌표축**(axis of rectangular coordinate) 또는 간단히 **좌표축**(axis of coordinates)이라고 한다. 또, x축과 y축을 포함하는 평면을 xy평면, y축과 z축이 이루는 평면을 yz평면, x축과 z축이 이루는 평면을 xz평면이라고 한다. 이와 같이 좌표축과 좌표평면으로 이루어진 공간을 **좌표공간**(coordinate space)이라고 한다.

공간에 주어진 임의의 한 점 P를 지나고 yz평면, zx평면, xy평면과 평행한 평면이 각각 x축, y축, z축과 만난 각 점의 축 위에서의 좌표를 차례로 a, b, c라 하면 점 P를 세 실수의 순서쌍 (a, b, c)에 대응시킬 수 있다. 이때, 순서쌍 (a, b, c)를 점 P의 **공간좌표**(space coordinate)라고 하며 기호 $\boldsymbol{P(a, b, c)}$로 나타낸다.

(1) 두 점 사이의 거리

공간의 두 점 $A(x_1, y_1, z_1)$, $B(x_2, y_2, z_2)$ 사이의 거리는 A, B를 대각선의 양 끝점으로 하는 직육면체의 대각선의 길이이므로 그 길이를 구하면

$$\overline{AB}=\sqrt{(x_2-x_1)^2+(y_2-y_1)^2+(z_2-z_1)^2}$$

임을 알 수 있다.

(2) 선분의 내분점과 외분점

공간에 있는 두 점 A, B를 잇는 선분 AB의 내분점과 외분점에 대하여 다음 성질이 성립한다.

① 선분 AB를 $m : n(m>0, n>0)$으로 내분하는 점 P의 좌표는

$$P\left(\frac{mx_2+nx_1}{m+n}, \frac{my_2+ny_1}{m+n}, \frac{mz_2+nz_1}{m+n}\right)$$

② 선분 AB를 $m : n(m>0, n>0, m\neq n)$으로 외분하는 점 Q의 좌표는

$$Q\left(\frac{mx_2-nx_1}{m-n}, \frac{my_2-ny_1}{m-n}, \frac{mz_2-nz_1}{m-n}\right)$$

(3) 구의 방정식

좌표공간에서 중심이 $C(a, b, c)$이고 반지름의 길이가 r 인 구 위의 임의의 한 점을 $P(x, y, z)$라 하면 $\overline{CP}=r$ 이므로,

$$\overline{CP}=\sqrt{(x-a)^2+(y-b)^2+(z-c)^2}=r$$

가 성립한다. 즉,

$$(x-a)^2+(y-b)^2+(z-c)^2=r^2 \ (\text{단 } r>0) \qquad \cdots ①$$

이 성립한다.

역으로 ①을 만족하는 점 $P(x, y, z)$에 대하여 $\overline{CP}=r$ 이므로 점 P는 구 위의

점이다.

따라서 ①은 중심이 $C(a,\ b,\ c)$이고 반지름이 길이가 r 인 **구의 방정식**(equation of sphere)이다.

발전연구 3-4-1

(1) 위상기하

삼각형과 사각형을 비교할 때, 유클리드 기하에서는 변의 개수 또는 각의 개수가 서로 다르므로 사각형과 삼각형은 서로 다른 도형으로 분류한다. 그러나, 이 두 도형을 고무 밴드로 만들었다고 할 때 한 도형을 늘이거나 줄여서 다른 도형과 같게 만들 수 있다. 그러나 O자 모양의 도형과 8자 모양의 도형은 어느 한 도형을 잘라 내거나 붙이지 않고 다른 모양으로 변형할 수 없다. 이와 같이 삼각형과 사각형은 같은 도형으로 보고 O과 8은 다른 도형으로 보는 기하학을 생각할 수 있는데, 이와 같은 기하학을 **위상기하학**(topological geomet -ry)이라고 한다. 위상기하학의 정의와 중요한 특성은 다음과 같다.

(2) 위상기하학의 정의

위상(topology)이라는 용어는 위치(position, location)의 뜻을 나타내는 그리스어로부터 유래한 것이며, 도형의 구성 요소들의 상대적인 위치—길이, 크기, 양이 아닌—를 다루는 수학의 한 분야이다. 즉, 위상은 도형의 일부를 구부리거나, 늘리거나, 줄이거나, 비트는 것과 같은 연속적인 변환에 의하여 변하지 않는 성질을 다루는 분야이다. 도형을 자르거나, 찢어내거나, 구멍을 뚫는 것은 비연속적인 변환이며 이와 같은 변환은 위상 수학에서 다루지 않는다.

어떤 도형을 연속변환에 의하여 다른 도형과 같은 모양으로 만들 수 있을 때, 이 두 도형은 **위상적 동형**(topologically equivalent)이라고 한다. 삼각형, 사각형, 오각형, 원, 부채꼴 등은 모두 위상적 동형이다.

다음의 (a), (b), (c)는 각각 위상적으로 동형인 도형이다.

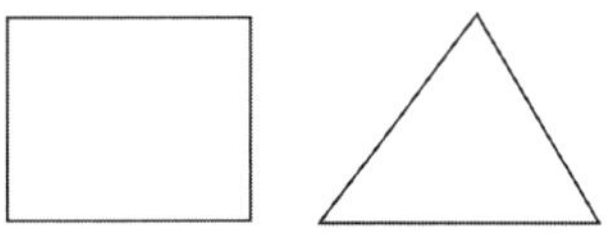

(a)

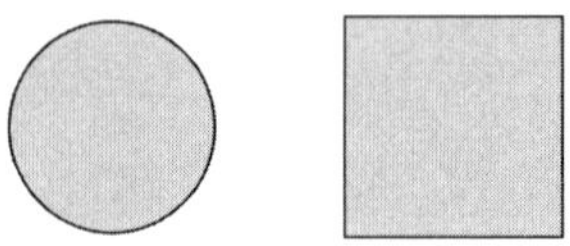

(b)

(c)

실수집합에서 개구간 (a, b)와 폐구간 $[a, b]$는 위상적으로 동형인지를 알아보자. 개구간 (a, b) 내의 임의의 한 점을 제거하면 이 구간은 두 개의 구간으로 분리된다. 그러나 폐구간 $[a, b]$ 내의 점 a 또는 점 b를 제거하면 이 폐구간은 두 구간으로 분리되지 않는다. 즉, 폐구간 $[a, b]$ 내의 a 또는 b에 대응하는 점은 개구간 (a, b) 안에는 없다. 그러므로 (a, b)와 $[a, b]$는 위상적으로 동형이 아니다.

입체도형에서는 그 도형을 관통하는 구멍(hole)의 수가 같은 경우 위상적 동형이라고 한다. 이를테면 직육면체와 구는 위상적 동형이며, 구와 도넛은 위상적 동형이 아니다.

구면 위에 그려진 연속인 도형에서 꼭짓점의 수 V, 변의 수 E, 면의 수 F 사이에는

$$V - E + F = 2$$

가 성립하다. 이 성질은 데카르트에 의해 제기되었으며 오일러가 증명하였다. 따라서 이 성질을 **오일러의 공식**(Euler's formula)이라고 한다.

위상수학이 잘 정의된 수학으로 발전하기 시작한 것은 20세 초부터이다. 그러나 위상수학의 초기 개념은 17세기부터 나타나기 시작하였다. 라이프니츠는 도형을 크기보다는 위치에 대하여 생각하기 시작하였으며, 오일러는 1736년에 실세계에 관련된 쾨니히스베르크(Königsberg)의 다리 문제를 지역은 vertex로, 다리는 edge로 하는 그래프를 그려서 수학적으로 해결하였는데, 이것을 위상수학의 시초로 보는 경우가 많다.

연구과제 3-4-1

1. 두 직선 l, m이 평행할 때, l을 포함하는 평면 α와 m을 포함하는 평면 β가 만나면 그 교선 n은 직선 l, m에 모두 평행함을 증명하여라.

2. 오른쪽 직육면체 $ABCD-EFGH$에서

$$\overline{AB}=2,\ \overline{AD}=\overline{AE}=1$$

일 때, 점 D에서 $\overline{EG}$에 내린 수선 DI의 길이를 구하여라.

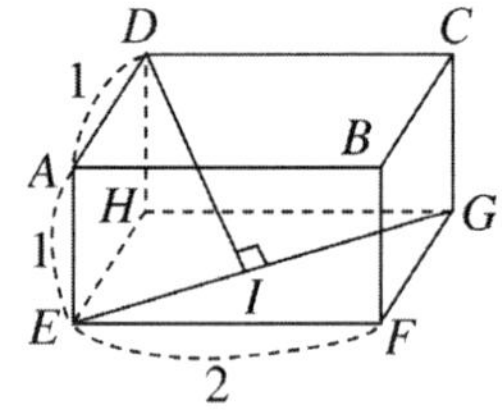

3. 오른쪽 정사각뿔 $O-ABCD$에 대하여 밑면의 두 대각선 AC, BD의 교점을 M이라 할 때, 다음 물음에 답하여라. (단, 모든 모서리의 길이는 1이다.)

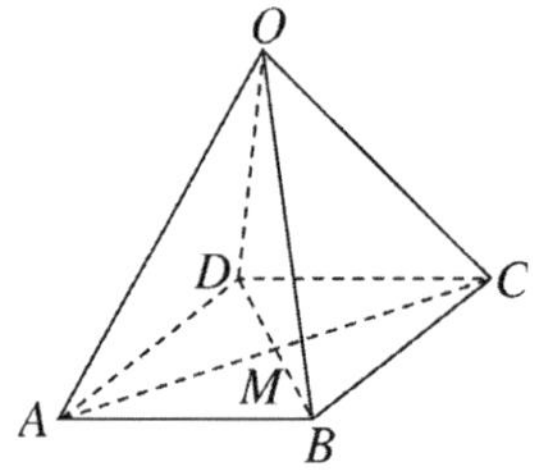

(1) $\triangle OAD$와 $\triangle AMD$가 이루는 각의 크기를 θ라 할 때, $\cos\theta$의 값을 구하여라.

(2) $\triangle AMD$의 평면 OAD 위로의 정사영의 넓이를 구하여라.

4. xy평면 위에 세 점 $O(0, 0, 0)$, $A(2, 0, 0)$, $B(1, \sqrt{3}, 0)$을 세 꼭짓점으로 하는 정삼각형이 있다. 이 정삼각형을 밑면으로 하는 정사면체의 또 다른 한 꼭짓점의 좌표를 구하여라.

5. 오른쪽 그림과 같이 넓이가 160m^2인 옥상 위에 경사가 $15°$인 지붕을 만들려고 한다. 이때, 지붕의 넓이를 구하여라. (단, 반올림하여 소수 둘째 자리까지 구한다.)

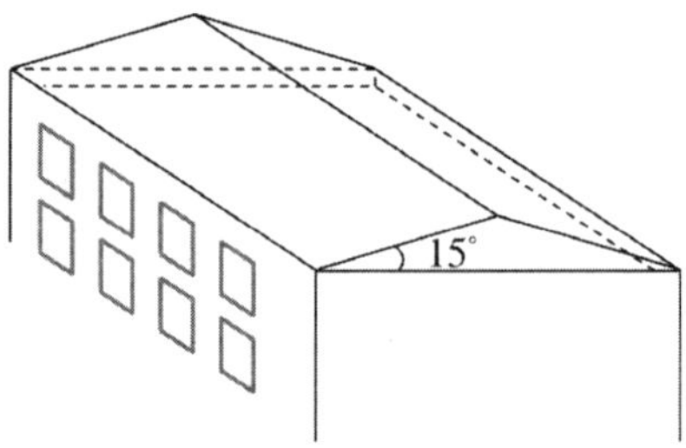

6. 두 점 $P(a, b, 0)$, $Q(x, y, z)$가 있다. 원점 O에 대하여 $\angle POQ=90°$일 때, $ax+by+cz=0$이 성립함을 보여라.

7. 세 점 $A(x_1, y_1, z_1)$, $B(x_2, y_2, z_2)$, $C(x_3, y_3, z_3)$를 꼭짓점으로 하는 $\triangle ABC$의 무게중심 g의 좌표를 구하여라.

8. 방정식 $x^2+y^2+z^2-2x+4y-6z+10=0$이 나타내는 구의 중심의 좌표

와 반지름의 길이를 구하여라.

9. 정사면체 안에 지름이 8cm 인 구가 내접하고 있다. 이 정사면체의 한 모서리의 길이를 구하여라.

10. 평면 α 위에 있지 않은 한 점 P를 지나고, α 에 평행한 두 직선 l, m 에 의하여 결정되는 평면 β 는 평면 α 와 평행함을 증명하여라.

지도상의 유의점 3-4-1

1. 공간도형의 성질을 관찰과 직관에 의하여 다루도록 한다.
2. 공간도형은 공리계를 사용하지 않고 간단히 다룬다.
3. 공간좌표는 평면좌표의 연속된 수준에서 간단히 다룬다.
4. 공간좌표의 개념과 성질을 공간도형에 관한 문제해결에 활용할 수 있게 한다.
5. 단순하고 직관적인 판단 결과를 논리적으로 설명하려할 때는 판단결과가 옳지 않다면 어떤 모순에 도달함을 설명하는 것이 편리한 경우가 많다. 즉, 귀류법이 유용할 경우가 많다.
6. 구(sphere)의 넓이를 구하라고 하면 구의 표면의 넓이를 구하라는 뜻이며, 구의 부피를 구하라고 하면 구의 내부(구체, ball)의 부피를 구하라는 뜻임을 이해하게 한다.

5.
벡터

1 벡터

1) 벡터의 뜻

태풍이 불 때 바람의 속도와 방향은 우리에게 중대한 영향을 미친다. 이와 같이 크기와 함께 방향을 가지는 양을 **벡터**(vector)라고 한다. 벡터를 시각적으로 나타내기 위해서 그 크기는 선분의 길이로 나타내며 방향은 선분을 적당한 기울기로 그린 다음 화살표를 붙여 나타낸다.

한 벡터가 점 A에서 점 B로 향하는 선분으로 주어졌을 때, 점 A를 이 벡터의 **시점**(initial point), 점 B를 이 벡터의 **종점**(terminal point)이라고 하고, 이 벡터를 기호로 $\overrightarrow{AB}$와 같이 나타낸다. $\overrightarrow{AB}$의 크기는 기호 $|\overrightarrow{AB}|$로 나타낸다. 특히, 크기가 1인 벡터를 **단위벡터**(unit vector)라고 한다.

벡터는 크기와 방향만으로 정하여지므로 두 벡터 $\vec{a}, \vec{b}$의 크기와 방향이 같을 때, 이 두 벡터는 **서로 같다**고 하고, 이것을 기호 $\vec{a}=\vec{b}$로 나타낸다. 즉, 크기와 방향이 같은 모든 벡터는 서로 같은 벡터이며, 서로 같은 벡터들의 선분은 평행이동에 의하여 합동이 되게 할 수 있다.

2) 벡터의 덧셈과 뺄셈

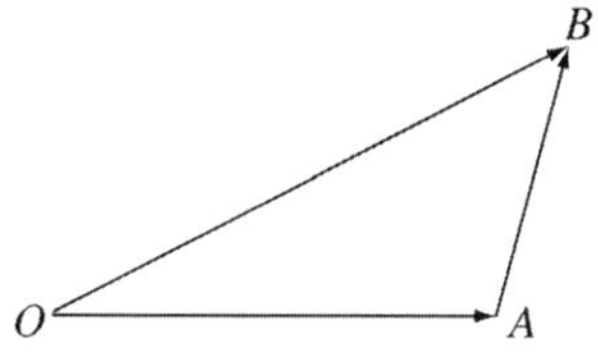

오른쪽 그림과 같이 O를 시점으로 하고 A를 종점으로 하는 $\overrightarrow{OA}$와 A를 시점으로 하고 B를 종점으로 하는 $\overrightarrow{AB}$가 있으면 O를 시점으로 하고 B를 종점으로 하는 $\overrightarrow{OB}$를 생각할 수 있다. 이때 $\overrightarrow{OB}$를

$$\overrightarrow{OB}=\overrightarrow{OA}+\overrightarrow{AB}$$

로 나타내고 $\overrightarrow{OA}$ 와 $\overrightarrow{AB}$ 의 합이라고 한다.

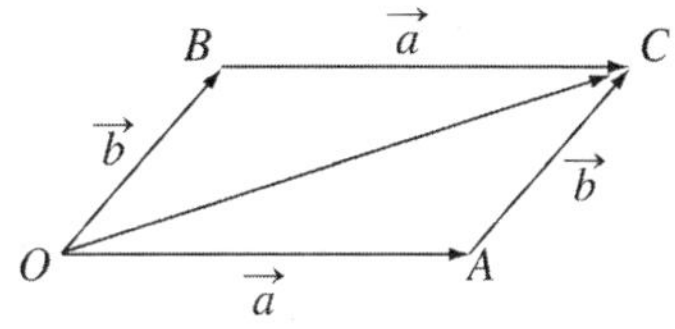

두 벡터 $\vec{a}, \vec{b}$ 에 대하여 오른쪽 그림과 같이 $\vec{a}=\overrightarrow{OA}$, $\vec{b}=\overrightarrow{OB}$ 가 되게 세 점 O, A, B 를 잡고 $\overline{OA}, \overline{OB}$ 를 두 변으로 하는 평행사변형의 나머지 한 꼭짓점을 C 라 하면,

$$\vec{a}+\vec{b}=\overrightarrow{OA}+\overrightarrow{OB}=\overrightarrow{OA}+\overrightarrow{AC}=\overrightarrow{OC}$$
$$\vec{b}+\vec{a}=\overrightarrow{OB}+\overrightarrow{OA}=\overrightarrow{OB}+\overrightarrow{BC}=\overrightarrow{OC}$$

따라서 벡터의 덧셈에 대한 교환법칙

$$\vec{a}+\vec{b}=\vec{b}+\vec{a}$$

가 성립한다.

같은 방법으로 생각하면, 임의의 세 벡터 $\vec{a}, \vec{b}, \vec{c}$ 사이에 결합법칙

$$(\vec{a}+\vec{b})+\vec{c}=\vec{a}+(\vec{b}+\vec{c})$$

가 성립함을 알 수 있다.

임의의 벡터 $\overrightarrow{AB}$ 에서 두 점 A, B 가 일치하는 경우에도 벡터로 생각하기로 하면 이 벡터의 크기는 0 이다. 이 벡터를 영벡터(zero vector)라고 하고 기호로 $\vec{0}$ 와 같이 나타나낸다. 이때, $\vec{0}$ 의 방향은 생각하지 않기로 한다. 따라서 $\vec{0}$ 의 덧셈은 다음과 같은 성질이 있다.

$$\vec{a}+\vec{0}=\vec{0}+\vec{a}=\vec{a} \quad \text{(항등원)}$$

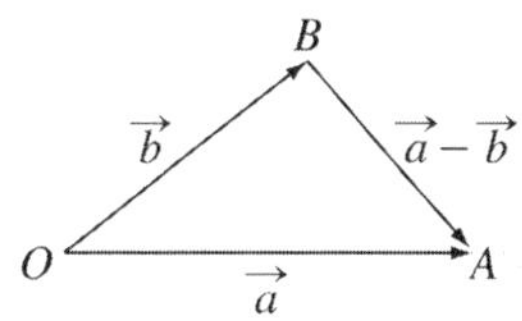

벡터 $\vec{a}$ 에 대하여 그 크기는 같지만 방향이 반대인 벡터를 $-\vec{a}$ 로 나타내기로 한다. 그리고 $\vec{a}+(-\vec{b})$ 를 $\vec{a}-\vec{b}$ 로 나타내고, $\vec{a}$ 에서 $\vec{b}$ 를 뺀 차라고 한다. 즉,

$$\vec{a}-\vec{b}=\vec{a}+(-\vec{b})$$

이다. $\vec{x}=\vec{a}-\vec{b}$ 라 하면

$$\vec{x}+\vec{b}=(\vec{a}-\vec{b})+\vec{b}=\vec{a}+(\vec{b}-\vec{b})=\vec{a}$$

이므로, $\vec{a}-\vec{b}$ 는 그림과 같이 나타낼 수 있다. 즉, $\overrightarrow{OA}-\overrightarrow{OB}=\overrightarrow{BA}$ 이다.

3) 벡터의 실수배

실수 k 와 벡터 $\vec{a}$ 의 곱 $k\vec{a}$ 를 다음과 같이 정의하고, 실수와 벡터의 곱을 **벡터의**

실수배(scalar product)라고 한다.

(ⅰ) $k>0$ 이면 $k\vec{a}$ 는 $\vec{a}$ 와 방향이 같고 그 크기는 $k|\vec{a}|$ 이다.

(ⅱ) $k<0$ 이면 $k\vec{a}$ 는 $\vec{a}$ 와 방향이 반대이고 그 크기는 $|k||\vec{a}|$ 이다.

(ⅲ) $0\vec{a}=\vec{0}$ 이다.

(ⅳ) $k\vec{0}=\vec{0}$ 이다.

벡터의 실수배에 대하여 다음 성질이 성립한다. h, k 가 실수일 때, 벡터 $\vec{a}$, $\vec{b}$ 에 대하여

① 결합법칙 $(hk)\vec{a}=h(k\vec{a})$

② 분배법칙 $(h+k)\vec{a}=h\vec{a}+k\vec{a}$

③ 분배법칙 $k(\vec{a}+\vec{b})=k\vec{a}+k\vec{b}$

영벡터가 아닌 두 벡터 $\vec{a}$, $\vec{b}$ 의 방향이 같거나 반대일 때, $\vec{a}$ 와 $\vec{b}$ 는 서로 평행이라고 하고 기호 $\vec{a}//\vec{b}$ 로 나타낸다.

4) 위치벡터

평면 또는 공간에 한 점 O를 정하고, 이 점을 시점으로 하는 임의의 벡터 $\vec{a}=\overrightarrow{OA}$ 를 생각할 때, $\vec{a}$ 가 정해지면 점 A 는 단 하나 정해진다. 역으로, 임의의 한 점 A 에 대하여 $\overrightarrow{OA}$ 는 단 하나로 정해진다. 즉, 평면 또는 공간에서 한 점 O를 시점으로 하고 임의의 점 A 를 종점으로 하는 벡터 $\vec{a}=\overrightarrow{OA}$ 를 생각할 때 $\vec{a}$ 와 점 A 는 일대일 대응한다. 이때, $\overrightarrow{OA}$ 를 점 O를 시점으로 하는 점 A 의 **위치벡터**(position vector)라고 한다. 특별한 언급이 없으면, 위치벡터의 시점 O는 좌표평면이나 좌표공간의 원점으로 잡는다.

5) 벡터의 성분과 연산

평면 위에서 벡터를 다룰 때 이 벡터를 **평면벡터**(plane vector)라고 하고, 공간에서 벡터를 다룰 때 이 벡터를 **공간벡터**(space vector)라고 한다.

좌표평면 위에 두 점 $E_1(1, 0)$, $E_2(0, 1)$을 잡고, 원점 O를 시점으로 하는 위치벡터

$$\overrightarrow{e_1} = \overrightarrow{OE_1}, \quad \overrightarrow{e_2} = \overrightarrow{OE_2}$$

를 잡으면 $\overrightarrow{e_1}, \overrightarrow{e_2}$는 각각 x축, y축의 양의 방향의 단위벡터이다.

임의의 $\vec{a}$에 대하여 $\vec{a} = \overrightarrow{OA}$가 되도록 점 $A(a_1, a_2)$를 잡고, 점 A에서 x축, y축에 내린 수선의 발을 각각 P, Q라고 하면

$$\overrightarrow{OP} = a_1\overrightarrow{e_1}, \quad \overrightarrow{OQ} = a_2\overrightarrow{e_2}$$

이고, $$\overrightarrow{OA} = \overrightarrow{OP} + \overrightarrow{OQ}$$

이므로 $$\vec{a} = a_1\overrightarrow{e_1} + a_2\overrightarrow{e_2}$$

로 나타낼 수 있다. 이것을 간단히 $\vec{a} = (a_1, a_2)$로 나타내고 a_1, a_2를 차례로 $\vec{a}$의 x성분, y성분이라고 한다. $\vec{a} = (a_1, a_2)$의 크기는

$$|\vec{a}| = \sqrt{a_1^2 + a_2^2}$$

이다.

또, 두 벡터 $\vec{a} = (a_1, a_2)$, $\vec{b} = (b_1, b_2)$에 대하여 다음이 성립한다.

$$\vec{a} = \vec{b} \Leftrightarrow a_1 = b_1, \ a_2 = b_2$$

성분으로 나타낸 벡터의 연산에는 다음과 같은 성질이 있음을 알 수 있다.

평면벡터의 연산과 성분표시

벡터 $\vec{a} = (a_1, a_2)$, $\vec{b} = (b_1, b_2)$와 실수 k에 대하여

① $\vec{a} + \vec{b} = (a_1 + b_1, a_2 + b_2)$

② $\vec{a} - \vec{b} = (a_1 - b_1, a_2 - b_2)$

③ $k\vec{a} = (ka_1, ka_2)$

두 점 $A(a_1, a_2)$, $B(b_1, b_2)$에 대하여

④ $\overrightarrow{AB} = (b_1 - a_1, b_2 - a_2)$

평면벡터에서 성립하는 성질들이 공간벡터로 확장될 수 있다.

5) 벡터의 내적

두 벡터 $\vec{a}, \vec{b}$가 이루는 각의 크기가 $\theta(0 \le \theta \le \pi)$일 때, $|\vec{a}|\,|\vec{b}|\cos\theta$를 $\vec{a}$와 $\vec{b}$의 **내적**(inner product)이라고 하고, 이것을 기호 $\vec{a} \cdot \vec{b}$로 나타낸다. 즉, 두 벡터 $\vec{a}, \vec{b}$의 내적은

$$\vec{a} \cdot \vec{b} = |\vec{a}|\,|\vec{b}|\cos\theta$$

이다.

두 벡터의 평행과 수직에 관하여 다음 성질이 성립한다.

벡터의 평행과 수직

$\vec{a} \ne \vec{0}, \vec{b} \ne \vec{0}$일 때,

$\vec{a} // \vec{b}$일 필요충분조건은 $\vec{a} \cdot \vec{b} = |\vec{a}||\vec{b}|$이다.

$\vec{a} \perp \vec{b}$일 필요충분조건은 $\vec{a} \cdot \vec{b} = 0$이다.

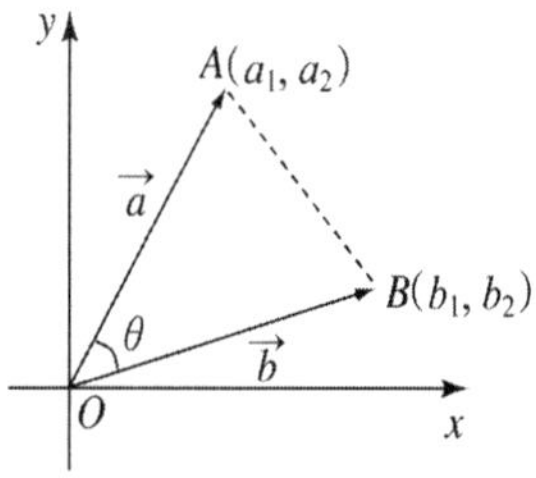

벡터의 내적을 성분으로 표시하여 보자.

오른쪽 그림과 같이 좌표평면에서

$\vec{a} = \overrightarrow{OA} = (a_1, a_2)$, $\vec{b} = \overrightarrow{OB} = (b_1, b_2)$

인 점 A, B를 잡고 $\angle AOB = \theta$라 하면, 코사인 법칙에 의하여

$$\overline{AB}^2 = \overline{OA}^2 + \overline{OB}^2 - 2\overline{OA}\;\overline{OB}\cos\theta$$

$$\overline{OA}^2 = a_1^2 + a_2^2,\ \overline{OB}^2 = b_1^2 + b_2^2,\ \overline{AB}^2 = (a_1 - b_1)^2 + (a_2 - b_2)^2$$

$$\therefore\ \vec{a} \cdot \vec{b} = |\vec{a}||\vec{b}|\cos\theta = \frac{1}{2}(\overline{OA}^2 + \overline{OB}^2 - \overline{AB}^2) = a_1 b_1 + a_2 b_2$$

이다. 이 식은 $\vec{a} = \vec{0}$, $\vec{b} = \vec{0}$일 때도 성립한다.

같은 방법으로 생각하면 공간벡터 $\vec{a} = (a_1, a_2, a_3)$, $\vec{b} = (b_1, b_2, b_3)$에 대해

$$\vec{a} \cdot \vec{b} = a_1 b_1 + a_2 b_2 + a_3 b_3$$

임을 알 수 있다.

벡터의 내적의 성분 표시

① 두 평면벡터 $\vec{a} = (a_1, a_2)$, $\vec{b} = (b_1, b_2)$에 대하여 $\vec{a} \cdot \vec{b} = a_1 b_1 + a_2 b_2$.

② 두 공간벡터 $\vec{a}=(a_1, a_2, a_3)$, $\vec{b}=(b_1, b_2, b_3)$에 대하여

$$\vec{a}\cdot\vec{b}=a_1b_1+a_2b_2+a_3b_3$$

두 벡터의 내적을 이용하면 그 두 벡터가 이루는 각의 크기를 간단히 구할 수 있다. 이를테면 두 벡터 $\vec{a}, \vec{b}$에 대하여 $\vec{a}\cdot\vec{b}=|\vec{a}||\vec{b}|\cos\theta$ 이므로, $\cos\theta=\frac{\vec{a}\cdot\vec{b}}{|\vec{a}||\vec{b}|}$ 에서 $\vec{a}, \vec{b}$가 이루는 각의 크기 θ를 구할 수 있다.

벡터의 내적에는 다음과 같은 연산법칙이 성립함을 알 수 있다.

내적의 성질

① $\vec{a}\cdot\vec{b}=\vec{b}\cdot\vec{a}$

② $\vec{a}\cdot(\vec{b}+\vec{c})=\vec{a}\cdot\vec{b}+\vec{a}\cdot\vec{c}$, $(\vec{a}+\vec{b})\cdot\vec{c}=\vec{a}\cdot\vec{c}+\vec{b}\cdot\vec{c}$

③ $(k\vec{a})\cdot\vec{b}=\vec{a}\cdot(k\vec{b})=k(\vec{a}\cdot\vec{b})$

6) 직선의 벡터방정식

한 점 A를 지나고 벡터 $\vec{u}$(단, $\vec{u}\neq\vec{0}$)에 평행한 직선 l이 있을 때, 한 점 P가 직선 l 위에 있기 위한 조건은 $\overrightarrow{AP}=t\vec{u}$인 실수 t가 존재하는 것이다.

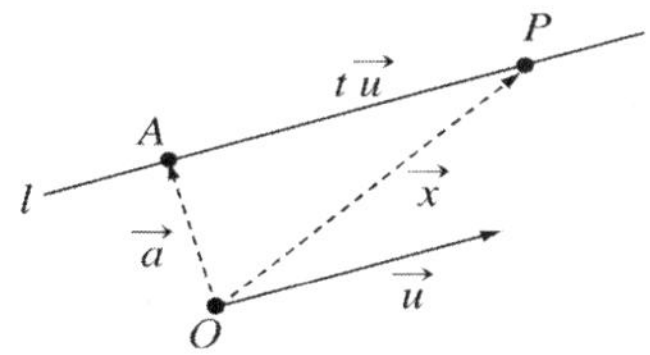

이때, $\overrightarrow{OP}=\overrightarrow{OA}+\overrightarrow{AP}$이므로, $\vec{x}=\overrightarrow{OP}$, $\vec{a}=\overrightarrow{OA}$라 두면

$$\vec{x}=\vec{a}+t\vec{u} \qquad \cdots ①$$

를 얻는다. 이것을 직선 l의 **벡터방정식**(vector equation)이라고 하고, $\vec{u}$를 직선 l의 **방향벡터**(direction vector)라고 한다.

직선의 벡터방정식 ①을 벡터의 성분으로 나타내어보자.

점 A의 좌표를 (x_0, y_0), 점 P의 좌표를 (x, y), $\vec{u}=(a, b)$라 하면

$$(x, y)=(x_0, y_0)+t(a, b)$$

따라서 $x=x_0+ta$, $y=y_0+tb$.

이 식에서 t 를 소거하면

$$\frac{x-x_0}{a}=\frac{y-y_0}{b}\ (\text{단, } ab\neq 0) \qquad \cdots ②$$

를 얻는다.

같은 방법으로 생각하면 공간의 한 점 $A(x_0,\ y_0,\ z_0)$를 지나고, 벡터 $\vec{u}=(a,\ b,\ c)$에 평행한 직선의 방정식은

$$\frac{x-x_0}{a}=\frac{y-y_0}{b}=\frac{z-z_0}{c}\ (\text{단, } abc\neq 0)$$

임을 알 수 있다.

평면 위의 두 점 $A(x_0,\ y_0)$, $B(x_1,\ y_1)$를 지나는 직선의 방정식을 구하는 방법은 직선 l 의 방향벡터인 $\overrightarrow{AB}$ 를 구한 다음 위의 벡터방정식 ②를 적용하면

$$\frac{x-x_0}{x_1-x_0}=\frac{y-y_0}{y_1-y_0}$$

임을 알 수 있다.

공간벡터에 관해서도 위와 같은 방법으로 두 점을 지나는 직선의 방정식을 구할 수 있다.

공간에서 한 벡터를 생각할 때, 그 벡터가 세 좌표축과 각각 이루는 각을 알면 그 벡터의 방향을 결정할 수 있다. 이런 의미에서 다음과 같은 방향코사인의 개념을 도입한다.

영벡터가 아닌 벡터 $\vec{a}=(a_1,\ a_2,\ a_3)$가 x축, y축, z축의 양의 방향과 이루는 각의 크기를 각각 $\alpha,\ \beta,\ \gamma$라 할 때,

$$\cos\alpha,\ \cos\beta,\ \cos\gamma$$

를 벡터 $\vec{a}$ 의 **방향코사인**(direction cosine)이라고 한다. 이때,

$$a_1=|\vec{a}|\cos\alpha,\ a_2=|\vec{a}|\cos\beta,\ a_3=|\vec{a}|\cos\gamma \qquad \cdots ①$$

이므로,

$$|\vec{a}|^2=a_1^2+a_2^2+a_3^2=|\vec{a}|^2(\cos^2\alpha+\cos^2\beta+\cos^2\gamma)$$

따라서, $\cos^2\alpha+\cos^2\beta+\cos^2\gamma=1$이다. 특히, ①에서

$$\frac{\vec{a}}{|\vec{a}|} = (\cos\alpha,\ \cos\beta,\ \cos\alpha)$$

임을 알 수 있다.

직선 l 의 방향벡터가 $\vec{u}$ 일 때, $\vec{u}$ 의 방향코사인을 직선 l 의 방향코사인이라고 한다.

두 직선이 이루는 각

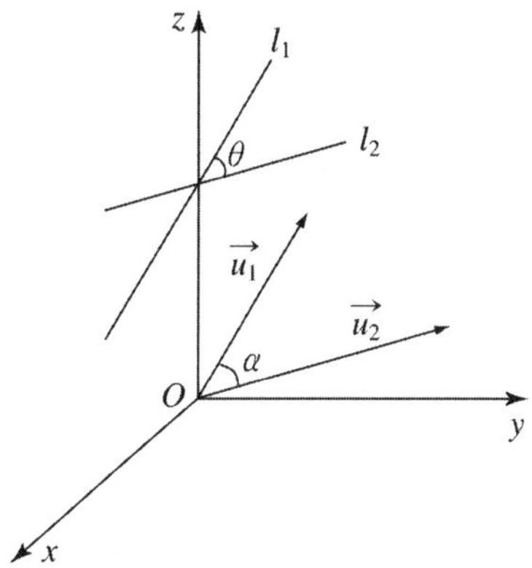

앞에서 두 벡터가 이루는 각의 크기를 구하는 방법을 알아보았다. 이 방법을 이용하여 두 직선이 이루는 각의 크기를 구하는 방법을 알아보자.

두 직선 l_1, l_2가 이루는 각의 크기를 θ라 하고, l_1, l_2의 방향벡터를 각각 u_1, u_2라 할 때, u_1, u_2가 이루는 각의 크기를 α라 하면 θ는 α와 $\pi-\alpha$ 중 작은 것이다. 따라서

$$\cos\theta = |\cos\alpha| = \frac{|\vec{u_1}\cdot\vec{u_2}|}{|\vec{u_1}||\vec{u_2}|}$$

이다.

한 평면 위에서 한 점 $A(x_0,\ y_0)$를 지나고 영벡터가 아닌 벡터 $\vec{n}=(a,\ b)$에 수직인 직선 l 은 유일하게 결정되며, 이 직선 위의 임의의 한 점을 P라 하면 $\overrightarrow{AP}\perp\vec{n}$이다. 여기서 점 A, P의 위치벡터를 각각 $\vec{a}, \vec{x}$라 하면, 직선 l 의 방정식은

$$\vec{n}\cdot(\vec{x}-\vec{a})=0$$

이다. 이 방정식을 직선 l 의 벡터방정식이라고 하고, $\vec{n}$을 직선 l 의 법선벡터라고 한다. 이 직선의 방정식을 벡터의 성분으로 나타내면

$$ax+by-(ax_0+by_0)=0$$

7) 평면의 벡터방정식

공간의 한 점을 지나고 주어진 벡터에 수직인 평면은 오직 하나 뿐이다. 이 성질을 이용하여 공간에서 평면의 방정식을 구하는 방법을 알아보자.

좌표공간에서 한 점 $A(x_0,\ y_0,\ z_0)$를 지나고, 영벡터가 아닌 벡터 $\vec{n}=(a,\ b,\ c)$에

수직인 평면을 α 라고 하고, α 위의 임의의 한 점을 $P(x, y, z)$라 하면 $\overrightarrow{AP} \perp \vec{n}$ 이므로 평면 α 의 방정식은

$$\vec{n} \cdot \overrightarrow{AP} = 0$$

이다. 여기서, 점 A, P 의 위치벡터를 각각 $\vec{a}$, $\vec{p}$ 라 하면 평면 α 의 방정식은

$$\vec{n} \cdot (\vec{p} - \vec{a}) = 0$$

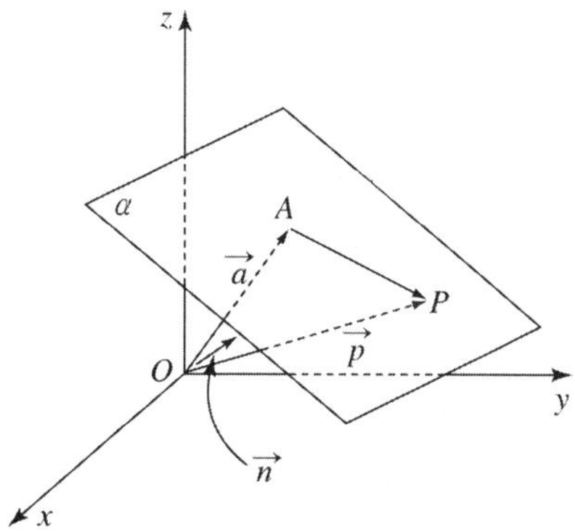

로 나타낼 수 있다. 이것을 평면 α 의 벡터방정식이라 하고, $\vec{n}$ 을 평면 α 의 **법선벡터**(normal vector)라고 한다. 평면 α 의 방정식을 벡터의 성분으로 나타내면

$$a(x - x_0) + b(y - y_0) + c(z - z_0) = 0$$

이다. 위의 방정식을 정리하면 x, y, z 의 일차방정식 $ax + by + cz + d = 0$ 의 꼴로 나타낼 수 있다.

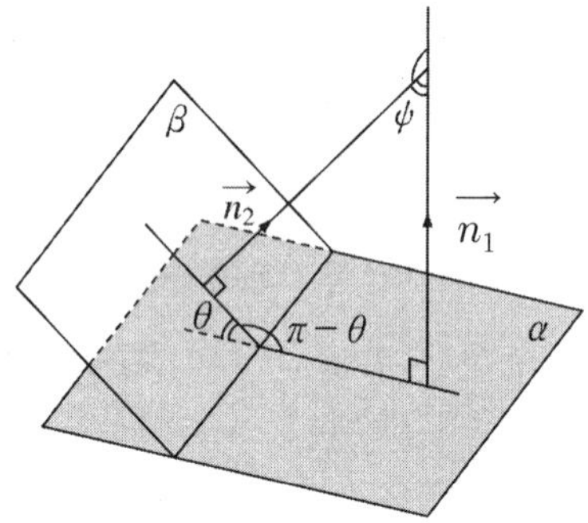

두 평면이 이루는 각의 크기

두 평면 α, β 가 결정되면 이 두 평면의 법선벡터 $\overrightarrow{n_1}$, $\overrightarrow{n_2}$ 도 결정된다. 이 성질을 이용하여 두 평면이 이루는 각의 크기를 구할 수 있다.

두 평면 α, β 가 이루는 각의 크기를 θ, 두 법선벡터 $\overrightarrow{n_1}$, $\overrightarrow{n_2}$ 가 이루는 각의 크기를 ψ 라 하면 θ는 ψ 와 $\pi - \psi$ 중에서 작은 것이다. 따라서,

$$\cos\theta = |\cos\psi| = \frac{\overrightarrow{n_1} \cdot \overrightarrow{n_2}}{|\overrightarrow{n_1}||\overrightarrow{n_2}|}$$

이다. 특히, 두 평면

$$\alpha : ax + by + cz + d = 0,$$
$$\beta : a'x + b'y + c'z + d' = 0$$

의 법선 벡터가 각각 $\overrightarrow{n_1} = (a, b, c)$, $\overrightarrow{n_2} = (a', b', c')$일 때, 다음이 성립함을 알 수 있다.

① $\alpha // \beta \Leftrightarrow a : b : c = a' : b' : c'$

② $\alpha \perp \beta \Leftrightarrow aa' + bb' + cc' = 0$

평면의 교선의 방정식

평행하지 않은 두 평면

$$\alpha : ax + by + cz + d = 0, \beta : a'x + b'y + c'z + d' = 0$$

의 교선의 방정식은 공간에 있는 직선으로서 위의 두 평면의 방정식을 공통으로 만족하여야 하므로, 위의 두 평면의 방정식에서 두 변수를 소거하여 얻어진 두 개의 관계식으로부터 공간에서의 직선의 방정식을 만들면 된다. 예를 들면, 두 평면의 방정식

$$x - y - z + 2 = 0, 2x - 3y + z + 5 = 0$$

에서 x, z를 차례로 소거하면

$$y - 3z - 1 = 0, 3x - 4y + 7 = 0$$

즉,

$$y - 1 = 3z, 3(x+1) = 4(y-1).$$

따라서 구하는 교선의 방정식은

$$\frac{x+1}{4} = \frac{y-1}{3} = \frac{z}{1}$$

이다.

평면의 방정식

원점으로부터 거리가 d인 평면의 방정식을 구하여 보자.

원점 O에서 평면 α에 내린 수선의 발을 H라 하고, $\overrightarrow{OH}$와 같은 방향의 단위벡터를 $\vec{e} = (l, m, n)$이라 하면 $|\overrightarrow{OH}| = d$이므로, $\overrightarrow{OH} = d\vec{e}$.

평면 α 위의 임의의 한 점을 $P(x, y, z)$라 하면 $\overrightarrow{OH} \perp \overrightarrow{HP}$이므로,

$$\overrightarrow{OH} \cdot \overrightarrow{HP} = \overrightarrow{OH} \cdot (\overrightarrow{OP} - \overrightarrow{OH}) = 0$$

$$d\vec{e} \cdot (x, y, z) - |d\vec{e}|^2 = d(l, m, n) \cdot (x, y, z) - d^2 = 0$$

따라서, $lx + my + nz = d$이다. 즉, 원점으로부터 거리가 d인 평면의 방정식은

$$lx + my + nz = d \ (\text{단}, l^2 + m^2 + n^2 = 1)$$

이다. 이 방정식을 **평면의 방정식의 표준형**이라고도 한다.

점과 평면 사이의 거리

임의의 평면의 방정식 $ax + by + cz + d = 0$ 의 양변을 $\sqrt{a^2 + b^2 + c^2}$ 으로 나누면 평면의 방정식의 표준형

$$\frac{a}{\sqrt{a^2 + b^2 + c^2}}x + \frac{b}{\sqrt{a^2 + b^2 + c^2}}y + \frac{c}{\sqrt{a^2 + b^2 + c^2}}z = \frac{-d}{\sqrt{a^2 + b^2 + c^2}}$$

를 얻으며, 원점으로부터 이 평면에 이르는 거리는 $\left|\frac{d}{\sqrt{a^2 + b^2 + c^2}}\right|$이다.

또, 점 $P(x_0, y_0, z_0)$으로부터 평면 $\alpha : ax + by + cz + d = 0$에 이르는 거리는 점 P와 평면 α를 동시에 평행이동 하되 점 P가 원점으로 오도록 평행이동 한 후 새 평면과 원점과의 거리를 구하면 된다.

즉, 점 $P(x_0, y_0, z_0)$에서 평면 $ax + by + cz + d = 0$에 이르는 거리는

$$\left|\frac{ax_0 + by_0 + cz_0 + d}{\sqrt{a^2 + b^2 + c^2}}\right|$$

임을 알 수 있다.

발전연구 3-5-1

벡터의 외적(백터곱)

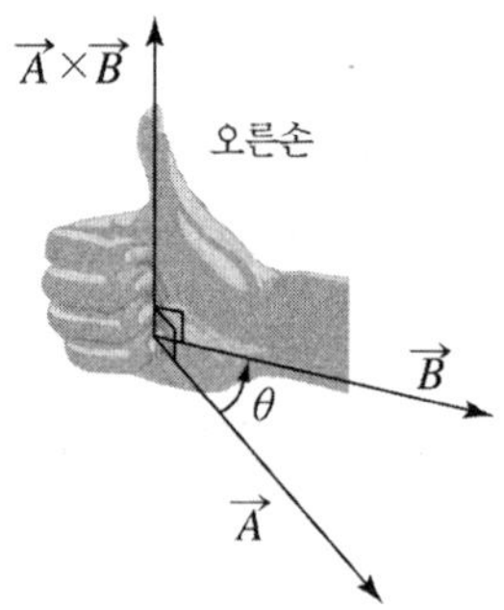

공간에 있는 두 벡터 $\vec{A}, \vec{B}$가 서로 평행하지 않다고 할 때, $\vec{A}, \vec{B}$는 시점을 일치시킬 때 한 평면을 만든다. 이때, 오른손의 엄지가 아닌 네 손가락을 $\vec{A}$에서 $\vec{B}$의 방향으로 감싸 잡을 때 엄지손가락 방향으로 $\vec{A}, \vec{B}$에 수직인 단위벡터 $\vec{n}$를 잡을 수 있다. 이와 같이, 두 벡터 $\vec{A}, \vec{B}$에 대하여 단위벡터 $\vec{n}$를 택하는 것을 **오른손 법칙**(right hand law)이라고 한다. 이제 두 벡터 $\vec{A}, \vec{B}$에 대하여 $\vec{A}$와 $\vec{B}$의 **벡터곱**(vector product; cross product) $\vec{A} \times \vec{B}$를 다음과 같이 정의

한다.

$$\vec{A}\times\vec{B}=\vec{n}|\vec{A}||\vec{B}|\sin\theta$$

(단, θ는 $\vec{A}$에서 $\vec{B}$의 방향으로 $\vec{A}$, $\vec{B}$가 이루는 각의 크기)

$\vec{A}\times\vec{B}$의 성질에 대하여 알아보자.

(1) 다음 그림은 렌치의 끝을 잡고 θ의 방향으로 $\vec{B}$의 힘을 가하여 나사못에 힘을 가하는 그림이다. 이때 나사못에 미치는 힘은 $\vec{A}\times\vec{B}$이다.

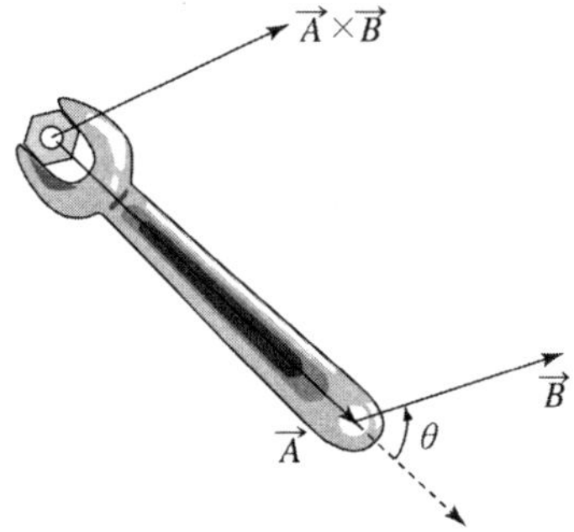

(2) 벡터 곱의 정의에 의하여 $\vec{A}$와 $\vec{B}$가 이루는 각의 크기와 $\vec{B}$와 $\vec{A}$가 이루는 각의 크기는 그 방향이 반대이고 절댓값은 같으므로,

$$\vec{A}\times\vec{B}=-(\vec{B}\times\vec{A})$$

임을 알 수 있다.

(3) $|\vec{A}\times\vec{B}|=|\vec{n}||\vec{A}||\vec{B}||\sin\theta|=|\vec{A}||\vec{B}||\sin\theta|$이므로, $|\vec{A}\times\vec{B}|$는 $\vec{A}$, $\vec{B}$가 이루는 평행사변형의 넓이이다.

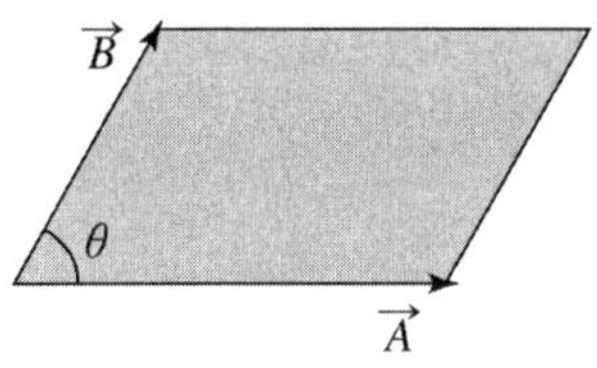

(4) 좌표공간에서 x축, y축, z축 방향으로의 단위벡터를 각각 $\vec{i}$, $\vec{j}$, $\vec{k}$라 할 때,

$$\vec{i}\times\vec{j}=\vec{k},\ \vec{j}\times\vec{k}=\vec{i},\ \vec{k}\times\vec{i}=\vec{j}$$

$$\vec{i}\times\vec{i}=\vec{j}\times\vec{j}=\vec{k}\times\vec{k}=\vec{0}$$

인 관계가 성립한다.

(5) 벡터 곱에 대하여 결합법칙이 성립하지 않는다.

$$(\vec{A}\times \vec{B})\times \vec{C} \neq \vec{A}\times(\vec{B}\times \vec{C})$$

(6) 다음과 같은 분배법칙이 성립한다.

$$\vec{A}\times(\vec{B}+\vec{C}) = \vec{A}\times\vec{B}+\vec{A}\times\vec{C},$$

$$(\vec{B}+\vec{C})\times\vec{A} = \vec{B}\times\vec{A}+\vec{C}\times\vec{A}$$

(7) $\vec{i}$, $\vec{j}$, $\vec{k}$가 서로 수직인 단위벡터라 할 때,

$$\vec{A}= a_1\vec{i}+a_2\vec{j}+a_3\vec{k},\ \vec{B}= b_1\vec{i}+b_2\vec{j}+b_3\vec{k}$$

라 할 때, $\vec{A}\times\vec{B}$를 다음과 같이 행렬을 이용하여 나타낼 수 있다.

$$\vec{A}\times\vec{B}= \begin{vmatrix} \vec{i} & \vec{j} & \vec{k} \\ a_1 & a_2 & a_3 \\ b_1 & b_2 & b_3 \end{vmatrix}$$

연구과제 3-5-1

1. 세 벡터에 대한 결합법칙이 성립함을 설명하여라.

2. $-(\vec{a}+\vec{b}) = -\vec{a}-\vec{b}$ 임을 설명하여라.

3. k가 임의의 실수일 때, 분배법칙 $k(\vec{a}+\vec{b}) = k\vec{a}+k\vec{b}$가 성립함을 설명하라.

4. 두 점 A, B의 위치벡터를 각각 $\vec{a}$, $\vec{b}$라 할 때, 선분 AB를 $m:n$으로 내분하는 점 P의 위치벡터 $\vec{p}$는 $\vec{p}=\dfrac{m\vec{b}+n\vec{a}}{m+n}$ 임을 증명하여라. 또, 선분 AB를 $m:n$으로 외분하는 점의 위치벡터를 구하여라.

5. $\triangle ABC$의 세 변 BC, CA, AB의 중점을 각각 D, E, F라 할 때, $\triangle ABC$와 $\triangle DEF$의 무게중심이 일치함을 보여라.

6. 네 점 $A(1, 2, 3)$, $B(2, 4, 4)$, $C(3, 3, -2)$, $D(2, 1, -3)$을 꼭짓점으로 하는 사각형 $ABCD$는 평행사변형임을 보여라.

7. 두 벡터 $\vec{a}=(a_1, a_2)$, $\vec{b}=(b_1, b_2)$에 대하여 $\vec{a}\perp\vec{b}$이면 $a_1b_1+a_2b_2=0$임을 설명하여라.

8. 좌표평면에서, 곡선 $xy=1$ (단, $x>0$)위의 서로 다른 두 점 P, Q에 대하여 두 벡터의 내적 $\overrightarrow{OP}\cdot\overrightarrow{OQ}$의 최솟값을 구하여라.

9. 점 $A(3, 1, 1)$을 지나고, 직선 $\frac{x}{3}=\frac{y+1}{2}=\frac{z}{1}$에 평행한 직선의 방정식을 구하여라.

10. x축, y축의 양의 방향과 $135°$, $120°$를 이루는 단위벡터의 성분을 모두 구하여라.

11. 다음 두 직선 l_1, l_2가 이루는 각의 크기를 구하여라.

$$l_1:\ \frac{x-3}{2}=\frac{y-2}{3}=\frac{z}{-1},\quad l_2:\ \frac{x}{-3}=\frac{y}{1}=\frac{z-3}{2}$$

12. 다음 평면의 방정식을 구하여라.

(1) 두 점 $A(1, 1, 2)$, $B(2, 2, 3)$에 대하여 점 A를 지나며 $\overrightarrow{AB}$에 수직인 평면

(2) 세 점 $(0, 3, 4)$, $(2, 0, 5)$, $(5, 5, 0)$을 지나는 평면

13. $abc\neq 0$일 때, 세 점 $(a, 0, 0)$, $(0, b, 0)$, $(0, 0, c)$를 지나는 평면의 방정식은 $\frac{x}{a}+\frac{y}{b}+\frac{z}{c}=1$임을 증명하여라.

14. 두 평면 $3x+y-z-2=0$, $4x-y+2z=1$의 교선의 방정식을 구하여라.

15. 점 $(3,\ 2,\ 1)$과 평면 $x-2y+3z+4=0$ 사이의 거리를 구하여라.

16. 벡터를 이용하여 평면 위의 한 점 $(x_0,\ y_0)$와 직선 $ax+by+c=0$ 사이의 거리는 $\left|\dfrac{ax_0+by_0+c}{\sqrt{a^2+b^2}}\right|$임을 보여라.

지도상의 유의점 3-5-1

1. 두 벡터는 시점과 종점에 관계없이 크기와 방향만 같으면 서로 같음을 이해할 수 있게 한다.
2. 영벡터의 크기는 0이고, 방향은 임의로 정해짐을 유의한다.
3. 벡터를 성분으로 나타냄으로서 벡터의 기하학적 성질을 대수적으로 쉽게 다룰 수 있다.
4. 벡터의 내적은 두 직선 사이의 각의 크기 구하기 등과 같은 활용 측면에서 유용함을 인식하게 한다.
5. 벡터를 사용하면 좌표공간에서 직선과 평면의 방정식을 간단히 나타낼 수 있음을 알게 한다.

6.
역사적 배경

1) 기하학의 발전

합리적인 추론에 의한 기하학은 그리스의 탈레스(Thales, B.C. 626~545)에 의해 시작되었다. 그리스의 피타고라스학파는 탈레스의 논리적 기하학에 수론을 접목시켰으며, 이 내용은 기원전 400년경 히포크라테스에 의해 책으로 정리되었다. 이 시대의 기하학은 정의, 공리, 증명에 의하여 논리적 체계를 갖춘 학문으로 발전하게 되었으며, 유클리드에 의해 「원론」(the Elements)이란 책으로 정리되었다. 유클리드는 증명에서 피타고라스학파의 논증 형식을 바탕으로 되도록 직관적인 요소를 없애고, 순수한 사유의 영역에서 다루려는 적극적인 자세를 취하였다. 유클리드의 연역적 접근방법은 그 내용의 참신함이나 우수성보다는 논리적 엄밀성과 고도의 조직적인 체계 때문에 오늘날 현대수학의 체계에서도 기초적인 구조를 갖는다.

그리스의 기하학은 중세의 암흑기를 거치면서 그 명맥만 유지해 오다가 17세기에 이르러 데카르트가 기하에 좌표를 도입함으로써 해석기하학이 등장하게 되었다. 이 이론은 평면 위의 도형을 식으로 표현함으로써 그것을 대수적 및 해석적으로 취급하는 것을 가능하게 하였고, 또한, 식을 도형으로 해석함으로써 그 직관적인 취급과 종합적인 이해가 가능하도록 하였다.

그 후, 19세기와 20세기 초에 걸쳐서 가우스, 로바체프스키(N.I. Lovachevsky, 1793~1856), 보여이(W. Bolyai, 1775~1856), 리만, 클라인(F. Klein, 1849~1925), 카르탕(H. Carton, 1904~) 등은 기하학을 더욱 추상적인 차원으로 발전시켜 타원기하학, 쌍곡기하학, 사영기하학, 아핀기하학 등 현대적 형태로 발전하였다.

2) 유클리드 기하학(Euclidean Geometry)

수학의 한 분야인 기하학은 영어로 geometry라고 하는데, 이것은 'geo'가 '토지'를 뜻하고 'metry'가 '측량한다'를 뜻함에서 그 기원을 이해할 수 있다. 고대 이집트에서는 해마다 나일 강의 홍수가 지나고 나면 토지의 경계가 없어져서 경작지를 본래대로 복원하느라고 애를 먹었다고 한다. 이런 이유로 인해서 토지를 측량하는 기술이 발달하게 되었는데, 이것이 오늘날의 기하학의 시초가 되었다.

이집트의 실용수학을 그리스로 들여온 사람은 탈레스(Thales, B.C. 640?~546)인데, 그는 실용적인 수학을 근거로 해서 이론적 연구에 몰두하여 실용기하에서부터 이론기하, 논증기하의 시초를 이루게 되었다. 즉, 탈레스는 추상적이고 일반적인 도형의 성질을 연구하는 추상과학의 길을 닦은 것이다. 탈레스의 뒤를 이어 논증기하를 발전시킨 사람은 피타고라스(Pythagoras, B.C. 572?~492?)인데, 그를 중심으로 한 학파는 기하와 수론과의 연관성을 연구하였다. 예를 들면 피타고라스의 정리를 사용하여 직각삼각형의 변의 길이를 나타내는 정수를 찾아내는 방법을 생각하였다.

그 후 그리스의 수학은 3대 작도문제를 생각하였고, 철학자 플라톤(Platon, B.C. 427?~347)이나 논리학자 아리스토텔레스(Aristoteles, B.C. 384~322)에 의하여 추론의 형식, 정의, 공리에 대한 연구가 추진되었고, 그 연역적 전개 방법이 확립되었으며, 이런 배경에서 유명한 수학자 유클리드(Euclid, B.C. 약 300년경)는 유클리드의 「원론」(Elements) 13권을 저술하였다. 유클리드는 자기의 저서 원론에서 당시까지의 기하학의 지식을 집대성하여 하나의 논리적 체계를 완성하였으며, 논리적 기하학의 기초를 확립하였다.

유클리드 기하는 제 1 권의 서두에서 23개의 정의, 5개의 공준, 5개의 공리를 제시한 다음 이것을 기초로 하여 정수론, 평면기하, 공간기하, 기하적 대수 등에 관한 465개의 명제를 논리적으로 다룬 기하학이다. 이 기하학은 논리적 사고력을 연마하는 데 가장 효과적이라고 인식되어 20세기 초까지 유럽에서는 수학 교과서로 사용되었다.

공리와 공준은 증명 없이 당연한 것으로 인정하는 것으로서 원론에 제시된 공리와 공준은 다음과 같다.

유클리드의 공리(common notions)

Ⅰ. 같은 것과 같은 것은 같다.

Ⅱ. 서로 같은 것에 같은 것을 더하면 그 합 또한 서로 같다.

Ⅲ. 서로 같은 것에서 같은 것을 빼면 그 차 또한 서로 같다.

Ⅳ. 서로 같은 것을 반으로 한 것은 서로 같다.

Ⅴ. 전체는 부분보다 크다.

유클리드의 공준(postulates)

Ⅰ. 한 점에서 다른 점에 직선을 그을 수 있다.

Ⅱ. 선분을 연장하여 하나의 직선을 만들 수 있다.

Ⅲ. 한 점을 중심으로 하고 한 선분을 반지름으로 하는 원을 그을 수 있다.

Ⅳ. 모든 직각은 서로 같다.

Ⅴ. 두 직선이 한 직선과 만날 때, 한 쌍의 동측내각의 합이 2직각 보다 작은 경우가 있으면, 두 직선은 무한히 연장한다면, 동측내각의 합이 2직각 보다 작은 쪽에서 만난다.

위의 다섯 번째의 공준을 정리로 만들려고 노력한 결과 19세기 초에 비유클리드 기하학을 탄생시키게 되었다.

3) 비유클리드 기하학(non-Euclidean Geometry)

유클리드 기하학의 공준 중 평행선 공준은 다른 공준에 비하여 간결함이 부족하고 증명 없이 받아들이기 어려운 것 같이 보였다. 그리고 그 공준은 28개의 명제를 증명할 때까지는 사용되지 않았으며 그 공준의 역인 "삼각형의 두 각의 합은 2직각 보다 작다"는 유클리드에 의하여 하나의 정리로 증명되었다. 그래서 헤스(Heath)가 「원론」(Elements)을 번역한 책에서부터 톨레미(Ptolemy), 프로클로스(Proclus) 등 많은 학자들이 이 공준을 증명하려고 시도하였다. 이탈리아 목사 사케리(Saccheri)도 증명을 시도하였는데, 그는 귀류법을 사용하여 두 개의 직각을 갖는 등변사다리꼴을 이용하여 증명을 시도하였다. 그는 그 증명이 참인 것으로 알았지만 모순이 있음이 나중에 발견되었다. 그의 증명은 비록 실패하였지만 비유클리드 기하학의 탄생에 중요한 역할을 하였다.

비유클리드 기하학의 발생은 유클리드 후 2천년이 지난 19세기 초에 세 사람의 수학자 —로바체프스키, 보여이, 가우스에 의하여 이루어졌다. 이들은 직선 밖의 한 점을 지나 그 직선에 평행한 직선의 수를 두 개 이상 있다고 가정한 경우 모순을 발견할 수 없었다. 이들의 연구는 리만(Riemann)이 1866년에 어느 두 직선도 평행하지 않으며 삼각형의 내각의 합은 2직각 보다 크다는 기하학을 내놓기 전까지는 거의 관심을 사지 못했다. 가우스는 가장 먼저 공준 5를 부정한 이론을 발견했지만 그의 생애 동안 발표하지 않았다. 보여이는 1832년에 자기의 연구를 아버지의 수학 저서에 부록으로 발표하였고, 로바체프스키는 1829년에서 1830년 사이에 발견하였으나 언어 장벽과 정보 전달 속도가 느려 몇 년 동안 유럽으로 알려지지 못했다. 1871년에 클라인(Klein)은 보여이와 로바체프스키, 유클리드, 리만의 기하학을 각각 쌍곡기하학(hyperbolic geometry), 포물기하학(parabolic geometry), 타원기하학(elliptic geometry)이라 불렀다.

4) 피타고라스의 정리

피타고라스의 정리는 이 정리를 증명한 피타고라스(Pythagoras, 572?~492?)의 이름을 딴 것이다. 유클리드의 「원론」(Elements)에 피타고라스의 정리가 증명되어 있다. 이 정리를 증명한 방법에는 200여 가지가 있는 것으로 알려져 있는데, 고대 중국의 수학 책인 「구장산술」(九章算術)에는 직각삼각형의 세 변의 길이 중 두 변의 길이를 알고 다른 한 변의 길이를 구하는 문제가 있으며, 「주비산경」(周髀算經)에도 구(勾)를 3, 고(股)를 4라 할 때 현(弦)은 5가 된다는 기록과 이 정리의 증명에 해당하는 그림이 그려져 있다. 아래의 그림들은 피타고라스의 정리를 증명하기 위한 것인데, [그림 1]은 유클리드의 「원론」에, [그림 2]는 「주비산경」에 있는 것이다. 중국에서는 이를 구고현의 정리 또는 중국의 진자에 의해 발견되었다고 하여 **진자의 정리**라고 한다. 피타고라스의 정리를 일본에서는 **직각삼각형의 정리**라고 부른다.

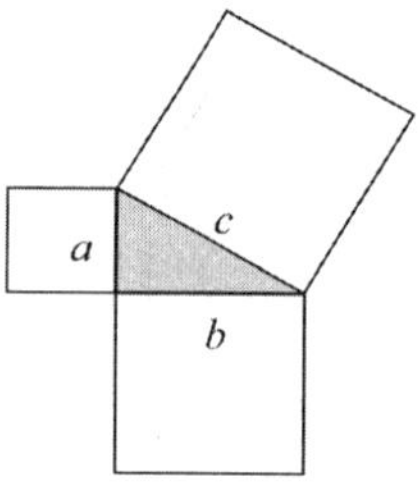

[그림 1]

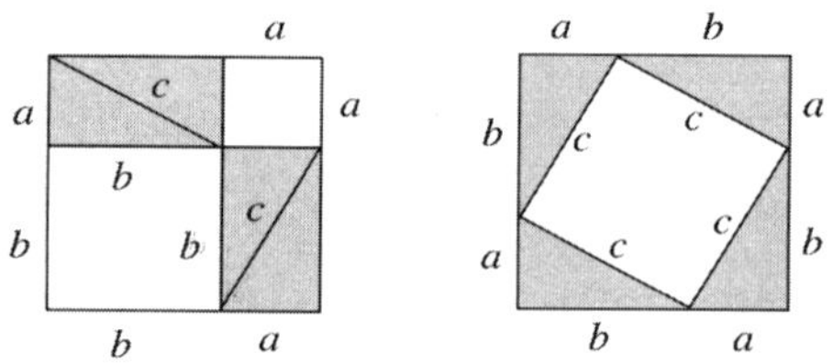

[그림 2]

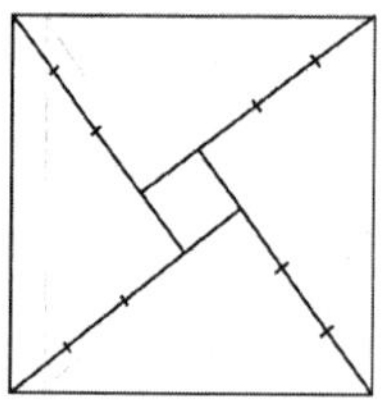

[그림 3]

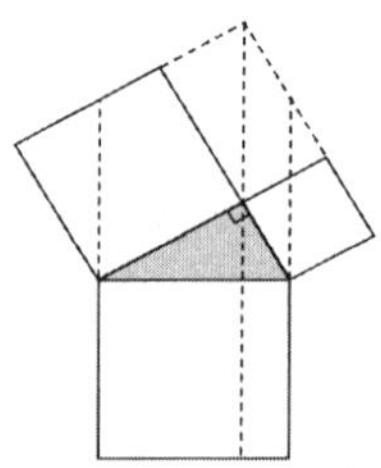

[그림 4]

구장산술보다 더 오래된 것으로 추정되는 천문학에 관한 내용을 주로 다룬 유명한 고전인 「주비산경」(周髀算經)이 있다. 이 책에서도 [그림 3]을 이용한 피타고라스의 정리가 증명 없이 제시되어 있다(이우영, 신항균, 1996, pp. 188~189). [그림 4]는 [그림 1]에 적당한 보조선을 그어서 피타고라스의 정리가 성립함을 보여주는 간단한 그림이다.

5) 측정의 단위

도형의 길이, 넓이, 부피, 물체의 무게, 거리, 시간, 속도의 개념은 일상 생활에 매우 필요한 수학적 개념으로서 인류의 문명 생활과 그 역사를 같이한다고 알려져 있다. 이를테면, 기원전 1800년 경 전의 것으로 발견된 파피루스에 토지의 넓이와 그 넓이에 비례하여 세금을 매긴 기록이 있음으로 미루어 보아 당시에도 측정은 중요한 생활의 한 수단이었음을 알 수 있다.

길이나 넓이 등을 측정할 때는 적절한 단위를 사용하여야 한다. 원시인들은 길이를 측정하기 위해 자신의 손, 손가락, 발, 팔, 걸음 등 신체의 일부를 단위로 사용하다가 다른 사람과 일치된 측정 자료를 갖기 위해 표준단위의 사용을 필요로 하게 되었다.

국제적으로 사용하는 **표준화 단위**(standardized unit)로는 다음과 같은 것들이 있다.

길이의 단위: mm, cm, m, km
무게의 단위: mg, g, dg, kg, t (톤)
부피의 단위: cm^3, L, m^3
넓이의 단위: cm^2, m^2

등이 있다. 우리나라에서 전통적으로 사용해 온 길이, 무게, 부피에 관한 단위로서는 다음과 같은 것들이 있다.

길이의 단위: 자(尺 $= 30.303\mathrm{cm}$), 간(間 $= 1.818\mathrm{m}$), 정(町 $= 109.091\mathrm{m}$), 리(里 $= 3.927\mathrm{km}$)
무게의 단위: 돈($= 3.75\mathrm{g}$), 근(斤 $= 600\mathrm{g}$), 관(貫 $= 3.75\mathrm{kg}$)
부피의 단위: 홉(合 $= 0.18\mathrm{L}$), 되($= 10$홉), 말(斗 $= 18\mathrm{L}$)

넓이의 단위: 평(= 3.3m^2), 단보(= 300평), 정보(= 10단보)

등이 있다.

유럽 지역에서 사용하는 표준단위로는 다음과 같은 것들의 있다.

길이의 단위: 인치(= 2.54cm), 피트(= 12인치), 야드(= 3피트, 0.91m),
마일(= 1760야드)

무게의 단위: 온스(= 28.35g), 파운드(= 16온스, 0.45kg)

부피의 단위: 입방 인치, 입방 피트, 입방 야드, 겔론(gal= 3.79L)

넓이의 단위: 아르(a = 100m^2), 평방 피트, 평방 야드,
에이커(acre= 40.468아르, 0.4정보)

등이 있다.

6) 삼각법

사인에 대한 연구는 기원전 그리스 시대부터 있었다. 그 시대의 사람들은 아래 그림과 같이 반지름의 길이가 r인 원 O에서 현 AB가 이루는 중심각의 크기를 α, $\overline{AB}$의 길이를 c라 할 때,

$$\sin\frac{\alpha}{2} = \frac{c/2}{r} = \frac{(\text{중심각 } \alpha \text{ 의 현의 길이})}{2r}$$

로 정하였다고 한다.

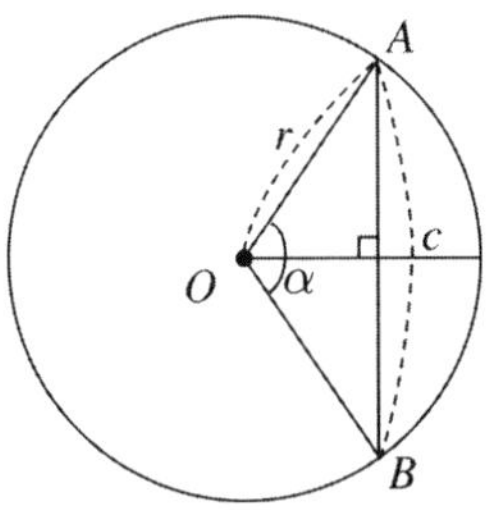

히파르코스(Hipparchos, B.C. 190?~125?)는 12권의 저서에서 현에 대한 연구를 하였는데, 이 연구에서는 중심각의 크기가 90°, 반지름의 길이가 60인 원호를 사용하였다는 기록이 있다.

그 후 프톨레마이오스(K. Ptolemaeos, 85?~165?)는 그의 저서 「알마게스트」

(Almagest)에서 이 방법을 사용하여

$$0.5°, 1°, 1.5°, 2°, 2.5°, \cdots$$

의 사인값을 구하였다고 한다.

그 뒤 많은 학자들이 매우 큰 원을 이용하여 더욱 정확한 삼각비의 값을 구하였고, 오늘날에는 더욱 발달한 수학과 컴퓨터를 이용하여 더 정밀한 삼각비의 값을 구할 수 있게 되었다. 이를테면, 뉴턴(I. Newton, 1642~1727)은 원운동에 관한 고찰에서 $\sin x$와 $\cos x$의 각 급수전개

$$\sin x = x - \frac{1}{3!}x^3 + \frac{1}{5!}x^5 - \cdots + (-1)^{n-1}\frac{1}{(2n-1)}x^{2n-1} + \cdots$$

$$\cos x = 1 - \frac{1}{2!}x^2 + \frac{1}{4!}x^4 - \cdots + (-1)^{n}\frac{1}{(2n)!}x^{2n} + \cdots$$

를 발견하였다.

7) 이차곡선

타원(ellipse), 쌍곡선(hyperbola), 포물선(parabola)의 역사에 대하여 알아보자. 고대에는 이 용어가 현재와는 전혀 다른 의미로 사용되었다. 이를테면, 피타고라스 또는 그 학파의 사람들은 이 용어들을 "넓이의 응용"과 관련하여 사용하였다. 방정식의 해를 도형으로 표현한 해에서 도형의 한 기준 변의 길이가 주어진 길이보다 짧거나, 같거나, 더 길 때 각 경우를 차례로 타원, 포물선, 쌍곡선이라고 하였다.

원추를 평면으로 절단하여 생긴 3개의 원추곡선을 처음으로 발견한 사람은 에우독소스의 제자인 메나에크무스(Menaechmus, B.C. 350)이다. 그 결과 이 곡선들은 메나에크무스의 3인방(triads)이라고 불리었다. 메나에크무스가 만든 원추곡선은 원추를 기준선(원추에서 자르는 평면이 처음으로 만나는 모선) 에 수직인 평면으로 자른 단면을 그 원추의 꼭지각이 예각, 직각, 둔각임에 따라서 그 곡선을 차례로 타원, 포물선, 쌍곡선이라고 하였던 것으로 생각된다.

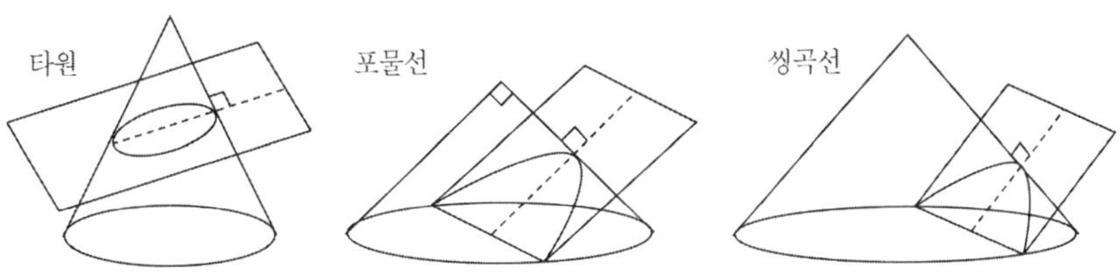

페르가 지역의 아폴로니우스(Apollonius, B.C. 225년경)도 원추곡선의 연구로 유명한 사람이다. 그는 원추곡선에 대하여 8권을 책을 저술하였는데, 그 중에서 7권이 현존하고 있다. 아폴로니우스는 한 개의 직각 복수 원뿔에서 기준선을 자르는 평면의 각도를 변화시킴으로써 모든 종류의 원추곡선을 얻었다.

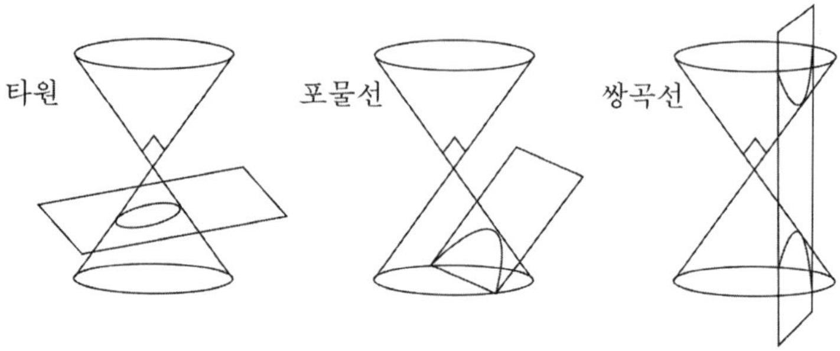

오늘날 사영기하학이나 비유클리드 기하학과 같은 수학의 많은 곳에서 쌍곡적(hyperbolic), 포물적(parabolic), 타원적(elliptic)이란 용어를 사용하고 있다. 이때는 특별한 어떤 것이 단 두 개, 단 한 개, 하나도 없는 것을 의미하는 경우가 많다. 이를테면, 직선 밖의 한 점을 지나 그 직선에 평행인 직선이 두 개 있다고 가정한 기하학은 쌍곡기하학, 평행한 직선이 하나도 없다고 가정한 기하학은 타원기하학이다.

8) 벡터 대수

벡터 대수(vector algebra)의 기원은 공간에서의 유향선분의 기하적 개념에서 비롯된다. 평행사변형의 법칙에 의한 힘의 합성은 벡터의 덧셈 개념을 생각하게 되었다. 벡터를 실수의 순서쌍으로 표현한 것은 복소수를 초월하는 수 체계의 확장 뒤에 일어났다.

벡터 개념에 관한 연구는 19세기 중반부터 시작되었으며, 업적을 남긴 사람들은 그라스만(H. Grassmann, 1844), 해밀턴(W.R. Hamilton, 1853), 깁스(J.W Gibbs), 윌슨(E.B. Wilson), 리치(C.G. Ricci, 1888) 등이 있으며, 아인슈타인(Einstein)이 그의 상대성 이론에 벡터 개념을 사용한 후부터 보편적으로 인식되었다고 한다.

제4장

해석영역

1_ 함수
2_ 함수의 극한
3_ 미분과 적분
4_ 역사적 배경

1.
함수

1 함수와 그래프

1) 함수의 뜻

한 변의 길이가 x 인 정사각형의 넓이를 y 라 할 때 이 정사각형을 확대 또는 축소하면 변의 길이 x 와 사각형의 넓이 y 가 변한다. 이와 같이 변하는 양을 나타내는 문자를 **변수**(variable)라고 한다.

두 변수 x, y 에 대하여 x 의 값이 결정되면 y 의 값이 하나로 결정될 때, y 를 x 의 **함수**(function)라고 하고 기호로 $y = f(x)$와 같이 나타낸다. 변수 y 가 변수 x 에 정비례 또는 반비례하면 y 는 x 의 함수이다. 함수 $y = f(x)$에서 x 의 값이 정해졌을 때의 $f(x)$의 값을 x 에서의 **함숫값**(value of function)이라고 한다.

함수 $y = f(x)$에서 변수 x 가 변하는 범위를 나타낸 집합을 그 함수의 **정의역**(domain)이라 하고, 함숫값의 집합을 **치역**(range)이라 한다. 어떤 함수의 치역을 포함하는 적당한 수들의 집합을 **공역**(codomain) 또는 **공변역**이라 한다.

위에서는 함수의 개념을 두 변수의 변화 관계로 정의하였지만, 이 개념을 좀더 넓은 범위에서 사용할 수 있도록 다음과 같이 일반화할 수 있다.

y 가 x 의 종속변수인 함수 $y = f(x)$에서 변수 x 의 값의 집합을 X, 변수 y 의 값의 집합을 Y 라 할 때, 함수 $y = f(x)$를 다음 그림과 같이 두 집합 사이의 대응으로 나타낼 수 있다.

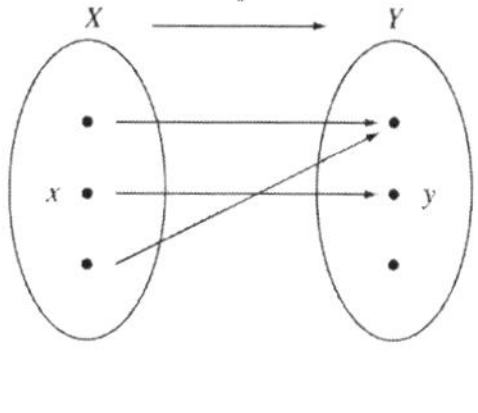

위의 그림과 같이 두 집합 X, Y에 대하여 X의 각 원소에 어떤 관계에 의하여 Y의 원소를 짝지어 주는 것을 집합 X에서 집합 Y로의 **대응**(correspondence)이라고 한다. 특히, 두 집합 X, Y에서 X의 각 원소에 Y의 원소가 하나씩 대응할 때, 이 대응 관계 f를 X에서 Y로의 **함수**(function)라고 하며, 이것을 기호로

$$f: X \to Y$$

와 같이 나타낸다. 이때, 집합 X를 함수 f의 **정의역**(domain), 집합 Y를 함수 f의 **공변역**(codomain)이라고 한다. 특히, Y의 부분집합인 $\{f(x) | x \in X\}$를 f의 **치역**(range)이라고 한다.

함수를 두 집합 사이의 대응으로 나타내면 두 변수 x, y 사이의 관계를 식으로 나타낼 수 없는 경우도 함수로 나타낼 수 있다. 예를 들면, 자동판매기의 기능은 식으로 나타낼 수 없지만 함수의 성질을 만족한다. 또, 대응으로 함수를 정의하면 합성함수와 역함수의 개념을 다루기가 편리하다. 그러므로 고등학교 이상의 수학에서는 함수의 개념을 대응을 이용하여 정의한다.

함수는 실세계의 모든 변화 관계를 가장 간단하게 나타낼 수 있는 한 수단이며, 그 변화 관계의 성질을 연구하는데 매우 편리한 한 도구이다. 예를 들면, 상품의 가격과 판매 수량 사이의 관계, 물체를 공중으로 던지거나 자유낙하 시킬 때 물체가 이동한 거리와 경과한 시간 등을 함수로 나타낼 수 있으며, 이 함수로부터 두 변량 사이의 여러 가지 성질을 조사할 수 있다. 함수 개념은 해석학의 기본 요소로서 중등수학의 핵심적인 개념이라고 할 수 있다.

2) 순서쌍과 좌표

순서를 정하여 나타낸 두 수의 쌍을 **순서쌍**(ordered pair)이라고 한다. 좌표평면 위에서의 한 점의 위치나 어떤 곡선 위의 한 점의 좌표를 순서쌍으로 나타낼 수 있다.

수직선 위에서 한 점의 위치를 나타내는 수를 그 점의 **좌표**(coordinate)라고 한다. 평면 위에 서로 수직인 가로 선과 세로 선을 그어 그 교점을 각각 원점으로 하는 두 개의 수직선을 만들 수 있다. 이때, 가로의 수직선을 **x축**(x-axis), 세로의 수직선을 **y축**(y-axis)이라 하며, x축, y축을 통틀어 **좌표축**(coordinate axis)이라고 하고, 두 좌표축의 교점을 **원점**(origin)이라고 한다. x축과 y축이 정해진 평면을 **좌표평면**(coordinate plane)이라고 한다. 좌표 평면 위의 한 점 P에서 x축과 y축에 각각 수

선을 내려 이 수선과 좌표축이 만나는 점을 각각 a, b라 하면 점 P의 위치를 $P(a, b)$로 나타낼 수 있다. 이때, a를 점 P의 **x 좌표**(x-coordinate), b를 점 P의 **y 좌표**(y-coordinate)라고 한다. 좌표평면을 x축과 y축을 기준으로 하여 네 부분으로 나누고 각각의 부분을 아래 그림과 같이 제 1 사분면, 제 2 사분면, 제 3 사분면, 제 4 사분면이라고 한다. 좌표축은 어느 사분면에도 속하지 않는다.

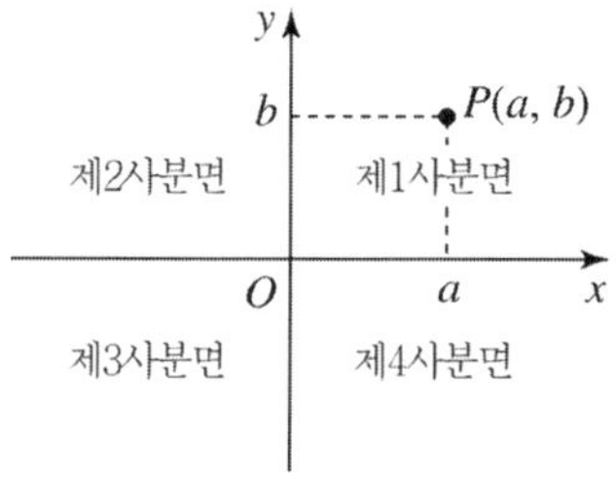

3) 함수의 그래프

정의역이 집합 X인 함수 $y=f(x)$에서 정의역 X의 각 원소 x와 그의 함숫값으로 이루어진 순서쌍 $(x, f(x))$를 좌표로 하는 점 전체의 집합을 그 함수의 **그래프**(graph)라고 한다. 이 정의는 점의 집합으로서 도형으로 나타난다. (고등학교에서는, 집합 $\{(x, y) | y=f(x), x \in X\}$를 X를 정의역으로 하는 함수 $y=f(x)$의 그래프라고 정의하기도 한다.)

함수 $y=ax$의 그래프는 원점을 지나는 직선이며, $a>0$일 때는 제 1 사분면과 제 3 사분면을 지나고 $a<0$일 때는 제 2 사분면과 제 4 사분면을 지난다.

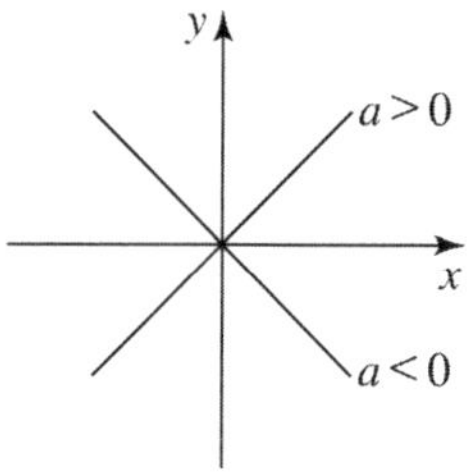

$y=ax$의 그래프

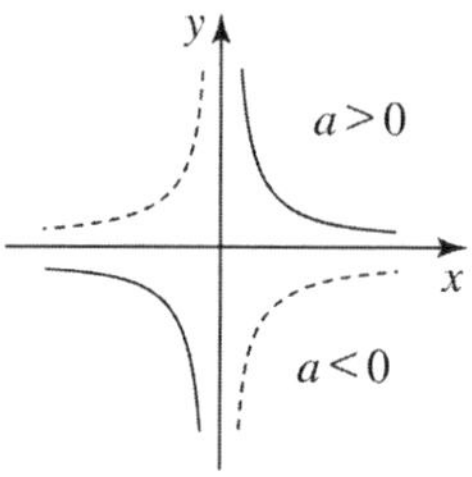

$y=\frac{a}{x}$의 그래프

함수 $y=\frac{a}{x}$의 그래프는 쌍곡선으로 $a>0$일 때는 제 1 사분면과 제 3 사분면을 지나며 $a<0$일 때는 제 2 사분면과 제 4 사분면을 지난다.

좌표평면에 그려진 그래프가 함수의 그래프인지를 판단하는 간단한 방법을 알아보자. 좌표평면에서 x축에 수직인 임의의 직선을 그어 좌표평면에 그려진 그래프와 만나는 교점이 하나 이하일 때, 그 그래프는 함수의 그래프이다.

발전연구 4-1-1

(1) 집합 개념을 이용한 함수의 정의

두 집합 X와 Y가 있어서 X의 원소에 어떤 관계에 의하여 Y의 원소를 짝지어 주는 것을 집합 X에서 집합 Y로의 **대응**(correspondence)이라 한다.

함수를 두 집합 사이의 대응으로 나타내면, 두 변수 x, y 사이의 관계를 간단한 식으로 나타낼 수 없는 경우로까지 함수의 범위를 확장할 수 있다. 또, 함수를 이 방법으로 정의하면 합성함수와 역함수의 개념을 도입하는 데도 편리하다. 그래서 고등학교 이상의 수학에서는 함수의 뜻을 다음과 같이 정의하여 사용한다.

두 집합 X, Y에서 X의 각 원소에 Y의 원소가 하나씩 대응할 때, 이 대응관계 f를 X에서 Y로의 함수라고 하며, 이것을 기호로

$$f:\ X \to Y$$

와 같이 나타낸다. 이때, 집합 X를 함수 f의 정의역, 집합 Y를 함수 f의 공역이라고 한다.

함수 f에 의하여 정의역 X의 원소 x에 공역 Y의 원소 y가 대응할 때, 이것을 기호로

$$y = f(x)$$

와 같이 나타내고 $f(x)$를 x에서의 함숫값이라고 한다. 또, 함숫값의 집합 $\{f(x) | x \in X\}$를 함수의 치역이라고 한다.

함수 $f:\ X \to Y$에 대하여 집합 $G = \{(x, f(x) | x \in X\}$를 함수 $y = f(x)$의 그래프라 한다. 특히, 함수 f의 정의역과 공역이 모두 수의 집합일 때는 순서쌍 $(x, f(x))$를 좌표평면 위에 나타낸 것을 함수의 그래프라 부르기도 한다.

연구과제 4-1-1

1. 실생활 주변에서 비례를 만족하는 두 변수와 반비례 관계를 만족하는 두 변수의 예를 찾아보고, 이들을 식으로 나타내어 보아라.

2. 실생활 주변에서 두 변수의 관계로서 함수가 되는 예를 찾아보고, 이들을 식으로 나타내어 보아라.

3. 다음 그림과 같은 직사각형에서 점 P가 변 BC 위를 움직인다. 선분 BP의 길이를 $x\,\mathrm{cm}$, 삼각형 ABP의 넓이를 $y\,\mathrm{cm}^2$라고 할 때, x와 y 사이의 관계식을 구하고, 그 그래프를 그려라.

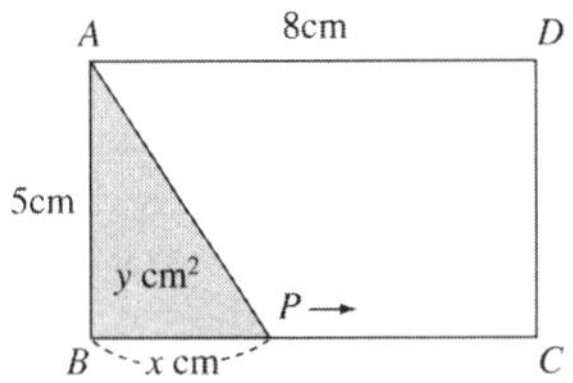

4. 톱니가 18개인 톱니바퀴 A와 톱니가 x개인 톱니바퀴 B가 맞물려 돌아간다. A가 매초 6회전할 때, B는 y회전한다고 한다. x와 y 사이의 관계식을 구하고, 그 그래프를 그려라.

5. 함수의 응용으로서 비둘기집 원리와 바코드에 대하여 알아보아라.

지도상의 유의점 4-1-1

1. 함수개념의 도입은 변화하는 두 양을 조사하여 도입한다. 변화하는 두 양의 관계로서 비례관계를 실생활에서 찾고 다루기가 용이하다. 고등학교 수준에서는 두 집합의 대응관계로 함수를 정의한다.
2. 그래프를 그릴 때, 정의역을 유한집합으로 정하여 그리게 한 후에, 수 전체로 유추시켜서 확장하는 방법을 이해하게 한다.

2 일차함수와 이차함수

1) 일차함수와 그 그래프

수의 집합 X, Y를 각각 정의역과 공역으로 하는 함수 y가 x에 관한 일차식

$$y = ax + b \text{ (단, } a \neq 0,\ a, b \text{는 상수)}$$

로 나타내어질 때 이 함수를 **일차함수**(linear function)라고 한다. 일차함수를 취급할 때 정의역과 공역에 대한 특별한 언급이 없으면 정의역과 공역을 수 전체의 집합으로 한다.

함수의 그래프는 그 함수를 만족하는 순서쌍을 찾아 좌표평면 위에 나타내면 된다. 정의역과 공역이 수 전체의 집합인 일차함수의 그래프는 직선으로 나타난다. 두 점을 지나는 직선은 하나뿐이므로, 일차함수의 그래프는 그 그래프를 만족하는 두 점을 잡아 직선으로 이으면 된다.

두 일차함수

$$y = 2x \text{ 와 } y = 2x + 3$$

의 그래프를 한 좌표평면 위에 그려 비교하여보면 $y = 2x + 3$의 그래프는 $y = 2x$의 그래프를 y축의 양의 방향으로 3만큼 이동한 것과 같음을 알 수 있다. 이와 같이 한 도형을 일정한 방향으로 일정한 거리만큼 이동하는 것을 **평행이동**(parallel translation)이라고 한다.

일차함수 $y = ax + b$의 그래프는 $y = ax$의 그래프를 y축 방향으로 b만큼 평행이동한 것과 같다. 일차함수의 그래프가 x축과 만나는 점의 x좌표를 **x 절편**(x-intercept), y축과 만나는 점의 y좌표를 **y 절편**(y-intercept)이라 한다.

일차함수 $y = ax + b$의 그래프에서 a를 이 그래프의 **기울기**(slope)라고 한다. 이 함수의 그래프에서 $a > 0$이면 그래프는 오른쪽 위로 증가하고, $a < 0$이면 오른쪽 아래로 감소한다.

2) 일차함수와 일차방정식

미지수가 두 개인 일차방정식 $2x - y + 1 = 0$에 대하여 x의 값에 대응하는 y의 값을 구하여 순서쌍 (x, y)를 좌표로 하는 점들을 좌표평면 위에 나타내면 기울기가 2이고 y절편이 1인 직선이다. 즉, 이 직선은 일차함수 $y = 2x + 1$의 그래프와 같다. 그러므로 일차함수 $y = 2x + 1$의 그래프와 일차방정식 $2x - y + 1 = 0$의 그래

프는 서로 같음을 알 수 있다.

일반적으로, 일차방정식

$$ax+by+c=0\,(a\neq 0,\ b\neq 0)$$

의 그래프는 이 방정식을 y에 관하여 풀어서 나타낸 식인 일차함수

$$y=-\frac{a}{b}x-\frac{c}{b}$$

의 그래프를 그린 것과 같다.

x에 대한 y의 일차함수의 일반식은 $y=ax+b$로 정의하였고, 미지수가 $x,\ y$인 일차방정식의 일반식은 $ax+by+c=0$으로 정의하였으므로, 흔히 $y=ax+b$의 꼴로 표현된 식을 일차함수, $ax+by+c=0$ 꼴로 표현된 식을 일차방정식이라고 한다.

임의의 일차함수와 일차방정식의 그래프는 직선으로 나타낼 수 있다. 그러나 임의의 직선은 일차방정식으로 나타낼 수 있지만, y축에 평행한 직선은 일차함수로 나타낼 수 없다. 이러한 의미에서 일반적으로 좌표평면에 그려진 곡선의 이름을 식으로 나타내었을 때 그 식을 직선의 방정식이라고 한다.

3) 이차함수의 뜻

수의 집합 $X,\ Y$를 각각 정의역과 공역으로 하는 함수 y가 x에 관한 이차식

$$y=ax^2+bx+c \quad (a\neq 0,\ a,\ b,\ c\text{는 실수})$$

로 나타내어질 때, 이 함수를 X를 정의역으로 하는 x에 관한 **이차함수**(quadratic function)라고 한다. 정의역과 공역이 실수 전체의 집합일 때에는 간단히 $y=ax^2+bx+c$를 이차함수라고 한다.

4) 이차함수의 그래프

이차함수 $y=ax^2$의 그래프는 이 함수를 만족하는 몇 개의 순서쌍을 만들어 좌표평면에 찍어 이들을 부드럽게 연결함으로써 그릴 수 있다. 이차함수의 그래프는 순서쌍들을 부드러운 곡선으로 연결해야함을 이해시키는 몇 가지 방법을 생각해 보자. 첫째, 몇 개의 순서쌍을 좌표평면에 찍은 다음 그들을 선분으로 이어보고, 그 점들 사이에 몇 개의 순서쌍을 더 찍었을 때, 그 점들은 먼저 연결한 선분 위에 있지 않음을 보여 준 다음, 모든 순서쌍의 점들을 지나도록 연결하는 방법을 토론해 보게 한

다. 둘째, 컴퓨터를 이용하여 이차방정식을 만족하는 매우 많은 순서쌍을 만들고 이들을 좌표평면에 나타나도록 해 봄으로써 그 점들은 부드러운 곡선을 이루고 있음을 이해하게 할 수 있다.

이차함수 $y=ax^2\,(a\neq 0)$의 그래프와 같은 모양의 곡선을 **포물선**(parabola)이라고 한다. 포물선의 대칭축을 그 포물선의 **축**(axis), 포물선과 축과의 교점을 **꼭짓점**(vertex)이라고 한다.

이차함수 $y=ax^2\,(a\neq 0)$의 그래프에는 다음과 같은 성질이 있다.

이차함수 $y=ax^2\,(a\neq 0)$의 그래프의 성질

(1) 원점을 꼭짓점으로 하고, y축을 축으로 하는 포물선이다.

(2) $a>0$이면 아래로 볼록하고, $a<0$이면 위로 볼록하다.

(3) a의 절댓값이 클수록 그래프의 폭이 좁아진다.

(4) $y=ax^2$의 그래프와 $y=-ax^2$의 그래프는 x축에 대하여 대칭이다.

이차함수 $y=ax^2+bx+c\,(a\neq 0)$의 그래프의 성질

이차함수 $y=ax^2+bx+c$의 그래프는

$$y=a\left(x+\frac{b}{2a}\right)^2+\frac{-b^2+4ac}{4a}$$

에서, 꼭짓점의 좌표는 $\left(-\frac{b}{2a},\ \frac{-b^2+4ac}{4a}\right)$, 축은 $x=-\frac{b}{2a}$인 포물선이며, $a>0$이면 위로 열리고(위로 오목, 아래로 볼록), $a<0$이면 아래로 열린(아래로 오목, 위로 볼록) 포물선이다.

이차함수 $y=ax^2+bx+c$의 그래프는 이차함수 $y=ax^2$의 그래프를 x축 방향으로 $-\frac{b}{2a}$, y축 방향으로 $\frac{-b^2+4ac}{4a}$만큼 평행이동한 것과 같다.

이차함수의 그래프에 대한 지도 순서는

$$y=ax^2 \;\Rightarrow\; y=ax^2+b \;\Rightarrow\; y=a(x-m)^2+b \;\Rightarrow\; y=ax^2+bx+c$$

의 순서로 정하는 것이 바람직하다.

(1) 이차함수의 최댓값과 최솟값

이차함수 $y = ax^2 + bx + c$ 가 집합 D 에서 정의되어 있을 때, 이 함수의 치역 중에서 가장 큰 값을 **최댓값**(maximum), 가장 작은 값을 **최솟값**(minimum)이라고 한다. 최댓값과 최솟값을 구할 때, 변수 x 의 구간의 끝값이 포함되는지 않는지에 유의하여야 한다.

예를 들면, 이차함수 $y = -x^2 - 2x + 5$ 는 정의역 $\{x \mid -2 \le x \le 2\}$ 에서 최댓값 6, 최솟값 -3 을 갖지만, 정의역 $\{x \mid -2 < x < 2\}$ 에서 최댓값은 6, 최솟값은 없다.

(2) 이차함수의 그래프와 직선의 위치관계

이차함수 $y = ax^2 + bx + c$ 의 그래프와 직선 $y = mx + n$ 의 위치관계, 즉 이차함수 $y = ax^2 + bx + c$ 의 그래프와 직선 $y = mx + n$ 의 그래프가 만나는지 않는지를 그래프를 직접 그려보지 않고 알아보는 방법을 알아보자.

이차함수 $y = ax^2 + bx + c$ 의 그래프와 직선 $y = mx + n$ 이 점 (x, y) 에서 만난다고 하면, 이 점에서의 y 의 값이 같으므로

$$ax^2 + bx + c = mx + n$$

즉,

$$ax^2 + (b-m)x + c - n = 0$$

이 성립한다. 이 방정식의 실근의 개수가 두 그래프의 교점의 수와 같으므로, 이 방정식의 판별식을 D 라 하면 다음 성질이 성립한다.

① $D > 0$ 이면 서로 다른 두 점에서 만난다.

② $D = 0$ 이면 한 점에서 만난다.

③ $D < 0$ 이면 만나지 않는다.

(3) 이차함수와 이차방정식, 이차부등식의 관계

이차함수 $y = ax^2 + bx + c$ 의 그래프가 x 축과 만날 경우 만나는 점의 x 좌표의 값을 α, β 라 하면 α, β 는

$$y = ax^2 + bx + c \text{ 의 그래프와 } y = 0$$

의 그래프의 교점의 x 좌표값이므로

$$ax^2+bx+c=0$$

의 두 근이다.

이차함수 $y=ax^2+bx+c$의 그래프가 x 축과 만나지 않으면 이차방정식

$$ax^2+bx+c=0$$

는 실근을 갖지 않는다.

이차부등식

$$ax^2+bx+c>0 \text{ 또는 } ax^2+bx+c<0$$

의 해도 이차함수

$$y=ax^2+bx+c$$

의 그래프와 x 축과의 교점을 이용하여 구할 수 있으며, 그 결과를 요약하여 제시하면 다음 표와 같다.

이차함수의 그래프와 이차부등식의 관계

이차방정식 $ax^2+bx+c=0$의 두 실근을 α, β(단, $\alpha \le \beta$)라 하고, 판별식을 $D=b^2-4ac$라고 할 때

$a>0$인 경우	$D>0$	$D=0$	$D<0$
$y=ax^2+bx+c$	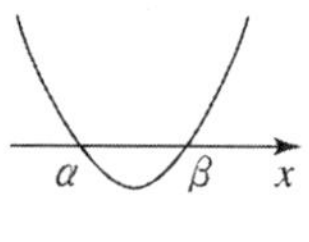	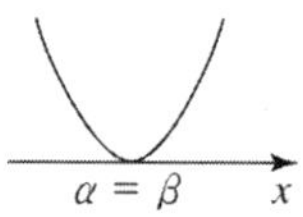	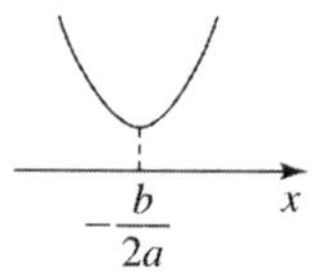
$ax^2+bx+c>0$	$x<\alpha$ 또는 $x>\beta$	$x \ne \alpha$인 모든 실수	모든 실수
$ax^2+bx+c<0$	$\alpha<x<\beta$	해가 없다	해가 없다

이차함수의 그래프가 x 축과 만나는 점의 좌표의 값을 구하기 위해서는 그래픽 계산기나 컴퓨터를 이용하면 편리하다. 특히, 컴퓨터 소프트웨어를 사용하면 그래프 그리기와 두 그래프의 교점의 좌표를 구하기가 용이하다.

발전연구 4-1-2

x를 독립변수, y를 종속변수로 하는 일차함수 $y=ax+c$를 식의 변형에 의하여 $ax+by+c=0$으로 나타낼 수도 있다. 따라서, x와 y의 관계식 $ax+by+c=0$을 형식만 보고 방정식이라고 하는 것은 잘못이다. 실제로 x와 y의 관계식 $ax+by+c=0$을 함수로 볼 때, 함수식 $y=ax+c$의 꼴과 구별하기 위하여 함수 $y=ax+c$를 양함수, 함수 $ax+by+c=0$을 음함수라고 한다. 이와 같은 방법으로 생각하면 식 $y=ax+c$를 방정식이라고 부를 수도 있다. 이 사실을 일반화하면, $f(x)$가 n차 식일 때, $y=f(x)$의 값이 x의 값의 변화에 따라서 달라진다고 볼 경우, 이 식을 x에 관한 n차 함수라고 한다. 또, 함수 $y=f(x)$를 우변이 0이 되도록 변형한 식 $g(x, y)=0$으로 고쳐도 y는 x의 함수라고 볼 수 있다.

방정식 $f(x)=0$의 해는 $f(x)$의 값이 0일 때의 x의 값 즉, $y=f(x)$의 값과 $y=0$의 값이 같을 때의 x의 값이다. 이것은 $y=f(x)$의 그래프와 $y=0$의 그래프가 만나는 점의 좌표의 x의 값이다. 이와 같이 일차함수의 그래프를 이용하여 일차방정식의 해를 구할 수 있는데, 이 방법으로 구한 일차방정식의 해는 그래프에서 두 직선의 교점의 좌표를 읽은 것이므로 근삿값일 경우가 많다. 이 방법은 컴퓨터를 이용하여 일차함수의 그래프를 그리고 그 교점의 좌표를 구하는 수준에서 활용하는 것이 바람직하다.

연구과제 4-1-2

1. 일차함수 $y=\frac{2}{3}x-4$의 그래프를 그리는 여러 가지 방법을 설명하여라.

2. 일차함수 $y=ax+b$의 그래프가 제 1, 2, 4 사분면을 지난다고 한다. a, b의 부호를 말하여라.

3. 다음 조건을 만족하는 그래프의 방정식을 구하여라.

(1) 기울기 $\frac{5}{2}$, 점 $(2, -2)$ (2) 두 점 $(2, -1), (-1, 1)$

(3) x절편 -2, y절편 3 (4) 점 $(2, 3)$을 지나고 y축에 평행한 직선

4. 연립방정식의 해를 그래프를 이용하여 구하는 방법을 설명하고, 그래픽 계산기나 컴퓨터를 활용하여 실제로 구하여 보아라. 이 방법의 특성에 대하여 토론하여라.

5. 다음 이차함수의 그래프를 그려라.

(1) $y = -2(x-1)^2 + 3$　　(2) $y = 3x^2 - 2x + 1$

6. 이차함수 $y = -x^2 + ax + b$ 의 그래프가 $(5,\ 0)$, $(0,\ 5)$를 지날 때, 이 그래프의 꼭짓점의 좌표를 구하여라.

7. 함수의 그래프를 이용하여 방정식 $2x^2 - 4x - 1 = 0$ 의 해를 구하여 보아라.

지도상의 유의점 4-1-2

1. 두 함수의 그래프의 교점의 좌표는 그 두 함수로 만들어지는 연립방정식의 해가 됨을 이해하면, 함수의 그래프를 방정식의 해를 구하는 데 이용할 수 있다.
2. 함수의 성질을 지도하기 위해서는 그래픽 계산기나 컴퓨터를 이용하여 학생들이 다양한 그래프를 그려가면서 수학적인 성질을 찾아보고, 토론하고, 증명해보게 하는 것이 바람직하다.
3. 일차함수 $y = ax + b\,(a \neq 0)$ 의 그래프에서 x 의 값의 증가량에 대한 y 의 값의 증가량의 비율은 항상 일정함을 알게 한다. 또, 그 값은 x 의 계수 a 와 같음을 알게 한다.
4. 두 변수 x, y 사이의 관계를 일차함수로 나타내어 보고, 이를 이용하여 실측되지 않은 x, y 사이의 대응값을 찾아보게 한다.

3 여러 가지 함수

1) 항등함수, 상수함수, 일대일 대응

함수 $f:\ X \to X$ 에서 $f(x) = x$ 일 때, 함수 f 를 X 에서의 **항등함수**(identity function)라고 한다.

함수 $f: X \to Y$에서 $f(x)=k$(단, k는 상수)일 때, 함수 f를 **상수함수**(constant function)라고 한다.

함수 $f: X \to Y$에서 다음 두 조건을 만족할 때, 이 함수 f를 **일대일 대응**(1-1 correspondence)이라고 한다.

(1) 치역과 공역이 같다.

(2) X의 서로 다른 원소에 Y의 서로 다른 원소가 대응한다.

즉, $x_1 \neq x_2$이면 $f(x_1) \neq f(x_2)$.

2) 합성함수

두 함수

$$f: X \to Y,\ y=f(x);\ g: Y \to Z,\ z=g(y)$$

에 대하여 X의 각 원소 x에 Z의 원소 z를 $z=g(f(x))$로 대응시켜 X를 정의역, Z를 공역으로 하는 새로운 함수를 f와 g의 **합성함수**(composite function)라고 하고, 기호로

$$g \circ f: X \to Z$$

와 같이 나타낸다. 이것을 다음과 같은 그림으로 나타낼 수 있다.

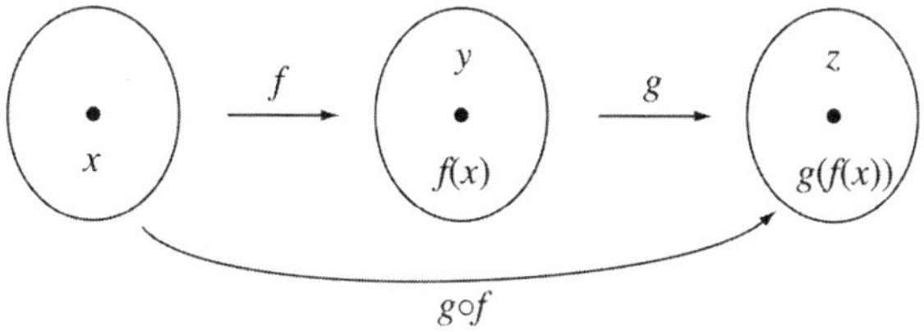

3) 역함수

함수 $f: X \to Y$가 X에서 Y로의 일대일 대응이고 $y=f(x)$일 때, Y의 각 원소 y에 $y=f(x)$인 X의 원소 x를 대응시킬 수 있다. 이 대응은 Y를 정의역, X를 공역으로 하는 함수이며, 이 함수를 함수 f의 **역함수**(inverse function)라고 하고, 기호로

$$f^{-1}: Y \to X$$

와 같이 나타낸다. 함수 $f: X \to Y$에 대하여 역함수 $f^{-1}: Y \to X$가 존재할 때,

역함수의 정의에 의하여 다음 관계가 성립한다.

$$y=f(x) \Leftrightarrow f^{-1}(y)=x$$

따라서

$$(f^{-1} \circ f)(x)=f^{-1}(f(x))=f^{-1}(y)=x$$

이므로 $f^{-1} \circ f$ 는 X에서의 항등함수이다. 같은 방법으로 생각하면, 합성함수 $f \circ f^{-1}$는 Y에서 항등함수이다.

(1) 역함수 구하기

함수 $y=f(x)$에 대하여 역함수 $x=f^{-1}(y)$가 존재하고, $y=f(x)$를 x에 관하여 풀 수 있을 때, x에 관하여 푼 식을 $x=g(y)$라고 하면

$$x=g(y)=g(f(x))$$

이다. 한편, $x=f^{-1}(f(x))$이므로, $g(f(x))=f^{-1}(f(x))$

따라서, $g=f^{-1}$이다.

즉, 함수 $y=f(x)$를 x에 관하여 푼 식은 f의 역함수 $x=f^{-1}(y)$이다.

함수를 식으로 나타낼 때, 보통 정의역의 변수를 x, 공변역의 변수를 y로 나타내므로, 앞으로는 함수 $y=f(x)$의 역함수 $x=f^{-1}(y)$를 x와 y를 바꾸어

$$y=f^{-1}(x)$$

로 나타내기로 한다.

(2) 역함수의 그래프

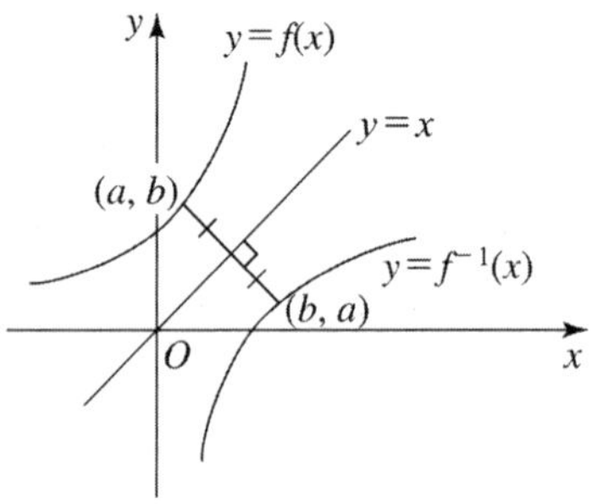

함수 $y=f(x)$에 대하여 역함수 $y=f^{-1}(x)$가 존재할 때, 함수 $y=f(x)$위에 임의의 한 점 (a, b)가 있으면,

$$b=f(a),\ a=f^{-1}(b)$$

가 성립한다. 따라서, 점 (b, a)는 함수 $y=f^{-1}(x)$ 위의 점이다.

그런데, 점 (a, b)와 점 (b, a)는 직선 $y=x$에 대하여 대칭이다. 따라서, 함수 $y=f(x)$의 그래프와 함수 $y=f^{-1}(x)$의 그래프는 직선 $y=x$에 대하여 대칭인

위치에 있다.

4) 유리함수

함수 $y=f(x)$에서 $f(x)$가 x 에 대한 유리식일 때, 이 함수를 **유리함수**(rational function)라고 한다. 특히, $f(x)$가 다항식으로 나타내어진 유리함수를 **다항함수**(polynomial function), $f(x)$가 x 에 대한 분수식으로 나타내어진 유리함수를 **분수함수**(fractional function)라고 한다.

유리함수 $y=\dfrac{k}{x}$의 그래프를 그리는 방법으로서 다음과 같은 것들을 생각할 수 있다.

- 이 함수를 만족하는 몇 개의 점의 좌표를 구하고, 그 점들을 좌표평면 위에 나타낸 다음 그들을 부드럽게 연결한다.
- 그래픽 계산기나 컴퓨터를 활용한다.

함수의 그래프가 어떤 직선에 한없이 가까워질 때, 이 직선을 그 함수의 그래프의 **점근선**(asymtote)이라고 한다. 이를테면 함수 $y=\dfrac{1}{x}$의 그래프의 점근선은 x 축과 y 축이다.

분수함수 $y=\dfrac{k}{x}$의 그래프에는 다음과 같은 성질이 있다.

① 정의역과 치역은 0을 제외한 실수 전체의 집합이다.
② $k>0$ 이면 제 1, 3사분면에 있고, $k<0$ 이면 제 2, 4사분면에 있다.
③ $|k|$가 커지면 그래프는 원점에서 멀어진다.
④ 원점에 대하여 대칭이다.
⑤ x 축과 y 축이 점근선이다.

분수함수 $y=\dfrac{k}{x-p}+q$의 그래프는 함수 $y=\dfrac{k}{x}$의 그래프를 x 축 방향으로 p, y 축 방향으로 q 만큼 평행이동한 것과 같다.

분수함수 $y=\dfrac{ax+b}{cx+d}$ (단, $ad-bc\neq 0,\ c\neq 0$)의 그래프는 $y=\dfrac{k}{x-p}+q$의 꼴로 고쳐서 그릴 수 있다.

5) 무리함수

함수 $y=f(x)$에서 $f(x)$가 x에 대한 무리식일 때, 이 함수를 **무리함수**(irrational function)라고 한다. 무리함수 $y=\sqrt{ax}\ (a\neq 0)$의 그래프를 그리는 방법도 유리함수의 그래프를 그리는 방법과 같이, 이 함수를 만족하는 몇 개의 점을 잡아 부드럽게 연결하는 방법과 컴퓨터 소프트웨어를 이용하는 방법이 있다.

무리함수 $y=\sqrt{ax}\ (a\neq 0)$의 그래프에 대해서 다음 성질이 성립한다.

① $a>0$일 때, 제1사분면을 지난다.

② $a<0$일 때, 제2사분면을 지난다.

③ $|a|$가 클수록 x축에서 멀어진다.

④ 치역은 $\{y|y\geq 0\}$이다.

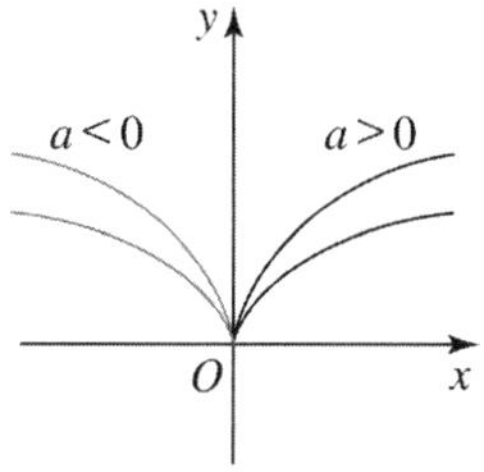

무리함수 $y=\sqrt{a(x-p)}+q$ (단, $q\neq 0$)의 그래프는 무리함수 $y=\sqrt{ax}$의 그래프를 평행이동함으로써 그릴 수 있다.

발전연구 4-1-3

현대수학에서는 함수의 개념을 두 집합 사이의 관계의 특수한 한 경우로 정의하여 사용한다. 여기서는 관계 개념을 이용한 함수 개념의 정의와 그 성질에 대하여 알아보기로 한다.

두 집합 A, B에 대하여

$$A\times B=\{(a,\ b)\mid a\in A,\ b\in B\}$$

를 A, B의 **곱집합**(product set), **데카르트곱**(Descartes' product) 또는 **카르테시안곱**(Cartesian product)이라고 한다. 곱집합 $A\times B$의 부분집합 R를 **관계**(relation)라고 한다. 즉, 한 관계 R이란 두 집합 A, B에 대하여 $R\subset A\times B$를 뜻한다.

$(a,\ b)\in R$일 때, 기호로

$$_aR_b \quad \text{또는} \quad b=R(a)$$

라고 나타내어 a와 b는 R라는 관계를 가진다고 말한다. 이때, R의 정의역은 $\{a\in A|(a,\ b)\in R\}$이고, 치역은 $\{b\in B|(a,\ b)\in R\}$이다.

임의의 $b\in B$에 대하여 $(a,\ b)\in R$가 되는 $a\in A$가 존재할 때 관계 R는 **전사**(surjective)라고 하고, 치역에 들어 있는 임의의 $b\in B$에 대하여

$$(a,\ b) \in R,\ (a',\ b) \in R \text{일 때, } a = a'$$

이면 관계 R는 **단사**(injective)라고 한다. 또, 전사이면서 단사인 것을 **전단사**(bijective)라고 한다.

관계 R에서는 정의역이 A 전체일 필요는 없다.

관계 f가 다음 세 조건

(i) $f \subset A \times B$

(ii) $A = \{a \mid (a,\ b) \in f\}$

(iii) $(a,\ b) \in f$, $(a',\ b') \in f$, $a = a'$ 이면 반드시 $b = b'$ 이다.

을 만족할 때, f를 A에서 B로의 함수라고 하고, 기호로

$$f:\ A \rightarrow B$$

와 같이 나타낸다. $f:\ A \rightarrow B$를 흔히 $b = f(a)$로 나타낸다.

연구과제 4-1-3

1. 두 함수 $f,\ g$에 대하여 합성함수 $f \circ g$와 $g \circ f$는 서로 같은지, 조사하여라.

2. 함수 $y = 2x$의 역함수는 $y = \dfrac{1}{2}x$임을 역함수의 정의에 의하여 설명하여라.

3. 함수 $y = f(x)$의 그래프와 그 역함수 $y = f^{-1}(x)$의 그래프는 직선 $y = x$에 대하여 대칭임을 설명하여라.

4. 이차함수 $y = ax^2 + bx + c$는 $D = b^2 - 4ac > 0$일 때, x축과 만남을 설명해 보아라.

5. 함수 $y = \dfrac{x^2 + x}{x}$는 분수함수인가? 그 이유를 설명하여라.

6. 무리함수 $y = \sqrt{2x}$, $y = \sqrt{-2x}$, $y = -\sqrt{2x}$, $y = -\sqrt{-2x}$의 관계를 설명하고 각각의 그래프를 그려보아라.

7. 그래픽 계산기를 이용하여 다항함수, 유리함수, 무리함수의 그래프를 그려보아라. 이를 이용하여 각 함수의 성질을 조사해 보아라.

지도상의 유의점 4-1-3

1. 두 집합 사이의 대응으로 정의한 함수의 개념은 두 변수 사이의 변화관계로정의한 함수의 개념을 포함함을 설명할 수 있어야 한다.
2. 함수를 다룰 때는 항상 그 함수의 정의역을 의식하고 있어야 한다. 특히, 유리함수와 무리함수를 다룰 때 정의역은 중요한 의미를 갖는다.
3. 두 함수의 합성함수의 필요성(간결성, 단순화)을 인식하고, 두 함수의 정의역의 공통영역을 합성함수의 정의역으로 함을 의식하여야 한다.
4. 함수 $y=f(x)$를 $x=g(y)$로 변형한 경우, $x=g(y)$에서 x를 독립변수로 보면 이것은 $y=f(x)$와 같은 것이며, y를 독립변수로 보면 $y=f(x)$의 역함수이다. 이와 같은 혼란을 방지하기 위하여, 즉 독립변수를 하나의 기호 x만으로 나타내기 위하여, 역함수 $x=g(y)$를 $y=g(x)$로 표기하기로 약속한 것임을 이해시켜야 한다.

4 삼각함수

1) 일반각과 호도법

(1) 일반각의 뜻

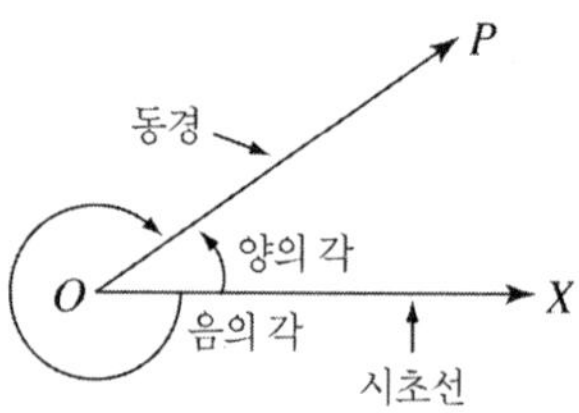

오른쪽 그림과 같이 $\overrightarrow{OP}$가 고정되어 있는 $\overrightarrow{OX}$의 위치에서 출발하여 점 O를 중심으로 회전하여 $\angle XOP$를 만들 때, $\overrightarrow{OX}$를 $\angle XOP$의 **시초선**(initial side), $\overrightarrow{OP}$를 $\angle XOP$의 **동경**(terminal side)이라고 한다.

$\angle XOP$에서 동경 OP가 시계 바늘이 도는 방향과 반대방향으로 회전하여 생긴 각을 **양의 각**(positive angle)이라 하고 각의 크기에 '+' 부호를 붙여서 나타낸다. 또, 시계바늘이 도는 방향으로 회전하여 생긴 각을 **음의 각**(negative angle)이라 하고 각의 크기에 '−' 부호를 붙여 나타낸다.

각의 크기가 주어지면 그 각의 크기를 나타내는 동경의 위치는 단 하나로 결정된다. 그러나 동경의 위치가 정해지더라도 그것이 나타내는 각의 크기는 동경이 회전한 수에 따라 여러 가지로 나타낼 수 있다. 예를 들면, $30°$ 의 크기를 갖는 동경의 위치는 이 동경이 몇 번 회전한 후의 위치인 $360°+30°$, $720°+30°$, $1080°+30°, \cdots$ 의 크기를 갖는 동경의 위치와 같다. 일반적으로, 동경 OP가 나타내는 한 각의 크기를 $a°$라 할 때, 각의 크기가

$$a°+360°n \quad (\text{단, } n\text{은 정수})$$

로 나타내어지는 각들을 동경 OP가 나타내는 **일반각**(general angle)이라고 한다.

실생활에서 일반각의 개념은 중요한 의미를 가질 수 있다. 예를 들면 어느 공장의 기계에서 어떤 바퀴가 한번 회전할 때마다 특수한 일을 하나씩 한다고 할 때, 그 바퀴가 몇 번 회전하고 정지해 있는가 하는 것은 그 기계가 한 일의 양과 직결된다.

(2) 호도법

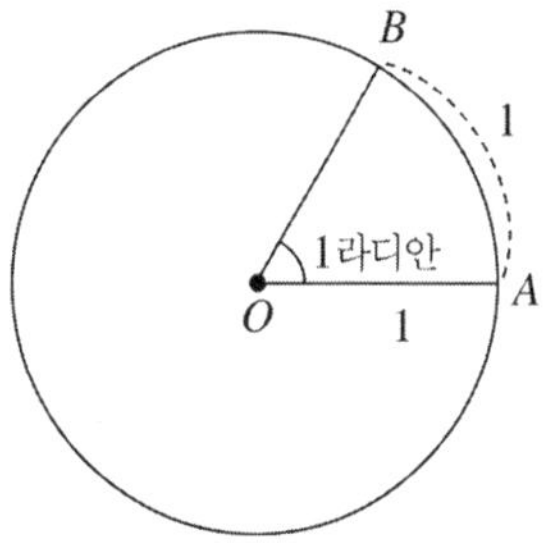

반지름의 길이가 1 인 원(단위원)에서 호의 길이가 정해지면 그 호로 만들어지는 부채꼴의 중심각은 일정하게 정해진다. 이 성질을 이용하여 단위원에서 호의 길이가 1 인 부채꼴의 중심각의 크기를 1 **라디안**(radian)이라고 정의한다.

부채꼴에서 중심각의 크기는 호의 길이에 비례하므로 호의 길이가 t 인 부채꼴의 중심각의 크기는 t 라디안이다. 라디안을 단위로 하여 각의 크기를 나타내는 방법을 **호도법**(circular measure)이라고 한다.

호도법과 육십분법 사이의 관계는 부채꼴의 중심각의 크기와 호의 길이는 비례한다는 성질을 이용하여 구할 수 있다.

반지름의 길이가 1 인 단위원에서 중심각의 크기가 1 라디안인 부채꼴의 호의 길이는 1 이고, 중심각의 크기가 $360°$ 인 부채꼴(단위원)의 호의 길이는 2π 이므로

$$1\text{ 라디안} : 360° = 1 : 2\pi$$

$$1\text{ 라디안} = \frac{360°}{2\pi} = \frac{180°}{\pi} \fallingdotseq 57.2958°$$

$$1° = \frac{\pi}{180}\text{ 라디안}$$

임을 알 수 있다.

2) 삼각함수의 정의

길이가 1 인 단위원에서 동경 OP가 이루는 각의 크기를 θ 라디안이라고 하면 호 AP의 길이는 θ 이다.

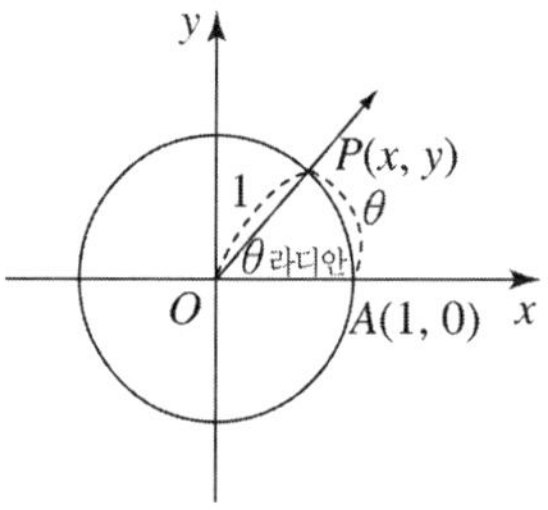

[그림 1]

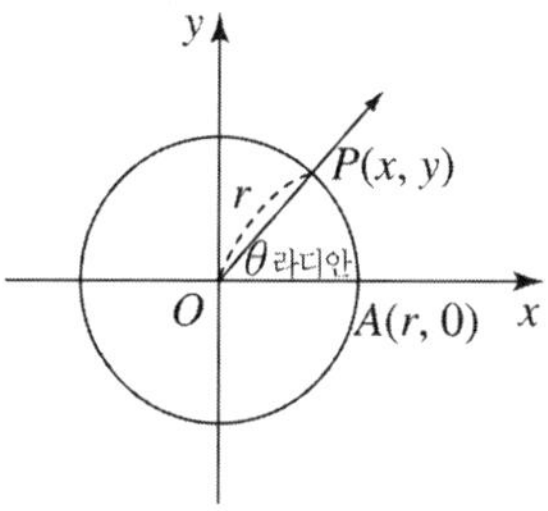

[그림 2]

위의 [그림 1]의 단위원에서 점 $P(x,\ y)$의 좌표는 동경 OP가 축과 이루는 각의 크기 θ 라디안(또는 호의 길이 θ)에 의하여 결정되므로, $x,\ y,\ \dfrac{y}{x},\ \theta$ 에서 대응관계

$$\theta \to x,\ \ \theta \to y,\ \ \theta \to \frac{y}{x}$$

는 각각 θ 의 함수이다. 이 함수를 차례로 **코사인**(cosine), **사인**(sine), **탄젠트**(tangent)라고 하고, 그 순서대로

$$\cos\theta = x, \sin\theta = y, \tan\theta = \frac{y}{x} \qquad \cdots ①$$

와 같이 나타낸다. 코사인, 사인, 탄젠트를 통틀어 **삼각함수**(trigonometric function)라고 한다.

삼각함수 ①에서 θ 는 동경 OP가 이루는 각의 크기를 나타낸다고 하면 그 단위는 라디안이며, 호의 길이를 나타낸다고 하면 단위가 없는 실수 θ 이다. 이와 같은 성질에 의하여 각의 크기를 라디안 단위로 하는 삼각함수에서 라디안 단위를 생략하고 사용할 수 있는 것이다. 그러므로 앞으로는 호도법으로 나타낸 삼각함수에서는 라디안 단위를 쓰지 않기로 한다.

또, 용수철에 추를 달고 당겼다 놓으면 용수철의 길이 y는 시간 t 의 함수로서 $y = \sin\omega t$ 의 꼴로 나타낼 수 있다. 이때 t 는 라디안 단위를 생략한 것이 아니라 그대로 실수 t 이다. 즉, 삼각함수의 독립변수는 각의 크기를 나타낼 경우에는 라디안 단위를 생략한 것이지만, 일반적인 경우에는 그대로 실수이다.

위의 [그림 2]는 원의 반지름이 r 이고, [그림 1]을 r 배 확대한 것이며, 동경 OP 가 이루는 각의 크기에는 변화가 없다.

따라서, 반지름의 길이가 r 인 원에서 동경 OP가 이루는 각의 크기를 θ 라디안이라 하면 다음 식을 얻는다.

$$\cos\theta = \frac{x}{r},\ \sin\theta = \frac{y}{r}, \tan\theta = \frac{y}{x} \qquad \cdots ②$$

식 ①은 단위원에서 정의된 삼각함수이고, 식 ②는 반지름이 r 인 임의의 원에서 정의된 삼각함수이므로, 식 ②를 삼각함수의 정의로 사용하면 삼각형의 풀이에 응용하기가 편리하다.

위의 [그림 2]에서 대응관계

$$\theta \rightarrow \frac{r}{x},\ \theta \rightarrow \frac{r}{y},\ \theta \rightarrow \frac{x}{y}$$

도 θ 에 대한 함수이다. 이를 차례로 **시컨트**(secant), **코시컨트**(cosecant), **코탄젠트**(cotangent)라고 하고, 이것을 각각

$$\sec\theta = \frac{r}{x},\ \mathrm{cosec}\theta = \frac{r}{y},\ \cot\theta = \frac{x}{y}$$

와 같이 나타낸다. 이 함수도 삼각함수라고 한다.

삼각함수의 정의

반지름의 길이가 r 인 원에서 동경 OP가 x 축과 만나서 이루는 각의 크기를 θ 라디안이라고 할 때,

$$\sin\theta = \frac{y}{r}, \cos\theta = \frac{x}{r}, \tan\theta = \frac{y}{x}$$

$$\mathrm{cosec}\theta = \frac{r}{y}, \sec\theta = \frac{r}{x}, \cot\theta = \frac{x}{y}$$

3) 삼각함수의 부호

삼각함수의 정의에서 반지름의 길이 $r > 0$ 이므로 동경이 위치하는 사분면에 따라 삼각함수의 부호는 다음과 같음을 알 수 있다.

	1사분면	2사분면	3사분면	4사분면
$\sin\theta$	+	+	-	-
$\cos\theta$	+	-	-	+
$\tan\theta$	+	-	+	-

4) 삼각함수의 성질

삼각함수 사이에는 다음과 같은 성질이 성립함을 알 수 있다.

$$\operatorname{cosec}\theta = \frac{1}{\sin\theta}, \qquad \sec\theta = \frac{1}{\cos\theta},$$

$$\cot theta = \frac{1}{\tan\theta} = \frac{\cos\theta}{\sin\theta}, \quad \tan\theta = \frac{\sin\theta}{\cos\theta},$$

$$\sin^2\theta + \cos^2\theta = 1, \qquad 1 + \tan^2\theta = \sec^2\theta,$$

$$1 + \cot^2\theta = \operatorname{cosec}^2\theta,$$

$$\sin(2n\pi + \theta) = \sin\theta, \qquad \cos(2n\pi + \theta) = \cos\theta,$$

$$\tan(2n\pi + \theta) = \tan\theta, \qquad \sin(-\theta) = -\sin\theta,$$

$$\cos(-\theta) = \cos\theta, \qquad \tan(-\theta) = -\tan\theta$$

$$\sin\left(\frac{\pi}{2} + \theta\right) = \cos\theta, \qquad \cos\left(\frac{\pi}{2} + \theta\right) = -\sin\theta,$$

$$\tan\left(\frac{\pi}{2} + \theta\right) = -\tan\theta, \qquad \sin\left(\frac{\pi}{2} - \theta\right) = \cos\theta,$$

$$\cos\left(\frac{\pi}{2} - \theta\right) = \sin\theta, \qquad \tan\left(\frac{\pi}{2} - \theta\right) = \cot theta,$$

$$\sin(\pi + \theta) = -\sin\theta, \qquad \cos(\pi + \theta) = -\cos\theta,$$

$$\tan(\pi + \theta) = \tan\theta, \qquad \sin(\pi - \theta) = \sin\theta,$$

$$\cos(\pi - \theta) = -\cos\theta, \qquad \tan(\pi - \theta) = -\tan\theta.$$

위의 성질 중에서 $\sin\left(\frac{\pi}{2} + \theta\right) = \cos\theta$가 성립함을 증명하여 보자.

각의 크기 θ와 $\left(\frac{\pi}{2} + \theta\right)$가 나타내는 동경이 단위원 O와 만나는 점을 각각 $P(x, y)$, $P'(x', y')$라 할 때, 점 P에서 x축에 내린 수선의 발을 M, 점 P'에서 y축에 내린 수선의 발을 M'이라 하고, $\triangle OPM$과 $\triangle OP'M'$을 만들면

$$\triangle OPM \equiv \triangle OP'M'$$

이다.

이때, θ가 어느 사분면에 있는 각이더라도 x, y, x', y' 사이에 다음 관계가 성립한다.

$$x' = -y, y' = x$$

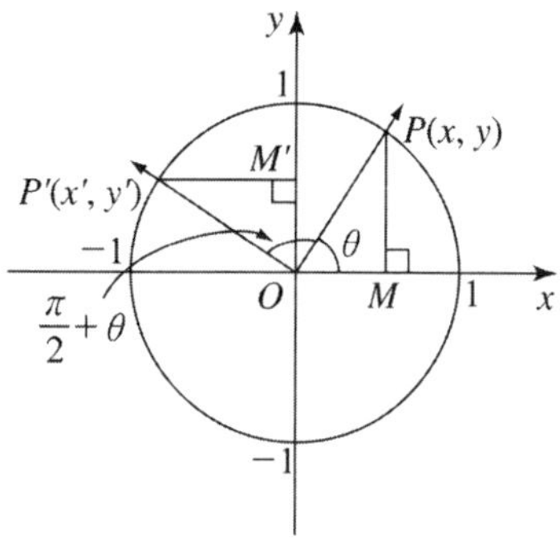

따라서

$$\sin\left(\frac{\pi}{2}+\theta\right) = y' = x = \cos\theta$$

이다.

5) 삼각함수의 그래프

(1) $y = \sin\theta$의 그래프

아래 그래프에서 동경 OP가 원과 만나는 점을 $P(x, y)$라 하고 동경 OP가 x 축과 이루는 각의 크기를 θ라 하면

$$\sin\theta = y$$

이다.

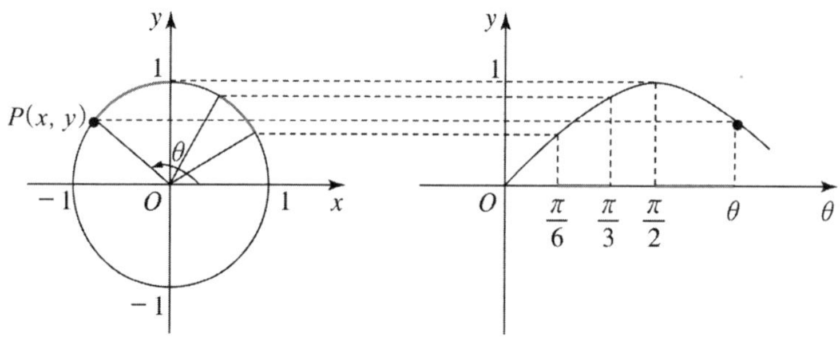

한편, 반지름의 길이가 1 인 부채꼴에서 중심각의 크기는 그 부채꼴의 호의 길이와 같다. 따라서 동경 OP가 만드는 각의 크기 θ(라디안)는 그 부채꼴의 호의 길이 θ와 같다.

위의 과정을 계속하면 아래와 같은 사인함수의 그래프를 얻는다.

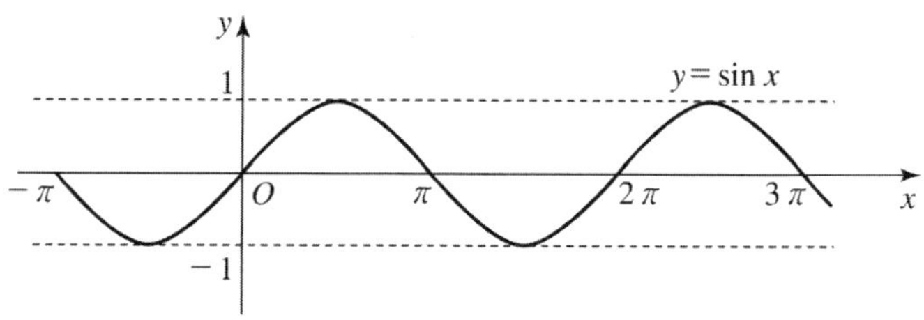

참고: 함수 $f(x)$에서 정의역에 속하는 모든 x에 대하여

$$f(x+p)=f(x)$$

가 성립하는 0이 아닌 상수 p가 있을 때, 함수 $f(x)$를 **주기함수**(periodic function), p를 **주기**(period)라고 한다.

삼각함수의 그래프를 그릴 때, 그래픽 계산기나 적절한 컴퓨터 소프트웨어를 활용하면 편리하다.

$y=\sin x$의 그래프에는 다음과 같은 성질이 성립한다.

① 정의역은 실수 전체의 집합이고, 치역은 $\{y \mid -1 \le y \le 1\}$이다.

② 주기가 2π인 주기함수이다.

③ 그래프는 원점에 대하여 대칭이다.

(2) $y=\cos x$ **의 그래프**

사인함수와 코사인함수 사이에는 $\sin\left(x+\frac{\pi}{2}\right)=\cos x$의 관계가 성립한다. 이 관계를 이용하면, $y=\sin x$의 그래프를 x축 방향으로 $-\frac{\pi}{2}$만큼 이동함으로서 $y=\cos x$의 그래프를 그릴 수 있다.

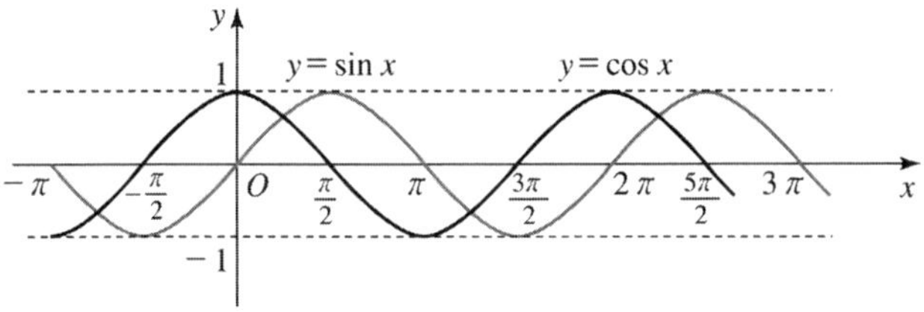

$y=\cos x$의 그래프에는 다음과 같은 성질이 성립한다.

① 정의역은 실수 전체의 집합이고, 치역은 $\{y \mid -1 \le y \le 1\}$이다.

② 주기가 2π인 주기함수이다.

③ 그래프는 y축에 대하여 대칭이다.

④ $y=\cos x$의 그래프는 $y=\sin x$의 그래프를 x축의 방향으로 $-\frac{\pi}{2}$만큼 평행이동한 것과 같다.

(3) $y = \tan x$ 의 그래프

다음 그림과 같이 각의 크기 θ 를 나타내는 동경이 단위원 O 와 만나는 점을 P 라 할 때, 단위원 O 위의 점 $A(1,\ 0)$ 에서 그은 접선 l 과 동경 OP 또는 그 연장선이 만나는 점을 $T(1,\ t)$ 라 하면 $\tan\theta$ 의 값은 점 T 의 y 좌표와 같다. 즉,

$$\tan\theta = t$$

이다.

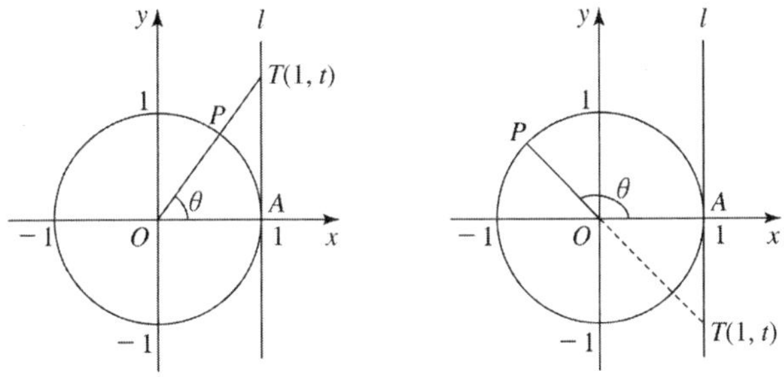

이 성질을 이용하여 $y = \tan x$ 의 그래프를 그리면 다음과 같다.

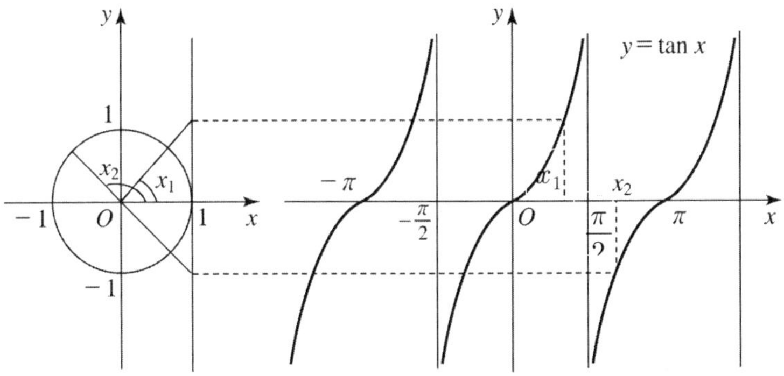

위의 그래프에서 직선 $x = \frac{\pi}{2},\ x = -\frac{\pi}{2},\ x = \frac{3}{2}\pi,\ x = -\frac{3}{2}\pi,\ \cdots$ 은 모두 $y = \tan x$ 의 점근선이다.

$y = \tan x$ 의 그래프에는 다음과 같은 성질이 성립한다.

① 정의역은 $\left\{x \,\middle|\, x \neq \frac{\pi}{2} + n\pi\ (n\text{은 정수})\right\}$ 의 집합이고, 치역은 실수 전체의 집합이다.

② 주기가 π 인 주기함수이다.

③ 그래프는 원점에 대하여 대칭이다.

④ 그래프의 점근선은 직선 $x = \frac{\pi}{2} + n\pi$ (n은 정수)이다.

6) 삼각방정식과 삼각부등식

(1) 삼각방정식

방정식 $\sin x = \frac{1}{2}$와 같이 미지수 x의 삼각함수를 포함하는 방정식을 **삼각방정식** (trigonometric equation)이라고 한다. 삼각방정식 $\sin x = \frac{1}{2}$의 해를 $0 \leq x < 2\pi$의 범위에서 구하여 보자.

삼각방정식 $\sin x = \frac{1}{2}$의 해는 두 함수 $y = \sin x$의 그래프와 $y = \frac{1}{2}$의 그래프의 교점의 x좌표 값이고, 그 그래프는 아래와 같다.

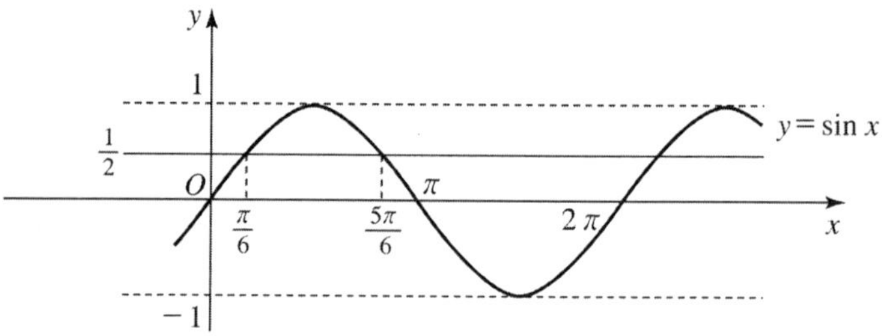

위의 그래프에서, $0 \leq x < 2\pi$의 범위에서 두 함수 $y = \sin x$의 그래프와 $y = \frac{1}{2}$의 그래프의 교점의 x 좌표는 $\frac{\pi}{6}$, $\frac{5\pi}{6}$이므로 구하는 방정식의 근은

$$x = \frac{\pi}{6},\ x = \frac{5\pi}{6}$$

이다.

위의 방정식의 근을 다음과 같은 방법으로 구할 수도 있다.

단위원 O에서 동경 OP가 나타내는 각을 θ라 하고, 점 P의 좌표를 (x_1, y_1)이라 하면, 삼각함수의 정의에 의하여 $\sin\theta = y_1$이므로, $0 \leq x < 2\pi$ 범위에서, $\sin x = \frac{1}{2}$을 만족하는 x는 아래 그림에서 θ, $\pi - \theta$이다.

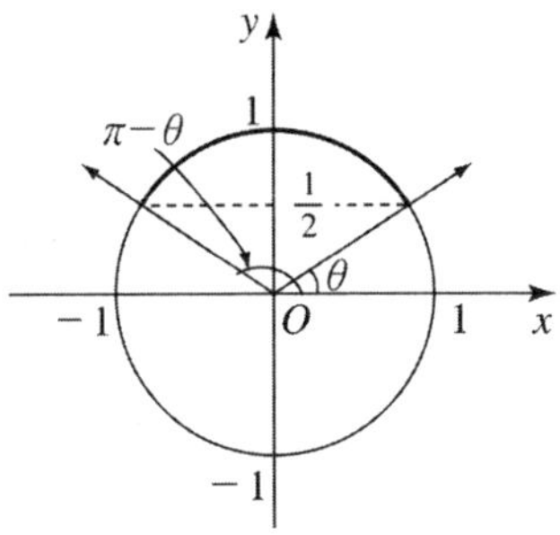

그런데, $\sin\frac{\pi}{6}=\frac{1}{2}$ 이므로, 구하는 답은

$$x=\frac{\pi}{6},\ x=\pi-\frac{\pi}{6}=\frac{5\pi}{6}$$

이다. $0 \le x < \frac{\pi}{2}$ 범위에서 삼각방정식의 근을 구하기 위하여 삼각함수표나 삼각함수가 내장되어 있는 계산기를 사용하면 편리하다.

(2) 삼각부등식

부등식 $\sin x > \frac{1}{2}$ 과 같이 변수 x 의 삼각함수를 포함하는 부등식을 **삼각부등식**이라고 한다.

삼각부등식 $\sin x > \frac{1}{2}$ 를 $0 \le x < 2\pi$ 인 범위에서 구하여 보자. 아래의 두 그래프에서 굵은 곡선에 해당하는 x의 범위가 구하는 부등식의 해이다.

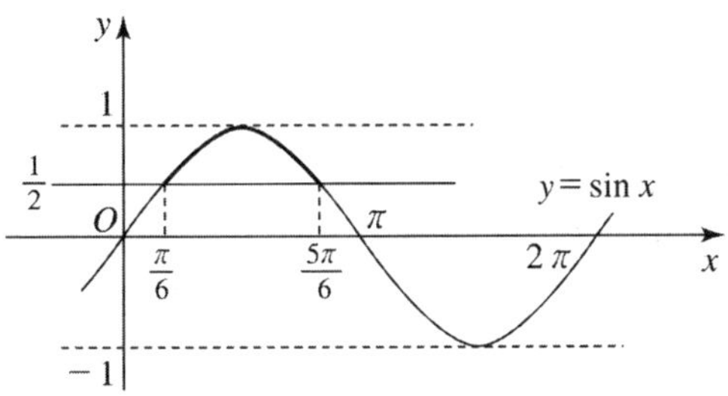

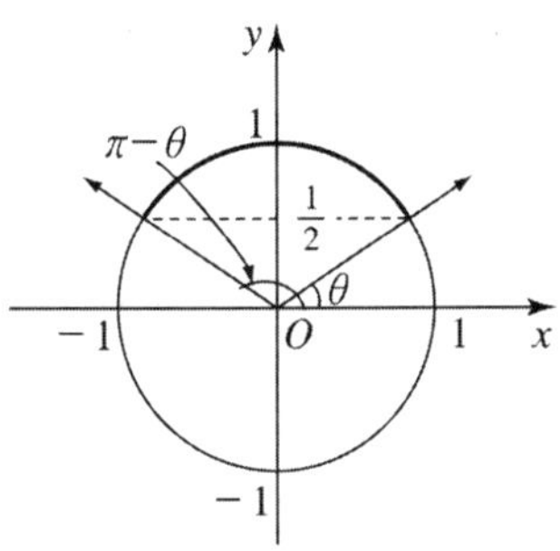

따라서, $0 \le x < 2\pi$ 인 범위에서, 부등식 $\sin x > \frac{1}{2}$ 의 해는

$$\frac{\pi}{6} < x < \frac{5\pi}{6}.$$

7) 삼각형에의 응용

(1) 사인법칙

임의의 $\triangle ABC$의 반지름의 길이를 R라 할 때, $\dfrac{a}{\sin A}=2R$가 성립함을 증명하여 보자.

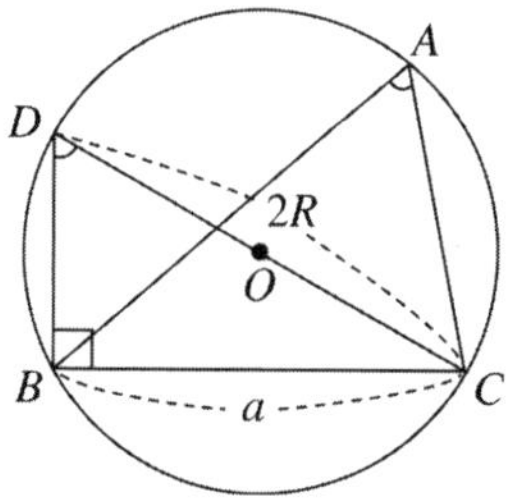

위의 그래프에서 $\angle B=\angle 90°$ 이므로, $\triangle BCD$는 직각삼각형이다.

따라서 $\sin D=\dfrac{a}{2R}$. 그런데, $\angle D=\angle A$.

따라서 $\sin A=\dfrac{a}{2R}$, 즉 $\dfrac{a}{\sin A}=2R$.

위와 같이 생각하면, 임의의 $\triangle ABC$의 외접원의 반지름의 길이를 R라 할 때,

$$\frac{a}{\sin A}=\frac{b}{\sin B}=\frac{c}{\sin C}=2R$$

이 성립한다.

이 성질을 **사인법칙**(sine law)이라고 한다. 사인법칙을 이용하면 임의의 삼각형에서 두 각의 크기와 한 변의 길이를 알 때, 또는 두 변의 길이와 그 중 한 변의 대각의 크기를 알 때, 그 삼각형의 다른 요소들을 모두 구할 수 있다.

(2) 코사인법칙

$\triangle ABC$에서 $\angle A$, $\angle B$, $\angle C$의 대변의 길이를 차례로 a, b, c라 할 때,

$$a^2=b^2+c^2-2bc\cos A$$

가 성립함을 알아보자.

$\triangle ABC$의 꼭짓점 C에서 변 AB 또는 그 연장선에 내린 수선의 발을 D라 하고 $\angle A$의 크기가 예각, 직각, 둔각으로 나누어 생각할 수 있다.

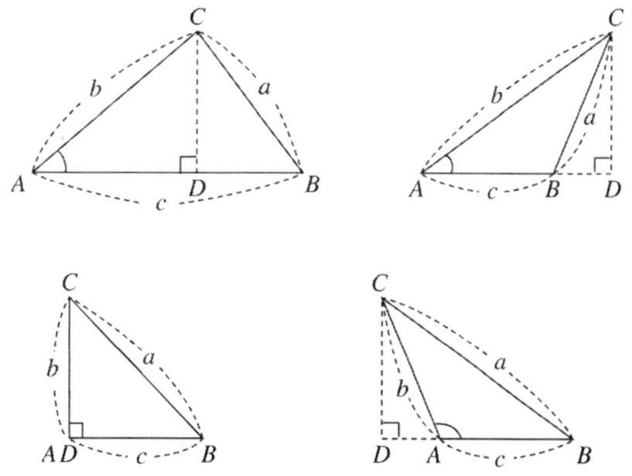

$\angle A$가 예각일 때,

$$\begin{aligned} a^2 &= \overline{CD}^2 + \overline{BD}^2 \\ &= (b\sin A)^2 + (c - b\cos A)^2 \\ &= b^2 + c^2 - 2bc\cos A \end{aligned}$$

$\angle A$가 직각일 때,

$$a^2 = b^2 + c^2 = b^2 + c^2 - 2bc\cos A$$

$\angle A$가 둔각일 때,

$$\begin{aligned} a^2 &= \overline{CD}^2 + \overline{BD}^2 \\ &= (b\sin A)^2 + (c - b\cos A)^2 \\ &= b^2 + c^2 - 2bc\cos A \end{aligned}$$

$\angle B$, $\angle C$에 대하여도 이와 같은 방법으로 생각하면, 다음 성질을 얻을 수 있다.
임의의 $\triangle ABC$에 대하여

$$a^2 = b^2 + c^2 - 2bc\cos A$$

$$b^2 = a^2 + c^2 - 2ac\cos B$$

$$c^2 = a^2 + b^2 - 2ab\cos C$$

이 성질을 **코사인법칙**(cosine law)이라고 한다.
코사인법칙을 활용하면, 삼각형에서 두 변의 길이와 그 끼인각의 크기를 알 때 다른 한 변의 길이를 구할 수 있고, 세 변의 길이를 알 때 한 각의 크기를 구할 수 있다.

(3) 삼각형의 넓이

임의의 $\triangle ABC$의 넓이를 S라 하면 $S=\frac{1}{2}bc\sin A$ 임을 알아보자.

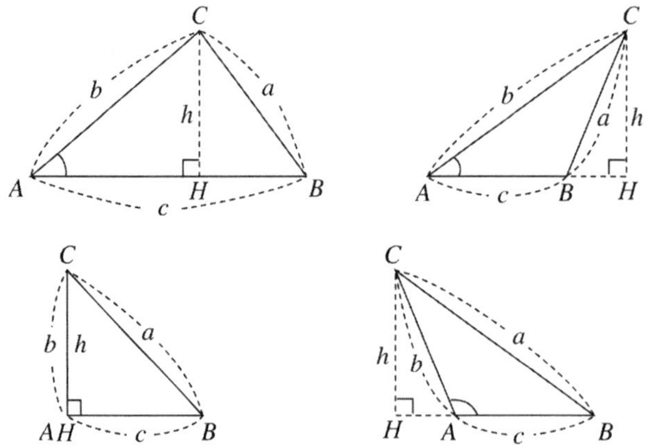

$\triangle ABC$의 꼭짓점 C에서 대변 AB 또는 그 연장선 위에 내린 수선의 발을 H라 하고 $\overline{CH}=h$ 라 하면, $h=b\sin A$ 이다.

따라서 $\triangle ABC$의 넓이는

$$S=\frac{1}{2}ch=\frac{1}{2}bc\sin A$$

임을 알 수 있다. 이와 같이 생각하면, $\triangle ABC$의 넓이 S는

$$S=\frac{1}{2}bc\sin A=\frac{1}{2}ca\sin B=\frac{1}{2}ab\sin C$$

임을 알 수 있다.

이 공식과 코사인법칙을 사용하면 임의의 삼각형의 넓이를 구할 수 있다.

8) 삼각함수의 덧셈정리

(1) 삼각함수의 덧셈정리

두 각 α, β의 삼각함수를 알 때, 이를 이용하여 $\alpha+\beta$, $\alpha-\beta$의 삼각함수를 구하는 방법을 알아보자.

다음 그림과 같이 각의 크기 α, β를 나타내는 동경과 단위원 O의 교점을 각각 A, B라 하면 $A(\cos\alpha, \sin\alpha)$, $B(\cos\beta, \sin\beta)$ 이고, $\angle AOB=\alpha-\beta$ 이다.

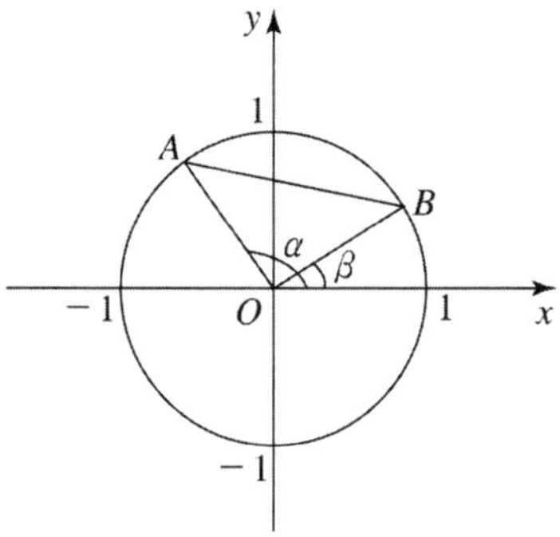

△OAB에서 코사인 법칙에 의하여

$$\overline{AB}^2 = \overline{OA}^2 + \overline{OB}^2 - 2\overline{OA}\,\overline{OB}\cos(\alpha-\beta) \qquad \cdots ①$$

그런데, 두 점 A, B의 좌표에서

$$\overline{AB}^2 = (\cos\alpha - \cos\beta)^2 + (\sin\alpha - \sin\beta)^2$$

한편, $\overline{OA} = \overline{OB} = 1$

따라서

$$\cos(\alpha-\beta) = \cos\alpha\cos\beta + \sin\alpha\sin\beta \qquad \cdots ②$$

위의 식에서 β 대신에 $-\beta$를 대입하면

$$\cos(\alpha+\beta) = \cos\alpha\cos\beta - \sin\alpha\sin\beta \qquad \cdots ③$$

위의 ②, ③을 코사인의 **덧셈정리**라고 한다. ③에서 α 대신에 $\frac{\pi}{2}-\alpha$를 대입하여 정리하면

$$\sin(\alpha-\beta) = \sin\alpha\cos\beta - \cos\alpha\sin\beta \qquad \cdots ④$$

이다. ④에서 β 대신에 $-\beta$를 대입하면

$$\sin(\alpha+\beta) = \sin\alpha\cos\beta + \cos\alpha\sin\beta \qquad \cdots ⑤$$

④, ⑤를 사인의 덧셈정리라고 한다.

사인의 덧셈정리와 코사인의 덧셈정리를 이용하여 다음과 같은 탄젠트의 덧셈정리를 얻을 수 있다.

$$\tan(\alpha+\beta) = \frac{\tan\alpha + \tan\beta}{1 - \tan\alpha\tan\beta}, \quad \tan(\alpha-\beta) = \frac{\tan\alpha - \tan\beta}{1 + \tan\alpha\tan\beta}$$

탄젠트의 덧셈정리를 이용하면 두 직선이 이루는 각의 크기를 구할 수 있다. 또, 삼각함수의 덧셈정리는 삼각함수의 미분법에도 이용된다.

(2) 삼각함수의 합성

두 삼각함수의 합이나 차를 하나의 삼각함수로 나타낼 수 있으면 주어진 함수의 최댓값, 최솟값, 주기 등을 쉽게 구할 수 있다.

$ab \neq 0$ 일 때, $a\sin\theta + b\cos\theta$ 를 $r\sin(\theta+\alpha)$ 의 꼴로 나타내어보자.

좌표평면에 점 $P(a, b)$를 잡고, 동경 OP와 x축의 양의 방향과 이루는 각을 α라 하고, $\overline{OP} = \sqrt{a^2+b^2} = r$ 라 하면 $a = r\cos\alpha, b = r\sin\alpha$ 가 성립한다. 따라서,

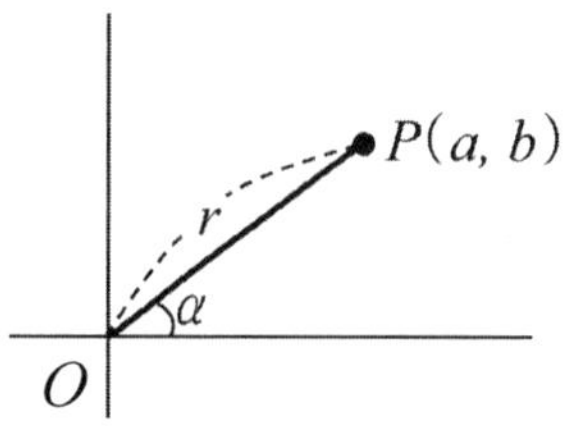

$$a\sin\theta + b\cos\theta = r(\cos\alpha\sin\theta + \sin\alpha\cos\theta)$$
$$= r\sin(\theta+\alpha)$$

위와 같은 방법으로 생각하면 $a\sin\theta - b\cos\theta = r\sin(\theta-\alpha)$ 이다.

이와 같이 두 삼각함수의 합이나 차를 하나의 삼각함수로 나타내는 것을 **삼각함수의 합성**이라고 한다.

9) 배각의 공식과 반각의 공식

(1) 배각의 공식

사인의 덧셈정리 $\sin(\alpha+\beta) = \sin\alpha\cos\beta + \cos\alpha\sin\beta$ 에서 $\alpha = \beta$ 라 두면

$$\sin 2\alpha = 2\sin\alpha\cos\alpha$$

이다. 이 식을 사인의 **배각의 공식**(multiple angle law)이라고 한다. 이와 같은 방법으로 생각하면 코사인과 탄젠트의 배각의 공식도 각각 구할 수 있다.

삼각함수의 배각의 공식

① $\sin 2\alpha = 2\sin\alpha\cos\alpha$

② $\cos 2\alpha = \cos^2\alpha - \sin^2\alpha = 1 - 2\sin^2\alpha = 2\cos^2\alpha - 1$

③ $\tan 2\alpha = \dfrac{2\tan\alpha}{1-\tan^2\alpha}$

(2) 반각의 공식

코사인의 배각의 공식 $\cos 2\alpha = 1-2\sin^2\alpha = 2\cos^2\alpha - 1$에서 α 대신에 $\dfrac{\alpha}{2}$를 대입하면,

$$\cos\alpha = 1-2\sin^2\frac{\alpha}{2} = 2\cos^2\frac{\alpha}{2} - 1$$

이므로, 다음과 같은 반각의 공식을 얻는다.

삼각함수의 반각의 공식

$$\sin^2\frac{\alpha}{2} = \frac{1-\cos\alpha}{2},\ \cos^2\frac{\alpha}{2} = \frac{1+\cos\alpha}{2},\ \tan^2\frac{\alpha}{2} = \frac{1-\cos\alpha}{1+\cos\alpha}$$

(3) 곱을 합 · 차로 고치는 공식

삼각함수의 덧셈정리

$$\sin(\alpha+\beta) = \sin\alpha\cos\beta + \cos\alpha\sin\beta,$$

$$\sin(\alpha-\beta) = \sin\alpha\cos\beta - \cos\alpha\sin\beta$$

로부터

$$\sin\alpha\cos\beta = \frac{1}{2}\{\sin(\alpha+\beta) + \sin(\alpha-\beta)\},$$

$$\cos\alpha\sin\beta = \frac{1}{2}\{\sin(\alpha+\beta) - \sin(\alpha-\beta)\}$$

를 얻는다.

같은 방법으로, 코사인의 덧셈정리로부터 다음 공식을 얻을 수 있다.

$$\cos\alpha\cos\beta = \frac{1}{2}\{\cos(\alpha+\beta) + \cos(\alpha-\beta)\}$$

$$\sin\alpha\sin\beta = -\frac{1}{2}\{\cos(\alpha+\beta) - \cos(\alpha-\beta)\}$$

위의 네 공식을 **곱을 합 또는 차로 고치는 공식**이라고 한다.

(4) 합 · 차를 곱으로 고치는 공식

곱을 합 또는 차로 고치는 공식을 변형하면 다음과 같은 합 또는 차를 곱으로 고치는 공식을 얻는다.

$$\sin A+\sin B=2\sin\frac{A+B}{2}\cos\frac{A-B}{2}$$

$$\sin A-\sin B=2\cos\frac{A+B}{2}\sin\frac{A-B}{2}$$

$$\cos A+\cos B=2\cos\frac{A+B}{2}\cos\frac{A-B}{2}$$

$$\cos A-\cos B=-2\sin\frac{A+B}{2}\sin\frac{A-B}{2}$$

10) 삼각방정식

삼각방정식 $2\sin x-1=0$ 의 해를 구간 $[0,\ 2\pi)$ 에서 구하면

$$x=\frac{\pi}{6}\ \text{또는}\ x=\frac{5}{6}\pi$$

이다. 이 각을 일반각으로 나타내면 $2n\pi+\frac{\pi}{6}$ 또는 $2n\pi+\frac{5}{6}\pi$ 이다. 이것을 위의 방정식의 **일반해**(general solution)라고 한다.

$$2n\pi+\frac{5}{6}\pi=2n\pi+\pi-\frac{1}{6}\pi$$

이므로, 두 일반해 $2n\pi+\frac{\pi}{6}$ 또는 $2n\pi+\frac{5}{6}\pi$ 를

$$x=n\pi+(-1)^n\frac{\pi}{6}\ (\text{단, } n\text{은 정수})$$

와 같이 간단히 하나의 식으로 나타낼 수 있다. 일반적으로 삼각함수의 일반해는 다음과 같음을 알 수 있다.

n 이 정수일 때,

① $\sin x=a\ (|a|\le 1)$ 의 한 해를 α 라 하면 $x=n\pi+(-1)^n\alpha$

② $\cos x=a\ (|a|\le 1)$ 의 한 해를 α 라 하면 $x=2n\pi\pm\alpha$

③ $\tan x=a$ 의 한 해를 α 라 하면 $x=n\pi+\alpha$

발전연구 4-1-4

(1) 실수의 삼각함수

삼각함수의 독립변수는 삼각비에서 사용하는 각(예각)의 크기를 일반각의 크기로 확장한 것이라고 생각하는 경우가 흔히 있다. 이와 같이 생각하면 삼각함수 $y=\sin x$ 에서 독립변수 x 는 각의 크기를 나타내는 것이므로, 원운동을 하는 물체의 높이 y 를 시간 x 에 관한 삼각함수로 나타낼 수 없다. 왜냐하면 x 의 단위는 각의 크기가 아니라 시간이기 때문이다.

이와 같은 문제를 해결하기 위하여 삼각함수는 삼각비와는 완전히 독립된 새로운 개념의 정의가 필요하다. 이와 같은 입장에서 정의된 삼각함수를 실수의 삼각함수(trigonometric function of real numbers)라고 한다. 실수의 삼각함수는 다음과 같이 정의한다.

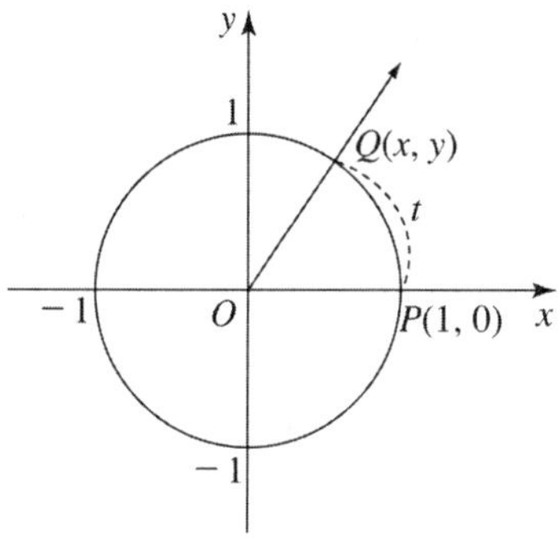

단위원 O가 x축과 만나는 점을 $P(1, 0)$이라고 하자. 점 P를 출발하여 원호를 따라서 시계 방향의 반대 방향으로 t 만큼 이동한 점을 점 $Q(x, y)$라 하자. 이때 두 점 P, Q 사이의 원호의 길이를 t 라 하고, 다음과 같은 방법으로 삼각함수를 정의한다. (단, 점 Q가 시계 방향으로 이동했을 때는 t 의 값을 음수로 나타내기로 한다.)

$$\sin t = y, \cos t = x, \tan t = \frac{y}{x}$$

이 정의에서 t, x, y는 모두 같은 단위의 길이를 나타내는 실수이다. 이렇게 정의된 삼각함수 $\sin t$, $\cos t$, $\tan t$는 호의 길이를 나타내고 있는 실수 t 를 독립변수로 갖는다. 이제, 독립변수 t 가 실수로 정의된 삼각함수에서 t 가 각의 크기를 나타낼 수 있음을 생각해 보자.

위에서 사용한 단위원 O에서 동경 OQ와 시초선 OP가 이루는 $\angle POQ$의 크기를 호 PQ의 길이 t 를 이용하여 t 라디안이라고 하면 $\sin t$, $\cos t$, $\tan t$ 등은 각의 크기 t 를 독립변수로 하는 함수이며, 이것은 호의 길이를 독립변수로 하는 삼각함수와 같다. 즉, 라디안을 단위로 하는 삼각함수에서 라디안 단위를 버리면 실수의 삼각함수와 같다. 이와 같은 의미에서 라디안을 단위로 정의된 삼각함수에서 라디안 단위를 생략하면 실수의 삼각함수와 같아진다.

(2) **헤론의 공식**

임의의 삼각형 ABC의 세 변의 길이가 a,b,c일 때, 이 삼각형의 넓이 S는

$$S=\sqrt{s(s-a)(s-b)(s-c)}\ (\text{단}, 2s=a+b+c)$$

임을 알 수 있다. 이 공식을 **헤론(Heron)의 공식**이라고 한다. 이 공식은 삼각형의 넓이 공식 $S=\frac{1}{2}bc\sin A$에서 $\sin^2 A=1-\cos^2 A$, 코사인제이법칙을 이용하여 $\sin A$를 세 변의 길이의 관계로 표현함으로써 유도할 수 있다.

연구과제 4-1-4

1. 다음 각의 동경의 위치를 그림으로 나타내어라.

(1) $60°$　　(2) $-60°$

(3) $300°$　　(4) $-750°$

2. 반지름의 길이가 r, 호의 길이가 r인 부채꼴의 중심각의 크기는 1 라디안임을 증명하여라.

3. 다음 각의 크기를 육십분법은 호도법으로, 호도법은 육십분법으로 나타내어라.

(1) $180°$　　(2) $360°$

(3) $\frac{\pi}{4}$ 라디안　　(4) 4 라디안

4. 반지름의 길이가 r, 중심각의 크기가 θ 라디안인 부채꼴의 호의 길이를 l, 넓이를 S라 할 때, 다음이 성립함을 증명하여라.

(1) $l=r\theta$　　(2) $S=\frac{1}{2}rl=\frac{1}{2}r^2\theta$

5. 다음 성질이 성립함을 증명하여라.

$$\sin\left(\frac{\pi}{2}-\theta\right)=\cos\theta,\ \cos(-\theta)=\cos\theta,\ \tan(\pi-\theta)=-\tan\theta$$

6. $\sin\alpha = \frac{2}{3}$, $\cos\beta = -\frac{2}{3}$일 때, $\tan(\alpha-\beta)$의 값을 구하여라.

7. 두 직선 $3x-y-2=0$, $x-2y+1=0$이 이루는 각의 크기를 구하여라.

8. 다음 $\triangle ABC$의 넓이를 구하여라.

(1) $\angle B = 30°, a = 12, c = 10$

(2) $a = 10, \angle A = 30°, \angle C = 45°$

(3) $a = 8, b = 5, c = 12$

9. 함수 $y = \sin x + \sqrt{3}\,cos x$의 그래프를 그리고 최댓값, 최솟값, 주기를 구하라.

10. $\sin\theta + \cos\theta = \frac{1}{2}$일 때, $\sin 2\theta$, $\cos 2\theta$의 값을 각각 구하여라.

11. 다음 삼각방정식과 삼각부등식의 해를 구하여라.

(1) $\cos x = -\frac{1}{2}$

(2) $\tan x = \sqrt{3}$

(3) $\frac{1}{2} < \sin x < \frac{\sqrt{3}}{2}$

(4) $\tan x > 1$

12. 다음 삼각방정식을 풀어라.

(1) $2\sin x - \sqrt{3} = 0$

(2) $\cos 2x + \cos x = 0$

(3) $\tan x + \sqrt{3} = 0$

지도상의 유의점 4-1-4

1. 삼각함수의 그래프는 사인, 코사인, 탄젠트에 대해서만 다룬다.
2. 삼각함수 $y = f(x)$에서 독립변수 x는 일반적으로 라디안인 경우를 다룬 다음, 라디안 단위를 떼어버림으로서 실수로 사용하고 있지만, 실제로 x가 실수가 될 수 있음을 학생들에 이해시켜야 한다.
3. 삼각함수 $y = f(x)$의 그래프를 그릴 때 x는 각의 크기를 단위로 갖는 것이 아니

라 실수임을 인식하고 있어야 한다. 즉, x가 도(°)를 단위로 가질 경우의 삼각함수의 그래프는 그 모양이 유일할 수가 없다.

4. 삼각함수의 그래프의 성질은 컴퓨터 소프트웨어를 이용하여 조사해 보게 하는 것이 편리하고 효과적이다.

5 지수함수와 로그함수

1) 지수함수

(1) 지수함수와 그 그래프

실수 x에 2^x을 대응시키면 그 값은 하나로 정해지므로 $y = 2^x$은 실수 전체의 집합을 정의역으로 하는 함수이다. 일반적으로,

$$a > 0,\ a \neq 1 \text{ 일 때, } y = a^x$$

은 x의 함수이다. 이 함수를 a를 밑으로 하는 **지수함수**(exponential function)라고 한다.

지수함수 $y = 2^x$을 만족하는 몇 개의 점의 좌표를 구하여 이들을 매끄러운 곡선으로 연결하거나 그래픽 계산기를 이용하여 그 그래프를 그리면, 그 모양은 아래와 같이 정의역은 모든 실수의 집합이고 치역은 양의 실수의 집합이며, x가 1만큼 커지면 y는 2배로 커지며 단조증가함을 알 수 있다.

또, $\left(\frac{1}{2}\right)^x = 2^{-x}$이므로, $y = \left(\frac{1}{2}\right)^x$의 그래프는 $y = 2^x$의 그래프를 y축에 대하여 대칭이동한 것과 같다.

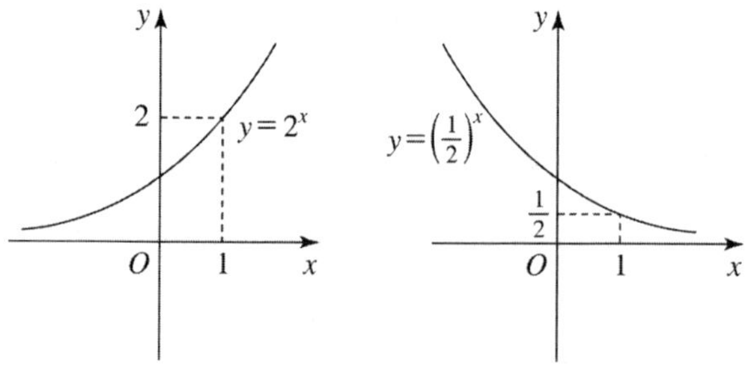

일반적으로 지수함수 $y = a^x$에는 다음과 같은 성질이 있다.

지수함수 $y=a^x$ $(a>0,\ a\neq 1)$의 성질

① 정의역은 실수 전체의 집합이고 치역은 양의 실수 전체의 집합이다.

② $a>1$ 일 때, x 의 값이 증가하면 y 의 값도 증가한다.

$0<a<1$ 일 때, x 의 값이 증가하면 y 의 값은 감소한다.

③ 그래프는 두 점 $(0,\ 1)$과 $(1,\ a)$를 지나고 x 축을 점근선으로 한다.

④ $y=a^x$ 과 $y=\left(\frac{1}{a}\right)^x$ 의 그래프는 y 축에 대하여 서로 대칭이다.

(2) 지수방정식과 지수부등식

$2^x=8$ 과 같이 지수에 미지수가 들어있는 방정식을 **지수방정식**(exponential equation)이라고 한다. 지수방정식을 풀 때에는 지수함수의 성질

$$a>0,\ a\neq 1 \text{ 일 때, } a^x=a^p \Leftrightarrow x=p$$

을 이용한다.

$2^x<8$ 과 같이 지수에 미지수가 들어 있는 부등식을 **지수부등식**(exponential inequality)이라고 한다. 지수부등식을 풀 때에는 지수함수의 성질

$$a>1 \text{ 일 때, } a^x<a^p \Leftrightarrow x<p$$
$$0<a<1 \text{ 일 때, } a^x<a^p \Leftrightarrow x>p$$

을 이용한다.

2) 로그함수

(1) 로그함수와 그래프

양수 x 에 $\log_a x$ $(a>0,\ a\neq 1)$를 대응시키면 그 값은 하나로 정해지므로 $y=\log_a x$ 는 양의 실수 전체의 집합을 정의역으로 하는 x 의 함수이다. 이 함수를 a 를 밑으로 하는 **로그함수**(logarithmic function)라고 한다.

$y=\log_2 x$ 의 그래프를 그리는 방법을 알아보자. 먼저, 몇 개의 x 의 값에 대응하는 $y=\log_2 x$ 의 값을 구한 다음 이 점을 좌표평면에 나타내고 이들을 매끄러운 곡선으로 연결하는 방법이 있고, 함수 $y=\log_2 x$ 와 함수 $y=2^x$ 은 역함수 관계가 있음을 이용하여 $y=\log_2 x$ 의 그래프를 그릴 수 있다. 또, 그래픽 계산기나 컴퓨터를 이용하여 로그함수의 그래프를 그릴 수도 있다.

여기서는, 함수 $y = \log_2 x$ 와 함수 $y = 2^x$ 은 역함수 관계가 있음을 이용하여 $y = \log_2 x$ 의 그래프를 그려보자.

로그의 정의로부터 $y = 2^x$ 이면 $x = \log_2 y$ 이다. 이 식에서 x 와 y 를 바꾸면 $y = \log_2 x$ 이다. 따라서 $y = \log_2 x$ 의 그래프와 $x = \log_2 y$ 의 그래프, 즉 $y = 2^x$ 의 그래프는 직선 $y = x$ 에 대하여 대칭이다.

한편, $y = \log_{\frac{1}{2}} x$ 의 그래프는 $y = \left(\frac{1}{2}\right)^x$ 의 그래프를 직선 $y = x$ 에 대하여 대칭이동한 것과 같으므로, $y = \log_2 x$ 의 그래프를 x 축에 대칭이동한 것과 같다.

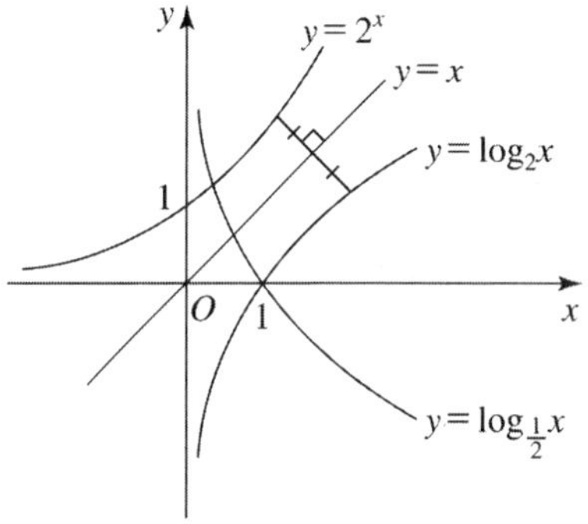

이 성질을 이용하면 로그함수 $y = \log_a x$ $(a > 0,\ a \neq 1)$의 그래프에는 다음과 같은 성질이 있음을 알 수 있다.

로그함수의 성질

① 정의역은 양의 실수 전체의 집합이고 치역은 실수 전체의 집합이다.

② $a > 1$ 일 때, x 의 값이 증가하면 y 의 값도 증가한다.

$0 < a < 1$ 일 때, x 의 값이 증가하면 y 의 값은 감소한다.

③ 그래프는 두 점 $(1, 0)$과 $(a, 1)$을 지난다.

(2) 로그방정식과 로그부등식

$\log_2 x = 3$, $\log_x 9 = 2$ 와 같이 로그의 진수 또는 밑에 미지수가 들어있는 방정식을 로그방정식이라고 한다. 로그방정식을 풀 때에는 다음 성질을 이용한다.

$a > 0$, $a \neq 1$ 일 때,

① $\log_a x = b \Leftrightarrow x = a^b$

② $\log_a x = \log_a p \Leftrightarrow x = p\,(x > 0,\ p > 0)$

로그함수의 그래프를 이용하여 로그방정식의 해의 근삿값을 구할 수도 있다.

로그의 진수 또는 밑에 미지수가 있는 부등식을 **로그부등식**(logarithmic inequality)이라고 한다. 로그부등식을 풀 때에는 로그의 밑을 같게 한 후 다음 성질을 이용한다.

① $a > 1$ 일 때, $\log_a x < \log_a p \Leftrightarrow x > 0,\ p > 0,\ x < p$

② $0 < a < 1$ 일 때, $\log_a x < \log_a p \Leftrightarrow x > 0,\ p > 0,\ x > p$

발전연구 4-1-5

(1) 반감기

고대 유물의 연대를 조사하는 방법으로 방사성 원소의 반감기를 이용한다. 방사성 원소는 핵의 종류에 따라서 방사능이 $\frac{1}{2}$로 줄어드는 데 걸리는 시간이 각각 다르며, 원소마다 고유한 값을 지니고 있다. 이것을 **반감기**(half-life)라고 한다.

일반적으로, 처음 질량이 m_0 인 물질의 단위시간의 성장률이 r 일 때, 시간 t 에서의 질량 $m(t)$는

$$m(t) = \lim_{n \to \infty} m_0 \left(1 + \frac{r}{n}\right)^{nt} = m_0 e^{rt}$$

이다. 이 식을 이용하면, 반감기가 h 인 어떤 방사능 물질의 처음 질량을 m_0 라 할 때, 시간 t 에서 남아 있을 질량 $m(t)$는

$$m(t) = m_0 e^{-rt} \quad \left(단,\ r = \frac{\ln 2}{h}\right)$$

임을 알 수 있다.

유물의 연대 추정에 사용되는 탄소 14의 반감기는 5600년이라고 한다. 즉 탄소 14의 방사능의 양은 5600년 동안에 $\frac{1}{2}$로 줄어들고, 다시 5600년이 지나면 남은 양의 $\frac{1}{2}$(처음 양의 $\frac{1}{4}$)이 줄어든다. 이때, 방사능의 양과 시간 사이에는 지수함수 관계가 있음을 알 수 있다.

참고: 프랑스의 라스코 동굴에서 발견된 벽화는 탄소 14를 이용하여 조사한 결과 14648년 전에 그려진 것으로 추정하고 있다.

연구과제 4-1-5

1. 다음 함수의 그래프를 그려라.

(1) $y=3^{x}$

(2) $y=-3^{-x}$

(3) $y=\log_{2}x$

(4) $y=\log_{\frac{1}{2}}x$

(5) $y=\log_{2}(-x)$

(6) $y=\log_{\frac{1}{2}}(-x)$

2. $a>0$, $a\neq 1$ 일 때, 실수 x 의 함수 $f(x)$가 조건

(i) $f(x+y)=f(x)f(y)$

(ii) $f(1)=a$

를 만족할 때, 양의 정수 m, n 에 대하여 다음이 성립함을 보여라.

(1) $f(n)=a^{n}$

(2) $f(-n)=\dfrac{1}{a^{n}}$

(3) $f\left(\dfrac{1}{n}\right)=\sqrt[n]{a}$

(4) $f\left(\dfrac{m}{n}\right)=\sqrt[n]{a^{m}}$

3. 지수함수와 로그함수가 실생활에서 쓰이는 예를 각각 찾아보아라.

지도상의 유의점 4-1-5

1. 지수함수와 로그함수 사이에는 역함수의 관계가 있음을 이해시킨다.
2. 지수함수의 로그함수의 그래프는 손으로 그려보기가 어려우므로 컴퓨터 소프트웨어를 충분히 활용하여 그 성질을 탐구하도록 한다.

2.

함수의 극한

1 함수의 극한과 연속성

1) 함수의 극한

(1) 함수의 극한의 뜻

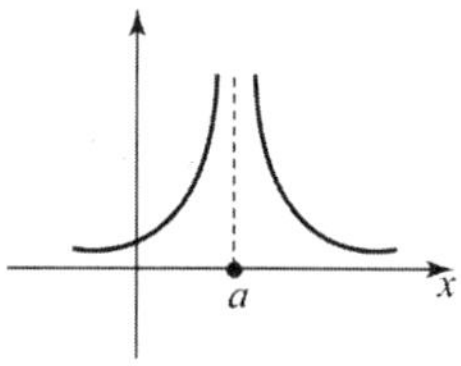

함수 $f(x)$에서 $x \neq a$이면서 x가 a에 한없이 가까워질 때, $f(x)$가 실수 α에 한없이 가까워지면 함수 $f(x)$는 α에 수렴한다고 한다. 이때, α를 $f(x)$의 $x = a$에서의 극한값이라고 하며, 이것을 기호

$$\lim_{x \to a} f(x) = \alpha \quad \text{또는} \quad x \to a \text{ 일 때 } f(x) \to \alpha$$

로 나타낸다.

위의 정의에 의하면 $x = a$에서 함수의 값은 정의되어있지 않아도 $x = a$에서의 극한값 $\lim_{x \to a} f(x) = \alpha$를 생각할 수 있다.

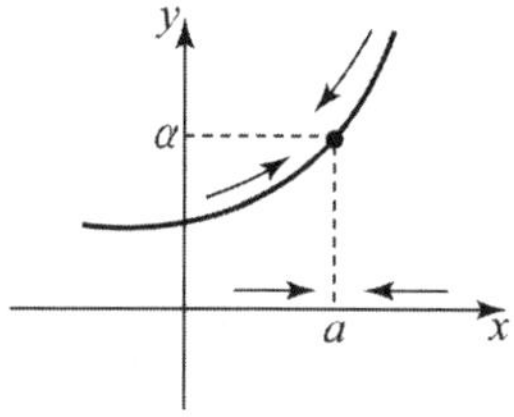

x가 a에 한없이 가까워질 때, $f(x)$의 값이 한없이 커지면 $f(x)$는 양의 무한대로 발산한다고 하고, 이것을 기호

$$\lim_{x \to a} f(x) = \infty$$

로 나타낸다. 또, x가 a에 한없이 가까워질 때, $f(x)$의 값이 음수로서 그 절댓값이 한없이 커지면 $f(x)$는 음의 무한대로 발산한다고 하고, 이것을 기호

$$\lim_{x \to a} f(x) = -\infty$$

로 나타낸다.

예를 들면, $\lim_{x\to0}\frac{1}{|x|}=\infty$, $\lim_{x\to0}\left(-\frac{1}{|x|}\right)=-\infty$ 이다.

x가 한없이 커질 때, $f(x)$의 값이 일정한 값 α에 한없이 가까워지면 이것을 기호

$$\lim_{x\to\infty}f(x)=\alpha$$

로 나타낸다. 또, x가 한없이 커질 때, $f(x)$의 값이 한없이 커지면 이것을 기호

$$\lim_{x\to\infty}f(x)=\infty$$

로 나타낸다. 다음 극한도 같은 방법으로 생각할 수 있다.

$$\lim_{x\to\infty}f(x)=-\infty,\quad \lim_{x\to-\infty}f(x)=\infty,\quad \lim_{x\to-\infty}f(x)=-\infty$$

x가 a보다 큰 값을 가지면서 a에 한없이 가까워질 때, $f(x)$가 α에 한없이 가까워지면 α를 $x=a$에서 $f(x)$의 **우극한**(right side limit)이라 하고, 이것을 기호

$$\lim_{x\to a+0}f(x)=\alpha$$

로 나타낸다. 또, x가 a보다 작은 값을 가지면서 a에 한없이 가까워질 때, $f(x)$가 α에 한없이 가까워지면 α를 $x=a$에서 $f(x)$의 **좌극한**(left side limit)이라 하고, 이것을 기호

$$\lim_{x\to a-0}f(x)=\alpha$$

로 나타낸다.

$\lim_{x\to a}f(x)=\alpha$의 정의에 의하여,

$$\lim_{x\to a}f(x)=\alpha \text{ 이면 } \lim_{x\to a+0}f(x)=\lim_{x\to a-0}f(x)=\alpha$$

이고, 그 역도 성립한다.

참고: $y=\frac{1}{x}$(단, $x>0$)에서 $\lim_{x\to+0}\frac{1}{x}=\infty$이고, $\lim_{x\to-0}\frac{1}{x}$은 존재하지 않음.

이때, $\lim_{x\to0}\frac{1}{x}=\infty$임을 $\epsilon-\delta$ 정의를 적용하면 알 수 있다.

$x=0$에서 우극한이나 좌극한을 나타낼 때, $x\to0+0$을 $x\to+0$으로,

$x \to 0-0$ 을 $x \to -0$ 으로 나타내기로 한다.

(2) 함수의 극한에 관한 성질

함수의 극한에는 다음과 같은 성질이 성립한다. 이 성질의 증명은 극한 개념을 수학적으로 엄밀하게 정의할 때 가능하므로, 중등학교 수준에서는 귀납적 방법으로 이 성질이 성립함을 예측하는 정도에서 그친다.

함수의 극한의 성질

$\lim_{x\to a} f(x) = \alpha$, $\lim_{x\to a} g(x) = \beta$ (단, α, β 는 실수)일 때,

① $\lim_{x\to a} kf(x) = k\alpha$ (단, k 는 실수)

② $\lim_{x\to a} \{f(x) \pm g(x)\} = \alpha \pm \beta$ (복부호 동순)

③ $\lim_{x\to a} f(x)g(x) = \alpha\beta$

④ $\lim_{x\to a} \frac{f(x)}{g(x)} = \frac{\alpha}{\beta}$ (단, $g(x) \neq 0$, $\beta \neq 0$)

⑤ $f(x) \leq h(x) \leq g(x)$ 이고, $\lim_{x\to a} f(x) = \lim_{x\to a} g(x) = \alpha$ 이면 $\lim_{x\to a} h(x) = \alpha$

참고: 위의 성질은 a 가 ∞ 또는 $-\infty$ 일 때에도 성립한다.

2) 삼각함수의 극한

삼각함수 $y = \sin x$ 는 정의역의 모든 구간에서 연속이므로 임의의 실수 a 에 대하여

$$x \to a \text{ 일 때 } \sin x \to \sin a$$

이다. 삼각함수 $y = \cos x$ 에 대해서도 위의 성질이 성립한다. 삼각함수 $y = \tan x$ 에 대해서도 연속인 구간 안에서 위의 성질이 성립한다.

삼각함수 $y = \sin x$ 의 그래프에서 $x = 0$ 에서의 접선의 기울기는

$$\lim_{x\to 0} \frac{\sin x - \sin 0}{x - 0} = \lim_{x\to 0} \frac{\sin x}{x}$$

임을 알고 있다. 이 식의 값을 실제로 구하여 보자.

(ⅰ) $0 < x < \frac{\pi}{2}$일 때, 오른쪽 그림에서

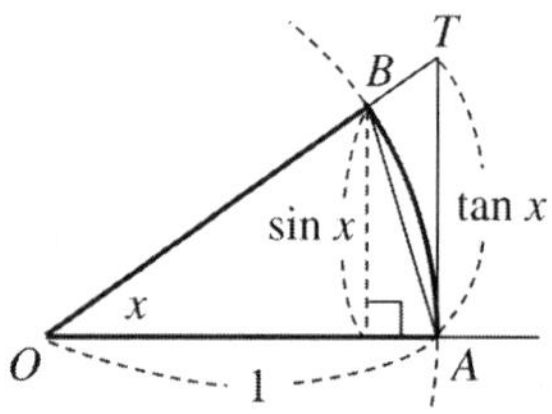

(△AOB의 넓이) < (부채꼴 AOB의 넓이)

< (△AOT의 넓이)

따라서, $\frac{1}{2}sinx < \frac{1}{2}x < \frac{1}{2}tanx$이다. 이 식에서 $\sin x > 0$이므로 이 부등식을 $\frac{1}{2}sinx$로 나누면

$$1 < \frac{x}{\sin x} < \frac{1}{\cos x},\ 즉\ 1 > \frac{\sin x}{x} > \cos x$$

이다. 여기서 $\lim_{x \to +0} cosx = 1$이므로,

$$\lim_{x \to +0} \frac{\sin x}{x} = 1 \qquad \cdots ①$$

임을 알 수 있다.

(ⅱ) $-\frac{\pi}{2} < x < 0$일 때, $x = -t$라 놓으면

$$\lim_{x \to -0} \frac{\sin x}{x} = \lim_{t \to +0} \frac{\sin(-t)}{-t} = \lim_{t \to +0} \frac{\sin t}{t} = 1 \qquad \cdots ②$$

이다.

따라서 ①, ②로부터 $\lim_{x \to 0} \frac{\sin x}{x} = 1$이다.

3) 지수함수와 로그함수의 극한

지수함수 $y = a^x$ (단, $a > 0$, $a \neq 1$)의 정의역은 실수 전체의 집합이고, 임의의 실수 α에 대하여

$$\lim_{x \to \alpha} a^x = a^\alpha$$

이므로 $y = a^x$은 연속함수이다.

또, $a > 1$일 때, $y = a^x$은 증가함수이고 $\lim_{x \to \infty} a^x = \infty$, $\lim_{x \to -\infty} a^x = 0$,

$0 < a < 1$일 때, $y = a^x$은 감소함수이고 $\lim_{x \to \infty} a^x = 0$, $\lim_{x \to -\infty} a^x = \infty$

임을 알 수 있다.

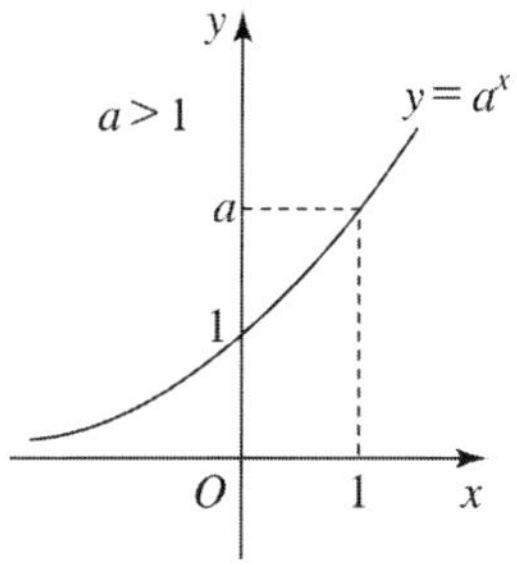

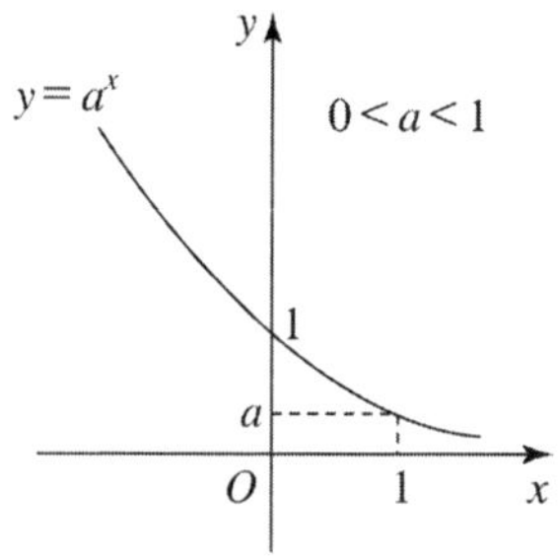

로그함수 $y = \log_a x\,(a > 0,\ a \neq 1)$는 지수함수 $y = a^x$ 의 역함수이므로 역함수의 성질로부터 그 그래프는 $y = a^x$ 의 그래프를 직선 $y = x$ 에 대하여 대칭이동한 것이다.

따라서, 다음과 같은 성질이 있다.

로그함수 $y = \log_a x\,(a > 0,\ a \neq 1)$의 그래프

(1) $a > 1$ 일 때, $\lim_{x \to \infty} log_a x = \infty$, $\lim_{x \to +0} log_a x = -\infty$

(2) $0 < a < 1$ 일 때, $\lim_{x \to \infty} log_a x = -\infty$, $\lim_{x \to +0} log_a x = \infty$

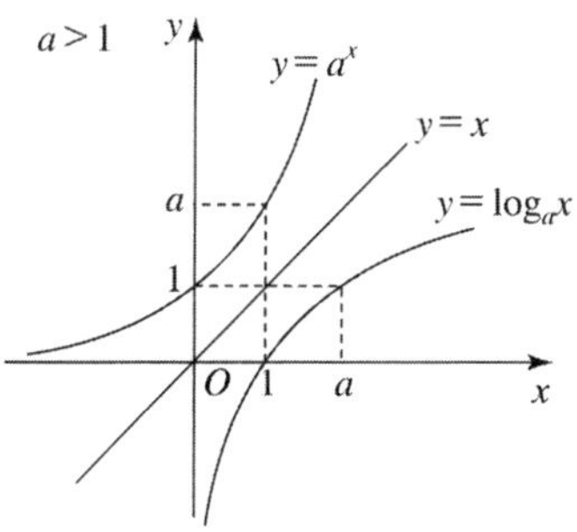

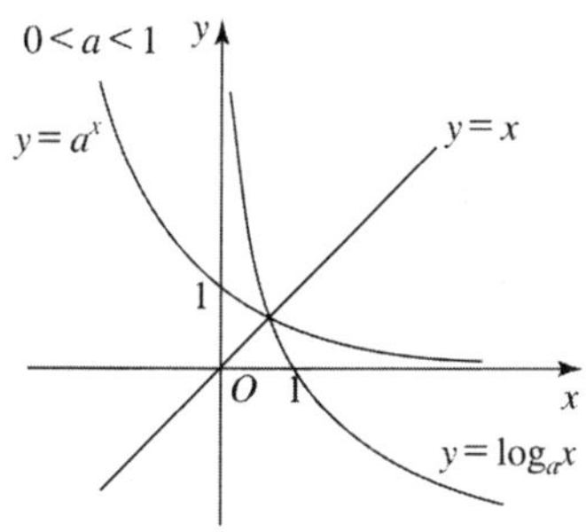

은행에 복리이자 계산법으로 예금을 할 경우

$$\lim_{x \to \infty}\left(1 + \frac{1}{x}\right)^x,\ 즉\ \lim_{x \to 0}(1 + x)^{\frac{1}{x}}$$

의 극한값을 이용하는 경우가 있다. $\lim_{x \to 0}(1 + x)^{\frac{1}{x}}$ 이 일정한 값으로 수렴함을 계산기나 컴퓨터를 이용하여 인식할 수 있다. 이 값을 e 로 나타낸다. e 는 무리수이며 그 값은

$$e = 2.71828182845904 \cdots$$

임이 알려져 있다. 이상을 정리하면 다음과 같다.

$$\lim_{x\to 0}(1+x)^{\frac{1}{x}} = e$$

$$\lim_{x\to\infty}\left(1+\frac{1}{x}\right)^{x} = e$$

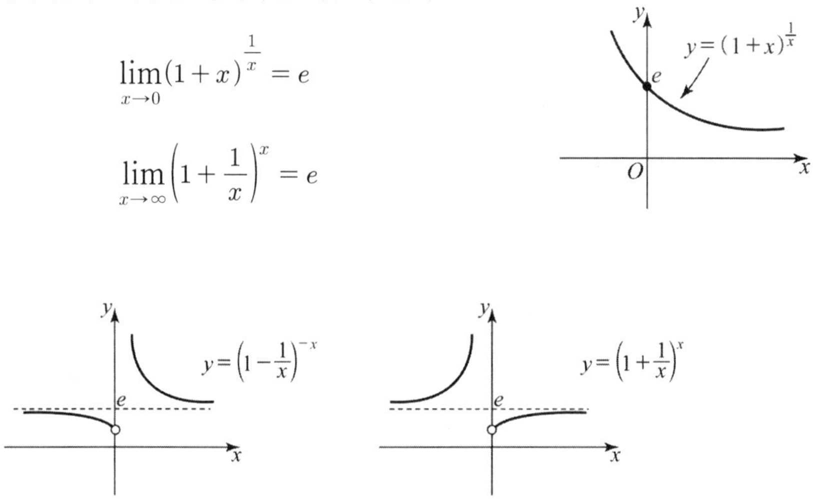

무리수 e를 밑으로 하는 로그 $\log_e x$를 x의 **자연로그**(natural logarithm)라고 한다. 자연로그 $\log_e x$를 간단히 $\ln x$와 같이 나타낸다. $\log_e x$에는 다음과 같은 성질이 있다.

$$\ln 1 = 0, \ln e = \log_e e = 1$$

4) 함수의 연속성

(1) 함수의 연속

함수 $y=f(x)$가 실수 a에 대하여

① $x=a$에서 $f(a)$가 정의되어 있고,

② $\lim_{x\to a} f(x)$가 존재하고

③ $\lim_{x\to a} f(x) = f(a)$

일 때, 함수 $y=f(x)$는 $x=a$에서 **연속**(continuous)이라 한다. 함수 $y=f(x)$가 위의 세 조건 중에서 하나라도 만족하지 않을 때, $y=f(x)$는 $x=a$에서 **불연속**(discontinuous)이라고 한다. 예를 들면, 함수 $f(x)=x+1$은 $x=1$에서 연속이지만 함수 $f(x)=\frac{x^2-1}{x-1}$은 $f(1)$이 존재하지 않으므로 $x=1$에서 불연속이다.

함수 $y=f(x)$가 $x=a$에서 연속이라는 개념을 지도하는 한 방법으로, 위의 각 조건을 만족하는 예와 만족하지 않는 예를 각각 찾아보게 하고, 위의 세 조건을 모두 만족하는 함수를 찾아보게 하거나 만들어보게 하는 활동을 한 다음 연속의 개념을 정의하는 것이 바람직하다.

두 실수 $a, b\,(a < b)$에 대하여 다음 집합

$$\{x \mid a < x < b\},\ \{x \mid a \le x \le b\},\ \{x \mid a < x \le b\},\ \{x \mid a \le x < b\}$$

을 **구간**(interval)이라고 하고, 이들을 차례로 기호

$$(a,\ b),\ [a,\ b],\ (a,\ b],\ [a,\ b)$$

로 나타낸다. 이때, 구간 $(a,\ b)$를 **개구간**(open interval), 구간 $[a,\ b]$를 **폐구간**(closed interval), $(a,\ b]$, $[a,\ b)$를 **반개구간**(half open interval) 또는 **반폐구간**(half closed interval)이라고 한다. 위의 구간들을 수직선상에 나타낼 때에는 다음 그림과 같이 나타낸다.

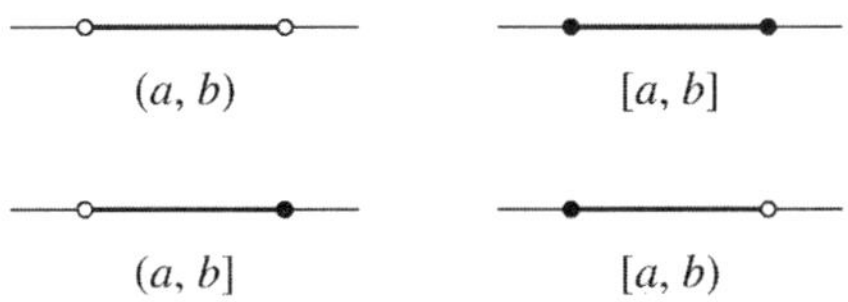

특히, 집합 $\{x \mid a < x,\ x\text{는 실수}\}$, 집합 $\{x \mid x \le b,\ x\text{는 실수}\}$를 차례로 기호 $(a,\ \infty)$, $(-\infty,\ b]$로 나타낸다. 그리고 실수 전체의 집합을 기호 $(-\infty,\ \infty)$로 나타낸다.

함수 $y = f(x)$가 어떤 구간의 모든 x의 값에서 연속이면, 함수 $f(x)$는 그 구간에서 **연속**(continuous) 또는 **연속함수**(continuous function)라고 한다. 예를 들면, 다항함수는 실수 전체의 구간에서 연속이며, 로그함수 $y = \log x$는 구간 $(0,\ \infty)$에서 연속이다.

(2) 연속함수의 성질

두 함수 $y = f(x)$와 $y = g(x)$가 $x = a$에서 연속이라 하면,

$$\lim_{x\to a} f(x) = f(a),\ \lim_{x\to a} g(x) = g(a)$$

이다. 따라서, 함수의 극한의 성질에 의하여

$$\lim_{x\to a}\{f(x) + g(x)\} = \lim_{x\to a} f(x) + \lim_{x\to a} g(x) = f(a) + g(a)$$

이다. 즉, 함수 $y = f(x) + g(x)$에 대하여 $f(a) + g(a)$가 존재하고

$$\lim_{x \to a}\{f(x)+g(x)\}=f(a)+g(a)$$

이다. 그러므로 함수 $y=f(x)+g(x)$는 $x=a$에서 연속이다.

위와 같은 방법으로 생각하면 다음과 같은 연속함수의 성질을 얻을 수 있다.

연속함수의 성질

함수 $f(x)$, $g(x)$가 어떤 구간에서 연속이면 그 구간에서 다음 함수도 연속이다.

① $cf(x)$ (단, c는 상수)

② $f(x) \pm g(x)$

③ $f(x) \times g(x)$

④ $\dfrac{f(x)}{g(x)}$ (단, $g(x) \neq 0$)

일차함수 $y=x$는 실수 전체의 구간에서 연속임을 알 때, 위의 성질에 의하여 임의의 다항함수는 실수 전체의 구간에서 연속임을 알 수 있다.

폐구간에서 연속인 함수에는 다음과 같은 성질이 성립한다.

최대 · 최소의 정리

함수 $y=f(x)$가 폐구간 $[a, b]$에서 연속이면 $y=f(x)$는 이 구간에서 최댓값과 최솟값을 가진다.

중간값의 정리

함수 $y=f(x)$가 폐구간 $[a, b]$에서 연속이고 $f(a) \neq f(b)$이면, $f(a)$와 $f(b)$ 사이에 있는 임의의 값 k에 대하여

$$f(c)=k$$

인 c가 개구간 (a, b)에 적어도 하나 존재한다.

위의 두 정리의 증명은 구체적인 예를 통하여 이 정리가 성립함을 그림을 그려 알아본 다음, 직관에 의하여 일반화하는 것이 바람직하다.

중간값의 정리를 사용하면 홀수차의 다항방정식은 적어도 하나의 실근을 가짐을 설명할 수 있다.

발전연구 4-2-1

(1) 함수의 극한과 $\epsilon-\delta$ 논법

함수 $f(x)$가 수 a를 포함하는 어떤 구간에서 a 이외의 모든 x에 대하여 정의되어 있다고 하자. 이때, 만일 x가 a에 가까워질 때, $f(x)$의 값이 어떤 수 b에 한없이 가까워진다고 하면 'x가 a에 수렴할 때 $f(x)$는 극한값 b에 수렴한다.'고 하고, 기호로

$$x \to a \text{ 일 때, } f(x) \to b \quad \text{또는} \quad \lim_{x \to a} f(x) = b$$

와 같이 나타낸다.

위의 정의에서 $f(x)$가 b에 한없이 가까워진다는 것은 x가 a에 가까워짐에 따라 $f(x)$와 b의 차 $|f(x)-b|$가 한없이 작아진다는 것과 같다. 그런데, '작다'는 개념은 어떤 수와 비교할 때 생기는 상대적인 개념으로 특정한 수 하나를 보고 작다거나 크다고 할 수는 없는 것이다.

따라서, x가 a에 가까워짐에 따라 $|f(x)-b|$가 한없이 작다는 것은 임의의 양수 ϵ을 잡아도 $|x-a|$가 충분히 작으면 $|f(x)-b|<\epsilon$ 임을 뜻한다. 이렇게 생각하면 함수의 극한은 다음과 같이 정의할 수 있다.

정의 1 임의의 양수 ϵ에 대하여 적당한 양수 δ가 존재하여

$$0<|x-a|<\delta \text{ 이면 } |f(x)-b|<\epsilon$$

이 될 때, $x \to a$ 이면 $f(x) \to b$ 라고 한다. 즉, $\lim_{x \to a} f(x) = b$.

정의 2 임의의 양수 M에 대하여 적당한 양수 δ가 존재하여

$$0<|x-a|<\delta \text{ 이면 } f(x)>M$$

이 될 때, $x \to a$ 이면 $f(x) \to \infty$ 라고 한다. 즉, $\lim_{x \to a} f(x) = \infty$.

정의 3 임의의 양수 ϵ에 대하여 적당한 양수 M이 존재하여

$$x>M \text{ 이면 } |f(x)-b|<\epsilon$$

이 될 때, $x \to \infty$ 이면 $f(x) \to b$ 라고 한다. 즉, $\lim_{x \to \infty} f(x) = b$.

정의 4 임의의 양수 M에 대하여 적당한 양수 N이 존재하여

$$x > M \text{이면 } |f(x) - b| > N$$

이 될 때, $x \to \infty$ 이면 $f(x) \to \infty$ 라고 한다. 즉, $\lim_{x \to \infty} f(x) = \infty$.

위의 정의를 사용하여 다음 식

$$\lim_{x \to 3}(3x+2) = 11$$

이 성립함을 $\epsilon - \delta$ 논법으로 증명하여 보자. 임의의 양수 ϵ 에 대하여

$$|f(x) - 11| < \epsilon \Leftrightarrow |3(x-3)| < \epsilon$$

$$\Leftrightarrow |x-3| < \frac{\epsilon}{3}$$

그러므로 $\delta = \frac{\epsilon}{3}$ 으로 잡으면

$$0 < |x-3| < \delta \text{이면 } |f(x) - 11| < \epsilon$$

이 성립한다.

따라서 $\lim_{x \to 3}(3x+2) = 11$ 이다.

(2) 함수의 연속

함수 $f(x)$가 어떤 구간에서 정의되어 있고, 이 구간 내의 한 점 a 에서

$$\lim_{x \to a} f(x) = f(a)$$

가 성립하면 $f(x)$는 $x = a$ 에서 연속이라고 한다. 이것을 $\epsilon - \delta$ 논법으로 정의하면 다음과 같다.

정의 임의의 양수 ϵ 에 대하여 적당한 양수 δ 가 존재하여

$$|x-a| < \delta \text{이면 } |f(x) - f(a)| < \epsilon$$

일 때, $f(x)$는 $x = a$ 에서 연속이라고 한다.

주의: 함수 $f(x)$가 폐구간 $[a, b]$ 에서 연속이라고 할 때, 구간의 끝점 a 와 b 에 있어서는

$$\lim_{x \to a+0} f(x) = f(a) \text{와} \quad \lim_{x \to b-0} f(x) = f(b)$$

가 성립하는 것을 뜻한다.

함수의 연속에 관한 $\epsilon - \delta$ 논법을 사용하면 다음이 성립함을 쉽게 알 수 있다.

(1) 함수 $f(x) = \begin{cases} \sin\frac{1}{x} & (x \neq 0) \\ 0 & (x = 0) \end{cases}$ 는 $x = 0$ 에서 불연속이고, 그 외의 모든 점에서는 연속이다.

(2) 함수 $f(x) = \begin{cases} x & (x\text{는 유리수}) \\ 0 & (x\text{는 무리수}) \end{cases}$ 는 $x = 0$ 에서만 연속이고 그 외의 모든 점에서는 불연속이다.

(3) (디리클레의 함수) 함수 $f(x) = \begin{cases} 0 & (x\text{는 무리수}) \\ 1 & (x\text{는 유리수}) \end{cases}$ 는 모든 점에서 불연속이다.

연구과제 4-2-1

1. 다음 극한값을 구하여라.

(1) $\displaystyle\lim_{x \to 2} \frac{1 - \sqrt{x-1}}{x-2}$ (2) $\displaystyle\lim_{x \to \infty} \frac{x^2 - 2x + 3}{2x^2 - 1}$

2. $\displaystyle\lim_{x \to -2} \frac{x^2 + ax + b}{x + 2} = 1$ 이 성립하도록 상수 a, b 의 값을 정하여라.

3. 다음 함수의 극한값을 구하여라.

(1) $\displaystyle\lim_{x \to 0} \frac{\sin 3x}{\sin 2x}$ (2) $\displaystyle\lim_{x \to 0} \frac{1 - \cos x}{x^2}$ (3) $\displaystyle\lim_{x \to 0} \frac{x}{\tan x}$

4. 연속함수 $f(x)$가 등식 $x^2 f(x) = 1 - \cos x$ 를 만족할 때, $f(0)$의 값을 구하여라.

5. 다음 극한값을 구하여라.

(1) $\displaystyle\lim_{x \to \infty} \frac{2^x + 5}{3^x}$ (2) $\displaystyle\lim_{x \to \infty} \frac{2^x + 3^x}{2^x - 3^x}$

6. 다음 극한값을 구하여라.

(1) $\lim_{x \to 0} \frac{\ln(1+3x)}{x}$ (2) $\lim_{x \to 0} \frac{e^{ax}-1}{x}$ (단 $a \neq 0$)

7. 함수 $f(x) = \lim_{n \to \infty} \frac{x^n+1}{x^n-1}$ 의 연속성을 조사하여라.

8. 함수 $f(x) = x^2 + \frac{x^2}{1+x^2} + \frac{x^2}{(1+x^2)^2} + \cdots$ 의 불연속점을 구하여라.

9. 방정식 $\sin\pi x = \pi\cos\pi x$ 는 구간 $\left(1, \frac{3}{2}\right)$에서 적어도 하나의 실근을 가짐을 보여라.

10. $y = f(x)$, $y = g(x)$가 $x = a$ 에서 연속이면 $y = f(x) + g(x)$ 도 $x = a$ 에서 연속임을 증명하여라.

11. $\lim_{x \to 0}(1+x)^{\frac{1}{x}}$, $\lim_{x \to \infty}\left(1+\frac{1}{x}\right)^x$, $\lim_{x \to \infty}\left(1-\frac{1}{x}\right)^{-x}$ 의 관계를 조사하여라.

12. 함수 $y = \frac{1}{x}$(단, $x > 0$)에서 $\lim_{x \to +0}\frac{1}{x} = \infty$ 이다. 이때, $\lim_{x \to 0}\frac{1}{x} = \infty$ 인가? 그 이유를 설명하여라.

지도상의 유의점 4-2-1

1. 극한에 관한 정의와 성질은 직관에 의하여 지도한다. 예를 들면, 초항이 $\frac{1}{2}$, 공비가 $\frac{1}{2}$인 무한등비급수는 한 변의 길이가 1인 정사각형의 넓이에 한없이 가까워지지만 1을 넘을 수 없음을 그림을 통하여 이해하게 한다.
2. e 의 값은 무리수임을 직관으로 이해하게 한다. 즉, 그래픽 계산기를 이용하여 e 의 정의를 만족하는 수표를 만들어 수렴하는 값이 순환마디를 갖지 않음을 조사해봄으로써 무리수임을 직관으로 이해하게 한다.
3. 함수의 극한 개념은 직관에 의하여 이해하게 한다. 이 경우, 그래픽 계산기를 이용하여 함수의 그래프를 그려보고 그 극한성을 조사해 보는 것이 바람직하다.

3. 미분과 적분

[1] 미분법

1) 미분계수와 도함수

함수 $y=f(x)$에서 x가 a에서 b까지 $b-a$만큼 변할 때 y는 $f(a)$에서 $f(b)$까지 변한다. 이때, $b-a$를 x의 증분, $f(b)-f(a)$를 y의 **증분**(increment)이라고 한다. 일반적으로 x의 증분을 $\boldsymbol{\Delta x}$, y의 증분을 $\boldsymbol{\Delta y}$로 나타낸다.

x의 증분에 대한 y의 증분의 비

$$\frac{\Delta y}{\Delta x}=\frac{f(b)-f(a)}{b-a}$$

를 x가 a에서 b까지 변할 때의 함수 $y=f(x)$의 **평균변화율**(average rate of change)이라고 한다. 평균변화율을 시각적으로 표현하면, $y=f(x)$의 그래프에서 두 점 $(a, f(a))$, $(b, f(b))$를 잇는 선분의 기울기와 같다. 실생활에서 평균변화율의 개념이 사용되는 한 예로서 **평균속도**(average velocity)를 생각할 수 있다.

함수 $y=f(x)$에 대하여 극한값

$$\lim_{x \to a}\frac{f(x)-f(a)}{x-a}$$

가 존재할 때, 이 극한값을 함수 $y=f(x)$의 $x=a$에서의 **순간변화율**(instantaneous rate of change) 또는 **미분계수**(differential coefficient)라고 하고, 이것을 기호 $f'(a)$로 나타낸다.

위의 식에서 $x-a=\Delta x$로 놓으면 $x=a+\Delta x$이므로

$$f'(a)=\lim_{\Delta x \to 0}\frac{\Delta y}{\Delta x}=\lim_{\Delta x \to 0}\frac{f(a+\Delta x)-f(a)}{\Delta x}$$

로 나타낼 수 있다.

함수 $y=f(x)$에 대하여 $x=a$에서 미분계수 $f'(a)$가 존재한다고 하면,

$$f'(a)=\lim_{\Delta x\to 0}\frac{\Delta y}{\Delta x}=\lim_{\Delta x\to 0}\frac{f(a+\Delta x)-f(a)}{\Delta x}$$

이고,

$$\frac{f(a+\Delta x)-f(a)}{\Delta x}$$

는 두 점

$$(a, f(a)),\ (a+\Delta x, f(a+\Delta x))$$

를 잇는 선분의 기울기이다. 따라서 $f'(a)$는 점 $(a+\Delta x, f(a+\Delta x))$가 점 $(a, f(a))$에 한없이 가까워질 때의 그 두 점 사이의 선분의 기울기이다. 즉, $f'(a)$는 곡선 $y=f(x)$ 위의 점 $A(a, f(a))$에서의 접선의 기울기이다.

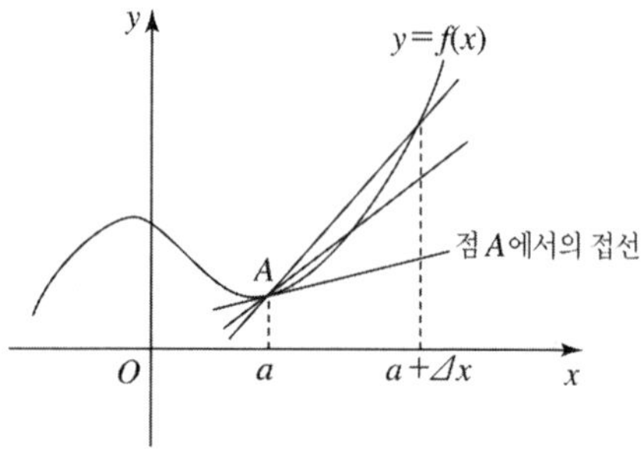

함수 $y=f(x)$의 $x=a$에서의 미분계수 $f'(a)$가 존재할 때, 이 함수는 $x=a$에서 **미분가능**(differentiable)이라고 한다.

함수 $y=f(x)$가 $x=a$에서 미분가능이면 $y=f(x)$는 $x=a$에서 연속임을 알아보자. 함수 $y=f(x)$가 $x=a$에서 미분가능이므로

$$f'(a)=\lim_{x\to a}\frac{f(x)-f(a)}{x-a}$$

는 일정한 값으로 존재한다. 따라서

$$\begin{aligned}\lim_{x\to a}\{f(x)-f(a)\}&=\lim_{x\to a}\frac{f(x)-f(a)}{x-a}\cdot(x-a)\\&=\lim_{x\to a}\frac{f(x)-f(a)}{x-a}\lim_{x\to a}(x-a)\\&=f'(a)\times 0=0\end{aligned}$$

그러므로 $\lim_{x\to a}f(x)=f(a)$.

이상을 정리하면 다음과 같다.

미분가능성과 연속성

함수 $y=f(x)$가 $x=a$에서 미분가능이면 $x=a$에서 연속이다. 그러나 이 성질의 역은 성립하지 않는다. 이를테면 $y=|x-1|$은 $x=1$에서 연속이지만 $x=1$에서 미분가능이 아니다. 예를 들면,

$$\lim_{x\to 1+0}\frac{|x-1|}{x-1}=1,\quad \lim_{x\to 1-0}\frac{|x-1|}{x-1}=-1$$

이므로 $\lim_{x\to 1}\frac{|x-1|}{x-1}$는 존재하지 않는다. 즉, $y=|x-1|$은 $x=1$에서 미분가능이 아니다.

도함수의 정의

모든 x의 값에서 미분가능한 함수 $y=f(x)$에 대하여 x의 각 값에 미분계수 $f'(x)$가 대응하는 함수를 $y=f(x)$의 **도함수**(derivative)라고 한다. 즉, $y=f(x)$의 도함수는

$$f'(x)=\lim_{\Delta x\to 0}\frac{f(x+\Delta x)-f(x)}{\Delta x}$$

이고, 이것을 기호 $f'(x)$, y', $\frac{dy}{dx}$, $\frac{d}{dx}f(x)$ 등으로 나타낸다. 이를테면 $y=x^2$의 도함수는 $y'=2x$, $\frac{dy}{dx}=2x$, $\frac{d}{dx}(x^2)=2x$이다.

함수 $f(x)$로부터 그 도함수 $f'(x)$를 구하는 것을 $f(x)$를 x에 대하여 **미분한다**(differentiate)고 하고, 그 계산법을 **미분법**(differentiation)이라고 한다.

함수 $f(x)=x^n$ (단, n은 양의 정수)의 도함수

$$f'(x)=\lim_{h\to 0}\frac{(x+h)^n-x^n}{h}$$

는

$$a^n-b^n=(a-b)(a^{n-1}+a^{n-2}b+\cdots+b^{n-1})$$

임을 이용하여 구하면 $(x^n)'=nx^{n-1}$임을 알 수 있다.

또, 상수함수 $y=c$ (단, c는 상수)의 도함수를 구하면 $y'=0$임을 알 수 있다.

여러 가지 함수의 도함수를 구할 때에는 다음과 같은 미분법의 공식을 이용하면 편리하다. 이 공식은 도함수의 정의에 의하여 증명할 수 있다.

미분법의 공식

① $(x^n)' = nx^{n-1}$ (단, n은 양의 정수)

② $y = c$일 때 $y' = 0$ (단, c는 상수)

함수 $f(x)$, $g(x)$가 미분가능할 때,

③ $\{kf(x)\}' = kf'(x)$

④ $\{f(x)+g(x)\}' = f'(x)+g'(x)$

⑤ $\{f(x)-g(x)\}' = f'(x)-g'(x)$

⑥ $\{f(x)g(x)\}' = f'(x)g(x)+f(x)g'(x)$

참고: 공식 ①은 임의의 실수 n에 대하여도 성립한다.

2) 여러 가지 미분법

(1) 함수의 몫의 미분법

두 함수 $u = f(x)$, $v = g(x)$가 미분가능할 때, 함수 $y = \frac{u}{v} = \frac{f(x)}{g(x)}$의 도함수를 도함수의 정의에 의하여 구하면 다음과 같음을 알 수 있다. 이 방법을 **몫의 미분법**(differentiation of quotient)이라고 한다.

몫의 미분법

$$\left\{\frac{f(x)}{g(x)}\right\}' = \frac{f'(x)g(x)-f(x)g'(x)}{\{g(x)\}^2}$$

(2) 합성함수의 미분법

두 함수 $y = g(u)$, $u = f(x)$가 미분가능할 때, 합성함수 $y = g(f(x))$는 미분가능하고, 그 도함수는

$$\frac{\Delta y}{\Delta x} = \frac{\Delta y}{\Delta u} \times \frac{\Delta u}{\Delta x},\ \Delta x \to 0 \text{ 일 때 } \Delta y \to 0$$

을 이용하여 구할 수 있다. 이 방법을 **합성함수의 미분법**(differentiation of composite function)이라고 한다.

합성함수의 미분법

$y=g(u)$, $u=f(x)$가 미분가능할 때, $\frac{dy}{dx}=\frac{dy}{du}\times\frac{du}{dx}$.

(3) 음함수의 미분법(differentiation of implicit function)

x의 함수 y가 음함수 $F(x, y)=0$꼴로 주어질 때 $\frac{dy}{dx}$를 구하려면 합성함수의 미분법을 사용하여 이 식의 각 항을 x에 관하여 미분한 다음 $\frac{dy}{dx}$에 관하여 풀면 된다. 이때,

$$\frac{d}{dx}(y^n)=\frac{d}{dy}(y^n)\cdot\frac{dy}{dx}$$

(4) 역함수의 미분법

미분가능한 함수 $y=f(x)$가 역함수 $x=g(y)$를 가진다고 하자. 이 식의 양변을 x에 관하여 미분하면

$$1=\frac{dg(y)}{dy}\cdot\frac{dy}{dx}=\frac{dx}{dy}\cdot\frac{dy}{dx}$$

이다. 이때 $\frac{dx}{dy}\neq 0$일 때, 양변을 $\frac{dx}{dy}$로 나누면 $\frac{dy}{dx}=\frac{1}{\frac{dx}{dy}}$이다. 이 방법을 **역함수의 미분법**(differentiation of inverse function)이라고 한다.

이 방법을 이용하면 주어진 함수를 미분하기가 복잡할 때 그 역함수의 도함수를 구하여 주어진 함수의 도함수를 구할 수 있다.

(5) 매개변수로 나타내어진 함수의 미분법

두 함수 $x=f(t)$, $y=g(t)$가 미분가능이고, $x=f(t)$가 역함수를 가진다고 하면 t는 x의 함수이므로 y는 x의 함수가 된다. 이때, t를 **매개변수**(parameter)라고 한다.

t를 매개변수로 하는 두 함수 $x=f(t)$, $y=g(t)$에 대하여 $\frac{dy}{dx}$를 구하여보자.

y는 x의 함수이므로, $\frac{dy}{dx}=\frac{dy}{dt}\times\frac{dt}{dx}$

$x=f(t)$의 역함수의 도함수는 $\dfrac{dt}{dx}=\dfrac{1}{\dfrac{dx}{dt}}=\dfrac{1}{f'(t)}$

따라서, $\dfrac{dy}{dx}=\dfrac{dy}{dt}\times\dfrac{1}{\dfrac{dx}{dt}}=\dfrac{g'(t)}{f'(t)}$가 성립한다.

(6) 삼각함수의 미분법

$y=\sin x$ 의 도함수는 도함수의 정의와 사인 함수의 차를 곱으로 고치는 공식 또는 사인함수의 덧셈공식을 이용하여 구할 수 있다. 즉,

$$(\sin x)'=\lim_{h\to 0}\frac{\sin(x+h)-\sin x}{h}$$

$$=\lim_{h\to 0}cos\left(x+\frac{h}{2}\right)\frac{\sin\frac{h}{2}}{\frac{h}{2}}=\cos x$$

코사인 함수의 도함수는 코사인 함수를 사인함수로 고쳐서 구할 수 있다. 탄젠트 함수의 도함수는 몫의 미분법에 의하여 구할 수 있다. 이와 같은 방법으로 삼각함수의 도함수를 구하면 다음과 같다.

삼각함수의 도함수

$$(\sin x)'=\cos x,\ (\cos x)'=-\sin x,$$

$$(\tan x)'=\sec^2 x,\ (\sec x)'=\sec x\tan x,$$

$$(\mathrm{cosec}\,x)'=-\mathrm{cosec}\,x\cot x,\ (\cot x)'=-\mathrm{cosec}^2 x$$

(7) 로그함수와 지수함수의 도함수

자연로그함수 $y=\ln x$ 의 도함수를 구하여 보자.

$$(\ln x)'=\lim_{\Delta x\to 0}\frac{\ln(x+\Delta x)-\ln x}{\Delta x}=\lim_{\Delta x\to 0}\frac{1}{\Delta x}ln\left(1+\frac{\Delta x}{x}\right)$$

$\dfrac{\Delta x}{x}=h$ 로 놓으면 $\Delta x\to 0$ 일 때 $h\to 0$ 이므로

$$\lim_{\Delta x \to 0} \frac{1}{\Delta x} ln\left(1+\frac{\Delta x}{x}\right) = \lim_{h \to 0} \frac{1}{xh} ln(1+h)$$

$$= \frac{1}{x} \lim_{h \to 0} ln(1+h)^{\frac{1}{h}}$$

$$= \frac{1}{x} lne = \frac{1}{x}$$

따라서 $(\ln x)' = \dfrac{1}{x}$.

한편, $(\log_a x)' = \dfrac{(\ln x)'}{\ln a} = \dfrac{1}{x\ln a}$.

함수 $y = \ln|x|$ 를 미분하여도 $y' = \dfrac{1}{x}$ 임을 알 수 있다.

이상으로부터 다음을 얻는다.

로그함수의 미분법

(1) $(\ln x)' = \dfrac{1}{x}$(단, $x > 0$)

(2) $(\log_a x)' = \dfrac{1}{x\ln a}$(단, $a > 0,\ a \neq 1,\ x > 0$)

이 성질을 이용하면 함수 $y = x^{\alpha}$ 의 도함수를 다음과 같이 구할 수 있다.

$y = x^{\alpha}$ 의 양변에 자연로그를 취하면 $\ln|y| = \alpha \ln|x|$.

양변을 x 에 관하여 미분하면 $\dfrac{y'}{y} = \dfrac{\alpha}{x}$.

따라서 $y' = \dfrac{\alpha y}{x} = \dfrac{\alpha x^{\alpha}}{x} = \alpha x^{\alpha - 1}$.

즉, 임의의 실수 α 에 대하여 $(x^{\alpha})' = \alpha x^{\alpha - 1}$ 이다.

(8) 지수함수의 미분법

지수함수 $y = a^x$ 의 도함수를 구해보자. $y = a^x$ 의 양변에 자연로그를 취하면

$$\ln y = x\ln a$$

양변을 x 에 관하여 미분하면 $\dfrac{y'}{y} = \ln a$.

따라서 $y' = y\ln a = a^x \ln a$.

여기서, $a = e$ 이면 $\ln e = 1$ 이므로 $(e^x)' = e^x$ 이다.

이상을 정리하면 다음과 같다.

지수함수의 도함수

$(a^x)' = a^x \ln a$ (단, $a > 0,\ a \neq 1$), $(e^x)' = e^x$

이계도함수

함수 $y = f(x)$의 도함수 $f'(x)$가 미분가능할 때, $f'(x)$의 도함수를 함수 $y = f(x)$의 **이계도함수**(second order derivative)라 하고, 기호로 y'', $f''(x)$, $\frac{d^2y}{dx^2}$, $\frac{d^2}{dx^2}f(x)$ 등과 같이 나타낸다.

3) 도함수의 응용

(1) 접선

곡선 $y = f(x)$에 대하여 $x = a$에서의 미분계수 $f'(a)$는 점 $(a, f(a))$에서의 접선의 기울기이므로, 점 $(a, f(a))$를 지나는 접선의 방정식은

$$y - f(a) = f'(a)(x - a)$$

이다.

(2) 함수의 증가와 감소

함수 $y = f(x)$가 어떤 구간에서 x의 값이 증가함에 따라 y의 값도 증가할 때, $y = f(x)$는 그 구간에서 **증가한다**(increase)고 하고, x의 값이 증가함에 따라 y의 값은 감소할 때, $y = f(x)$는 그 구간에서 **감소한다**(decrease)고 한다.

또, 함수 $y = f(x)$가 $x = a$를 포함하는 어떤 개구간에서 증가할 때, $y = f(x)$는 $x = a$에서 **증가상태**(increasing state)에 있다고 하고, $x = a$를 포함하는 어떤 개구간에서 감소할 때 $y = f(x)$는 $x = a$에서 **감소상태**(decreasing state)에 있다고 한다.

함수 $y = f(x)$가 $x = a$를 포함하는 어떤 구간에서 미분가능이라 하면

$$f'(a) = \lim_{x \to a} \frac{f(x) - f(a)}{x - a}$$

가 존재한다. 여기서, $f'(a) > 0$ 이면 $x = a$를 포함하는 충분히 좁은 개구간에서

$$\frac{f(x)-f(a)}{x-a}>0$$

이다. 즉, $x>a$ 이면 $f(x)>f(a)$이고 $x<a$ 이면 $f(x)<f(a)$이다. 그러므로, 함수 $y=f(x)$는 $x=a$ 에서 증가상태에 있다.

같은 방법으로 생각하면 $f'(a)<0$ 일 때 함수 $y=f(x)$는 $x=a$ 에서 감소상태에 있음을 알 수 있다.

함수 $y=f(x)$가 어떤 구간에 속하는 모든 x 의 값에서 증가상태에 있으면 $f(x)$는 그 구간에서 증가하고, 감소상태에 있으면 그 구간에서 감소하므로 다음 사실이 성립한다.

함수의 증가 · 감소

함수 $y=f(x)$가 어떤 구간에서 미분가능할 때, 그 구간에서

① $f'(x)>0$ 이면 $y=f(x)$는 증가한다.

② $f'(x)<0$ 이면 $y=f(x)$는 감소한다.

참고: 함수 $y=f(x)$가 $x=a$ 를 포함하는 어떤 개구간에서 미분가능이고 $f'(a)>0$ 일 때, $y=f(x)$는 $x=a$ 에서 증가상태에 있음을 다음과 같은 직관적인 방법으로 알아볼 수도 있다.

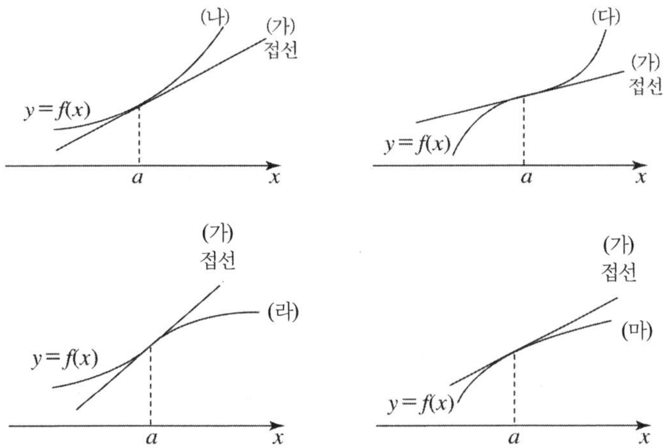

그림에서, $f'(a)>0$ 이면 $x=a$ 에서의 접선의 모양은 직선 (가)와 같고 그 기울기는 양이다. 이때, $x=a$ 를 포함하는 충분히 좁은 구간에서 곡선 $y=f(x)$의 모양은 위의 그림에서 (나), (다), (라), (마) 중의 어느 하나와 같고, 이들은 모두 증가 상

태에 있다. 그러므로 $f'(a)>0$ 이면 $y=f(x)$는 $x=a$ 에서 증가상태에 있다. 같은 방법으로 생각하면 $f'(a)<0$ 이면 $y=f(x)$는 $x=a$ 에서 감소상태에 있음을 알 수 있다.

(3) 함수의 극대, 극소

$x=a$를 포함하는 어떤 개구간에서 함수 $y=f(x)$의 값이 $f(a)$ 이하일 때, $y=f(x)$는 $x=a$에서 **극대**(maximal)가 된다고 하고, $f(a)$를 **극댓값**(maximal value)이라고 한다. 또, $x=a$를 포함하는 어떤 개구간에서 함수 $y=f(x)$의 값이 $f(a)$ 이상일 때, $y=f(x)$는 $x=a$에서 **극소**(minimal)라고 하고, $f(a)$를 **극솟값**(minimal value)이라고 한다. 극댓값, 극솟값을 통틀어 **극값**(extreme value)이라고 한다.

함수의 극대, 극소에는 다음과 같은 성질이 있다.

함수의 극대 · 극소

함수 $y=f(x)$에 대하여 $f'(a)=0$ 이고, x가 증가하면서 $x=a$를 지날 때, $f'(x)$의 부호가

① 양에서 음으로 바뀌면 함수 $y=f(x)$는 $x=a$에서 극대가 된다.

② 음에서 양으로 바뀌면 함수 $y=f(x)$는 $x=a$에서 극소가 된다.

위의 성질을 이용하면 함수의 그래프를 그려보지 않고도 그 함수의 극값을 구할 수 있다.

예를 들면, 함수 $x=3x^4-8x^3+6$에 대하여 $y'=12x^2(x-2)$ 이므로 증가, 감소를 나타내는 표는 다음과 같다.

x	$\cdots$	0	$\cdots$	2	$\cdots$
y'	-	0	-	0	+
y	↘	6	↘	-10	↗

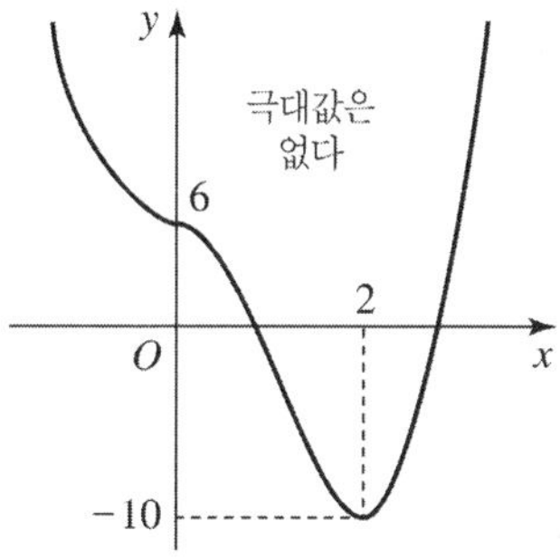

따라서 이 함수의 극댓값은 없고 극솟값은 -10, 극소점은 $(2, -10)$이며, 그 그래프의 개형은 위의 그림과 같다.

(4) 속도와 가속도

수직선 위를 운동하는 점 P가 있을 때, 시각 t에서의 점 P의 위치를 좌표 x로 나타내면 x는 t의 함수이므로 $x=f(t)$와 같이 나타낼 수 있다. 이때, 시각 t에서 $t+\Delta t$까지의 점 P의 평균속도는

$$\frac{\Delta x}{\Delta t}=\frac{f(t+\Delta t)-f(t)}{\Delta t}$$

이다. 여기서 $\Delta t \to 0$일 때의 극한값

$$f'(t)=\lim_{\Delta t \to 0}\frac{f(t+\Delta t)-f(t)}{\Delta t}$$

를 시각 t에서의 점 P의 **속도**(velocity)라고 하고, 보통 기호 v로 나타낸다. 이에 대하여 $|v|$를 시각 t에서의 점 P의 **속력**(speed)이라고 한다.

수직선 위를 운동하는 점 P의 속도 v는 시각 t의 함수로서 시각의 변화에 따라 변할 수 있다. 시각 t에서의 속도의 변화율

$$\frac{dv}{dt}=\lim_{\Delta t \to 0}\frac{v(t+\Delta t)-v(t)}{\Delta t}$$

를 **가속도**(acceleration)라고 하고, 보통 기호 α로 나타낸다.

즉, 수직선 위를 운동하는 점 P의 시각 t에서의 좌표 x가 $x=f(t)$로 주어지고, 그때의 속도를 v, 가속도를 α라 하면

$$v=\frac{dx}{dt}=f'(t),\ \ \alpha=\frac{dv}{dt}$$

이다.

4) 도함수의 활용

접선의 방정식

함수 $f(x)$가 $x=a$에서 미분가능할 때 $f'(a)$는 곡선 $y=f(x)$위의 점 $(a, f(a))$에서의 접선의 기울기이다. 따라서, 점 $(a, f(a))$에서의 접선의 방정식은

$$y=f'(a)(x-a)+f(a)$$

이다. 이때, 접선이 x축과 이루는 각의 크기를 θ라 하면

$$\tan\theta=f'(a)$$

와 같다. 그러므로 어떤 함수가 주어진 구간에서 미분가능이면 그 구간 내의 임의의 점에서의 접선의 방정식을 구할 수 있다.

롤의 정리

함수 $f(x)$가 폐구간 $[a, b]$에서 연속이고 개구간 (a, b)에서 미분가능할 때 $f(a)=f(b)$이면 $f'(c)=0$이 되는 c가 개구간 (a, b) 사이에 적어도 하나 존재한다. 이 정리를 **롤의 정리**(Rolle's theorem)라고 한다.

롤의 정리는 함수가 어떤 구간에서 증가, 감소할 때 그 구간 내에 존재하는 극댓값이나 극솟값을 찾는 데 유용하다. 롤의 정리의 기하학적 의미는 함수 $f(x)$가 미분가능하고 $f(a)=f(b)$이면 구간 (a, b)에서 $y=f(x)$에 x축과 평행한 접선을 그을 수 있다는 것이다.

롤의 정리는 다음과 같이 증명할 수 있다.

(i) $f(x)$가 (a, b)에서 상수함수이면 $f'(x)=0$.

(ii) $f(x)$가 (a, b)에서 상수함수가 아니면 $f(x)$는 (a, b)에서 최댓값 또는 최솟값을 가진다.

$f(x)$가 $c\in(a, b)$에서 최댓값 $f(c)$를 가진다고 하면 충분히 작은 수 $|h|$에 대하여 $f(x+h)-f(c)<0$

$$\lim_{h \to +0} \frac{f(c+h)-f(c)}{h} \le 0, \quad \lim_{h \to -0} \frac{f(c+h)-f(c)}{h} \ge 0$$

$$\therefore \lim_{h \to 0} \frac{f(c+h)-f(c)}{h} = 0$$

$$\therefore f'(c) = 0$$

$f(x)$가 $c \in (a, b)$에서 최솟값을 갖는 경우도 위와 같은 방법으로

$$\lim_{h \to 0} \frac{f(c+h)-f(c)}{h} = 0$$

$$\therefore f'(c) = 0$$

임을 알 수 있다.

롤의 정리를 사용할 때에는 주어진 함수가 롤의 정리의 가정을 만족하는지를 확인하여야 한다. 예를 들면,

$$f(x) = |x-1|$$

은 구간 $[0, 2]$에서 연속이고 $f(0) = f(2)$이지만 롤의 정리의 가정인 이 구간에서의 미분가능을 만족하지 못하므로,

$$f'(c) = 0$$

인 c는 존재하지 않는다.

평균값 정리

함수 $f(x)$가 폐구간 $[a, b]$에서 연속이고, 개구간 (a, b)에서 미분가능하면

$$\frac{f(b)-f(a)}{b-a} = f'(c)$$

인 c가 (a, b) 사이에서 적어도 하나 존재한다.

이 정리는 다음과 같이 증명할 수 있다.

$\frac{f(b)-f(a)}{b-a} = k$로 놓고 $F(x) = f(x) - f(a) - k(x-a)$

로 놓으면, 함수 $F(x)$는 $[a, b]$에서 연속이고 (a, b)에서 미분가능하며

$$F(a) = F(b) = 0$$

이다. 따라서 롤의 정리에 의하여 $F'(c) = 0$인 c가 (a, b)에서 존재한다.

$F'(x)=f'(x)-k$ 이므로, $f'(c)-k=0$. 그러므로

$$\frac{f(b)-f(a)}{b-a}=f'(c)$$

인 c가 (a, b)에서 존재한다.

이 정리는 함수 $f(x)$가 미분가능이고 $f(a)$의 값을 알 때 충분히 작은 양 h에 대하여 $f(a+h)$의 근삿값을 구하는 데 유용하게 사용될 수 있다. 즉, **평균값의 정리** (mean value theorem)를 변형하면

$$f(b)-f(a)=f'(c)(b-a)$$

$b=a+h$라 하면

$$f(a+h)=f(a)+f'(c)h$$

$\frac{c-a}{h}=\theta\ (0<\theta<1)$라 놓으면

$$f(a+h)=f(a)+f'(a+\theta h)h$$

와 같이 나타낼 수 있고, 이 식을 이용하여 $f(a+h)$의 근삿값을 구할 수 있다.

이 정리의 기하학적 의미는 $y=f(x)$의 그래프에서 그래프 상의 두 점 $A(a, f(a))$, $B(b, f(b))$를 잇는 선분에 평행한 접선을 구간 (a, b) 안에서 적어도 하나 그을 수 있다는 것이다.

위의 평균값 정리로부터 다음 성질을 알 수 있다.

도함수의 성질

① $f'(x)$의 값이 항상 0이면 $f(x)$는 상수함수이다.

② $f'(x)=g'(x)$이면 어떤 상수 c가 존재하여 $f(x)=g(x)+c$이다.

함수의 증가 · 감소와 극대 · 극소

함수 $f(x)$가 어떤 구간에서 미분가능할 때,

$f'(x)>0$인 구간에서 $y=f(x)$는 증가한다.

$f'(x)<0$인 구간에서 $y=f(x)$는 감소한다.

위의 성질은 수학 Ⅱ에서 직관적 방법으로 공부한 내용이며, 평균값 정리를 사용

하여 증명할 수 있다.

극대와 극소

함수 $f(x)$가 $x=a$에서 미분가능이고 극값을 가지면 $f'(a)=0$이다. 즉, $f'(a)=0$은 $f(x)$가 $x=a$에서 극값을 가질 필요조건이다. 이 성질을 증명하여 보자.

함수 $f(x)$가 $x=a$에서 극댓값을 갖는다고 하면, 충분히 작은 $|h|$에 대하여 $f(a+h)<f(a)$

$$h<0 \text{일 때} \lim_{h\to -0}\frac{f(a+h)-f(a)}{h}\geq 0$$

$$h>0 \text{일 때} \lim_{h\to +0}\frac{f(a+h)-f(a)}{h}\leq 0$$

그런데, $f(x)$는 $x=a$에서 미분가능이므로

$$f'(a)=\lim_{h\to 0}\frac{f(a+h)-f(a)}{h}=0$$

$f(x)$가 $x=a$에서 극솟값을 가질 경우도 위와 같이 증명할 수 있다.

주어진 함수가 미분가능일 때, 그 함수의 극값을 구하는 방법으로 다음의 두 방법이 있다.

(ⅰ) 일계도함수를 이용

$f'(a)=0$인 a를 구하고, 충분히 작은 $h>0$에 대하여 구간

$$(a-h,\ a),\ (a,\ a+h)$$

에서 $f'(x)$의 부호가 바뀜을 조사하면 $x=a$에서 극댓값 또는 극솟값을 구할 수 있다.

(ⅱ) 이계도함수를 이용

함수 $f(x)$가 이계도함수를 가지고 $f'(a)=0$일 때, $f''(a)>0$이면 $f'(x)$는 $x=a$에서 증가상태에 있다. 따라서,

$$x<a \text{에서 } f'(x)<0,\ x>a \text{일 때 } f'(x)>0$$

이다. 따라서, $f(x)$는 $x=a$에서 감소상태에서 증가상태로 변하므로 극소이다.

같은 방법으로 생각하면, 함수 $f(x)$가 이계도함수를 가지고

$$f'(a)=0 \text{ 일 때, } f''(a)<0 \text{ 이면 } f(x)\text{는 } x=a$$

에서 극대이다.

그래프의 개형

곡선의 모양은 아래로 볼록한 경우와 위로 볼록한 경우가 있다.

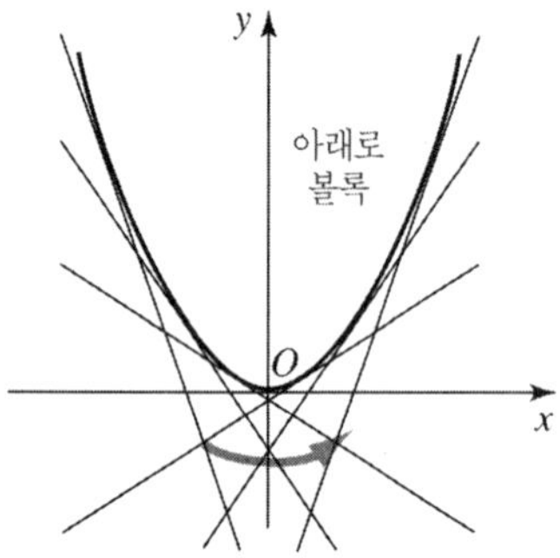

접선의 기울기가 증가

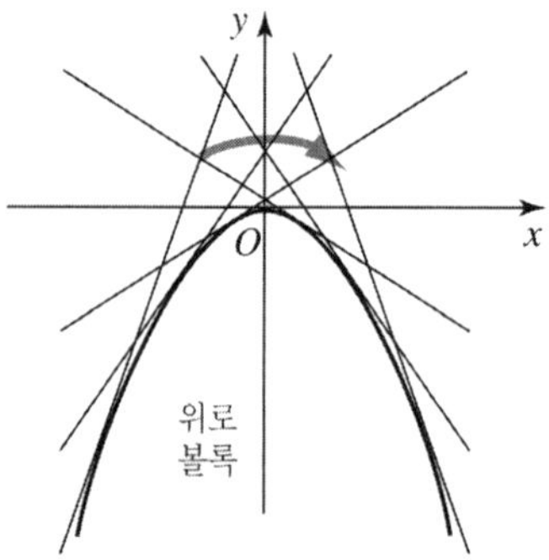

접선의 기울기가 감소

어떤 구간에서 $f''(x)>0$ 이면 그 구간에서 $f'(x)$는 증가한다. 이때, 위의 그림으로부터 곡선의 모양은 **아래로 볼록**(convex down)함을 알 수 있다. 또, $f''(x)<0$ 이면 그 구간에서 $f'(x)$는 감소한다. 따라서, 위의 그림으로부터 곡선은 **위로 볼록**(convex up)함을 알 수 있다. 이 사실을 이용하여 곡선의 극대점, 극소점을 찾을 수 있다.

곡선 $y=f(x)$의 모양이 위로 볼록에서 아래로 볼록으로, 또는 아래로 볼록에서 위로 볼록으로 변하는 점을 **변곡점**(inflection point)이라고 한다. 변곡점 $(a, f(a))$에서 $f''(x)$의 부호가 변하므로 $f''(a)=0$ 이다. 위의 성질을 이용하면 주어진 함수의 그래프의 개형을 그릴 수 있다.

그래픽 계산기를 이용하면 그래프의 개형을 이해하기가 용이하다. 그러나, 화면의 크기를 적절히 조정하지 않으면 그래프의 전체 모양을 파악하지 못할 경우가 있다.

방정식과 부등식에의 활용

함수의 증가, 감소, 극값의 부호 등을 이용하여 여러 가지 방정식의 실근의 개수, 여러 가지 부등식의 성립여부 등을 조사할 수 있다.

속도와 가속도

수직선 위를 운동하는 점 P의 시각 t에서의 좌표 x가 t의 함수일 때, P의 속도 v와 가속도 α는 각각

$$v = \frac{dx}{dt},\ \alpha = \frac{dv}{dt}$$

이다. 이것을 이용하여 여러 가지 함수로 나타나는 운동의 속도와 가속도에 관한 문제를 해결할 수 있다.

좌표평면 위에서 움직이는 점 P의 좌표가 시각 t의 함수로서

$$(x(t),\ y(t))$$

와 같이 주어졌다고 하면,

$$x\text{축 방향으로의 속도는 } v_x = \frac{dx}{dt},$$
$$y\text{축 방향으로의 속도는 } v_y = \frac{dy}{dt},$$
$$x\text{축 방향으로의 가속도는 } \alpha_x = \frac{d^2x}{dt^2},$$
$$y\text{축 방향으로의 가속도는 } \alpha_y = \frac{d^2y}{dt^2}$$

이다.

따라서, 벡터 $\vec{v} = (v_x, v_y) = \left(\frac{dx}{dt}, \frac{dy}{dt}\right)$를 P의 속도, 벡터 $\vec{\alpha} = (\alpha_x, \alpha_y) = \left(\frac{d^2x}{dt^2}, \frac{d^2y}{dt^2}\right)$를 P의 가속도라고 한다.

속도 $\vec{v} = (v_x, v_y)$의 크기는 $|\vec{v}| = \sqrt{v_x^2 + v_y^2}$, 가속도 $\vec{\alpha} = (\alpha_x, \alpha_y)$의 크기는 $|\vec{\alpha}| = \sqrt{\alpha_x^2 + \alpha_y^2}$ 이다.

발전연구 4-3-1

(1) 로피탈의 법칙(L'Hospital's rule)

함수 $f(x)$, $g(x)$가 $x = a$에서 0이면 $\lim\limits_{x \to a} \frac{f(x)}{g(x)}$는 $x = a$를 대입해서는 구할

수 없다. 만일 $x=a$를 대입하면 $\frac{0}{0}$라는 의미 없는 식을 얻게 되는데, 이 식을 **부정형**(indeterminate form)이라고 한다. 부정형에는 $\frac{0}{0}$, $\frac{\infty}{\infty}$, $0\times\infty$, $\infty-\infty$, ∞^0 등이 있다. 부정형 $\frac{0}{0}$를 갖는 함수의 극한을 구하는 방법으로서 다음과 같은 로피탈의 법칙이 있다.

로피탈의 법칙(제1형식)

$f(a)=g(a)=0$이고, $f'(a)$, $g'(a)$가 존재하며, $g'(a)\neq 0$이면

$$\lim_{x\to a}\frac{f(x)}{g(x)}=\frac{f'(a)}{g'(a)}$$

가 성립한다.

[증명]

$$\frac{f'(a)}{g'(a)}=\frac{\lim\limits_{x\to a}\dfrac{f(x)-f(a)}{x-a}}{\lim\limits_{x\to a}\dfrac{g(x)-g(a)}{x-a}}$$

$$=\lim_{x\to a}\frac{\dfrac{f(x)-f(a)}{x-a}}{\dfrac{g(x)-g(a)}{x-a}}$$

$$=\lim_{x\to a}\frac{f(x)-f(a)}{g(x)-g(a)}$$

$$=\lim_{x\to a}\frac{f(x)-0}{g(x)-0}=\lim_{x\to a}\frac{f(x)}{g(x)}$$

이다.

로피탈의 법칙(강력 형식)

두 함수 $f(x)$와 $g(x)$가 개구간 (a,b)에서 미분가능이며, $x_0\in(a,b)$, $f(x_0)=g(x_0)=0$이라고 하자. 이때, (a,b) 내의 x_0을 제외한 각 점에서 $g'\neq 0$이라고 하면,

$$\lim_{x \to x_0} \frac{f(x)}{g(x)} = \lim_{x \to x_0} \frac{f'(x)}{g'(x)} \qquad \cdots \ ①$$

이 성립한다.

[증명] 먼저 $x \to x_0 + 0$ 인 경우에 대하여 ①이 성립함을 증명한다. x 가 x_0 보다 오른쪽에 있다고 가정하면 $g'(x) \neq 0$ 이다. 여기에 코시의 평균값 정리를 적용하면 x_0 와 x 사이에 다음 식을 만족하는 c 가 존재한다.

$$\frac{f'(c)}{g'(c)} = \frac{f(x) - f(x_0)}{g(x) - g(x_0)}$$

그런데, $f(x_0) = g(x_0) = 0$ 이므로,

$$\frac{f'(c)}{g'(c)} = \frac{f(x)}{g(x)}$$

$x \to x_0$ 일 때 $c \to x_0$ 이므로

$$\lim_{x \to x_0 + 0} \frac{f(x)}{g(x)} = \lim_{c \to x_0 + 0} \frac{f'(c)}{g'(c)} = \lim_{x \to x_0 + 0} \frac{f'(x)}{g'(x)}$$

같은 방법으로 생각하면 $x \to x_0 - 0$ 인 경우도 ①이 성립한다. 따라서 로피탈의 법칙이 성립한다.

연구과제 4-3-1

1. $f'(1) = a$ 일 때, $\lim_{x \to 1} \frac{f(x^2) - f(1)}{x - 1}$ 을 a 의 식으로 나타내어라.

2. 함수 $y = f(x)$는 $x \leq 1$ 일 때 $2x^2$, $x > 1$ 일 때 $ax + b$ 라고 한다. 이 함수가 $x = 1$ 에서 미분가능 하도록 상수 a, b 의 값을 정하여라.

3. 곡선 $y = x^3 - 3x^2 + 1$ 에 대하여 다음을 구하여라.
   (1) 점 $(1, -1)$에서의 접선의 방정식
   (2) 점 $(1, 15)$를 지나는 접선의 방정식

4. 함수 $y = x^3 - 3x^2 - 1$ 의 증가, 감소를 조사하여라.

5. 함수 $f(x) = x^3 - 3x^2 + ax + b$ 는 $x = -2$ 에서 극댓값을 가지고, 극솟값은 -50 이라고 한다. 이때, 상수 a, b 의 값을 구하여라.

6. 방정식 $x^3 - 3x + 3 = 0$ 의 서로 다른 실근의 개수를 구하여라.

7. 지면에서 20m/초의 속도로 야구공을 똑바로 위로 던질 때, t 초 후의 공의 높이를 xm 라 하면 x 와 t 사이에는 $x = 20t - 5t^2$ 인 관계가 성립한다고 한다. 다음을 구하여라.

(1) 공을 던져 올린 1초 후의 공의 속도와 가속도

(2) 공이 최고높이에 도달할 때까지 걸린 시간과 그 때의 높이

8. 몫의 미분법 공식을 유도하여라.

9. 함수 $y = \sqrt{|x|}$ 의 그래프에서 $x = 0$에서의 접선을 그리고 그 점에서의 미분가능성을 말하여라.

10. $\dfrac{d}{dx}(x^n) = nx^{n-1}$은 임의의 실수에 대해서 성립함을 설명하여라.

11. 다음 함수를 미분하여라.

(1) $y = \dfrac{2x+1}{3x-2}$ (2) $y = x^{-50}$

(3) $y = \dfrac{1}{(x^2+1)^2}$ (4) $x^2 + y^2 = 4 \ (y \geq 0)$

(5) $y = \sqrt[3]{2x+1}$

12. y는 x 의 함수이고 $x = \sqrt{t+3}$, $y = 3t^2 a$ 일 때, $\dfrac{dy}{dx}$를 t 의 식으로 나타내어라.

13. 삼각함수의 도함수의 공식을 유도하여라.

14. 다음 함수의 도함수를 구하여라.

(1) $y=(\ln x)^2$ (2) $y=\ln(x^2+1)$

(3) $y=\ln|x-5|$ (4) $y=x^{\alpha}\ln x$

(5) $y=e^{2x}$ (6) $y=2^{-3x}$

(7) $y=\dfrac{x}{3^x}$

15. 다음 함수의 이계도함수를 구하여라.

(1) $y=\sin x+e^x$ (2) $y=xe^x$

16. 원 $x^2+y^2=25$ 위의 점 $(4, 3)$에서의 접선의 방정식을 구하여라.

17. 평균값 정리를 이용하여 다음 두 성질을 증명하여라.

(1) $f'(x)$의 값이 0이면 $f(x)$는 상수함수이다.

(2) $f'(x)=g'(x)$이면 어떤 상수 c가 존재하여 $f(x)=g(x)+c$이다.

18. 다음 함수의 극값을 구하여라.

(1) $y=x^2e^{-x}$ (2) $f(x)=\dfrac{\ln x}{x}$

19. 다음 함수의 그래프의 개형을 그려라.

(1) $y=\dfrac{2x}{x^2+1}$ (2) $y=x-2\ln x$

20. 다음 방정식의 실근의 개수를 k의 값에 따라 조사하여라.

(1) $\sqrt{x}+\dfrac{4}{x}=k$ (2) $e^x=2x+k$

21. $x>0$일 때 부등식 $\ln(1+x)>x-\dfrac{x^2}{2}$이 성립함을 증명하여라.

22. 좌표평면 위를 움직이는 점 P의 시각 t에서의 좌표가 다음과 같을 때, 점 P의 속도와 가속도를 구하여라.

(1) $(2t-1,\ t^2-2t)$ (2) $(\cos t,\ \sin t)$

지도상의 유의점 4-3-1

1. 미분가능성과 연속성의 관계는 그래프를 통하여 확인하도록 한다. 즉, 함수 $y=f(x)$가 $x=a$에서 미분가능이면 $x=a$에서 연속인 것은 논리적으로 설명할 수 있어야 하지만, 함수가 어떤 점에서 연속이면서 그 점에서 미분가능하지 않은 것은 그 예를 하나 제시함으로서 충분하다.
2. 함수 $y=x^n$ (n은 실수)의 도함수를 구할 수 있게 한다. 이때, n이 자연수, 정수, 유리수인 경우는 그 도함수를 구하는 방법을 체계적으로 보이고, n이 무리수인 경우는 양변에 로그를 취한 후, 로그함수의 도함수를 구하는 방법에 의하여 도함수를 구할 수 있음을 이해하게 한다.
3. 삼계도함수 이상은 다루지 않는다.
4. 도함수의 다양한 활용을 통해 미분법이 실생활에 유용함을 인식하게 한다.

2 적분법

1) 부정적분과 정적분

(1) 부정적분

함수 $f(x)$에 대하여 $F'(x)=f(x)$가 되는 함수 $F(x)$를 $f(x)$의 **부정적분** (indefinite integral)이라고 하며, $f(x)$의 부정적분을 구하는 것을 $f(x)$를 **적분한다** (integrate)고 한다.

예를 들면, x^2, x^2+2, x^2-3을 미분하면 모두 $2x$이다. 그러므로 x^2, x^2+2, x^2-3은 모두 $2x$의 부정적분이다. 뿐만 아니라, c가 임의의 상수일 때 x^2+c는 $2x$의 부정적분임을 알 수 있다. 즉, 어떤 함수의 부정적분은 무수히 많이 있다.

이제 한 함수의 부정적분 사이의 관계를 알아보자.

한 함수 $f(x)$의 두 부정적분을 $F(x)$, $G(x)$라 하면

$$F'(x)=f(x),\ G'(x)=f(x)$$

이므로

$$\{G(x)-F(x)\}'=G'(x)-F'(x)=f(x)-f(x)=0\,.$$

그런데, 도함수가 0인 함수는 상수함수뿐이므로 그 상수를 C라 하면

$$G(x)-F(x)=C \qquad \text{즉, } G(x)=F(x)+C$$

따라서, 함수 $f(x)$의 부정적분의 하나를 $F(x)$라 하면 $f(x)$의 임의의 부정적분은

$$F(x)+C \ (\text{단 } C\text{는 상수})$$

의 꼴로 나타낼 수 있다. 이것을 기호

$$\int f(x)dx=F(x)+C$$

로 나타낸다. 즉, $F'(x)=f(x)$일 때 $\int f(x)dx=F(x)+C$, $\frac{d}{dx}\int f(x)dx=f(x)$이다. 이때, $f(x)$를 **피적분함수**(integrand), C를 **적분상수**(integration constant)라고 한다.

미분법의 공식으로부터 부정적분에 대한 여러 가지 공식을 얻을 수 있다.

부정적분의 공식

① n이 음이 아닌 정수일 때, $\int x^n dx=\frac{1}{n+1}x^{n+1}+C$(단, C는 적분상수)

② $\int kf(x)dx=k\int f(x)dx$ (단, k는 상수)

③ $\int (f(x)\pm g(x))dx=\int f(x)dx\pm\int g(x)dx$ (단, 복부호 동순)

위의 공식의 증명은 등식의 우변을 미분하여 좌변의 피적분함수가 됨을 보이면 된다.

(2) 구분구적법과 정적분

도형의 넓이나 부피를 구할 때, 주어진 도형을 세분하여 그 도형의 넓이나 부피의 근삿값을 구하고, 이 근삿값의 극한으로 도형의 넓이나 부피를 구하는 방법을 **구분구적법**(measuration by parts)이라고 한다.

예를 들어 곡선 $y=x^2$과 x축 및 직선 $x=1$로 둘러싸인 도형의 넓이 S를 구하여 보자.

구간 $[0, 1]$을 n 등분하면 각 분점(양 끝점을 포함)의 x 좌표는 차례로

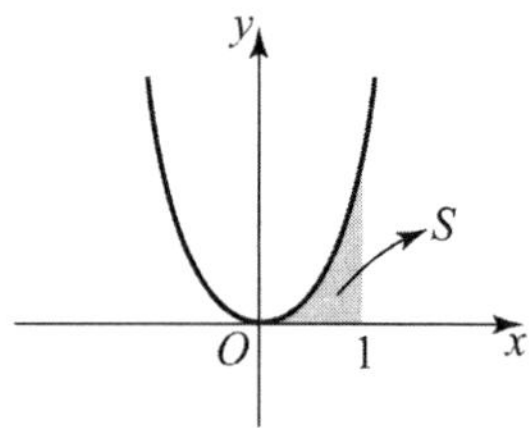

$$0, \frac{1}{n}, \frac{2}{n}, \cdots, \frac{n-1}{n}, 1$$

이고, 이에 대응하는 y의 값은 차례로

$$0^2, \left(\frac{1}{n}\right)^2, \left(\frac{2}{n}\right)^2, \cdots, \left(\frac{n-1}{n}\right)^2, 1^2$$

이므로, 그림에서 색칠한 부분의 넓이 A_n은

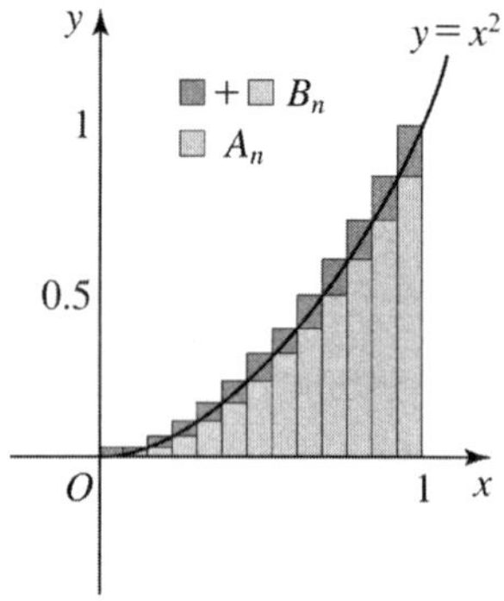

$$A_n = \frac{1}{n}(0)^2 + \frac{1}{n}\left(\frac{1}{n}\right)^2 + \cdots + \frac{1}{n}\left(\frac{n-1}{n}\right)^2$$

$$= \frac{1}{6}\left(1-\frac{1}{n}\right)\left(2-\frac{1}{n}\right)$$

그림에서 색칠한 부분의 넓이 B_n은

$$B_n = \frac{1}{n}\left(\frac{1}{n}\right)^2 + \cdots + \frac{1}{n}\left(\frac{n-1}{n}\right)^2 + \frac{1}{n}(1)^2$$

$$= \frac{1}{6}\left(1+\frac{1}{n}\right)\left(2+\frac{1}{n}\right)$$

그런데, $A_n \leqq S \leqq B_n$ 이고

$$\lim_{n\to\infty} A_n = \lim_{n\to\infty} \frac{1}{6}\left(1-\frac{1}{n}\right)\left(2-\frac{1}{n}\right) = \frac{1}{3},$$

$$\lim_{n\to\infty} B_n = \lim_{n\to\infty} \frac{1}{6}\left(1+\frac{1}{n}\right)\left(2+\frac{1}{n}\right) = \frac{1}{3}.$$

따라서 $$S = \lim_{n\to\infty} A_n = \lim_{n\to\infty} B_n = \frac{1}{3}$$

이다. 이 예에서 알 수 있듯이, 연속함수일 경우는 A_n의 극한값과 B_n의 극한값 중 어느 하나가 존재하면 다른 하나가 반드시 존재하고, 또 두 극한값은 같다는 것이 알려져 있다. 따라서 A_n, B_n 중 어느 하나의 극한값을 구함으로써 도형의 넓이를 구할 수 있다.

(3) 정적분의 뜻

구간 $[a, b]$에서 연속인 함수 $f(x)$에 대하여,

$$\Delta x = \frac{b-a}{n}, \ x_k = a + k\Delta x \ \text{(단, } n\text{은 임의의 양의 정수)}$$

라 할 때, 극한값 $\lim_{n \to \infty} \sum_{k=0}^{n} f(x_k)\Delta x$를 함수 $f(x)$의 a에서 b까지의 **정적분**(definite integral)이라고 하며, 기호 $\int_a^b f(x)dx$로 나타낸다. 이때, a를 정적분의 **아래끝**(lower limit), b를 **위끝**(upper limit)이라고 한다. 정적분의 개념을 정리하면 다음과 같다.

정적분의 정의

함수 $f(x)$가 구간 $[a, b]$에서 연속일 때,

$$\int_a^b f(x)dx = \lim_{n \to \infty} \sum_{k=0}^{n} f(x_k)\Delta x \ \text{(단, } \Delta x = \frac{b-a}{n}, \ x_k = a + k\Delta x)$$

정적분 $\int_a^b f(x)dx$에서 $f(x)$가 구간 $[a, b]$에서 음수가 아니면 정적분 값 $\int_a^b f(x)dx$는 구간 $[a, b]$에서 함수 $y = f(x)$와 x축으로 둘러싸인 부분의 넓이와 같다. 이 성질에 의하여 평면도형의 넓이를 구하는 데 정적분을 이용할 수 있다. 정적분의 기본 성질로서 다음과 같은 것이 있다.

(4) 적분과 미분의 관계

함수 $f(t)$가 구간 $[a, b]$에서 연속이면

$$\frac{d}{dx}\int_a^x f(t)dt = f(x) \ \text{(단, } a \le x \le b)$$

위의 성질은 다음과 같이 증명할 수 있다.

$S(x) = \int_a^x f(t)dt$라 할 때, x의 증분 Δx에 대한 $S(x)$의 증분을 ΔS라고 하면 $\Delta S = S(x + \Delta x) - S(x)$.

(i) $\Delta x > 0$일 때

구간 $[x, x + \Delta x]$에서 함수 $y = f(t)$의 최댓값을 M, 최솟값을 m이라 하면

$$m\Delta x \le \Delta S \le M\Delta x$$

$$\therefore m \le \frac{\Delta S}{\Delta x} \le M \qquad \cdots ①$$

(ii) $\Delta x < 0$ 일 때

구간 $[x+\Delta x,\ x]$에서

$$m(-\Delta x) \le S(x) - S(x+\Delta x) = -\Delta S \le M(-\Delta x)$$

$$\therefore m \le \frac{\Delta S}{\Delta x} \le M \qquad \cdots ②$$

이 식은 ①과 같다.

$\Delta x \to 0$ 이면 $m \to f(x)$, $M \to f(x)$이므로, 식 ①, ②에서

$$\frac{d}{dx}S(x) = \lim_{\Delta x \to 0}\frac{\Delta S}{\Delta x} = f(x)$$

이 성립한다.

(5) 정적분의 기본정리

$f(x)$가 구간 $[a, b]$에서 연속이고, 함수 $f(x)$의 부정적분 중 하나를 $F(x)$라 하면

$$\int_a^b f(x)dx = [F(x)]_a^b = F(b) - F(a)$$

이 정리는 다음과 같이 증명할 수 있다.

함수 $f(x)$가 구간 $[a, b]$에서 연속이면, '적분과 미분의 관계'에 의하여

$$\frac{d}{dx}\int_a^x f(t)dt = f(x)\ (\text{단}, a \le x \le b)$$

$f(x)$의 부정적분 중 하나를 $F(x)$라 하면

$$\int_a^x f(t)dt = F(x) + C \ \ (\text{단},\ C\text{는 적분상수})$$

여기서, $x = a$라 두면 $\int_a^a f(t)dt = F(a) + C = 0$.

따라서 $C = -F(a)$, $\int_a^x f(t)dt = F(x) - F(a)$.

그러므로 $\int_a^b f(t)dt = F(b) - F(a)$.

위의 정적분의 기본정리를 이용하면 정적분에 대한 다음 성질을 얻을 수 있고, 이것은 정적분을 계산하는 데 유용하다.

정적분의 성질

함수 $f(x)$, $g(x)$가 구간 $[\alpha, \beta]$에서 연속이고, a, b, c가 구간 $[\alpha, \beta]$에 속하는 실수일 때,

① $\int_a^b f(x)dx = -\int_b^a f(x)dx$

② $\int_a^b kf(x)dx = k\int_a^b f(x)dx$

③ $\int_a^b \{f(x) + g(x)\}dx = \int_a^b f(x)dx + \int_a^b g(x)dx$

④ $\int_a^b \{f(x) - g(x)\}dx = \int_a^b f(x)dx - \int_a^b g(x)dx$

⑤ $\int_a^c f(x)dx + \int_c^b f(x)dx = \int_a^b f(x)dx$

(6) 정적분과 무한급수의 관계

정적분의 정의에 의하면

$$\int_a^b f(x)dx = \lim_{n\to\infty}\sum_{k=1}^{n} f(x_k)\Delta x \quad \left(\text{단, } \Delta x = \frac{b-a}{n},\ x_k = a + k\Delta x\right)$$

이다. 여기서 $a = 0$, $b = 1$로 놓으면 $\Delta x = \frac{1}{n}$, $x_k = \frac{k}{n}$이므로

$$\lim_{n\to\infty}\sum_{k=1}^{n} f\left(\frac{k}{n}\right)\frac{1}{n} = \int_0^1 f(x)dx$$

이다. 이 성질을 이용하면 정적분을 이용하여 무한급수의 극한값을 간단히 구할 수 있다. 예를 들면, 무한급수

$$\lim_{n\to\infty}\frac{1^4 + 2^4 + \cdots + n^4}{n^5}$$

의 극한값을 다음과 같이 구할 수 있다.

$$\lim_{n\to\infty}\frac{1^4+2^4+\cdots+n^4}{n^5}=\lim_{n\to\infty}\sum_{k=1}^{n}\left(\frac{k}{n}\right)^4\frac{1}{n}$$

$$=\int_0^1 x^4dx=\frac{1}{5}$$

2) 여러 가지 함수의 부정적분

부정적분의 정의에 의하여 다음과 같은 공식을 얻을 수 있다.

$$\int\frac{1}{x}dx=\ln x+c,\qquad \int\sin x\,dx=-\cos x+c,$$

$$\int\cos x\,dx=\sin x+c,\qquad \int\sec^2x\,dx=\tan x+c,$$

$$\int\operatorname{cosec}^2x\,dx=-\cot x+c,\qquad \int e^x dx=e^x+c,$$

$$\int a^x dx=\frac{a^x}{\ln a}+c.$$

(1) 치환적분법

부정적분 $\int f(x)dx$ 에서 $x=g(t)$로 치환하면

$$\int f(x)dx=\int f(g(t))g'(t)dt$$

이다. 이와 같이 x 에 관한 함수의 적분에서 x 를 다른 변수의 함수로 고쳐 적분하는 방법을 **치환적분법**(integration by substitution)이라고 한다.

치환적분법은 다음과 같이 증명할 수 있다.

$$\int f(x)dx=F(x)+c \text{ 라 하면 } \frac{d}{dx}F(x)=f(x)$$

$x=g(t)$로 놓으면 $F(x)$는 t 의 함수이다. $F(x)$를 t 에 관하여 미분하면,

$$\frac{d}{dt}F(x)=\frac{d}{dx}F(x)\frac{dx}{dt}$$

$$=f(x)g'(t)$$

$$=f(g(t))g'(t)$$

따라서 $F(x)=\int f(g(t))g'(t)dt$

즉, $\int f(x)dx=\int f(g(t))g'(t)dt$ 단, $x=g(t)$

예를 들면, $\int(5x-2)^3dx$ 를 적분할 경우, $5x-2=t$ 로 치환하면 $x=g(t)$ $=\frac{t+2}{5}$ 이고, $g'(t)=\frac{1}{5}$ 이므로,

$$\int(5x-2)^3dx=\int t^3\cdot\frac{1}{5}dt=\frac{t^4}{20}+C=\frac{(5x-2)^4}{20}+C$$

와 같이 간단한 형식으로 적분을 할 수 있다.

특히 유리함수의 부정적분은 치환적분에 의하여

$$\int\frac{f'(x)}{f(x)}dx=\ln|f(x)|+c$$

와 같이 계산할 수 있다.

(2) 부분적분법

두 함수의 곱의 미분법을 이용하여 두 함수의 곱의 부정적분을 구하는 방법을 알아보자.

$$\frac{d}{dx}\{f(x)g(x)\}=f(x)g'(x)+f'(x)g(x)$$

에서

$$f(x)g'(x)=\frac{d}{dx}\{f(x)g(x)\}-f'(x)g(x)$$

양변을 적분하면

$$\int f(x)g'(x)dx=f(x)g(x)-\int f'(x)g(x)dx$$

이와 같은 적분법을 **부분적분법**(integration by parts)이라고 한다.

두 함수의 곱을 부분적분법으로 적분할 때에는 어느 부분을 f, g' 으로 둘 것인가를 결정하는 것이 중요하다.

2) 여러 가지 함수의 정적분

여러 가지 함수의 정적분을 구하는 방법으로 다음과 같은 방법들이 있다.

정적분의 치환적분법

$F(x)=\int f(x)dx$ 에서 $x=g(t)$라 놓으면 $F(x)=F(g(t))=\int f(g(t))g'(t)dt$이다. 여기에서 $x=g(t)$가 구간 $[\alpha,\beta]$에서 연속이면서 $a=g(\alpha)$, $b=g(\beta)$ 이면

$$\begin{aligned}\int_{\alpha}^{\beta} f(g(t))g'(t)dt &= [F(g(t))]_{\alpha}^{\beta} \\ &= F(g(\beta))-F(g(\alpha)) \\ &= F(b)-F(a) \\ &= \int_a^b f(x)dx\end{aligned}$$

즉,

$$\int_a^b f(x)dx=\int_{\alpha}^{\beta} f(g(t))g'(t)dt$$

그래프의 대칭을 이용한 정적분

함수 $y=f(x)$가 구간 $[-a,a]$에서

$f(-x)=f(x)$이면 그래프는 y축에 대하여 대칭이므로

$$\int_{-a}^{a} f(x)dx=2\int_0^a f(x)dx$$

$f(-x)=-f(x)$이면 그래프는 원점에 대하여 대칭이므로

$$\int_{-a}^{a} f(x)dx=0$$

정적분의 부분적분법

$\{f(x)g(x)\}'=f'(x)g(x)+f(x)g'(x)$이므로

$$\begin{aligned}[f(x)g(x)]_a^b &= \int_a^b \{f'(x)g(x)+f(x)g'(x)\}dx \\ &= \int_a^b f'(x)g(x)dx+\int_a^b f(x)g'(x)dx\end{aligned}$$

따라서 $\int_a^b f(x)g'(x)dx = [f(x)g(x)]_a^b - \int_a^b f'(x)g(x)dx$

정적분과 부등식

함수 $f(x)$, $g(x)$가 구간 $[a, b]$에서 연속일 때,

$f(x) \geq g(x)$ 이면 $f(x) - g(x) \geqq 0$이므로 $\int_a^b \{f(x) - g(x)\}dx \geqq 0$

따라서, $\int_a^b f(x)dx \geq \int_a^b g(x)dx$

3) 정적분의 활용

(1) 넓이

함수 $f(x)$가 구간 $[a, b]$에서 연속일 때, 곡선 $y = f(x)$와 x축 및 두 직선 $x = a$, $x = b$로 둘러싸인 도형의 넓이 S는

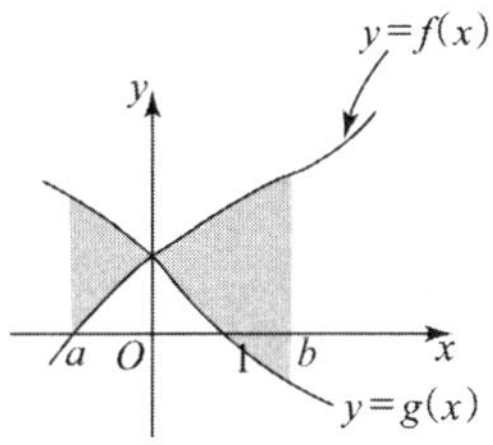

$$S = \int_a^b |f(x)|dx$$

이다. 특히, 구간 $[a, b]$에서 연속인 두 곡선 $y = f(x)$와 $y = g(x)$ 및 두 직선 $x = a$, $x = b$로 둘러싸인 도형의 넓이 S는

$$S = \int_a^b |f(x) - g(x)|dx$$

이다.

(2) 부피

함수 $f(x)$가 구간 $[a, b]$에서 연속일 때, 곡선 $y = f(x)$와 x축 및 두 직선 $x = a$, $x = b$로 둘러싸인 도형을 x축의 둘레로 회전시켜서 생기는 회전체의 부피 V는

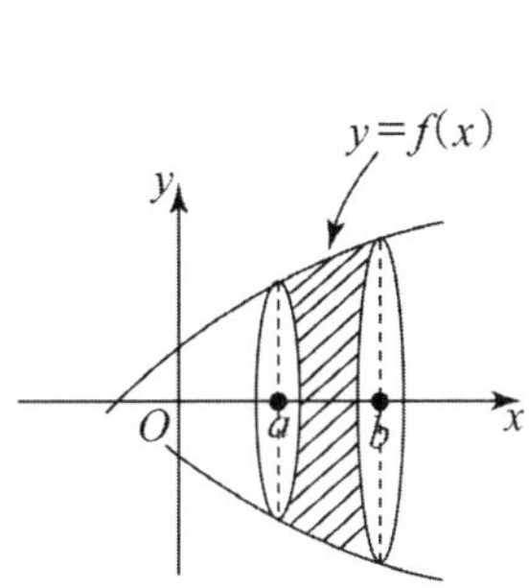

$$V = \pi \int_a^b \{f(x)\}^2 dx = \pi \int_a^b y^2 dx$$

이다.

(3) 속도와 거리

수직선 위를 움직이는 점 $P(x)$의 시각 t에서의 위치를 $x=f(t)$, 속도를 $v(t)$라고 하면 $\frac{d}{dt}x=v(t)$이므로 시각 $t=a$에서 $t=b$까지 점 P의 위치의 변화는

$$f(b)-f(a)=\int_a^b v(t)dt$$

이다. 이때, 점 P가 실제로 움직인 거리 s는

$$s=\int_a^b |v(t)|dt$$

이다.

(4) 곡선의 길이

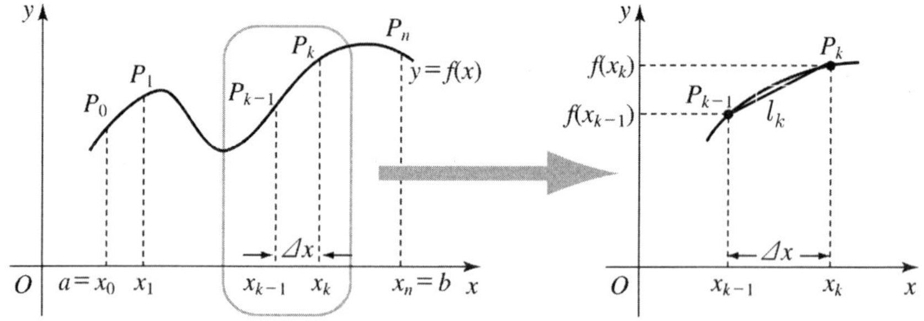

그림과 같이 구간 $[a, b]$를 n등분하여 양 끝점과 분점을 각각

$$a=x_0,\ x_1,\ \cdots,\ x_n=b$$

라 하고 각 소구간의 길이를 Δx라 하면,

$$\Delta x=\frac{b-a}{n}$$

이다. 또, $x_0, x_1, \cdots, x_n$에 대응하는 각 분점을 $P_0, P_1, \cdots, P_n$라 하고

$$l_k=\overline{P_{k-1}P_k}$$

라 하면

$$l_k = \sqrt{(x_k - x_{k-1})^2 + (f(x_k) - f(x_{k-1}))^2}$$

$$= \sqrt{1 + \left\{\frac{f(x_k) - f(x_{k-1})}{x_k - x_{k-1}}\right\}^2}(x_k - x_{k-1})$$

평균값 정리로부터

$$\frac{f(x_k) - f(x_{k-1})}{x_k - x_{k-1}} = f'(c_k)$$

인 c_k가 x_{k-1}과 x_k 사이에 존재한다. 따라서 $l_k = \sqrt{1 + \{f'(c_k)\}^2}\,\Delta x$이므로,

$$l = \lim_{n \to \infty}(l_1 + l_2 + \cdots + l_n)$$

$$= \lim_{n \to \infty}\sum_{k=1}^{n} l_k$$

$$= \lim_{n \to \infty}\sum_{k=1}^{n}\sqrt{1 + \{f'(c_k)\}^2}\,\Delta x$$

그런데, $n \to \infty$ 이면 $\Delta x \to 0$ 이므로 $c_k \to x_k$ 이다.

따라서 정적분의 정의에 의하여

$$l = \int_a^b \sqrt{1 + \{f'(x)\}^2}\,dx$$

이것을 정리하면 다음과 같다.

곡선의 길이

(i) 곡선 $y = f(x)(a \le x \le b)$의 길이 l은 $l = \int_a^b \sqrt{1 + \{f'(x)\}^2}\,dx$

(ii) 곡선 $x = f(t),\ y = g(t)(\alpha \le t \le \beta)$의 길이 l은 $a = f(\alpha), b = f(\beta)$라고 하면

$$l = \int_a^b \sqrt{1 + \left(\frac{dy}{dx}\right)^2}\,dx = \int_\alpha^\beta \sqrt{1 + \left\{\frac{g'(t)}{f'(t)}\right\}^2}\,f'(t)dt$$

$$\therefore\ l = \int_\alpha^\beta \sqrt{\left(\frac{dx}{dt}\right)^2 + \left(\frac{dy}{dt}\right)^2}\,dt$$

발전연구 4-3-2

리만 적분

함수 $f(x)$를 구간 $[a, b]$에서 정의된 유계인 함수라고 한다. $[a, b]$를 분점

$$a = x_0 < x_1 < \cdots < x_n = b$$

에 의하여 n개의 소구간으로 나누고 구간

$$[x_i, x_{i+1}] = \Delta x_k$$

에서의 임의의 한 값을 c_k라 하자. 이때,

$$\sum_{k=1}^{n} f(c_k)\Delta x_k$$

를 구간 $[a, b]$에서 함수 $f(x)$의 **리만 합**(Riemann sum)이라고 한다.

구간 $[a, b]$를 n개의 소구간으로 나눈 점의 집합 $P = \{\mathrm{x_0}, \cdots, \mathrm{x_n}\}$를 구간 $[a, b]$의 분할이라 하고, n개의 부분 폐구간

$$[x_0, x_1], \cdots, [x_{n-1}, x_n]$$

중에서 그 길이가 가장 긴 것을 분할 P의 범(norm)이라 하고 기호 $\|P\|$로 나타낸다.

리만 합 $\sum_{k=1}^{n} f(c_k)\Delta x_k$에서, 임의의 수 $\epsilon > 0$에 대하여 적당한 $\delta > 0$가 존재하여

$$\|P\| < \delta \Rightarrow \left| \sum_{k=1}^{n} f(c_k)\Delta x_k - I \right| < \epsilon$$

가 성립할 때, I를 리만 적분(Riemann integral) 또는 적분이라고 하며, 기호로

$$I = \lim_{\|P\| \to 0} \sum_{k=1}^{n} f(c_k)\Delta x_k = \int_a^b f(x)dx$$

로 나타낸다.

고등학교 수준에서 정의하는 정적분은 구간 $[a, b]$를 n 등분(길이가 모두 같음)하고, 각 c_k를 x_k로 잡은 특수한 경우이다. 즉, 고등학교 수준에서 정의한 정적분은 리만 적분의 특수한 한 경우이다.

연구과제 4-3-2

1. 정적분의 정의에 의하여 $\int_0^1 x^2 dx$ 를 구하여라.

2. 다음 식이 성립함을 증명하여라.

(1) $\int_a^b \{f(x)+g(x)\}dx = \int_a^b f(x)dx + \int_a^b g(x)dx$

(2) $\int_a^c f(x)dx + \int_c^b f(x)dx = \int_a^b f(x)dx$

3. 다음 정적분의 값을 구하여라.

(1) $\int_1^3 |x-2|dx$ (2) $\int_0^2 |x^2-1|dx$

4. 정적분을 이용하여 다음 극한값을 구하여라.

(1) $\lim_{n\to\infty} \frac{1^2+2^2+\cdots+n^2}{n^3}$

(2) $\lim_{n\to\infty} \frac{1}{n}\left\{\left(1+\frac{1}{n}\right)^2+\left(1+\frac{2}{n}\right)^2+\cdots+\left(1+\frac{n}{n}\right)^2\right\}$

5. 다음 부정적분을 구하여라.

(1) $\int \frac{1+\cos^2 x}{1-\sin^2 x}dx$ (2) $\int \cos^2\frac{x}{2}dx$

(3) $\int \frac{x^2-3x-1}{x-1}dx$ (4) $\int \frac{1}{x^2-1}dx$

(5) $\int \frac{2x}{(x^2+1)^3}dx$ (6) $\int \sin^2 x\cos x\,dx$

(7) $\int \frac{dx}{x\ln x}$ (8) $\int \frac{e^x}{1+e^x}dx$

(9) $\int x\cos x\,dx$ (10) $\int (2x+3)e^x dx$

(11) $\int 3x^2 \ln x\,dx$ (12) $\int 2x\ln(x+1)dx$

6. 다음 정적분을 구하여라.

(1) $\displaystyle\int_0^a \sqrt{a^2-x^2}\,dx$　　(2) $\displaystyle\int_{-1}^1 \left(x^2-x+\frac{x^3}{x^2+1}\right)dx$

(3) $\displaystyle\int_1^2 x\ln x\,dx$

7. 다음 조건을 만족하는 함수 $f(x)$를 구하여라.

$$f(x)=x+\int_0^1 e^t f(t)dt$$

8. 정적분을 이용하여 다음 극한값을 구하여라.

(1) $\displaystyle\lim_{n\to\infty}\left(\frac{1}{n+1}+\frac{1}{n+2}+\cdots+\frac{1}{2n}\right)$

(2) $\displaystyle\lim_{n\to\infty}\frac{1}{n}\left(\sin\frac{\pi}{n}+\sin\frac{2\pi}{n}+\cdots+\sin\frac{n\pi}{n}\right)$

9. n 이 자연수일 때, 다음 부등식을 증명하여라.

$$1+\frac{1}{2^2}+\frac{1}{3^2}+\cdots+\frac{1}{n^2}<\frac{2n-1}{n}$$

10. 정적분을 이용하여 넓이, 부피, 위치와 거리를 구하는 공식을 증명하여라.

11. 지면에서 처음 속도 30m/초로 똑바로 던져 올린 물체의 t 초 후의 속도가 $v(t)=30-10t$ 라고 한다. 다음을 구하여라.

(1) 3초 후의 물체의 높이

(2) $t=1$ 에서 $t=5$ 까지 물체가 실제로 움직인 거리

12. 다음 곡선의 길이를 구하여라.

(1) $y=\dfrac{e^x+e^{-x}}{2}\ (0\le x\le 2)$

(2) $x=t-\sin t,\ y=1-\cos t\ (0\le t\le 2\pi)$

지도상의 유의점 4-3-2

1. 적분에 필요한 공식은 미분법의 공식에서 유도할 수 있음을 보이도록 한다.
2. 적분 공식에는 곱에 관한 것이 없으므로 피적분함수가 곱의 모양으로 되어 있을 때에는 전개하여 합의 꼴로 고친 후 적분하도록 지도한다.
3. 우함수와 기함수의 정적분은 이 함수들을 좌표평면에 그려봄으로써 그 값을 간단히 구할 수 있음을 이해하게 한다. 이때, 그 결과는 실제로 정적분을 구한 것과 일치함을 간단한 함수를 통하여 확인해 보게 하는 것도 바람직하다.
4. 정적분의 역사적 개념은 고대 그리스의 아르키메데스의 구분구적법의 개념에서 비롯된 것으로서, 미분법보다 역사적으로 앞선 것이다. 17세기에 와서 미적분학의 발달로 인하여 부정적분을 이용하여 정적분을 구하는 방법을 알게 됨으로서 정적분을 보다 간단히 구할 수 있게 되었다. 이 사실로부터 수학의 발달이 유익함을 인식할 수 있게 지도한다.
5. 부정적분 $\int f(x)dx$를 구하기 위하여 $x=g(t)$로 치환할 경우 $g(t)$는 t에 관하여 미분가능이면 된다. 그러나 치환적분을 이용하여 정적분을 구할 경우는 $g(t)$가 미분가능이며 단조함수로서 역함수를 가져야 함을 의식하고 계산하게 한다.
6. 정적분의 다양한 활용을 통해서 적분 개념이 실생활에 유익함을 인식하게 한다.
7. 문제해결을 위해 미분이나 적분을 계산할 경우, 그래픽 계산기나 컴퓨터 프로그램을 이용하는 것은 매우 바람직하다. 따라서 여건이 갖추어진 학교에서는 이의 활용을 지도하는 것이 바람직하다.

4.

역사적 배경

1) 함수 개념의 발달

함수란 용어는 비교적 최근에 나타난 것이지만 그 개념은 다양하게 정의되고 있다. 함수의 개념은 매우 오래 전에도 사용되었다고 볼 수 있다. 이를테면 기원전 2000년경의 바빌로니아 사람들은 $n = 1, 2, 3, \cdots$ 에 대하여 $n^3 + n^2$ 의 값을 구하는 표를 만들어 사용하였다. 이 표는 n 의 값에 대하여 $n^3 + n^2$ 의 값을 대응시킨 것이므로 함수의 개념을 사용하였다고 볼 수 있다.

함수(function)란 용어를 처음 사용한 사람은 데카르트(1637)로서 그는 $x^2, x^3, \cdots$ 와 같은 x 의 거듭제곱을 x 의 함수라고 정의하였다. 라이프니츠(G.W. Leibniz, 1646~1716)는 곡선에 관련되는 어떤 양, 이를테면 곡선 위의 한 점의 좌표, 곡선에 대한 접선의 길이 등을 함수라고 생각하였다. 오일러(L. Euler, 1707~1783)는 일변수의 함수란 그 변수와 몇 개의 상수로 만들어진 해석적인 식이라고 하여 곡선과 함수의 개념을 분리하였다. 그는 변량과 상수로 유한 번 사칙연산을 시행하여 얻어지는 함수를 **대수함수**(algebraic function), 그렇지 못한 함수를 **초월함수**(transcendental function)라고 구분하였다. 다항함수, 유리함수, 무리함수는 대수적 함수이고 로그함수, 지수함수, 삼각함수는 초월함수이다. 코시(A.L. Cauchy, 1789~1857)는 여러 변수 가운데 하나에 어떤 값을 주면 그에 따라 다른 변수의 값이 정해지는 관계가 있을 때, 처음 변수를 독립변수, 그 외의 변수들을 종속변수라 부르고 이것을 그 독립변수의 함수라고 정의하며 변수 사이의 관계로 함수를 정의하였다. 이 정의는 함수를 변수 사이의 관계, 즉 대응으로 간단히 규정짓고 있다.

현대적 의미의 함수는 디리클레(P. Dirichlet, 1805~1859)에 의해 기초가 세워졌다. 그는 어떤 구간 안에 있는 변량 x 의 각 값에 대하여 y 의 값이 한 가지로 정해지면 y 는 x 의 함수라고 하였다. 이때, y 는 전 구간에서 x 의 한 가지 법칙에 따를 필요는 없으며, 이 종속관계가 수학적 연산으로 표현될 필요는 없다고 하였다. 이 정의에서는 수와 수의 대응을 함수로 보고 있다. 집합론의 창시자인 칸토어와 다른 학자들의 점집합에 관한 연구 결과 함수의 개념은 원소들의 순서쌍으로 정의되게 되었으며, 이때 원소들은 반드시 수일 필요는 없다.

2) 삼각함수표

고대 이집트, 바빌로니아, 인도, 중국 등에서 삼각법을 사용한 흔적이 남아 있다. 이집트에서 기원전 1650년 경에 기록된 것으로 알려진 아메스 파피루스에는 피라미드의 측량에 관한 5개의 문제가 있는데, 이 문제의 해결에 삼각법이 사용된 것으로 추정된다. B.C. 1105년경에 만들어진 「주비산경」(주나라 시대 정도로 알려져 있음)에는 거리, 높이, 깊이 등을 측정하는 문제에 직각삼각형이 자주 등장하는 것으로 보아 직각삼각형의 변의 길이 사이의 비가 사용되었을 가능성이 높다.

각과 현 사이의 수량적 관계를 찾아내어 천문학에 필요한 구면삼각형을 체계적으로 연구한 그리스의 히파르코스(B. Hipparchos, 190?~125?)는 이를 이용하여 위도상에서 별의 출몰 시각을 구하는 문제를 풀었다고 한다. 그는 천문학을 연구하면서 구면 위의 두 점 사이의 거리와 각의 크기를 잴 필요를 느끼면서 삼각법을 연구하였으며, 기원전 140년경 천문학에 삼각법을 응용하여 하늘을 가로지르는 거리(천구의 지름)를 구하였다고 한다.

프톨레마이오스(K. Ptolemaeos, 85?~165?)는 구면 삼각형의 해법, 덧셈정리, 반각정리, 사인정리와 동치인 것들을 증명하여 삼각법에 관한 「수학집성」을 저술하였는데, 이 책은 훗날에 아라비아에서 「알마게스트」(Almagest)로 불려졌다. 그는 오늘날의 사인표에 해당하는 수표도 작성하였다. 인도에서도 천문학의 발달과 더불어 구면삼각법이 발전하였으나 그리스인과는 달리 반현의 길이로 표를 만들었다. 아리아바타(Aryabhata, 476~550?)는 $3°45'$ 마다 작성된 당시의 사인 표를 이용하여 평면 또는 구면에서의 작각삼각형을 풀었고, 코사인 정리를 비롯하여 그리스의 삼각법을 응용하였다. 9세기 경 아랍의 알 바타니(al-Battani, 858?~929?)는 $1°$ 마다 탄젠트와 코탄젠트의 값을 구하였고, 둔각삼각형에 대한 코사인정리를 발견하였다. 10세기에 이르러 아불와파(Abul-Wafa, 940~998)는 탄젠트, 코탄젠트, 시컨트, 코시컨트의 개념을 확립하여 여섯 가지 삼각함수를 모두 사용하였고, 반각공식과 사인의 역함수를 사용하였다.

15세기 중반, 레기오몬타누스(Regiomontanus, 1436~1476)는 알마게스트를 라틴어로 번역하였으며, 그의 저술에는 삼각형의 해법을 체계적으로 다룬 「삼각법의 모든 것」이 있다. 이 책에는 평면뿐만 아니라 천체에 관한 삼각법의 내용이 다루어져 있다. 오늘날 우리가 유용하게 사용하고 있는 사인법칙과 코사인법칙에 관한 설명이 이 책에 기술되어 있다.

지동설을 주장한 천문학자 코페르니쿠스(Copernicus, 1473~1543)는 천문학을 연구하기 위하여 삼각법을 연구하였으며 「삼각형의 변과 각에 관하여」라는 저서를 남겼다. 그의 제자 레티쿠스(Rheticus, 1514~1574)는 사인부터 코시컨트까지 여섯 가지의 삼각함수표를 만들었는데, 이는 오늘날 우리가 사용하고 있는 삼각함수표의 기초가 되었다고 한다.

sine의 기원은 다음과 같다. A.D 500년 경에 인도 수학자 Aryabhata가 반현에 대하여 연구하였는데, 이때 반현을 jya라 불렀으며 아랍인들이 이 단어를 jayb라 읽었으며 이것이 라틴어 sinus로 번역된 후 오늘날 sine으로 쓰이고 있다. cosine의 기호는 각의 여각을 나타내는 complement of sine을 Gunter(1620)가 cosine이라는 기호를 나타내었다. 즉, sine은 부채꼴의 반현을 뜻하며, cosine은 여각을 뜻한다.

3) 함수의 극한

극한에 대한 개념은 고대 그리스 시대에도 이용되었다. 예를 들면, 아르키메데스는 극한 개념을 이용하여 원주율을 계산하였고, 도형의 넓이와 부피를 계산하였다.

현대적 의미로서의 함수의 극한에 대한 연구는 프랑스 수학자 코시(A.L. Cauchy, 1789~1857)가 지대한 공헌을 하였다. 코시는 그의 저서 「해석학 과정」에서 극한을 다음과 같이 정의하고 있다.

"변수가 취해 가는 값이 차츰 일정한 값에 접근해서, 그 차가 임의로 주어진 양보다도 적어질 때, 그 일정한 값을 처음 변수의 극한이라고 한다."

그는 그의 저서 「미적분학 요강」에서 ϵ, δ 등의 기호를 사용해서 현재의 $\epsilon-\delta$ 논법을 전개하고 있다. 이 논법은 함수의 극한에 대한 엄밀한 정의로서 대학 수준에서 사용하고 있다.

4) 미분법

곡선의 접선에 관한 연구가 시작된 것은 고대 그리스 시대부터라고 알려져 있으나, 17세기에 데카르트와 페르마가 곡선에 접선을 긋는 문제에 대하여 연구한 것이 미분법의 탄생동기가 되었다.

데카르트는 그의 저서 「기하학」에서 곡선의 방정식이 주어졌을 때 곡선의 접선을 긋는 방법에 대하여 논하고 이것을 방정식의 중근을 구하는 데 이용하였다.

미적분학의 체계는 물체의 운동속도와 가속도에서 미적분학을 발견한 영국의 수학자 뉴턴과 평면곡선의 접선이나 법선에서 미분을 생각해낸 독일의 수학자 라이프니츠에 의하여 거의 같은 시대에 각각 독립적으로 세워졌다. 라이프니츠는 접선을 구하는 문제와 곡선을 구하는 문제는 서로 역연산관계가 있다는 사실에 착안하여 미분법과 적분법 사이의 관계를 찾아내고 미분방정식의 해법의 기초를 마련하였다. 라이프니츠의 공헌 중의 하나는 미분법과 적분법의 기호를 고안한 것이다. 뉴턴은 미분기호 $\dot{x}$를 사용하였으나 라이프니츠는 dx를 사용하였고 $dF(x) = f(x)dx$에서 $F(x) = \int f(x)dx$가 된다는 적분기호도 라이프니츠가 고안한 것이다. 그 후

$$\frac{\Delta y}{\Delta x} = \frac{f(x+\Delta x) - f(x)}{\Delta x}$$

에서

$$\frac{dy}{dx} = \lim_{\Delta x \to 0} \frac{f(x+\Delta x) - f(x)}{\Delta x}$$

를 구하는 기호를 만든 코시에 의해 극한과 연속, 급수의 수렴과 발산에 대한 개념이 명확히 밝혀졌고, 미분가능, 적분가능에 대한 개념이 도입되어 현재와 같은 미적분학의 형태가 갖추어졌다.

5) 적분법

적분법의 기원은 미분법의 개념과는 관계없이 훨씬 오래 전인 기원전 5세기 그리스 시대까지 거슬러 올라간다. 그리스의 시라쿠사 지역의 수학자로서 고대의 대표적인 수학자인 아르키메데스(Archimedes, B.C. 약 287~212)는 순수수학과 응용수학의 양 분야에서 관심을 가지고 있었다. 그는 로마군의 시라쿠사 지역의 공격을 방어하는 기구들도 만들었다(돌을 던지는 기구, 햇볕을 모아 배를 불태우는 기구 등). 전설에 의하면 그는 전쟁 중에 모래 위에 도형을 그리며 연구하다가 로마병사에게 죽임을 당하였다고 한다.

아르키메데스는 정적분의 기원이라 할 수 있는 **소모법**(또는 실진법 ; method of exhaustion)이란 방법을 사용하여 원의 넓이, 포물선의 넓이 등과 같은 많은 도형의 넓이와 부피를 구하였다. 소모법이란, 어떤 도형의 넓이나 부피를 유한개의 부분의

넓이나 부피의 합과의 부등식 관계로 나타내고, 이 결과에 연역적인 방법을 적용하여 그 도형의 넓이나 부피를 구하는 방법이다. 이 시기에는 극한의 개념을 다루지 않았으므로 엄밀한 의미에서 오늘날의 구분구적법과는 차이가 있다.

아르키메데스는 원에 내접하는 정다각형의 넓이와 외접하는 정다각형의 넓이를 각각 구하여 그 원의 넓이의 근삿값을 구하였으며, 특히, 정96각형을 이용하여 원의 넓이는 반지름의 제곱의 $3\frac{10}{71}$과 $3\frac{10}{70}$배 사이임을 알아냄으로서 매우 정밀한 원주율을 구하였다. 그는 또, 구의 겉넓이는 대원의 넓이의 4배임을 알아내었다. 이 결과를 이용하여 원기둥과 그에 내접하는 구의 부피 사이의 관계를 구하였으며, 이 업적을 기념하기 위하여 그의 묘비에 원기둥에 내접하는 구의 그림을 새겨 놓았다고 한다.

무한급수의 개념으로 구적법을 생각한 사람은 케플러(J. Kepler, 1571~1630)이다. 그는 「포도주 통의 모양과 용적 측정」이라는 책에서 93가지 회전체의 부피 계산과 최소의 재료로 최대용량의 포도주 통을 만드는 극값 문제를 다루었다.

뉴턴과 라이프니츠는 구적법과 접선법이 역관계에 있음을 밝혀내 독립적으로 발전되어온 두 분야 사이의 관계를 확립하였다. 여기서 뉴턴은 무한소해석학을 확립하였으며, 운동하는 물체의 시간과 속도, 거리의 관계를 연구하기 위해 적분법의 개념을 정립하였다. 라이프니츠는 기하학적 방법과 대수적 방법으로 미분법과 적분법의 이론을 설명하였다. 그는 미분은 기하학적인 접선을 매개로 하여 정의하였으며, 구적법은 역접선의 방법의 특수한 경우임을 보여 미분방정식의 해법을 소개하였다. 라이프니츠는 오늘날 우리가 사용하고 있는 미분법과 적분법의 기호 $\int$, dx, dy를 고안하였다. 그 후 코시, 리만(G. Riemann, 1826~1866) 등 많은 수학자들에 의해 미적분학이 발전하였다.

제5장

확률과 통계영역

1_ 통계의 기초

2_ 경우의 수

3_ 확률

4_ 통계

1.
통계의 기초

1 자료의 정리

1) 도수분포와 그래프

사람의 키나 시력 등과 같이 수치로 나타낸 자료를 **변량**(variation)이라고 한다. 자료를 정리하기 위하여 변량을 일정한 간격으로 나눈 구간을 **계급**(class)이라고 하고, 구간의 나비를 **계급의 크기**라고 한다. 계급을 대표하는 값으로서 그 계급의 중앙의 값(중앙값)을 **계급값**(class mark)이라고 한다. 즉,

$$\text{계급값} = \frac{\text{계급의 양끝값의 합}}{2}$$

이다. 각 계급에 속하는 자료의 수를 **도수**라고 한다. 전체의 자료를 몇 개의 계급으로 나누고 각 계급에 속하는 도수를 조사하여 나타낸 표를 **도수분포표**라고 한다. 도수분포표를 만들 때, 계급의 개수는 자료의 성질이나 용도에 따라서 달라질 수 있지만, 일반적으로 5개에서 15개 사이를 주로 사용한다. 계급의 개수가 많으면 자료의 분포를 보다 정확하게 이해하는 데는 도움이 되지만, 자료의 분포에 대한 성질을 직관적으로 이해하는 데에는 불편하다.

도수분포표를 보고 평균을 구하려면 다음과 같이 한다.

$$\text{평균} = \frac{(\text{계급값} \times \text{도수})\text{의 총합}}{\text{도수의 총합}}$$

도수의 분포를 시각적으로 쉽게 알아보기 위하여 그래프로 나타낼 수 있다. 그래프의 종류에는 초등학교 수준에서 학습한 **막대그래프**(bar graph), **꺾은선 그래프**(graph of broken lines), **원그래프**(circular graph), **띠그래프**(band graph), **사각형 그래프**(quadrangular graph), **그림그래프**(pictograph), 중학교 수준에서 학습하는 히스토그램과 도수분포다각형, 고등학교 수준에서 학습하는 도수분포곡선 등이 있다.

도수의 분포상태를 다음의 방법으로 그린 그래프를 **히스토그램**(histogram)이라고 한다. 히스토그램은 다음 순서로 그린다.

(1) 가로축에 각 계급의 양 끝값을 써 넣는다.
(2) 세로축에 각 계급의 도수를 써 넣는다.
(3) 각 계급의 크기를 가로로 하고, 도수를 세로로 하는 직사각형을 차례대로 그린다.

히스토그램에서 각 직사각형의 넓이는 그 계급에 속하는 도수에 정비례한다. 히스토그램에서 각 직사각형의 윗변의 중점을 차례로 선분으로 연결하고 양끝은 도수가 0인 계급이 있는 것으로 생각하여 그 중점과 연결한 그래프를 **도수분포다각형**(frequency distribution polygon)이라고 한다.

히스토그램의 직사각형의 넓이의 합과 도수분포다각형과 가로축으로 둘러싸인 부분의 넓이는 같다. 히스토그램은 변량이 연속인 자료의 분포를 나타내는 데 적합하며, 특정한 계급에서의 도수를 알아보거나 다른 계급의 도수와 비교하기에 용이하다. 도수분포다각형에서 각 선분의 기울기는 변량의 변화 정도를 나타내므로, 어떤 변량의 크기와 변화 상태를 알아보기에 편리하다.

2) 상대도수분포와 누적도수분포

상대도수(relative frequency)는 어떤 계급에 속하는 도수의 전체 도수에 대한 비율이다. 도수분포표에서 계급값이 작은 쪽의 도수에서부터 차례로 어떤 계급까지의 도수를 더한 합을 그 계급까지의 **누적도수**(cumulative frequency)라고 한다.

어떤 학급 학생들의 수학 시험 성적을 분석하고자 할 때, 어떤 점수 구간에 속하는 학생이 전체의 몇 % 인가를 알려면 상대도수분포를 이용하면 편리하고, 어떤 점수 이하에 속하는 학생이 몇 명인가를 알려면 누적도수분포를 이용하면 편리하다.

3)상관도와 상관표

두 변량 사이의 관계, 예를 들면, 학생들의 키와 팔의 길이의 관계를 알아보기 위하여 직교 좌표 평면의 가로축에는 키를, 세로축에는 팔의 길이를 나타내는 눈금을 정하고, 어떤 학급의 각 학생이 속하는 위치를 점으로 나타낸 것을 **상관도**(correlation diagram)라고 하고, 상관도의 각 계급 구간에 속하는 도수를 수치로 나타낸 것을 **상관표**(correlation table)라고 한다. 상관도는 두 변량의 상관관계를 직관적으로 알아보는데 편리하며, 상관표는 상관계수를 구하는 데 편리하다.

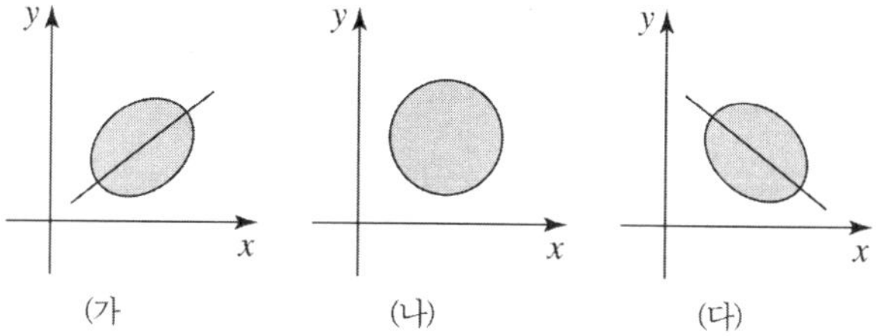

위의 상관도 (가), (다)와 같이 한 직선 주위에 점들이 몰려 있을 때, 두 변량은 강한 **상관관계**(correlation)가 있다고 하고, 그림 (나)와 같이 상관도의 점들이 넓게 퍼져 있을 때, 두 변량은 약한 상관관계가 있다고 한다. 상관도 (가)와 같이 한 변량의 값이 커질 때, 다른 변량의 값도 커지면 그 두 변량은 양의 상관관계가 있다고 하고, 반대로 상관도 (다)와 같이 한 변량의 값은 커질 때 다른 변량의 값은 작아지면 그 두 변량은 음의 상관관계가 있다고 한다.

발전연구 5-1-1

(1) 가평균의 활용

도수분포표로부터 자료의 평균을 구할 때, **가평균**(working mean)을 이용할 수 있다. 가평균이란 그 자료의 실제 평균에 가까운 적당한 값을 뜻하며, 일정하게 정해지는 것은 아니다. 가평균을 이용하여 자료의 평균이나 분산 또는 표준편차를 구하면, 다루는 변량의 크기를 매우 작게 줄일 수 있어서 계산하기가 간편하다.

가평균을 이용하여 평균을 구하는 방법을 알아 보자.

n개의 자료 $x_1, x_2, \cdots, x_n$의 도수를 차례로 $f_1, f_2, \cdots, f_n$라 하고, 이 자료의 가평균을 c라 하면 $x_i - c = u_i$라 할 때, $x_i = u_i + c$이므로 x_i의 평균은

$$\overline{X} = \frac{\sum x_i f_i}{n} = \frac{\sum (u_i + c) f_i}{n} = \frac{\sum u_i f_i + nc}{n} = \frac{\sum u_i f_i}{n} + c$$

따라서, $\overline{X}$의 값을 구하기 위해서는 큰 수인 x_i 대신에 작은 수인 u_i의 평균을 구한 다음 가평균 c를 더하면 된다. 가평균을 잡을 때 c의 값이 가급적 실제 평균에 가까운 값으로서 $x_i - c$의 값이 정수가 되게 하면 계산하기가 편리하다. 이 방법은 고등학교 과정에서 학습할 표준편차를 구하는 데에도 적용할 수 있다.

제 7 차 교육과정에서는 평균이나 표준편차를 구할 때 가평균을 사용하지 않는다. 그 이유는 이제 컴퓨터나 계산기를 이용함으로서 수의 크기에 상관없이 쉽게 계산할 수 있게 되었으므로, 계산을 간편하게 하기 위한 목적으로서의 가평균의 사용은 더 이상 의미가 없게 되었기 때문이다. 그러나 가평균의 사용은 수학적 사고의 측면에서는 중요한 의미를 갖는다고 할 수 있으며, 컴퓨터를 사용하는 경우라도 매우 많은 자료의 평균이나 표준편차를 구할 때에는 가평균을 사용하면 컴퓨터의 작업 시간을 줄일 수 있는 이점이 있다.

(2) 상관계수

상관관계의 정도를 수치로 나타낸 것을 상관계수라고 한다. 가장 강한 양의 상관계수는 $+1$ 이고 가장 강한 음의 상관계수는 -1 이며 상관관계가 전혀 없는 경우의 상관계수는 0 이다. 상관계수의 종류에는 **순위차상관계수**(rank-order correlation coefficient)와 **적률상관계수**(product-moment correlation coefficient) 두 가지가 있다.

순위차상관계수를 스피어맨(Spearman)의 ρ (로)라 하기도 한다. 이 ρ 는 사례수가 30 이하와 같이 적거나, 자료 자체가 측정치로 표시되지 않고 순위(석차)로 표시되어 있는 경우에 주로 사용된다. ρ 를 구하는 공식은 다음과 같다.

$$\rho = 1 - \frac{6\sum d^2}{N(N^2-1)}$$ (단, $N=$사례수, $d=$ 두 짝의 점수의 순위의 차)

위의 공식에서 순위가 같은 경우가 있을 경우는 그들의 평균을 사용한다. 예를 들면, 공동 3위가 2명이면 각각의 등위를 3.5로 계산한다.

적률상관계수를 피어슨(Pearson)의 γ (감마)라 부르기도 한다. γ 는 자료가 측정치로 표시되어 있을 경우에 주로 사용한다. γ 를 구하는 공식은 다음과 같다.

$$\gamma = \frac{\sum_i (x_i - \overline{x})(y_i - \overline{y})}{N\sigma_x \sigma_y}$$

(단, $\overline{x}$ 는 변량 x 의 평균, $\overline{y}$ 는 변량 y 의 평균, N은 전체 변량, σ_x 는 x 의 표준편차, σ_y 는 y 의 표준편차)

연구과제 5-1-1

1. 가평균의 역할에 대하여 토론하여라.

2. 다음 50명 학생의 높이뛰기 기록을 보고 물음에 답하여라.

높이뛰기 기록									
150	145	140	148	147	150	137	147	154	151
169	150	138	156	158	135	136	162	136	153
146	143	144	140	152	134	160	159	173	142
154	175	142	147	144	144	148	186	149	131
144	132	152	146	138	142	138	140	146	149

(1) 도수분포표를 만들어라.
(2) 도수분포표를 보고 평균과 표준편차를 구하여라.
(3) 도수분포표를 보고, 가평균을 이용하여 평균과 표준편차를 구하여라.

3. 히스토그램을 이용하여 도수분포다각형을 그릴 때, 양끝의 직사각형의 중점을 x축과 연결하는 것이 타당함을 설명하여라.

4. 상대도수 분포 개념이 필요한 경우의 예를 찾아보아라.

5. 누적도수분포 개념이 필요한 경우의 예를 찾아보아라.

6. 컴퓨터 프로그램을 이용하여 문제 2에서 제시한 자료의 평균과 표준편차를 구하여라.

7. 상관관계 개념의 필요성에 대하여 토론하여 보아라.

8. 상관관계가 강한 두 변량의 예를 찾아보아라.

9. 상관관계가 약한 두 변량의 예를 찾아보아라.

10. 다음 자료를 보고, 물음에 답하여라.

시력 조사표										
좌	0..7	1.2	0.1	1.5	1.5	0.7	1.5	1.5	0.3	0.1
우	0.8	0.8	0.2	1.0	0.8	0.7	1.5	1.2	0.3	0.3
좌	2.0	0.6	0.9	0.8	1.2	0.8	1.0	1.2	1.0	1.2
우	2.0	1.5	1.2	0.6	1.5	1.0	1.0	1.0	1.5	1.2

(1) 두 변량의 상관도를 그려라.

(2) 두 변량의 상관계수 ρ, γ를 각각 구하여라.

지도상의 유의점 5-1-1

1. 실생활 주변에서 쉽게 구할 수 있는 자료를 활용하여 기술통계를 지도하도록 함으로서 통계의 실용성을 인식하게 한다.
2. 가평균을 이용하여 평균을 구하는 방법은 손으로 많은 자료의 평균과 표준편차를 구하는 데는 유용하지만, 계산기나 컴퓨터를 사용하는 경우는 가평균을 사용하는 것이 더욱 번거로울 수 있으므로, 컴퓨터를 많이 사용하는 제 7 차 교육과정부터는 가평균을 이용한 평균과 표준편차 구하기는 지도하지 않기로 한다.
3. 두 변량 사이의 상관관계는 직관적으로 파악할 수 있게 한다.
4. 도수분포표와 그들의 그래프 사이의 장점과 단점에 대하여 알아보고 토론하게 한다.
5. 상관관계는 한 대상에 대하여 두 변량 사이의 관련성이 어떠한지를 알아보는 것임에 유의하여야 한다. 즉, 두 변량 사이의 상관관계를 알기 위해서는 같은 대상에 대하여 두 변량을 조사하여야 한다.
6. 두 변량사이의 상관관계는 학생들의 흥미와 관심을 유발할 수 있는 자료를 대상으로 하도록 하며, 그 관계는 상관도나 상관표를 이용하여 직관적으로 파악할 수 있게 한다.
7. 상관표는 두 가지 자료에 대한 각각의 도수분포표를 하나의 도수분포표로 나타낸 것이며, 상관표에서 한 자료의 어떤 계급을 고정시키면 다른 자료에 대한 부분도수분포표가 얻어짐을 알게 한다.
8. 계급으로 주어진 두 자료는 상관도 보다는 상관표가 더 의미 있음을 이해하게 한다.
9. 상관도를 수치로 나타낸 것을 상관계수라고 하는데, 중등학교 수준에서는 상관계수를 다루지 않는다.

2 대푯값과 산포도

자료 전체의 중심적인 경향이나 특성을 하나의 수로 나타내어 자료 전체를 대표하는 값을 **대푯값**(central value)이라고 한다. 대푯값으로는 **평균**(mean)이 주로 사용된다. 경우에 따라서는 대푯값으로서 **중앙값**(median)이나 **최빈수**(mode)도 사용된다. 중앙값은 자료를 크기 순으로 배열하였을 때 중앙에 해당하는 값이다. 최빈수는 가장 큰 도수를 가지는 자료의 값이다. 대푯값에 대해서는 중학교 수준의 수학에서 자세하게 다루었기 때문에 여기서는 자세한 언급을 하지 않는다.

자료의 특징으로서 대푯값은 같지만 그 흩어지는 정도가 다른 경우가 있다. 예를 들면 지름이 10mm 인 공업용 베어링 구슬 10개를 만들 경우 10개 구슬의 지름의 평균은 10mm 이지만 모든 구슬의 지름의 오차가 1mm 이내인 A 제품이 있을 수 있으며 모든 구슬의 지름의 오차가 0.2mm 이내인 B 제품이 있을 수 있다. 이 두 경우 A 제품은 공업용으로서 그 가치가 매우 떨어질 것이다. 이와 같이 자료 전체가 대푯값을 중심으로 흩어져 있는 정도는 중요한 의미를 가질 수 있으며, 그 흩어진 정도를 **산포도**(degree of scattering)라고 하는 합리적인 하나의 수로 나타낼 수 있다.

산포도의 종류로서 분산과 표준편차가 있다. 한 변량에서 평균을 뺀 값을 그 변량의 **편차**(deviation)라고 한다. 이를테면 n 개의 변량 $x_1, x_2, \cdots, x_n$ 의 평균이 $\overline{x}$ 일 때, $x_i - \overline{x}$ 를 x_i 의 편차라고 한다. 편차는 변량이 중심으로 떨어진 정도를 나타내지만 그 평균은 항상 0 이므로 그대로는 산포도로서 사용할 수 없다. 따라서, 평균을 이용하여 산포도를 다음과 같이 정의한다.

$$(\text{분산}) = \frac{(\text{편차})^2\text{의 총합}}{(\text{변량의 개수})}, \quad (\text{표준편차}) = \sqrt{(\text{분산})}$$

위의 정의를 식으로 나타내면 다음과 같다.

n 개의 변량 $x_1, x_2, \cdots, x_n$ 의 평균이 $\overline{x}$ 일 때, **분산**(variance)을 s^2, **표준편차**(standard deviation)를 s 로 나타내기로 하면

$$\text{분산 } s^2 = \frac{(x_1 - \overline{x})^2 + (x_2 - \overline{x})^2 + \cdots + (x_n - \overline{x})^2}{n}$$

$$\text{표준편차 } s = \sqrt{\frac{(x_1 - \overline{x})^2 + (x_2 - \overline{x})^2 + \cdots + (x_n - \overline{x})^2}{n}}$$

위의 정의에 의하면 아래 표와 같이 도수분포표로 주어진 자료에서 분산과 표준편

차는 다음과 같다.

계급값	x_1	x_2	$\cdots$	x_n	합계
도수	f_1	f_2	$\cdots$	f_n	N

$$\text{분산 } s^2 = \frac{(x_1-\overline{x})^2 f_1 + (x_2-\overline{x})^2 f_2 + \cdots + (x_n-\overline{x})^2 f_n}{N}$$

$$\text{표준편차 } s = \sqrt{\frac{(x_1-\overline{x})^2 f_1 + (x_2-\overline{x})^2 f_2 + \cdots + (x_n-\overline{x})^2 f_n}{N}}$$

컴퓨터의 엑셀 프로그램을 이용하면 분산과 표준편차를 쉽게 구할 수 있다.

발전연구 5-1-2

표준점수

n 개의 변량 $x_1, x_2, \cdots, x_n$ 의 평균이 $\overline{x}$, 표준편차가 s_x 일 때,

$$y_1 = ax_1 + b,\ y_2 = ax_2 + b,\ \cdots,\ y_n = ax_n + b$$

의 평균 $\overline{y}$ 와 표준편차 s_y 를 구하면

$$\overline{y} = a\overline{x} + b,\quad s_y = |a| s_x$$

임을 알 수 있다. 따라서

$$z_1 = \frac{x_1 - \overline{x}}{s},\ z_2 = \frac{x_2 - \overline{x}}{s},\ \cdots,\ z_n = \frac{x_n - \overline{x}}{s}$$

(단, $\overline{x}$ 는 x_i 의 평균, s 는 x_i 의 표준편차)

의 평균 $\overline{z}$ 와 표준편차 s_z 를 구하면 $\overline{z} = 0$, $s_z = 1$ 임을 알 수 있다.

따라서, 변량 x 에 대한 변량

$$t = 50 + 10 \times \frac{x - \overline{x}}{s}$$

는 평균이 50 이고 표준편차가 10 이다. 이때 t 를 x 의 **표준점수**(standard score)라고 한다.

표준점수는 난이도가 서로 다른 선택과목의 성적을 모두 평균 50, 표준편차 10 으로 만들어 어느 과목을 선택하든 공정한 점수를 산출하는 한 방법이다.

연구과제 5-1-2

1. 아래 자료는 우리나라 주요 도시의 4월과 8월에 내리는 비의 산성도(pH)를 조사한 것이다.

4월	5.1 5.4 6.3 5.8 5.5 4.8 5.5 7.1 6.3 5.3
8월	4.8 5.2 5.8 4.9 5.3 4.9 4.8 4.7 5.5 5.3

(1) 4월과 8월에 내리는 비의 산성도의 평균과 분산을 각각 구하여라.

(2) 어느 달의 산성도의 변동이 더 크다고 할 수 있는가?

지도상의 유의점 5-1-2

1. 평균은 변량 전체의 경향을 대표하는 값이라고 할 수 있지만, 평균만으로는 변량의 분포 상태가 충분하지 못함을 현실적인 예를 통하여 이해하게 한다.
2. 산포도에는 여러 가지가 있으나, 여기서는 평균을 중심으로 변량이 흩어져 있는 정도를 나타내는 값이 분산과 표준편차임을 이해하게 한다.
3. 실생활의 여러 가지 소재를 이용하여 산포도 개념을 도입하고 그 필요성을 인식하게 한다.
4. 두 자료의 분산을 비교할 때 두 자료의 평균이 같아야 함을 이해하게 한다.

2.

경우의 수

1 순열과 조합

1) 경우의 수

(1) 합의 법칙

두 사건 A와 B가 동시에 일어나지 않을 때, 사건 A, B가 일어나는 경우의 수를 각각 m, n이라고 하면 사건 A 또는 사건 B가 일어나는 경우의 수는 $m+n$이다. 이 성질을 경우의 수에 대한 **합의 법칙**(law of addition)이라고 한다.

위의 합의 법칙에서 두 사건이 동시에 일어나지 않는다는 것은 사건 A가 일어나면 사건 B가 일어날 수 없으며, 사건 B가 일어나면 사건 A가 일어날 수 없음을 뜻한다. 예를 들면, 한 개의 주사위를 던졌을 때, 짝수의 눈이 나오는 것을 사건 A, 홀수의 눈이 나오는 것을 사건 B라 하면 두 사건 A, B는 동시에 일어날 수 없다. 그러나 한 개의 주사위를 던졌을 때 짝수의 눈이 나오는 것을 사건 C, 3의 배수의 눈이 나오는 것을 사건 D라 하면 6은 짝수이면서 3의 배수이므로 두 사건 C, D는 동시에 일어날 수 있다. 따라서 C 또는 D가 일어나는 경우의 수를 구하기 위해서는 합의 법칙을 사용할 수 없다.

앞으로 사건은 그 사건이 일어나는 경우를 원소로 하는 집합으로 나타내기로 한다. 이를테면, 한 개의 주사위를 던질 때 짝수의 눈이 나오는 사건을 A라 할 때, 나오는 눈의 수를 집합으로 나타내면 $\{2, 4, 6\}$이므로,

$$A = \{2, 4, 6\}$$

으로 나타낸다. 사건을 집합으로 나타내면 여러 가지 사건이 일어나는 경우의 수를 구하기가 쉽다.

사건 A가 일어난다는 것은 사건 A의 원소 가운데 하나가 일어나는 것을 뜻한다.

두 사건 A, B에 대하여, 사건 A 또는 사건 B가 일어나는 사건은 $A \cup B$이고, 사건 A, B가 동시에 일어나는 사건은 $A \cap B$이다. 이때,

$$n(A \cup B) = n(A) + n(B) - n(A \cap B)$$

가 성립한다. 이 성질을 **포함배제의 원리**(principle of inclusion and exclusion)라고 한다.

위의 식에서 $A \cap B = \varnothing$ 이면 $n(A \cup B) = n(A) + n(B)$ 이다. 이것은 경우의 수에 대한 합의 법칙과 같다.

(2) 곱의 법칙

두 사건 A, B가 있어서 사건 A가 일어나고 다음에 사건 B가 일어나는 것을 두 사건 A, B가 잇달아 일어난다고 한다.

두 사건 A, B에 대하여 사건 A가 일어나는 경우의 수를 m, 사건 B가 일어나는 경우의 수를 n이라 하면, 두 사건 A, B가 잇달아 일어나는 모든 경우의 수는 $m \times n$ 이다. 이 성질을 경우의 수에 대한 **곱의 법칙**(law of multiplication)이라고 한다. 즉, 두 사건 A, B가 잇달아 일어나는 경우의 수는

$$n(A) \times n(B)$$

이다.

곱의 법칙을 이용하는 한 예로서, 72의 양의 약수의 개수를 구하여보자. $72 = 2^3 \times 3^2$ 이므로 양의 약수는 모두 $2^m \times 3^n$ 의 꼴로 쓸 수 있다. 여기서 지수 m은 집합 $A = \{0, 1, 2, 3\}$ 의 원소 중의 하나이며, 지수 n은 집합 $B = \{0, 1, 2\}$ 의 원소 중의 하나이다. 따라서, 72의 양의 약수의 개수는

$$n(A) \times n(B) = 4 \times 3 = 12$$

(3) 순열

$n \geq r$ 일 때, 서로 다른 n개의 대상에서 r개를 뽑아 일렬로 나열하는 것을 n개에서 r개를 뽑는 **순열**(permutation)이라고 하고 이 순열의 수를 기호 $_n\boldsymbol{P}_r$로 나타낸다.

순열의 수 $_nP_r$를 구하는 방법을 알아보자. 서로 다른 n개의 대상에서 r 개를 택하여 r개의 빈자리에 일렬로 나열한다는 것은 r개의 빈자리를 만들고 첫째 자리부터 차례로 하나씩 놓아 가는 것을 뜻한다. 이때, 첫째 자리에 놓을 수 있는 것은 n

개 중 어느 것이라도 좋으므로 첫째 자리에 놓는 방법의 수는 n이다. 두 번째 자리에는 첫째자리에 놓은 것을 제외한 어느 것도 놓을 수 있으므로, 두 번째 자리에 놓는 방법의 수는 $n-1$이다. 이와 같이 계속하면, r번째 자리에 놓을 수 있는 것은 이미 뽑아 나열해 놓은 $(r-1)$개를 제외한 $(n-r+1)$개이다. 따라서, 곱의 법칙에 의하여

$$_nP_r = n(n-1)(n-2)\times\cdots\times(n-r+1)\,(\text{단, } 0 < r \le n)$$

이다.

위의 식에서 $r=n$이면 $_nP_n = n(n-1)(n-2)\times\cdots\times 2\times 1$이다. 이 식의 우변과 같이 1에서 n까지 연속한 자연수의 곱을 n의 **계승**(factorial)이라고 하고, 이것을 기호 $n!$로 나타낸다.

계승을 이용하면 $r<n$일 때,

$$_nP_r = \frac{n!}{(n-r)!} \qquad \cdots ①$$

임을 알 수 있다.

①에서 $r=n$이라 하면 $_nP_n = \dfrac{n!}{0!}$이다. 그런데, $_nP_n = n!$이므로 $0!=1$로 정의하면 ①은 $r=n$일 대에도 성립한다. 그러므로,

$$0! = 1$$

로 정의한다.

또, $r=0$일 때 ①이 성립한다고 가정하면 $_nP_0 = \dfrac{n!}{n!} = 1$이므로, $_nP_0 = 1$로 정의한다.

이상을 정리하면 다음과 같다.

순열의 수

$$_nP_r = n(n-1)(n-2)\times\cdots\times(n-r+1) = \frac{n!}{(n-r)!}\,(\text{단}, 0 \le r \le n)$$

$$_nP_n = n!,\ 0! = 1,\ _nP_0 = 1$$

원순열

서로 다른 n개의 대상을 원형으로 배열하는 순열을 **원순열**(circular permu

-tation) 이라고 한다. n개의 대상으로 만들어진 한 개의 원순열을 일렬로 나열한 순열로 만들면 n개를 만들 수 있다. 그러므로, n개로 만들 수 있는 원순열의 수는 n개를 일렬로 나열한 순열의 수의 $\frac{1}{n}$이다. 즉, 서로 다른 n개로 만든

$$(\text{원순열의 수}) = \frac{{}_nP_n}{n} = (n-1)!$$

이다. 예를 들면 4명의 학생이 일렬로 서는 방법의 수는 $4! = 24$(가지)이지만, 4명의 학생이 둥근 테이블에 둘러앉는 방법의 수는 $(4-1)! = 6$(가지)이다.

중복순열

서로 다른 n개의 대상에서 중복을 허용하여 r개를 택해 일렬로 나열하는 것을 **중복순열**(repeated permutation)이라고 하며, 이 중복순열의 수를 기호 ${}_n\Pi_r$로 나타낸다.

중복순열의 수를 구하여 보자.

서로 다른 n개의 대상에서 중복을 허용하여 r개를 택하여 일렬로 나열한다는 것은 r개의 빈자리를 만들고 첫째 자리부터 차례로 하나씩 놓아 가는 것을 뜻한다. 이 때, 첫째 자리에 놓을 수 있는 것은 n개 중 어느 것이라도 좋으므로 첫째 자리에 놓는 방법의 수는 n이다. 두 번째 자리에는 첫째자리에 놓은 것을 또 놓을 수 있으므로, 두 번째 자리에 놓는 방법의 수도 n이다. 이와 같이 계속하면, r번째 자리에 놓는 방법의 수도 n이다. 따라서, 곱의 법칙에 의하여 중복순열의 수를 구하면

$$(\text{중복순열의 수}) = n^r$$

이다.

같은 것이 있는 순열

n개 중에서 서로 같은 것이 각각 $p, q, \cdots, s$개씩 있을 때, 이 n개를 일렬로 나열한 순열 중에서 하나를 택하여, n개 모두가 서로 다른 것이라고 가정하면 이 순열로부터 $p!q! \times \cdots \times s!$개의 순열을 만들 수 있다. 즉, 위의 조건과 같이 같은 것이 있는 순열의 수는 n개가 모두 서로 다른 대상의 순열의 수의 $\frac{1}{p!q! \times \cdots \times s!}$배이다. 그러므로, 다음 성질이 성립한다.

n개 중에서 서로 같은 것이 각각 $p, q, \cdots, s$개씩 있을 때, 이 n개를 일렬로 나

열한 순열의 수는

$$\frac{n!}{p!q!\times\cdots\times s!}\text{(단, } p+q+\cdots+s=n\text{)}$$

이다.

(4) 조합

서로 다른 n개의 대상에서 순서를 생각하지 않고 r개를 택하는 것을 n개에서 r개를 뽑는 **조합**(combination)이라고 하고, 이 조합의 수를 기호

$$_{n}C_{r}$$

로 나타낸다.

조합의 수 $_{n}C_{r}$과 순열의 수 $_{n}P_{r}$의 관계는 다음과 같다.

$$_{n}C_{r}=\frac{_{n}P_{r}}{r!}=\frac{n!}{r!(n-r)!}\quad\text{(단, } 0<r\le n\text{)}$$

위의 관계식은 순열과 조합의 정의로부터 유도할 수 있다.

2) 이항정리

(1) 파스칼의 삼각형

서로 다른 n개에서 r개를 뽑는 조합의 수 $_{n}C_{r}$는

$$_{n}C_{r}={}_{n}C_{n-r}$$

인 관계가 성립한다. 이 식 좌변을 변형하여 우변이 되게 하여 식이 성립함을 보이는 방법이 있다. 또, n개에서 r개를 뽑고 나면 자연히 $n-r$개가 남으므로, n개에서 r개를 뽑는 방법의 수는 n개에서 $n-r$개를 뽑는 방법의 수와 같음을 알 수 있다.

또, 서로 다른 n개에서 r개를 뽑는 조합의 수 $_{n}C_{r}$는

$$_{n}C_{r}={}_{n-1}C_{r-1}+{}_{n-1}C_{r}$$

인 관계가 성립한다. 이 식이 성립함을 증명하는 방법으로서 우변을 변형하여 좌변이 되게 하는 방법이 있다. 그러나, 다음과 같이 생각하면 간단히 증명할 수 있다.

n개의 대상 중에서 특정한 한 대상을 A라 하면 r개를 택할 때, A를 포함하는 경우와 A를 포함하지 않는 경우로 나눌 수 있고, 이 두 경우는 동시에 일어날 수 없다.

A를 포함하면서 r개를 택하는 방법의 수는 먼저 A를 택해 놓은 다음 남은 $n-1$개의 대상에서 $r-1$개의 대상을 택하면 되고, 그 방법의 수는 ${}_{n-1}C_{r-1}$이다.

n개의 대상에서 r개를 택할 때 A를 포함되지 않게 하는 경우는 먼저 A를 제외하고 남은 $n-1$개의 대상 중에서 r개를 택하면 되고, 그 방법의 수는 ${}_{n-1}C_r$이다. 그러므로

$$ {}_nC_r = {}_{n-1}C_{r-1} + {}_{n-1}C_r \qquad \cdots ① $$

이 성립한다. 이 식에 $n = 0, 1, 2, 3, \cdots$ 을 차례로 대입하여 아래 그림과 같이 배열할 수 있다. 이 그림을 **파스칼의 삼각형**(Pascal's triangle)이라고 한다.

$n=0$	1	1
$n=1$	${}_1C_0 \quad {}_1C_1$	1 1
$n=2$	${}_2C_0 \quad {}_2C_1 \quad {}_2C_2$	1 2 1
$n=3$	${}_3C_0 \quad {}_3C_1 \quad {}_3C_2 \quad {}_3C_3$	1 3 3 1
$n=4$	${}_4C_0 \quad {}_4C_1 \quad {}_4C_2 \quad {}_4C_3 \quad {}_4C_4$	1 4 6 4 1
$n=5$	${}_5C_0 \quad {}_5C_1 \quad {}_5C_2 \quad {}_5C_3 \quad {}_5C_4 \quad {}_5C_5$	1 5 10 10 5 1
$\vdots$	……	……

(2) 이항정리

$(a+b)^n$의 전개식은 n개의 인수의 곱

$$ (a+b)(a+b)\cdots(a+b) $$

의 각각의 인수에서 a 또는 b를 한 개씩 택하여 곱한 것을 모두 더한 것이다. 따라서, 전개식의 항 $a^{n-r}b^r$의 계수는 위의 인수 중에서 r개의 인수에서는 b를 택하고, 나머지 $n-r$개에서는 a를 택하는 조합의 수 ${}_nC_r$과 같다. 즉,

$$ \begin{aligned} (a+b)^n &= {}_nC_0\,a^n + {}_nC_1 a^{n-1}b^1 + \cdots + {}_nC_r\,a^{n-r}b^r + \cdots + {}_nC_n\,b^n \\ &= \sum_{r=0}^{n} {}_nC_r\,a^{n-r}b^r \end{aligned} $$

이다. 이 결과를 **이항정리**(binomial theorem)라고 한다. 위의 전개식의 각 계수 ${}_nC_0, {}_nC_1, \cdots, {}_nC_n$을 **이항계수**(binomial coefficient)라고 한다. 또, ${}_nC_r\,a^{n-r}b^r$를 $(a+b)^n$의 **전개식의 일반항**이라고 한다.

발전연구 5-2-1

(1) 중복조합

서로 다른 n개에서 중복을 허락하여 k개를 택한 것을 **중복조합**(repeated combination)이라고 하고, 중복조합의 수를 기호 $S'(n, k)$로 나타내기로 하면 모든 자연수 $n \geq 1$, $k \geq 1$에 대하여

$$S'(1, k) = 1,$$
$$S'(n+1, k) = 1 + S'(n, 1) + S'(n, 2) + \cdots + S'(n, k) \quad \cdots ①$$

가 성립함을 다음과 같은 방법으로 알 수 있다. 서로 다른 $n+1$개의 원소의 집합을

$$A = \{a_1, a_2, \cdots, a_{n+1}\}$$

이라고 하고, 이 집합에서 a_{n+1}을 제외한 집합을

$$A' = \{a_1, a_2, \cdots, a_n\}$$

이라고 하자.

이때, A에서 중복을 허락하여 k개를 뽑는다는 것은 A'에서 중복을 허락하여 i (단, $i = 0, 1, 2, \cdots, k$)개를 뽑은 다음 남은 $k-i$개를 a_{n+1}로 대치하면 된다. 따라서, ①이 성립한다.

이제 모든 양의 정수 $n \geq 1$, $k \geq 1$에 대하여

$$S'(n, k) = C(n+k-1, k) \quad \cdots ②$$

임을 수학적 귀납법으로 증명하여 보자.

$n = 1$일 때 $S'(1, k) = 1$, $C(k, k) = 1$이므로 ②는 성립한다.

이제 식 ②가 모든 $k \geq 1$에 대하여 성립한다고 가정하면, 식 ①에 의하여

$$\begin{aligned} S'(n+1, k) &= 1 + S'(n, 1) + S'(n, 2) + \cdots + S'(n, k) \\ &= 1 + C(n, 1) + C(n+1, 2) + \cdots + C(n+k-1, k) \\ &= C(n+k, k) \text{ (단, } k \geq 1) \quad \cdots ③ \end{aligned}$$

③은 파스칼의 삼각형의 성질을 이용하여, 또는 수학적 귀납법으로 증명할 수 있다.

(2) 블록으로 나누는 방법의 수

n개의 원소가 있는 집합을 k개의 블록(묶음)으로 만드는 방법의 수를 생각해 보

자. 예를 들면, 7개의 서로 다른 물건을 3개, 2개, 2개로 나누는 방법의 수는 먼저 7개에서 3개를 택한 다음, 남은 4개에서 2개를 택하면 된다. 즉, 이 경우의 방법의 수는 $C(7,\ 3)\cdot C(4,\ 2)$이다.

n개의 원소에서 k개의 묶음을 만든 방법의 수를 $S(n,\ k)$라 할 때, $S(n,\ k)$는 다음 성질을 만족한다.

① $S(n,\ 1)=1, S(n,\ n)=1\ \ \text{for all n} \geq 1$

② $S(n+1,\ k+1)=(k+1)\cdot S(n,\ k+1)+S(n,\ k)\ \text{for n} \geq 1, \text{and} 1 \leq \text{k} \leq \text{n}$

성질 ①의 성립은 문제의 뜻에 의하여 자명하다.

성질 ②를 증명하는 한 방법으로, $n+1$개의 원소 중에서 하나를 선택하였을 때, 그것이 한 개로 이루어진 블록인 경우와 그것이 두 개 이상의 원소로 구성된 블록에 속할 경우로 나누어 생각하면 된다. 특정한 한 원소가 한 개의 블록을 구성할 경우, $k+1$개의 블록을 만드는 방법은 특정한 원소를 제외한 n개의 원소에서 k개의 블록을 구성하는 방법의 수와 같다. 즉, $S(n,\ k)$이다. 다른 한 경우로서, 특정한 원소가 두 개 이상의 블록에 속한다고 하면, n개의 원소에서 $k+1$개의 블록을 만든 다음 그 특정한 원소를 $k+1$개의 블록 중에서 어느 것에 배정하느냐 하는 문제가 된다. 따라서 이때의 방법의 수는 $S(n,\ k+1)\cdot(k+1)$과 같다.

위의 성질 ②는 구하는 방법의 수를 점화식으로 나타낸 것으로서, 컴퓨터로 계산하기 위하여 프로그램을 만들 때 사용하는, 이산수학에서 중요하게 다루는 한 방법이다.

연구과제 5-2-1

1. $3 \leq x+y \leq 5$를 만족하는 자연수 x, y의 순서쌍 $(x,\ y)$의 개수를 구하여라.

2. 부모를 포함한 6명의 가족이 6개의 의자가 놓여있는 원형 식탁에 둘러앉을 때, 부모가 이웃하여 앉는 방법의 수를 구하여라.

3. 정사각형 모양의 탁자에 각 면에 2명씩 8명이 둘러앉는 방법의 수를 구하여라.

4. 6개의 문자 a, a, b, b, b, c를 일렬로 나열하는 방법의 수를 구하여라.

5. 다음을 만족하는 정수 n 또는 r을 구하여라.

(1) ${}_nC_3 = {}_nC_7$ (2) ${}_8C_r = {}_8C_{r-4}$

6. 다음 식을 간단히 하여라.

$${}_3C_1 + {}_4C_2 + {}_5C_3 + \cdots + {}_{10}C_8$$

7. 다음 등식이 성립함을 증명하여라.

(1) ${}_nC_0 + {}_nC_1 + \cdots + {}_nC_r + \cdots + {}_nC_n = 2n$

(2) ${}_nC_0 + {}_nC_2 + {}_nC_4 + \cdots = 2n - 1$

지도상의 유의점 5-2-1

1. 경우의 수를 다룰 때, 합의 법칙과 곱의 법칙은 세 가지 이상의 사건에서 도 성립한다는 것을 이해시킨다.
2. 염주순열과 같은 것이 있는 순열은 다루지 않는다.
3. 중복조합은 다루지 않는다.
4. 파스칼의 삼각형은 ${}_nC_r = {}_{n-1}C_{r-1} + {}_{n-1}C_r$의 관계식으로부터 성립한다는 것을 이해하게 한다.
5. 사건은 그 사건에 속하는 경우들의 집합으로 나타내는 것이 편리하다는 사실을 이해하게 한다. 특히, 합의 법칙에서 두 사건이 동시에 일어나는 경우란 두 집합에 공통으로 속하는 경우와 같은 뜻임을 이해하게 한다.
6. 사건을 A로 나타낼 때, 그 사건이 일어나는 경우의 집합도 같은 기호 A로 나타냄을 알게 한다.
7. 곱의 법칙을 지도할 경우 수형도를 이용하는 것이 직관적 이해에 도움이 된다.

3.

확률

1 확률

1) 확률의 뜻과 기본 성질

(1) 시행과 사건

주사위를 던지면 반드시 땅에 떨어진다. 이것은 필연적인 현상이다. 그러나 주사위를 던질 때 어느 눈이 나올지는 미리 예측할 수 없는 우연에 의하여 결정된다. 이와 같이 나타나는 결과가 우연에 의하여 지배되는 실험이나 관찰을 **시행**(trial)이라고 한다. 어떤 시행에서 나올 수 있는 모든 결과들의 집합을 **표본공간**(sample space)이라고 하고, 표본공간의 부분집합을 **사건**(event)이라고 한다. 사건 A가 일어난다는 것은 시행의 결과로 집합 A의 원소 중의 하나가 나오는 것을 뜻한다.

이를테면, 한 개의 주사위를 던지는 시행에서 표본공간은

$$S=\{1,\ 2,\ 3,\ 4,\ 5,\ 6\}$$

이고, 짝수의 눈이 나오는 사건을 A라 하면 $A=\{2,\ 4,\ 6\}$이다. 이때, 시행의 결과로 2, 4, 6의 눈 중에서 하나가 나오면 사건 A가 일어난다고 한다.

두 사건 A, B에 대하여 $A\cup B$는 'A 또는 B가 일어난다.'를 뜻하고, $A\cap B$는 'A도 일어나고 B도 일어난다.'를 뜻한다.

두 사건 A, B에 대하여 $A\cap B=\varnothing$일 때, 즉 두 사건 A와 B가 동시에 일어나지 않을 때, A와 B는 서로 **배반**(exclusive)이라고 하고, 이 두 사건을 **배반사건**(exclusive event)이라고 한다. 또, 어떤 사건 A에 대하여 A가 일어나지 않는 사건을 A의 **여사건**(complementary event)이라고 하고, 기호 A^c로 나타낸다.

(2) 통계적 확률과 수학적 확률

일반적으로 같은 시행을 n번 반복하여 사건 A가 일어날 횟수를 r라 하면 상대도수 $\frac{r}{n}$은 n이 한없이 커짐에 따라 일정한 값 p에 가까워짐이 알려져 있다. 이때, 이 p를 사건 A의 **통계적 확률**(statistical probability)이라고 한다. 그러나 현실적으로 시행의 횟수는 유한번만에 끝나므로 상대도수 $\frac{r}{n}$의 극한값 p를 구할 수 없다. 따라서 시행의 횟수 n이 충분히 클 때의 상대도수 $\frac{r}{n}$를 통계적 확률로 간주한다.

어떤 시행에서 표본공간 S의 각 원소가 모두 같은 정도로 나올 것이라고 기대될 경우에 사건 A에 대하여 $\frac{n(A)}{n(S)}$를 $p(A)$로 나타내고 사건 A의 확률 또는 **수학적 확률**(mathematical probability)이라고 한다.

예를 들면 한 개의 주사위를 던질 때 표본공간은 $S=\{1, 2, 3, 4, 5, 6\}$이고, S의 각 원소는 모두 같은 정도로 나올 것으로 기대할 수 있다. 이때, 소수의 눈이 나오는 사건을 A라 하면 $A=\{2, 3, 5\}$이다. 따라서 한 개의 주사위를 던질 때 소수의 눈이 나올 사건의 확률은 $\frac{3}{6}=\frac{1}{2}$이다.

우리의 생활 주변에는 어떤 시행에서 표본공간의 각 원소가 모두 같은 정도로 나올 것이라고 기대할 수 없는 경우가 있다. 예를 들면 한 개의 윷가락을 던질 때 모와 윷이 같은 정도로 나올 것이라고 기대하기는 어렵다. 이와 같은 경우를 포함할 수 있도록 다음과 같이 확률을 정의할 수 있다.

어느 시행에서 표본공간 S가 n개의 원소 $e_1, e_2, \cdots, e_n$으로 이루어지며, 각 원소가 나올 확률이

$$P(e_i)=p_i(i=1, 2, \cdots, n)$$

로 주어지고, 확률 p_i가

(1) $0 \le p_i \le 1\,(i=1, 2, \cdots, n)$

(2) $\sum_{i=1}^{n} p_i = 1$

을 만족할 때, 사건 A의 확률 $P(A)$는 A의 각 원소가 나올 확률의 합이다. 즉,

$$P(A)=\sum P(e_i) \ \ (\text{단, } e_i \in A)$$

이다.

사건 A의 수학적 확률이 p일 때, n회 반복하여 사건 A가 일어나는 상대도수는 n이 한없이 커짐에 따라 p에 가까워짐이 알려져 있다. 이 성질을 **큰 수의 법칙**(law of great number)이라고 한다. 큰 수의 법칙에 의하여 통계적 확률과 수학적 확률은 같다고 볼 수 있으므로, 일반적으로 통계적 확률도 확률이라고 부르기로 한다.

(3) 확률의 기본 성질

확률에는 다음과 같은 기본성질이 있다.

① 임의의 사건 A에 대하여 $0 \le P(A) \le 1$

② 표본공간 S에 대하여 $P(S) = 1$

③ 공집합 $\varnothing$ 에 대하여 $P(\varnothing) = 0$

④ 두 사건 A, B에 대하여 $P(A \cup B) = P(A) + P(B) - P(A \cap B)$

특히, A, B가 배반사건이면 $P(A \cup B) = P(A) + P(B)$

⑤ $P(A^c) = 1 - P(A)$

2) 조건부 확률과 사건의 독립성

(1) 조건부 확률

사건 A가 일어났을 때, 사건 B가 일어날 확률을 사건 A가 일어났을 때의 사건 B의 **조건부 확률**(conditional probability)이라고 하고, 이것을 기호

$$P(B□A)$$

로 나타낸다. 조건부 확률의 정의에 의하여, $P(B□A) = \dfrac{n(A \cap B)}{n(A)}$이다. 예를 들면, 아래 표와 같은 사람들 중에서 한 사람을 택할 때,

	여자	남자	합계
20세 이상	12	8	20
20세 미만	4	6	10
합계	16	14	30

선택된 사람이 여자일 사건을 A, 20세 이상일 사건을 B라 하면, 30명 중에서 한 사람을 택할 때 여자 중 20세 이상이 택해질 확률은

$$P(B□A) = \frac{12}{16} = \frac{3}{4}$$

이다.

일반적으로, 어느 시행에서 표본공간을 S, 이 시행에서 나오는 두 사건을 A, B라 하면 $P(A) > 0$일 때,

$$P(B\square A) = \frac{n(A\cap B)}{n(A)} = \frac{\dfrac{n(A\cap B)}{n(S)}}{\dfrac{n(A)}{n(S)}} = \frac{P(A\cap B)}{P(A)} \qquad \cdots ①$$

이다. 위의 식 ①을 변형하면

$$P(A) > 0 \text{ 일 때, } P(A\cap B) = P(A)P(B\square A)$$

임을 알 수 있다.

예를 들면, 어느 모임의 전체 회원은 20명이고, 그 중에서 12명은 여자이다. 이 20명 중에서 제비뽑기를 하여 회장과 총무를 차례로 한 사람씩 뽑는다고 할 때, 회장과 총무가 모두 여자일 확률을 구하여 보자. 처음에 여자 회장을 뽑는 사건을 A, 두 번째 여자 총무를 뽑는 사건을 B라 하면, $P(A) = \frac{12}{20}$, $P(B\square A) = \frac{11}{19}$이다. 따라서, 사건 $A\cap B$가 일어날 확률은

$$P(A\cap B) = P(A)P(B\square A) = \frac{12}{20}\cdot\frac{11}{19} = \frac{33}{95}$$

이다.

(2) 사건의 독립성

한 사건 A가 일어나든지 일어나지 않든지 다른 한 사건 B가 일어날 확률에 영향을 주지 않을 때, 즉 $P(B\square A) = P(B)$일 때, 두 사건 A, B는 서로 **독립**(independent)이라고 한다. 두 사건 A, B가 서로 독립이 아닐 때, 즉 $P(B\square A) \neq P(B)$일 때, 두 사건 A, B는 서로 **종속**(dependent)이라고 한다.

두 사건 A, B가 서로 독립일 위한 필요충분조건은

$$P(A\cap B) = P(A)P(B)$$

임을 알 수 있다.

두 개의 시행에 의하여 일어나는 각 사건이 서로 독립일 때, 이 두 시행을 **독립시행**(independent trial)이라고 한다. 일반적으로 독립시행에는 다음과 같은 성질이 성립한다.

독립시행의 정리

1회 시행에서 사건 A가 일어날 확률을 p라 할 때, n회의 독립시행에서 사건 A가 꼭 r회 일어날 확률은

$$_nC_r p^r q^{n-r} \quad (\text{단, } q=1-p, r=0, 1, 2, 3, \cdots, n)$$

이다.

발전연구 5-3-1

확률의 정의

주사위를 던지는 것과 같이 나타나는 결과가 우연에 의하여 지배되는 실험을 시행이라고 한다. 시행에서 나올 수 있는 모든 결과들의 집합을 표본공간이라고 하고 S로 나타낸다. 또, 표본공간 S의 부분집합을 사건이라고 한다. 특히, 표본공간의 한 원소로만 이루어진 사건을 **근원사건**(fundamental event)이라고 한다.

정의 1 한 표본공간 S가 주어지고, 이 S의 어떤 부분집합들로 된 집합(집합족)F가 다음 조건을 만족할 때, 이 집합족 F를 **σ-대수**(σ-algebra)라고 한다.

(i) $F \neq \varnothing$

(ii) $A \in F$이면 $A^c \in F$

(iii) $A_n \in F (n=1, 2, \cdots)$이면 $\bigcup_{n=1}^{\infty} A_n \in F$

정의 2 $P: F \to [0, \infty)$가 다음 조건을 만족할 때, P를 **확률** 또는 **확률측도**(probability measure)라고 하고, $P(A)$를 A의 확률이라고 한다.

(i) $A \in F$이면 $0 \leq P(A) \leq 1$

(ii) $P(S)=1$

(iii) $\{\mathrm{A_n}\}$에서 $A_i \cap A_j = \varnothing \ (i \neq j)$이면 $P\left(\bigcup_{n=1}^{\infty} A_n\right) = \sum_{n=1}^{\infty} P(A_n)$

예를 들면 S가 n개의 원소 $u_1, u_2, \cdots, u_n$으로 이루어진 유한집합일 때,

$$P(u_i) = \frac{1}{n} \ (i=1, 2, \cdots, n)$$

이면 P는 확률측도이다. 이와 같이 각 근원사건의 확률이 같은 확률측도를 **균등확률**이라고 한다.

조건부 확률

$P(B|A) = \dfrac{P(A \cap B)}{P(A)}$ 를 사건 A 가 일어났을 때의 사건 B 의 조건부확률이라고 한다. 조건부 확률에 관해 다음 두 정리가 성립한다.

① 전확률의 정리

표본공간 S가 서로 배반인 사건 $A_1, A_2, \cdots, A_n$ 의 합집합으로 표시될 때, 사건 B가 일어날 확률 $P(B)$는

$$P(B) = \sum_{i=1}^{n} P(B|A_i)P(A_i)$$

이다. 이것을 **전확률의 정리**(theorem of total probability)라고 한다.

② 베이스의 정리

표본공간 S가 서로 배반인 사건 $A_1, A_2, \cdots, A_n$ 의 합집합으로 표시될 때, 확률 $P(A_i | B)$는

$$P(A_i | B) = \frac{P(B|A_i)P(A_i)}{\sum_{i=1}^{n} P(B|A_i)P(A_i)}$$

이다. 이것을 **베이스의 정리**(Bayes theorem)라고 한다.

위의 두 정리는 배반사건의 성질을 이용하여 증명할 수 있다.

연구과제 5-3-1

1. 어떤 시행을 할 때 표본공간의 각 원소가 나올 확률이 모두 같은 예와 서로 다른 예를 각각 하나씩 제시하여라.

2. 남자 3명과 여자 2명이 한 줄로 설 때, 여자 2명이 이웃할 확률을 구하여라.

3. 10개의 제비가 들어있는 주머니가 있다. 이 중에는 1등 제비가 1개, 2등 제비가 2개, 3등 제비가 3개, 나머지는 등외라고 한다. 이 주머니에서 한 개의 제비를 임의로 뽑을 때, 1등이나 2등의 제비를 뽑을 확률을 구하여라.

4. 흰 바둑돌 4개와 검은 바둑돌 3개가 들어있는 주머니에서 2개를 동시에 꺼낼 때, 모두 같은 색일 확률을 구하여라.

5. 10개의 제비 중에 당첨제비가 3개 있다. A가 먼저 한 제비를 뽑은 다음 B가 한 제비를 뽑는다고 한다. 누가 당첨 제비를 뽑을 확률이 더 큰가? 같다면, 그 이유를 설명하여라.

6. 복원추출된 두 사건은 서로 독립이고, 비복원추출된 두 사건은 서로 종속임을 증명하여라.

7. 한 개의 주사위를 던질 때, 홀수의 눈이 나오는 사건을 A, 3 이하의 눈이 나오는 사건을 B, 5 이상의 눈이 나오는 사건을 C 라 할 때 A와 B, A와 C는 각각 서로 독립 또는 종속인지를 밝혀라.

8. 확률에 관한 독립시행의 정리가 성립함을 설명하여라.

9. 어떤 양궁 선수가 한번 활을 쏘아 과녁에 명중시킬 확률은 0.8 이라고 한다. 이 선수가 5번 쏘았을 때, 4번 이상 명중시킬 확률을 구하여라. 단, 매번 활을 쏘는 것은 독립시행이라고 한다.

10. 3개의 주사위를 던질 때, 나오는 눈의 합이 9와 10이 되는 사건과 그 확률을 각각 구하여라.4-3

지도상의 유의점 5-3-1

1. 확률의 개념으로서 수학적 확률과 통계적 확률의 관계를 이해하게 한다.
2. 여사건의 확률 계산이 성립하는 기본 원리는 덧셈 정리에 있음을 이해하게 한다.

3. 독립사건과 종속 사건의 뜻을 분명히 이해하게 하고, 이들이 배반사건과는 근본적으로 다른 것임을 이해하게 한다.
4. 통계적 확률 개념을 지도할 때, 주사위를 던지는 시행과 같이 근원사건이 일어날 가능성이 같은 경우의 상대도수를 먼저 구하고, 윷을 던지는 실험과 같이 근원사건이 일어나는 경우가 다른 경우의 상대도수를 구해보게 하는 것이 바람직하다.

4.

통계

1 확률분포와 통계적 추정

1) 확률분포

(1) 이산확률변수

어떤 시행의 표본공간에서 실수 전체의 집합으로의 함수

$$X: S \to R$$

를 **확률변수**(random variable)라고 한다. 특히, 확률변수 X가 유한개의 값을 취할 때, X를 **이산확률변수**(discrete random variable)라고 한다. 확률변수는 흔히 대문자 $X, Y, Z, \cdots$ 로 나타낸다.

이산확률변수에 대해서 다음과 같은 성질이 있다. 확률변수 X가 취하는 모든 값이 $x_1, x_2, \cdots, x_n$ 이라 하면

$$P(X = x_i) = p_i (i = 1,\ 2,\ \cdots,\ n)$$

인 $p_1, p_2, \cdots, p_n$ 이 정해진다. 이때 p_i는 다음을 만족한다.

① $0 \le p_i \le 1$　　　② $p_1 + p_2 + \cdots + p_n = 1$

확률변수 X가 취하는 값 $x_1, x_2, \cdots, x_n$과 X가 그 값을 취할 확률 $p_1, p_2, \cdots, p_n$의 대응관계를 확률변수 X의 **확률분포**(probability distribution)라고 하고, 기호

$$P(X = x_i) = p_i\ (i = 1,\ 2,\ \cdots,\ n)$$

로 나타내거나, 아래의 표와 같이 나타낸다.

X	x_1	x_2	x_3	$\cdots$	x_n	합계
$P(X=x)$	p_1	p_2	p_3	$\cdots$	p_n	1

확률변수 X가 a이상 b이하의 값을 취할 사건 $\{a \le X \le b\}$의 확률을

$$P(a \le X \le b)$$

와 같이 나타내며, $P(a \le X \le b) = \sum_{x=a}^{b} P(X=x)$이다.

확률변수 X가 실수 전체의 값을 취할 때, 이 확률변수를 **연속확률변수**(continuous random variable)라고 한다. 이때,

$$P(a \le X \le b) = \int_a^b P(X=x)dx \text{ 이고, } \int_{-\infty}^{\infty} P(X=x)dx = 1$$

이다.

예를 들어, 동전 3개를 동시에 던질 때, 나오는 앞면의 개수 X의 확률분포를 표로 나타내면 다음과 같다.

X	0	1	2	3	합계
$P(X=x)$	1/8	3/8	3/8	1/8	1

이때,

$$P(1 \le X \le 2) = P(X=1) + P(X=2)$$

$$= \frac{3}{8} + \frac{3}{8} = \frac{3}{4}.$$

(2) 이산확률변수의 평균과 표준편차

다음 표는 변량과 그 도수 및 상대도수를 나타낸 것이다.

변량	x_1	x_2	$\cdots$	x_n	합계
도수	f_1	f_2	$\cdots$	f_n	N
상대도수	f_1/N	f_2/N	$\cdots$	f_n/N	1

여기서 변량을 X로 나타내면 X는 $x_1, x_2, \cdots, x_n$의 값을 취하는 확률변수이고,

N의 값이 매우 커서 상대도수 $\frac{f_1}{N}$를 X가 x_1를 취할 확률이라고 가정하면, 이 표는 확률분포를 나타내는 표이다. 또, 이 표에서 변량의 평균은

$$\begin{aligned}(\text{평 균}) &= \frac{x_1 f_1 + x_2 f_2 + \cdots + x_n f_n}{N} \\ &= x_1 \frac{f_1}{N} + x_2 \frac{f_2}{N} + \cdots + x_n \frac{f_n}{N} \\ &= x_1 \cdot P(X = x_1) + x_2 \cdot P(X = x_2) + \cdots + x_n \cdot P(X = x_n) \\ &= x_1 p_1 + x_2 p_2 + \cdots + x_n p_n\end{aligned}$$

로 나타낼 수 있다. 이 성질로부터 확률변수의 평균을 다음과 같이 정의한다. 어떤 이산확률변수 X의 확률분포가 다음 표와 같을 때,

X	x_1	x_2	$\cdots$	x_i	$\cdots$	x_n	합계
$P(X=x)$	p_1	p_2	$\cdots$	p_i	$\cdots$	p_n	1

$$x_1 p_1 + x_2 p_2 + \cdots + x_n p_n = \sum_{i=1}^{n} x_i p_i$$

를 X의 평균 또는 **기댓값**(expected value)이라고 하고, 기호

$$E(X) \text{ 또는 } m$$

으로 나타낸다. 즉,

$$E(X) = x_1 p_1 + x_2 p_2 + \cdots + x_n p_n = \sum_{i=1}^{n} x_i p_i$$

이다. 위의 확률분포표에서

$$(x_1 - m)^2 p_1 + (x_2 - m)^2 p_2 + \cdots + (x_n - m)^2 p_n = \sum_{i=1}^{n} (x_i - m)^2 p_i$$

를 X의 분산이라고 하고, 기호 $V(X)$로 나타낸다. 또, $V(X)$의 양의 제곱근을 X의 표준편차라고 하고 기호 $\sigma(X)$로 나타낸다.

분산 $V(X)$는 $(X-m)^2$의 평균이므로, $V(X) = E((X-m)^2)$이다. $V(X)$를 구하는 식을 변형하면

$$V(X) = E(X^2) - m^2$$

임을 알 수 있다. 이상을 정리하면 다음과 같다.

이산확률변수 X에 대하여 $E(X)=m$이라 할 때,

① 분산: $V(X)=\sum_{i=1}^{n}(x_i-m)^2 p_i=\sum_{i=1}^{n}x^2_{p_i-m^2=E(X^2)-m^2 i}$

② 표준편차: $\sigma(X)=\sqrt{V(X)}$

확률변수의 성질에 대하여 알아보자. 확률변수 X의 확률분포가 다음 표와 같을 때,

X	x_1	x_2	$\cdots$	x_i	$\cdots$	x_n	합계
$P(X=x)$	p_1	p_2	$\cdots$	p_i	$\cdots$	p_n	1

$Y=aX+b$(단, a, b는 상수)로 정의된 Y는 X와 같은 확률분포를 가지는 확률변수이다. 즉,

$$y_i=ax_i+b\quad(i=1,2,\cdots,n),\ P(Y=y_i)=P(X=x_i)=p_i$$

이므로, Y의 확률분포는 다음 표와 같다.

Y	y_1	y_2	$\cdots$	y_i	$\cdots$	y_n	합계
$P(Y=y)$	p_1	p_2	$\cdots$	p_i	$\cdots$	p_n	1

이때, Y의 평균과 표준편차를 구하면 다음과 같다.

$$E(Y)=\sum_{i=1}^{n}y_i p_i=\sum_{i=1}^{n}(ax_i+b)p_i=a\sum_{i=1}^{n}x_i+b\sum_{i=1}^{n}p_i=aE(X)+b$$

$$V(Y)=\sum_{i=1}^{n}(y_i-E(Y))^2 p_i=a^2\sum_{i=1}^{n}(x_i-E(X))^2 p_i=a^2V(X)$$

이상을 정리하면 다음과 같다.

확률변수의 성질

확률변수 X와 상수 a, b에 대하여

① $E(aX+b)=aE(X)+b$

② $V(ax+b)=a^2V(X), \sigma(aX+b)=|a|\sigma(X)$,

확률변수 X의 평균을 m, 표준편차를 σ라 할 때, 확률변수

$$Z = \frac{X-m}{\sigma}$$

의 평균과 표준편차는 앞의 ①, ②에서 $a = \frac{1}{\sigma}$, $b = -\frac{m}{\sigma}$ 인 경우이므로

$$E(Z) = \frac{1}{\sigma}E(X) - \frac{m}{\sigma} = 0$$

$$\sigma(Z) = \frac{1}{\sigma}\sigma(X) = \frac{\sigma}{\sigma} = 1$$

이와 같이 확률변수 X로부터 평균이 0, 표준편차가 1인 확률변수 Z를 만드는 것을 **표준화**한다고 한다. 이때, $Z = \frac{X-m}{\sigma}$을 X를 **표준화한 확률변수**라고 한다.

이를테면 주사위를 던져서 나오는 눈의 수를 X라 할 때, X를 표준화한 확률변수 Z에 대하여 확률 $P(-1 \leq Z \leq 1)$을 구하여보자. 확률변수 X의 평균 m과 표준편차 σ를 구하면

$$m = \frac{7}{2} = 3.5, \sigma = \sqrt{\frac{35}{12}} \fallingdotseq 1.71, Z = \frac{X-m}{\sigma}$$

따라서,

$$\begin{aligned} P(-1 \leq Z \leq 1) &= P(m-\sigma \leq X \leq m+\sigma) \\ &= P(3.5-1.71 \leq X \leq 3.5+1.71) \\ &= P(1.79 \leq X \leq 5.21) \\ &= P(X=2)+P(X=3)+P(X=4)+P(X=5) \\ &= \frac{1}{6}+\frac{1}{6}+\frac{1}{6}+\frac{1}{6} \\ &= \frac{2}{3} \fallingdotseq 0.667 \end{aligned}$$

이다.

표준화한 확률변수는 난이도가 다른 선택과목에서 어느 과목을 선택하든 공정하게 점수를 산출하는 데 이용된다.

(3) 이항분포

한 번의 시행에서 사건 A가 일어날 확률을 p, 일어나지 않을 확률을 q 라 하고,

n회의 독립시행에서 사건 A가 일어나는 횟수를 X라 하면 확률변수 X는 $0, 1, 2, \cdots, n$의 값을 취한다. 이때, 독립시행의 정리에 의하여 X의 확률분포는

$$P(X=k) = {}_nC_k p^k q^{n-k} \quad (p+q=1,\ k=0,\ 1,\ 2,\ \cdots,\ n)$$

이다. 이와 같은 확률분포를 **이항분포**(binary distribution)라고 한다. 이 확률분포는 시행의 회수 n과 확률 p에 의하여 정해지므로 기호 $\boldsymbol{B(n,\ p)}$로 나타낸다. 이때 B는 이항분포(binomial distribution)의 첫 글자이다. 이항분포의 그래프는 n을 크게 하면 좌우가 대칭이고 가운데가 볼록한 종 모양의 곡선에 가까워진다.

확률변수 X가 이항분포 $B(n,\ p)$를 따를 때, X의 평균을 $E(X)$, 분산을 $V(X)$, 표준편차를 $\sigma(X)$라 하면,

$$\begin{aligned}
E(X) &= \sum_{k=0}^{n} k\,P(X=k) = \sum_{k=1}^{n} k\,{}_nC_k p^k q^{n-k} \\
&= np \sum_{k=1}^{n} {}_{n-1}C_{k-1} p^{k-1} q^{(n-1)-(k-1)} \\
&= np(p+q)^{n-1} = np \\
V(X) &= E(X^2) - m^2 \\
&= \sum_{k=0}^{n} k^2\,{}_nC_k p^k q^{n-k} - m^2 \\
&= \sum_{k=0}^{n} k(k-1)\,{}_nC_k p^k q^{n-k} + np - (np)^2 \\
&= n(n-1)p^2(p+q)^{n-2} + np - n^2p^2 = npq \\
\sigma(X) &= \sqrt{npq}
\end{aligned}$$

임을 알 수 있다.

(4) 연속확률변수와 확률밀도함수

확률변수 X가 시간, 무게, 온도, 길이 등과 같이 어떤 구간의 모든 실수값을 취할 때, X를 **연속확률변수**(continuous probability variable)라고 한다.

일반적으로 연속확률변수 X에 대하여 하나의 함수 $y=f(x)$가 있어서 다음 성질을 가질 때 이 함수 $y=f(x)$를 X의 **확률밀도함수**(probability density function)

라고 한다.

① 곡선 $y = f(x)$는 x축의 위쪽에 있다. 즉, $f(x) \geq 0$.
② 곡선 $y = f(x)$와 x축 사이의 넓이는 1이다.
③ 확률 $P(a \leq X \leq b)$는 $y = f(x)$, $x = a$, $x = b$, x축으로 둘러싸인 도형의 넓이와 같다.

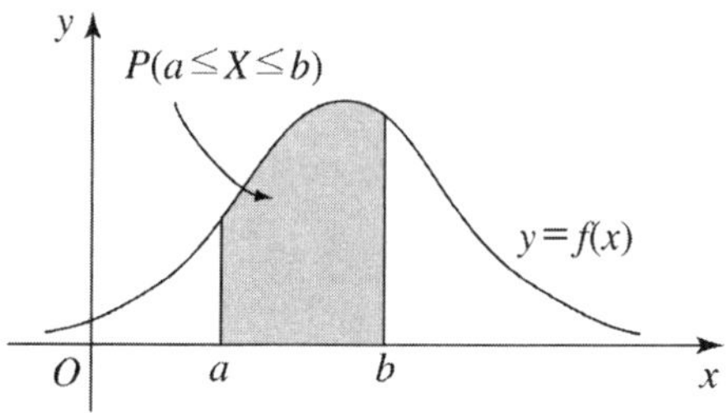

(5) 정규분포

연속확률변수 X의 확률밀도함수가

$$f(x) = \frac{1}{\sqrt{2\pi}\,\sigma} e^{-\frac{(x-m)^2}{2\sigma^2}}, \quad -\infty < x < \infty \qquad \cdots ①$$

일 때, X는 **정규분포**(normal distribution)를 따른다고 하고, $y = f(x)$의 그래프를 **정규분포곡선**이라고 한다. 여기서 e는

$$2.7182818\cdots \ (= \lim_{x \to 0}(1+x)^{\frac{1}{x}})$$

인 무리수이고 m과 σ는 상수이다.

확률밀도함수 ①의 그래프는 다음 성질을 갖는다.

- 직선 $x = m$에 대하여 대칭이다.
- 이 곡선과 x축 사이의 넓이는 1이다.

확률변수 X가 확률밀도함수 ①로 주어진 정규분포를 따를 때, 평균과 분산은 다음과 같음이 알려져 있다.

$$E(X) = m,\ V(X) = \sigma^2$$

평균이 m, 분산이 σ^2 인 정규분포를 기호 $N(m,\ \sigma^2)$으로 나타낸다. 특히, 평균이 0, 분산이 1 인 정규분포 $N(0,\ 1)$을 **표준정규분포**(standard normal distribution)라고 한다.

확률변수 Z가 표준정규분포 $N(0,\ 1)$을 따를 때, Z의 확률밀도함수는

$$f(z) = \frac{1}{\sqrt{2\pi}} e^{-\frac{(z)^2}{2}}$$

이다. 이때, Z가 구간 $[0,\ z]$에 속할 확률 $P(0 \le Z \le z)$는 다음 그림에서 색칠한 부분의 넓이이고, 그 값은 표준정규분포표에 나타나 있다.

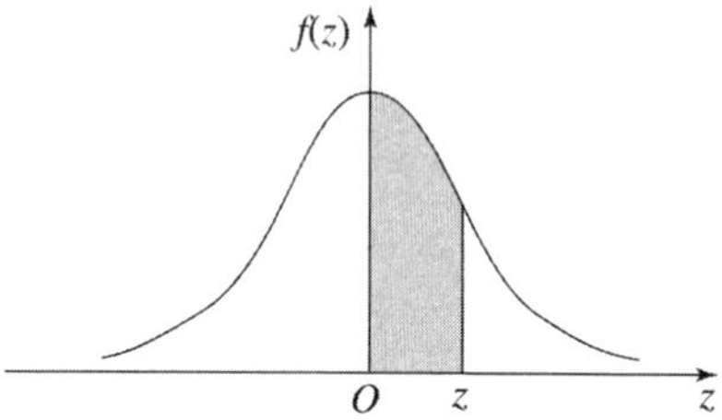

정규분포 $N(m,\ \sigma^2)$을 따르는 확률변수 X에 대하여 다음 성질이 성립한다.

$$P(|X-m| < \sigma) \fallingdotseq 0.68$$

$$P(|X-m| < 1.96\sigma) \fallingdotseq 0.95$$

$$P(|X-m| < 2.58\sigma) \fallingdotseq 0.99$$

이항분포의 정규분포에 의한 근사

이항분포 $B(n,\ p)$의 그래프는 n의 값이 커질수록 그래프는 거의 좌우 대칭인 정규분포곡선에 가까워진다는 사실이 알려져 있다.

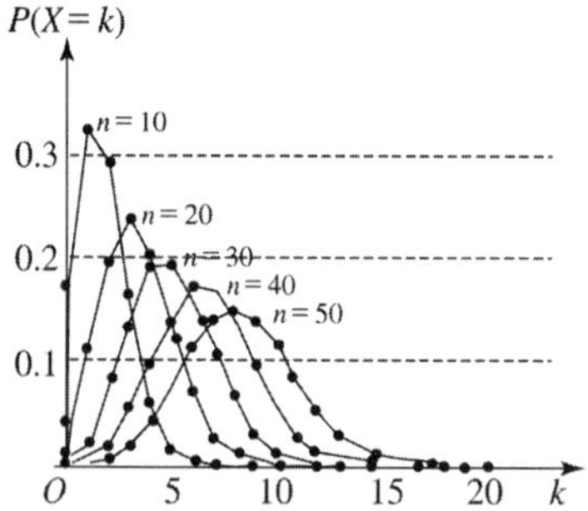

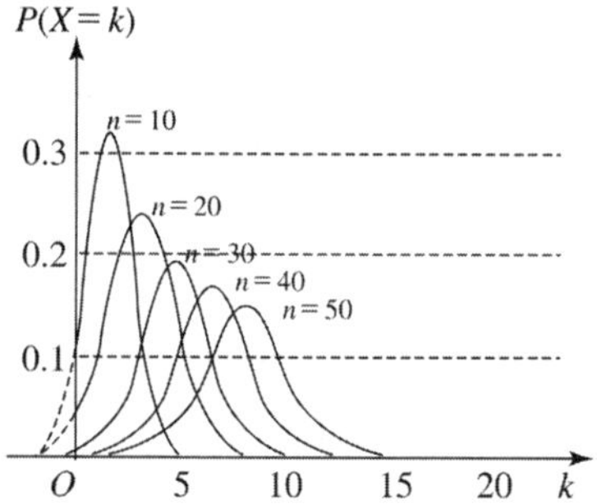

따라서, X가 이항분포 $B(n, p)$를 따르면 평균과 분산은 각각 $m = np$, $\sigma^2 = npq$이므로 n이 충분히 클 때 X는 근사적으로 정규분포 $N(np, npq)$를 따른다. 그러므로, 표준화된 확률변수 $\dfrac{X - np}{\sqrt{npq}}$는 근사적으로 표준정규분포 $N(0, 1)$을 따른다. 이 사실을 이용하면 이항분포에서의 확률의 근삿값을 정규분포를 이용하여 구할 수 있다.

예를 들어, 한 개의 주사위를 720회 던질 때, 1의 눈이 나오는 횟수가 100이상 130회 이하일 확률을 구하여 보자. 1의 눈이 나오는 횟수를 X라 하면, X는 이항분포 $B\left(720, \dfrac{1}{6}\right)$을 따른다. 정확한 확률을 구하기 위해서는

$$p(100 \le X \le 130) = \sum_{k=100}^{130} {}_{720}C_k \left(\frac{1}{6}\right)^k \left(\frac{5}{6}\right)^{n-k}$$

을 계산해야 되지만 이 계산은 많은 작업을 필요로 하므로, n이 충분히 크다고 볼 때 정규분포를 이용하여 확률을 구할 수 있다. 이 방법에 의하면, 구하는 해는 다음과 같다.

X의 평균은 $m = 720 \times \dfrac{1}{6} = 120$, 분산은 $\sigma^2 = 720 \times \dfrac{1}{6} \times \dfrac{5}{6} = 100$

이므로, X는 근사적으로 정규분포 $N(120, 10^2)$을 따른다. 따라서,

$$\begin{aligned} P(100 \le X \le 130) &= P\left(\frac{100-120}{10} \le \frac{X-120}{10} \le \frac{130-120}{10}\right) \\ &≒ P(-2 \le Z \le 1) \\ &= P(0 \le Z \le 2) + P(0 \le Z \le 1) \\ &= 0.4772 + 0.3413 = 0.8185 \end{aligned}$$

2) 통계적 추정

(1) 모집단과 표본

인구조사와 같이 조사 대상의 자료 전체를 조사하는 것을 **전수조사**(total inspection)라 하고, 여론조사와 같이 조사 대상 중에서 그 일부만을 조사하여 전체에 관한 특성을 추측하는 것을 표본조사라고 한다. 표본조사에서 조사의 대상이 되는 자료 전체를 **모집단**(population)이라고 하고, 모집단의 특성을 알아보기 위해 모

집단에서 뽑아낸 일부분의 자료를 **표본**(sample)이라고 한다. 표본에 포함된 자료의 개수를 표본의 크기라고 하며 표본을 뽑는 것을 추출한다고 한다. 표본조사의 목적은 모집단으로부터 추출한 표본을 조사하여 모집단의 성질을 추출하는 데 있다. 따라서, 표본은 모집단의 성질이 잘 반영되도록 치우침이 없이 추출하여야 한다. 표본을 추출하는 방법으로서 모집단의 각 자료와 같은 확률로 추출되고 매번 자료를 뽑는 시행이 독립인 방법을 **임의추출**(random sampling)이라고 한다. 임의추출된 표본을 **임의표본**(random sample) 또는 **확률표본**(probability sample)이라고 한다. 임의추출법으로는 보통 **난수표**(table of random numbers)나 **난수주사위**(random die)를 사용한다.

모집단에서 크기가 n 인 표본을 추출할 때, 한 개의 자료를 추출한 후 다시 되돌려 놓고 추출하는 것을 **복원추출**(sampling with replacement)이라고 하고, 되돌려 놓지 않고 n 회 계속하여 추출하거나 또는 동시에 n 개를 추출하는 것을 **비복원추출**(sampling without replacement)이라고 한다. 복원추출은 독립시행이지만 비복원추출은 독립시행이 아니다. 모집단의 크기가 표본의 크기에 비하여 매우 클 때에는 비복원추출로 얻은 표본을 복원추출로 얻은 임의표본으로 간주해도 된다.

(2) 표본평균의 확률분포

모집단의 특성을 나타내는 확률변수의 확률분포를 **모집단분포**(population distribution)라고 한다. 모집단 분포의 평균, 분산, 표준편차를 각각 **모평균**, **모분산**, **모표준편차**라고 한다.

한 개의 주사위를 한 번 던져서 나오는 눈의 수를 X 라 하고 눈의 수 전체의 모임을 모집단으로 할 때, 모평균 $m = 3.5$ 이고, 모분산 $\sigma^2 = 1.25$ 이다. 이 모집단에서 복원추출로 크기가 2인 표본을 추출하여보자. 첫 번째 시행에서 나온 눈의 수를 X_1, 두 번째 시행에서 나온 눈의 수를 X_2 라 하면 X_1, X_2 는 X 와 같은 확률분포를 갖고, 두 시행은 서로 독립이다. 그리고

$$\overline{X} = \frac{X_1 + X_2}{2}$$

도 하나의 확률변수이다. 이 경우에 표본의 총 개수는 36개이고, 각 표본을 모두 나열하고 그 표본의 평균을 구하면 아래 표와 같다.

$\overline{X}$	1	1.5	2	2.5	3	3.5	4	4.5	5	5.5	6	합계
$P(\overline{X}=$	1/36	2/36	3/36	4/36	5/36	6/36	5/36	4/36	3/36	2/36	1/36	1

여기서 $\overline{X}$의 평균 $E(\overline{X})$와 분산 $V(\overline{X})$를 구하면

$$E(\overline{X}) = 3.5,\ V(\overline{X}) = E(\overline{X}^2) - 3.52 = 0.625$$

이다. 이 결과를 모평균 $m = 3.5$, 모분산 $\sigma^2 = 1.25$와 비교해보면

$$E(\overline{X}) = m,\quad V(\overline{X}) = \frac{\sigma^2}{2}$$

임을 알 수 있다.

일반적으로, 어느 모집단으로부터 복원추출로 크기가 n인 표본 $X_1, X_2, \cdots, X_n$을 추출할 때,

$$\overline{X} = \frac{1}{n}(X_1 + X_2 + \cdots + X_n),\quad s = \sqrt{\frac{1}{n}\sum_{k=1}^{n}(X_k - \overline{X})^2}$$

을 각각 표본평균, 표본표준편차라고 한다. 이때, $X_1, X_2, \cdots, X_n$의 확률분포는 모집단의 분포와 같고, 매 시행이 독립이므로

$$E(X_1) = E(X_2) = \cdots = E(X_n) = m,$$

$$V(X_1) = V(X_2) = \cdots = V(X_n) = \sigma^2$$

따라서

$$E(\overline{X}) = \frac{1}{n}\{E(X_1) + E(X_2) + \cdots + E(X_n)\} = \frac{1}{n} \times nm = m,$$

$$V(\overline{X}) = \left(\frac{1}{n}\right)^2 \{V(X_1) + V(X_2) + \cdots + V(X_n)\} = \frac{1}{n^2} \times n\sigma^2 = \frac{\sigma^2}{n}$$

표본평균 $\overline{X}$에 대하여 다음 사실이 알려져 있다.

표본평균의 분포

모평균 m, 모분산 σ^2인 모집단에서 크기가 n인 표본을 복원추출할 때,

① n이 큰 수이면 표본평균 $\overline{X}$는 근사적으로 정규분포 $N\left(m, \frac{\sigma^2}{n}\right)$을 따른다.

② 모집단이 정규분포를 따를 때에는 n의 크기에 관계없이 $\overline{X}$는 항상 정규분포 $N\left(m,\ \dfrac{\sigma^2}{n}\right)$을 따른다.

(3) 모평균의 추정

어느 모집단에서 모평균 m이 알려져 있지 않을 때, 표본조사를 통하여 모평균을 추측하는 것을 모평균의 추정이라고 한다.

모집단이 정규분포 $N(m,\ \sigma^2)$을 따를 때, 크기가 n인 표본평균 $\overline{X}$는 정규분포 $N\left(m,\ \dfrac{\sigma^2}{n}\right)$을 따른다. 따라서 $\overline{X}$를 표준화한 확률변수

$$Z = \frac{\overline{X} - m}{\dfrac{\sigma}{\sqrt{n}}}$$

은 표준정규분포 $N(0,\ 1)$을 따른다. 그런데, 표준정규분포표에서

$$P(-1.96 \leq Z \leq 1.96) = 0.95$$

이므로

$$P\left(-1.96 \leq \frac{\overline{X} - m}{\dfrac{\sigma}{\sqrt{n}}} \leqq 1.96\right) = P\left(-1.96\frac{\sigma}{\sqrt{n}} \leq \overline{X} - m \leq 1.96\frac{\sigma}{\sqrt{n}}\right)$$

$$= P\left(\overline{X} - 1.96\frac{\sigma}{\sqrt{n}} \leq m \leq \overline{X} + 1.96\frac{\sigma}{\sqrt{n}}\right) = 0.95$$

이다. 따라서 모평균 m이 구간

$$\left[\overline{X} - 1.96\frac{\sigma}{\sqrt{n}} \leq m \leq \overline{X} + 1.96\frac{\sigma}{\sqrt{n}}\right]$$

에 속할 확률은 0.95임을 추정할 수 있다. 이때, 이 구간을 신뢰도 95%인 모평균 m의 신뢰구간이라고 한다.

모집단이 정규분포 $N(m,\ \sigma^2)$을 따를 때, 크기가 n인 표본으로부터 신뢰도 99%인 모평균 n의 신뢰구간을 구하면

$$\left[\overline{X} - 2.58\frac{\sigma}{\sqrt{n}} \leq m \leq \overline{X} + 2.58\frac{\sigma}{\sqrt{n}}\right]$$

임을 알 수 있다.

발전연구 5-4-1

가설의 검증

가설검증은 모집단의 어떤 현상에 대한 예상 또는 주장이 옳은지 틀린지를 표본자료를 이용하여 판단하는 것이다. 통계적 가설에는 **영가설(귀무가설**, null hypothesis)과 **대립가설**(alternative hypothesis)이 있다.

모평균에 대한 가설 검정은 다음과 같이 한다. 표본의 수가 크거나 모집단의 표준편차 σ를 아는 경우는 정규분포를 이용하고, 표본수가 작으며 σ를 모르는 경우는 t 분포를 이용한다. **모수**(모집단의 평균 또는 표준편차를 통칭하는 용어 : parameter) μ에 대한 **점추정량**은 표본평균 $\overline{X}$이므로 이를 검정 통계량으로 사용한다. 검정하고자 하는 량을 μ_0라 할 때, 영가설과 대립가설은 다음과 같이 정한다.

$$\text{영가설은 } H_0 : \mu = \mu_0$$

$$\text{대립가설은 } H_1 : \mu \neq \mu_0$$

위의 대립가설은 **양측검정**(two sided test)을 위한 경우이며, **단측검정**(one sided test)을 할 경우의 대립가설은 $H_1 : \mu > \mu_0$ 또는 $H_1 : \mu < \mu_0$와 같이 설정한다.

양측검정에서 기각역은 신뢰구간의 여집합이다. 위험률 α에 대한 신뢰구간은

$$\overline{X} - z_{\frac{\alpha}{2}} \frac{\sigma}{\sqrt{n}} < \mu < \overline{X} + z_{\frac{\alpha}{2}} \frac{\sigma}{\sqrt{n}}$$

이다. 여기서 H_0이 사실일 때는 $\mu = \mu_0$이므로, 위의 신뢰구간이 μ_0를 포함하면 영가설을 채택하고 그렇지 않으면 기각한다.

예를 들어, 신생아 9명을 대상으로 체중을 조사하여 평균을 구하였더니 4.0kg이었다. 신생아 체중의 표준편차는 0.4kg으로 알려져 있다고 한다. 이때, 3.8kg은 정상체중이라고 할 수 있는지 5%의 위험률(유의수준)으로 검정하여보자.

$$\text{영가설은 } H_0 : \mu = 3.8$$

$$\overline{X} = 4.0, \sigma = 0.4, \ \alpha = 0.05$$

이므로, 신뢰구간은

$$4.0 - 1.96 \times \frac{0.4}{\sqrt{9}} < \mu < 4.0 + 1.96 \times \frac{0.4}{\sqrt{9}}, \text{ 즉 } 3.74 < \mu < 4.26$$

그런데, $\mu_0 = 3.8$ 은 이 구간에 속한다. 그러므로 3.8 은 정상체중이라고 할 수 있다.

연구과제 5-4-1

1. 흰 공 4개, 검은 공 3개가 들어 있는 주머니에서 한 개씩 두 번 공을 꺼낼 때, 나오는 흰 공의 개수 X의 확률분포를 구하여라. 단, 꺼낸 공은 다시 넣지 않는다. 이때, 흰 공이 2개 이상 나올 확률을 구하여라.

2. 500원짜리 동전 한 개와 100원짜리 동전 한 개를 동시에 던질 때, 앞면이 나오는 금액의 합을 X라 하자. 이때, 다음을 구하여라.
   (1) 확률변수 X의 확률분포
   (2) 확률변수 X의 평균과 표준편차

3. 한 개의 주사위를 던져서 나오는 눈의 수를 X라 할 때, 확률변수 $3X-2$ 의 평균, 분산, 표준편차를 각각 구하여라.

4. 주사위를 720회 던질 때, 5이상의 눈이 나오는 횟수 X의 평균, 분산, 표준편차를 각각 구하여라.

5. 확률변수 X가 정규분포 $N(20, 5^2)$을 따를 때, 확률 $P(16 \le X \le 25)$를 구하여라.

6. 확률변수 X가 정규분포 $N(70, 5^2)$을 따를 때, 표준정규분포표를 이용하여 $P(X \ge c) = 0.025$ 가 되는 c를 구하여라.

7. 어느 묘목장에서 1년 동안 키운 나무의 높이는 평균 172cm, 표준편차 10cm 인 정규분포를 따른다고 한다. 이때, 다음 물음에 답하여라.
   (1) 높이가 164cm 이상 180cm 이하인 나무는 전체의 몇 %인가?
   (2) 높이가 190cm 이상인 나무는 전체의 몇 %인가?

8. 어떤 약의 치료율이 0.4 라고 한다. 환자 100명에게 이 약을 투여했을 때, 치료된 환자의 수가 30 명 이하일 확률을 구하여라.

9. 전수조사와 표본조사의 장·단점을 각각 말하여라.

10. 모집단의 분포가 다음과 같을 때, 크기가 4인 표본평균 $\overline{X}$ 의 평균과 분산을 구하여라.

$\overline{X}$	0	2	3	4	합계
$P(X=x)$	0.1	0.4	0.3	0.2	1

11. 어느 신도시에 살고 있는 봉급생활자의 연간 소득은 평균이 3500만원이고 표준편차가 500만원인 정규분포를 따른다고 한다. 이들 중 100명을 추출할 때, 그 평균이 3700만 원 이상일 확률을 구하여라.

12. 어떤 공장에서 생산된 제품의 무게는 모표준편차가 3g 인 정규분포를 따른다고 한다. 모평균 m 을 신뢰도 95% 로 추정할 때, 그 신뢰구간의 길이를 0.5g 이하로 하려면 표본의 크기 n 은 얼마로 하면 좋은가?

지도상의 유의점 5-4-1

1. 도수분포에서 상대도수가 곧 확률분포에서 확률로 간주될 수 있음을 구체적인 조작에 의하여 이해하게 한다.
2. 적분을 이용하여 확률변수의 평균과 표준편차를 구하는 것은 지도하지 않는다.
3. 이항분포에서 n 번의 시행은 서로 독립임을 인식하게 한다.
4. 통계적 추정은 모집단이 정규분포인 경우만 다룬다.
5. 독립사건과 종속사건의 의미를 부여하여 복원추출과 비복원추출을 지도하는 것이 바람직하다.
6. 모집단의 크기가 매우 클 경우에는 복원추출과 비복원추출의 차이가 무의미함을 이해하게 한다.
7. 통계적 추정이 생활 주변에서 활용되고 있음을 구체적인 예를 통하여 이해하게 한다.

5.

역사적 배경

1) 순열과 조합

조합이론의 역사에서 가장 오랜 것은 이항전개이다. 오랜 옛날부터 인도와 아랍에서는 $(a+b)^2$과 $(a+b)^3$의 전개식을 알고 이차방정식과 삼차방정식의 근을 구하는 데 사용하였다. 그러나 고차이항전개식의 계수를 알고 사용한 것은 파스칼(B. Pascal, 1623~1662)보다도 중국이 먼저였다. 중국은 14세기에 파스칼의 삼각형을 알고 있었다. 뉴턴은 n이 자연수일 때 $(a+b)^n$의 전개식을 구한 것이 아니라, 임의의 실수 n에 대한 전개식을 구하였다.

20세기 들어서 집합론의 탄생으로 조합이론이 발달하였다. 이 이론은 존재의 문제, 점화식, 근사식, 합동관계 등을 포함하며 수학의 모든 분야에서 광범위하게 적용되고 있다.

1) 확률 개념의 발달

놀이를 하다보면 자연스럽게 게임을 하게 되고, 게임을 할 때는 어떻게 하면 이길 수 있는지를 생각하게 된다. 확률 개념의 시작은 이와 같은 게임에 이기기 위하여 연구되기 시작하였다고 한다.

16세기의 수학자 카르다노(G. Cardano)는 도박을 무척 좋아하여 이를 이론적으로 연구하기 시작하였고, 17세기 프랑스의 드 메레(C. de Mere)는 도박을 본격적으로 연구하기 시작하였다. 어느 날 드 메레는 친구인 수학자 파스칼(B. Pascal, 1623~1662)에게 다음과 같은 편지를 보냈다고 한다.

「실력이 비슷한 A, B 두 사람이 돈을 걸고 내기를 하는데 먼저 3승을 이긴 사람이 이기기로 하고 게임을 하다가 한쪽이 2승 1패한 다음 게임을 그만 두게 되었다. 이때 돈을 어떻게 분배해야 하는가?」

이 문제는 페르마(P. Fermat, 1601~1665)에게 전달되어 해결되었다고 한다. 파스칼과 페르마는 이외에도 많은 편지를 주고받으면서 확률에 관한 이론적 바탕을 마련하였다. 18세기에는 여러 수학자들의 노력으로 확률론이 수학의 한 분야로 자리를 잡게 되었다. 특히, 베르누이는 확률에 관한 이론 중에서 통계적 확률이 수학적 확률과 같아진다는 큰 수의 법칙을 제시하였다. 19세기 초에 라플라스 (P. Laplace, 1749~1827)는 그의 저서 「확률의 해석적 이론」을 통하여 고전적 확률의 체계를 수학적 체계로 조직하였다. 즉, 그는 그 당시에 상대도수의 극한으로 정의된 확률의 개념을 수학적으로 엄밀하게 정의하였다. 20세기에 들어와서 콜모그로프(A. Kolmogrov)는 확률론을 공리적으로 구성하고, 이를 순수수학적 이론으로 정비하였다.

확률론은 오늘날 정보통신, 일기예보, 보험, 유전문제 등 사회의 많은 분야에서 응용되고 있다.

2) 통계 개념의 발달

통계의 개념은 17세기에 독일, 프랑스, 영국에서 발달하기 시작하였다. 영국의 그랜트(J. Graunt, 1620~1674)는 통계자료를 분석하여 사회 현상 속에 있는 어떤 규칙성을 찾고자 노력하였고, 핼리(E. Halley, 1656~1742)가 만든 사망표는 생명보험의 보험료를 산출하는 데 크게 기여하였다.

18세기 중엽부터 확률의 개념이 통계학에 영향을 주면서 통계학의 이론은 더욱 발전하였다. 19세기에 이르러서는 금융재정, 보건행정, 선거 등 사회적 요청에 의하여 국세조사를 통한 통계적 자료는 중요시되었고, 그 수 값의 처리는 수학과 깊은 관련을 가지게 되었다. 피어슨(K. Pearson, 1857~1936)은 여러 가지 분포를 연구하고 모집단의 개념을 확립하여 자료의 특성을 나타내는 **기술통계**(descriptive statistics)를 완성하였다. 표본 집단에 의하여 모집단을 추측하는 **추측통계**(inductive statistics)는 피셔(R. Fischer, 1890~1962)에 의하여 그 이론이 확립되었다.

급속히 변화하는 정보화 사회에 대처하기 위해서 모든 시민들은 확률과 통계적 지식을 더욱 필요로 한다.

3) 추측통계학

통계조사의 기록은 고대 이집트 시대까지 거슬러 올라갈 수 있으나, 학문으로서의 통계학의 역사는 17세기 중엽 이후이다. 통계학은 독일, 영국, 프랑스에서 거의 같은 시기인 1660년을 전후하여 발생하기 시작하였다.

1660년에 독일의 콘링(H. Conring, 1606~1681)에 의한 세계 각국의 정치, 경제, 군사 등과 같은 국제현상에 관한 강의가 독일에서의 통계학의 시작이며, 이 학문의 명칭으로서 Statistik을 처음 사용하였다. 영국에서 시작된 통계의 시초는 **정치산술**(political arithmetic)이다. 1662년 런던의 상인 그랜트(J. Graunt, 1629~1674)에 의해 쓰인「사망표에 관한 자연적 또는 정치적 관찰」이라고 하는 책이 그 발단이라고 할 수 있다. 이 책은 당시 공포되어 있던 사망자의 명단을 정리하여 사망의 원인이나 인구의 동태를 수량적으로 상세히 분석한 획기적인 것이다. 경제학자인 페티(W. Petty, 1623~1687)는 그랜트의 방법을 경제문제의 연구에 응용하면서 정치산술이란 명칭을 사용하였다.

19세기 후반에 피어슨(K. Pearson, 1857~1936)은 표본이론을 도입하여 모집단의 특성을 추정하는 **추측통계학**(inductive statistics)을 확립하였다. 추측통계학은 피셔(R. Fischer, 1890~1962)에 의하여 더욱 발전하였다. 그는 모수추정론, 가설검정론 및 실험계획법 등 많은 창의적인 업적으로 추측통계학의 기초를 마련함과 동시에 집단유전학의 발전에도 크게 공헌하였다. 1926년에 발행된 그의 저서「연구원을 위한 통계적 방법」(Statistical Methods for Research Workers)는 근대통계학의 원전으로 불리고 있다.

부록

1_ 그래프 이론

2_ 수학과 예술

1.
그래프 이론

지하철 노선은 나타낸 지도는 일반 지도와는 달리 각 역을 나타내는 점과 이들을 연결하는 선으로 이루어져 있다. 또 어떤 모임에서 서로 알고 사람들 사이의 관계를 서능로 연결하여 나타낼 수 있다. 이처럼 우리가 사는 현실 세계를 점과 선을 이용하여 필요한 정보를 간편하게 나타내어 편리하게 활용할 수 있다. 이와 같이 몇 개의 점과 점들을 연결한 변으로 이루어진 도형을 그래프라고 한다. 그래프는 실생활에서 여러 상황들 사이의 관계를 간편한 방법으로 시각적으로 나타낼 수 있으며 이를 행렬로 변환하고 그 것을 컴퓨터를 이용하여 여러 가지 정보를 추출해 낼 수 있음으로 이산수학의 중요한 한 영역을 차지한다.

그래프 이론은 18세기에 수학자 오일러(Leonhard Euler; 1707~1783)가 쾨니히스베르크(Kőnigsberg)다리문제를 해결하는 과정에서 최초로 시작되었다고 알려지고 있다. 그 후 그래프 이론은 최단경로 찾기, 통신네트워크 설계 같은 여러 응용분야에 폭넓게 사용되고 있다.

1) 그래프

(1) 그래프의 뜻

그래프는 점들과 그 점들 사이의 관계를 나타내주는 선분으로 구성된 도형으로서 다음과 같이 정의한다.

V={$v_1, v_2, \cdots, v_n$ }, E={$e_1, e_2 \cdots, e_m$ }, e_k는 두 꼭짓점 v_i, v_j를 연결한 변일 때,

$$G = (V, E)$$

를 꼭짓점의 집합 V와 변의 집합 E로 이루어진 그래프라고 한다.

오른쪽 도형은 그래프이며 이를 식으로 나타내면

$G=(V,E), \quad V=\{A,B,C,D\}, \quad E=\{e_1,e_2,e_3,e_4\}$

$e_1 = \{A,B\}, \quad e_2 = \{A,C\},$

$e_3 = \{B,C\}, \quad e_4 = \{C,D\}$

이다.

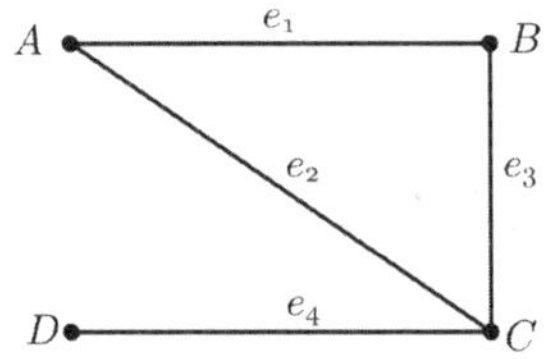

그림 A.1

변을 나타내는 두 꼭짓점의 순서쌍의 순서는 무관하다.

즉 $e_1 = \{A,B\} = \{B,A\}$

두 꼭짓점 A와 B가 변 $e = \{A,B\}$로 이어져 있을 때, 꼭짓점 A와 B는 **인접**(adjacent)한다고 하며 꼭짓점 A와 B를 변 e의 끝점이라고 한다. 또 A가 변 e의 끝점이면 e는 A에 **근접**(incident)한다고 한다.

두 꼭짓점을 잇는 변이 2개 이상 있을 때 이들 변을 **다중변**이라고 하며, 두 끝점이 같은 변 즉 $\{A,A\}$ 모양의 연결선을 **고리**(loop)라고 한다. 다중변이나 고리를 가지는 그래프를 **다중그래프**(multi-graph)라고 하며, 다중변과 고리가 없는 그래프를 **단순그래프** 또는 **그래프**라고 한다.

오른쪽 그림 A.2 의 그래프는 다중그래프이며 그림 A.1의 그래프는 단순그래프이다.

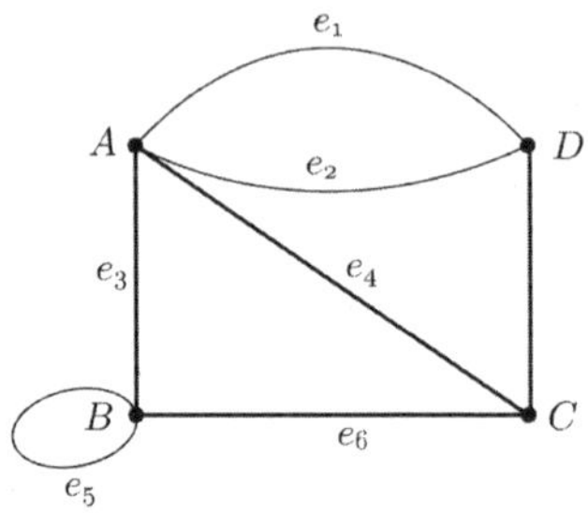

그림 A.2

임의의 꼭짓점을 끝점으로 하는 변의 개수를 그 꼭짓점의 차수(degree)라고 하고 꼭짓점 v 의 차수를 deg(v)로 표기한다. 이때 차수가 짝수인 꼭짓점을 짝수점(even vertex), 차수가 홀수인 꼭짓점을 홀수점(odd vertex)이라고 한다.

그래프에서의 각 변은 2개의 끝점을 가지므로 다음과 같은 관계가 성립한다.

정리 1 그래프의 각 꼭짓점의 차수의 합은 변의 개수의 2배이다.

정리 2 그래프에서 홀수점의 개수는 짝수이다.

그래프의 한 꼭짓점 v_1에서 변을 따라 같은 변을 반복하지 않고 다른 꼭짓점 v_n로 이동할 때, 이동한 꼭짓점을 순서대로 나열한 것을 v_1과 v_n 사이의 **경로**(path)라고 하며 경로를 이루는 변의 개수를 경로의 길이(length)라고 한다. 경로는 보통 꼭짓점의 연속 $(v_1, v_2, \cdots, v_n)$으로 나타낸다. 한 꼭짓점에서 출발하여 그 꼭짓점으로 되돌아오는 경로를 **회로**(cycle)라고 한다.

그림 A.1에서 A에서 C로 가는 경로에는 (A C), (A B C)가 있으며, A에서 출발하여 A로 되돌아오는 회로에는 (A B C A), (A C B A) 가 있다.

그래프의 어떤 두 꼭짓점 간에도 경로가 존재할 때 그 그래프를 **연결그래프**(connected graph)라고 하고, 그렇지 않으면 **비연결그래프**(disconnected graph)라고 한다. 아래 그래프는 비연결 그래프이다.

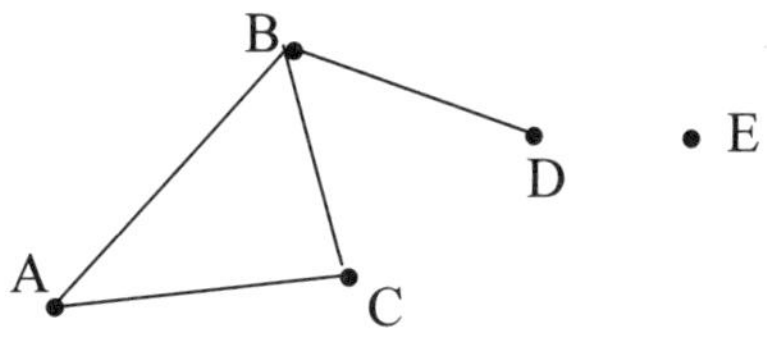

(2) **오일러 경로와 오일러 회로**

그래프의 경로 중에서 모든 변을 한번 씩 지나는 경로를 **오일러 경로**(Eulerian path)라고 하며, 오일러 경로 중에서 출발점과 종착점이 같은 경로를 **오일러 회로**(Eulerian cycle)이라고 한다. 종이 위에 그려진 그래프에서 연필을 종이에서 떼지 않고 그래프의 모든 변을 한 번씩만 지나게 그리는 것을 **한붓그리기**라고 한다. 한붓그리기 문제는 오일러경로를 찾는 문제와 같은 문제이다.

오일러 경로와 오일러 회로에 관한 성질로 다음의 두 정리와 그 역이 성립함을 오일러가 증명하였다.

정리 3 2개 이상의 꼭짓점을 가지는 연결그래프가 오일러 경로를 가질 조건은 이 그래프가 홀수점을 0개 또는 2개 가지는 것이다. 특히 모든 꼭짓점이 짝수점이면 오일러 회로가 존재한다.

정리 4 홀수점이 2개인 연결그래프는 한붓그리기가 가능하며, 이때 오일러 경로는 한 홀수점에서 시작하여 다른 홀수점에서 끝난다.

아래 그림 A.3에서 (a)에는 오일러 경로는 존재하지만 오일러 회로는 존재하지 않으며, (b)에는 오일러 경로와 오일러 회로가 존재한다.

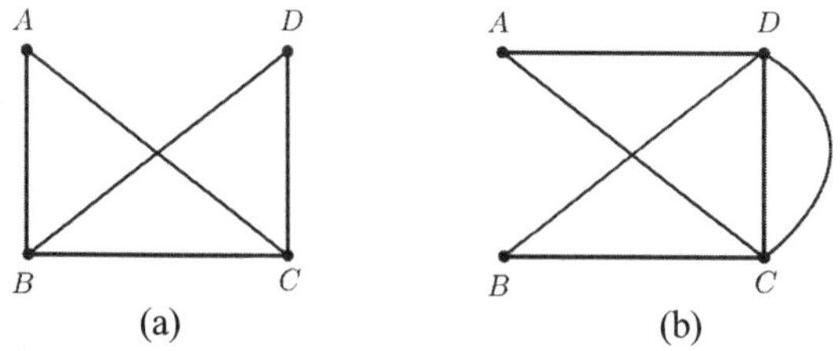

그림 A.3

(3) **해밀턴 경로와 해밀턴 회로**

모든 꼭짓점을 한 번씩만 지나는 경로는 **해밀턴 경로**(Hamiltonian path)라고 하고, 해밀턴 경로 중 출발점과 종착점이 같은 경로를 **해밀턴 회로**(Hamiltonian cycle)이라고 한다.

아래 그림 A.4에서 (a)에는 해밀턴 경로와 해밀턴 회로가 존재하고 (b)에는 해밀턴 경로는 존재하지만 해밀턴 회로는 존재하지 않는다.

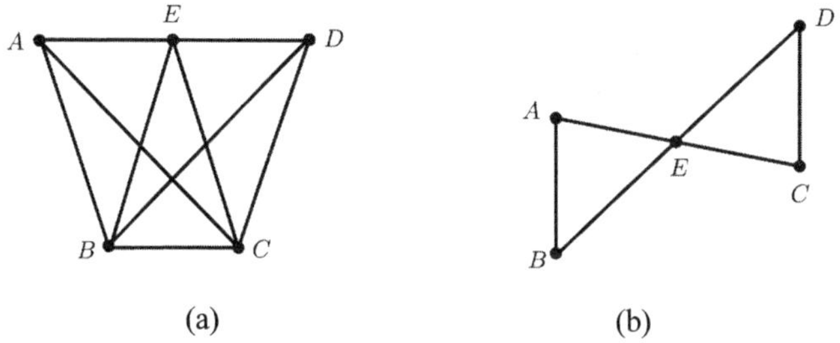

그림 A.4

(4) **평면그래프**

아래 그림 A.5의 두 그래프 (a), (b)는 모양은 다르지만 인접하는 꼭짓점들 사이의 관계가 같은 그래프임을 알 수 있다. 이와 같이 평면 위에 그래프를 그릴 때 꼭짓점의 위치를 바꾸거나 변을 구부리거나 늘이거나 줄여서 만든 그래프, 즉 꼭짓점과 변의 개수가 각각 같고 인접하는 꼭짓점과 관계가 각각 같은 그래프를 **같은 그래프**(isomorphic graph)라고 한다.

그래프를 변들이 서로 교차하지 않는 같은 그래프로 그릴 수 있을 때 그 그래프를 **평면그래프**(planar graph)라고 하고, 변을 교차시키지 않고는 평면상에 그릴 수 없는 그래프를 **비평면그래프**(nonplanar graph)라고 한다. 평면그래프에서 회로를 만들었을 경우 그 회로로 만들어진 평면을 **면**(face)이라고 하며, 평면 f 의 경계를 이루는 회로의 길이를 그 **평면의 차수**(degree)라고 하고 $\deg(f)$로 나타낸다.

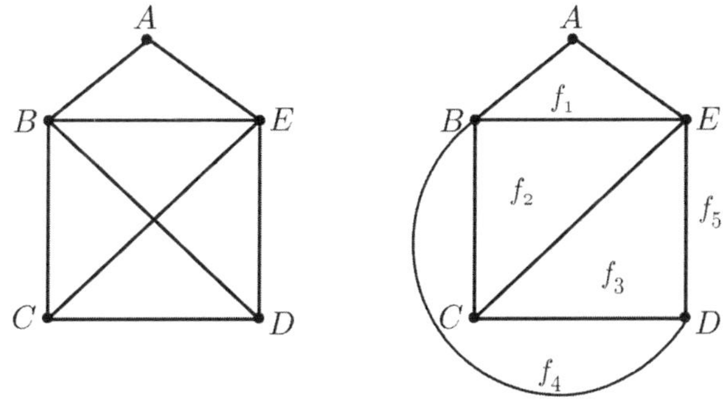

(a) (b)

그림 A.5

그림 A.5에서 (a)는 변이 서로 만나지 않는 같은 그래프 (b)로 변형할 수 있으므로 평면그래프이다. 그림 (b)에서 $\deg(f_4)=3$, $\deg(f_5)=4$이다.

평면그래프에서 다음 성질이 성립한다.

정리 5 연결된 평면그래프에서 꼭짓점의 수를 v, 변의 수를 e 면의 수를 f 라 하면

$$v-e+f=2$$

이다.

2) 유향 그래프

(1) 유향그래프의 뜻

그래프의 각 변에 방향을 준 것을 **유향그래프**(directed graph 또는 digraph)라고 한다. 유향그래프는 그림 A.6과 같이 의사전달 체계, 일방통행로가 있는 도로 교통망 등과 같은 일상생활에 많이 이동된다.

1장에서 다룬 그래프는 각 변에 방향이 주어져 있지 않은 그래프이므로 유향그래프와 구분하기 위하여 **무향그래프**(undirected graph)라고 부르기도 한다. 일반적으로는 그래프라 하면 무향그래프를 뜻하며 때로는 무향그래프와 유향그래프 전체를 지칭하기도 한다.

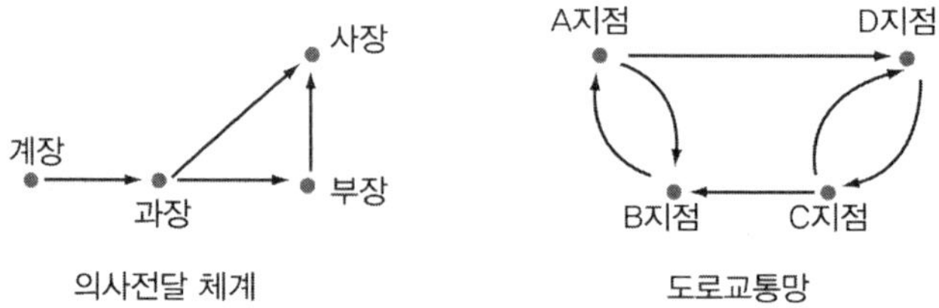

그림 A.6

유향그래프에서 변 $a=(u,v)$는 방향을 가지는 변으로서 화살표로 표기하는데, 변이 시작하는 꼭짓점을 **시점**(initial vertex), 끝나는 꼭짓점을 **종점**(terminal vertex)라고 한다.

유향그래프의 꼭짓점 A에서 출발하여 변을 따라 꼭짓점 B에 도달할 수 있을 때, 이 변의 배열을 A에서 B에 이르는 경로(path)라고 한다. 특히 시점과 종점이 일치하는 경로를 회로(cycle)라고 한다. 경로에서 사용된 유향변의 개수를 그 경로의 길이(length)라고 한다.

(2) 임계경로

어떤 과제를 수행하기 위하여 필요한 작업의 종류와 각 작업을 수행하는 데 필요한 시간, 전체 작업을 수행하는 데 필요한 순서를 유향그래프로 나타낼 수 있다. 이 유향 그래프에서 전체 작업을 마치는 데 필요한 경로들 중에서 가장 긴 시간이 필요한 경로를 **임계경로**(critical path)라고 한다.

예를 들면 아래 표는 어떤 집을 짓기 위해 필요한 작업과 각 작업을 끝마치기 위해 필요한 작업의 일수, 작업의 순서 관계를 나타낸 것이다. 이 표를 그래프로 나타내면 그림 A.7과 같다.

	작업	작업 일수	선행되어야 할 작업
A	설계	3	없음
B	기초공사	5	A
C	골조공사	12	B
D	배관공사	5	C
E	배선공사	3	C
F	난방공사	7	E
G	미장공사	9	D, F
H	외장공사	15	C
I	내장공사	7	G
J	조경공사	4	H

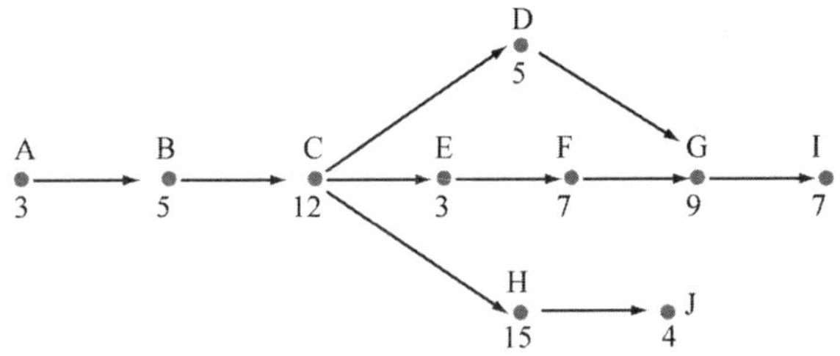

그림 A.7

이 그래프에서 마지막 작업인 내장공사나 조경공사를 마치기까지의 경로는

(A B C D G I), (A B C E F G I), (A B C H J)

이며 각 경로가 필요로 하는 시간을 살펴보면 각각 41일, 46일, 39일이다.

따라서 집짓기를 끝내려면 최소 46일이 필요함을 알 수 있다. 즉 유향그래프 5.18에서 임계경로는 (A B C E F G I)이며, 집짓기 작업 일 수를 줄이기 위해서는 임계경로의 값을 줄여함을 알 수 있다.

2.

수학과 예술

1) 황금비

우리가 일상생활에서 사용하는 주민등록증, 신용카드, 명함, 엽서 등은 그 크기는 다르지만 (세로) : (가로)의 비는 거의 같으며 약 1 : 1.618 이다. 이 비를 고대 그리스인들은 가장 안정적이고 아름다운 비라고 생각하여 황금비(golden ration)라고 하였다. 선분을 황금비로 분할하는 것을 **황금분할**이라고 하며, 가로 대 세로의 비가 황금비인 직사각형을 **황금사각형**이라고 한다.

이제 황금비의 정의와 황금비의 정확한 값을 알아보자. 어떤 선분을 두 부분으로 자를 때, 작은 선분과 큰 선분의 비가 큰 선분과 전체의 비가 같게 하였을 때의 두 선분의 비를 **황금비**라고 한다. 이 정의에 의하여 전체의 길이가 1인 선분을 두 부분으로 나눌 때 큰 선분의 길이를 x, 작은 선분의 길이를 $1-x$라 하면

$$x : (1-x) = 1 : x$$

이 식을 정리하여 x를 구하면

$$x^2 = 1-x \quad (\text{단, } 0<x<1)$$

$$x^2 + x - 1 = 0$$

$$x = \frac{-1+\sqrt{5}}{2}$$

그러므로 다른 한 선분의 길이는 $1-x = 1-\frac{-1+\sqrt{5}}{2} = \frac{3-\sqrt{5}}{2}$

따라서 두 선분의 길이의 비는

$$x : (1-x) = (-1+\sqrt{5}) : (3-\sqrt{5}) = (1+\sqrt{5}) : 2 \fallingdotseq 1.618 : 1$$

이다.

황금사각형은 종이띠를 이용하여 다음과 같은 방법으로 만들 수 있다.

황금사각형 만들기

① 신용카드와 같은 폭의 긴 직사각형 $ABCD$ 종이를 준비한다.

② $\overline{AB}$ 를 그림과 같이 접어 정사각형 $ABFE$를 만든다.

③ 정사각형 $ABFE$를 반으로 접어 밑변 BF의 중점을 M으로 표시한다.

④ $\overline{ME}$ 를 접었다가 펴서 접은 선을 표시한다.

⑤ $\overline{MC}$ 와 $\overline{ME}$ 가 겹치도록 접어서 점 E와 겹치는 $\overline{MC}$ 위 점을 G로 표시한다.

⑥ $\overline{BC}$ 에 수직인 선분 $\overline{GH}$ 를 접으면 사각형 $ABGH$가 황금사각형이다.

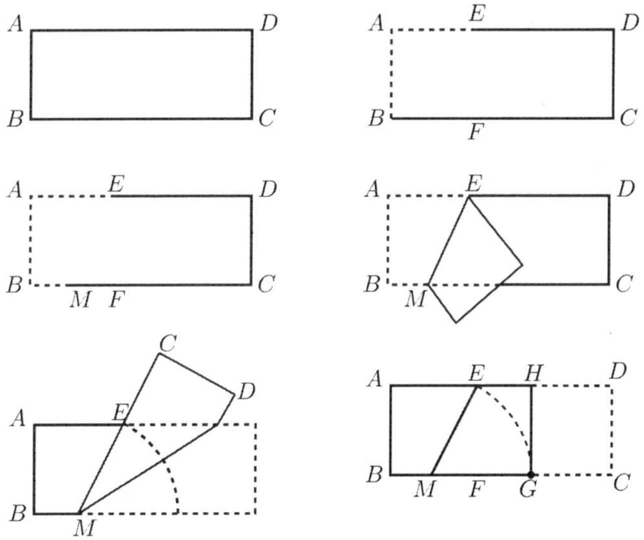

황금비는 고대 그리스 시대부터 현대에 이르기까지 각종 건축물, 음악, 일상생활 등에 이용되고 있으며, 자연 현상 속에서도 황금비를 찾아볼 수 있는 경우가 많이 있다.

(1) 인체 속의 황금비

고대 그리스인은 보통 사람의 경우 인체의 부분에서 황금비를 알아내었는데 그 예들은 다음과 같다.

- 배꼽은 그 윗부분과 아랫부분을 황금비로 분할한다.
- 목은 배꼽의 윗부분을 황금비로 분할한다.

- 무릎은 배꼽 아랫부분을 황금비로 분할한다.
- 머리끝에서 턱까지의 길이와 얼굴 너비가 황금비이면 미인 형이다.
- 눈에서 코끝까지의 길이와 코끝에서 턱까지의 길이의 비는 황금비이다.
- 아래 그림의 손에서 A:B, B:C, C:D 는 모두 황금비이다.

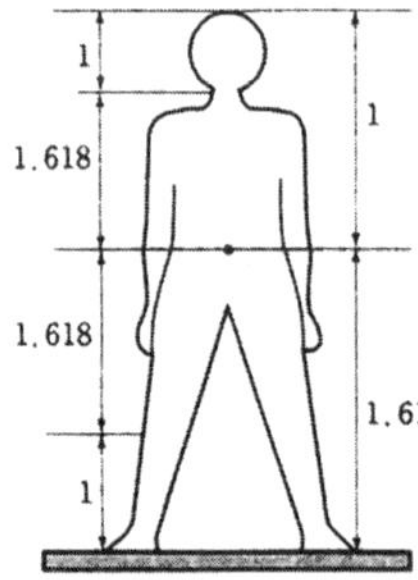

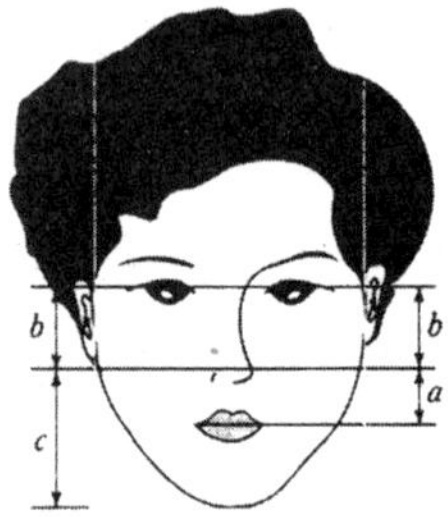

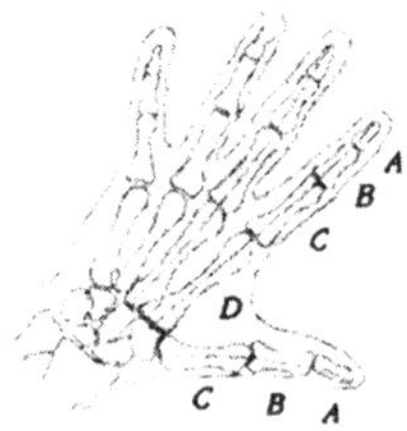

(2) **자연 속의 황금비**

태양계의 구조도 황금비를 이룬다. 태양, 수성, 금성, 지구가 일직선을 이룰 때 태양에서 수성까지의 거리와 수성에서 금성까지의 거리의 비, 수성에서 금성까지의 거리와 금성에서 지구까지의 거리의 비가 황금비를 이룬다고 한다.

자연에서 나타나는 나선형에서도 황금비를 찾을 수 있다. 회오리바람, 앵무조개, 줄기를 따라 나오는 식물의 잎 등에서 황금비를 찾을 수 있다. 나선형은 다음 그림과 같이 황금사각형을 계속하여 황금사각형이 나오도록 분할하여 그릴 수 있다.

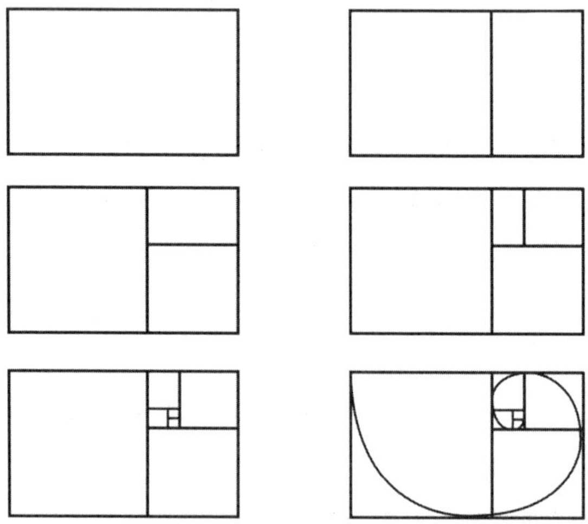

(3) 건축물 음악 속의 황금비

고대 그리스인과 로마인들은 황금비는 아름다움을 성취하는 기본이며 신성한 것으로 여겨 건축과 음악 등에 황금비를 반영하였다고 한다. 대표적인 에로 아테네의 파르테논 신전의 가로와 세로의 비가 황금비이며 피라미드에서도 황금비를 찾을 수 있다고 한다. 우리나라의 건축물로서 영주 부석사 무량수전의 가로와 세로의 비도 황금비를 이룬다고 한다.

음악에서도 베토벤의 5번 교향곡, 바르톡의 <현악기, 타악기, 첼리스트를 위한 음악>, 헨델의 <할렐루야> 등에서 황금비를 찾아볼 수 있다고 한다.

2) 테셀레이션

도로의 보도블록이나 벽지, 건물 바닥의 타일 등에서 같은 그림이 반복적으로 채워져 있는 것을 보게 된다. 이와 같이 동일한 도형을 이용하여 빈틈이나 포개짐이 없이 평면을 완전하게 채운 것을 **테셀레이션**(tessellation) 또는 **사방연속무늬**라고 한다. 테셀레이션으로 유명한 곳은 스페인 그라나다에 있는 이슬람식 건축물인 알함브라(Alhambra) 궁전인데, 이 궁전의 기둥, 벽, 바닥, 천장 등에는 다양한 테셀레이션 문양이 들어있다. 우리나라의 궁전, 전통가옥, 사찰 건물의 단청, 담장, 문창살 무늬 등에서도 흔히 테셀레이션을 찾아볼 수 있다.

테셀레이션을 만드는 방법에는 네 가지가 있는데, 도형을 일정한 거리만큼 움직이는 평행이동, 한 점을 중심으로 돌리는 회전이동, 한 직선을 축으로 하여 뒤집는 반사이동, 반사시킨 뒤 평행이동 하는 미끄럼반사가 그것이다. 이제 이들을 이용하여 간단한 테셀레이션을 만들어 보자.

(1) 평행이동을 이용한 테셀레이션

① 정사각형의 윗변에 파도 모양의 곡선을 그린다.

② ①에서 그린 것을 아랫변으로 평행이동 하여 똑같이 그린다.

③ 정사각형의 왼쪽 변에 그림과 같은 곡선을 그린다.

④ ③에서 그린 것을 오른쪽 변으로 평행이동 하여 똑같이 그린다.

⑤ 다른 칸에도 연속하여 그리고 적당히 색칠하여 완성한다.

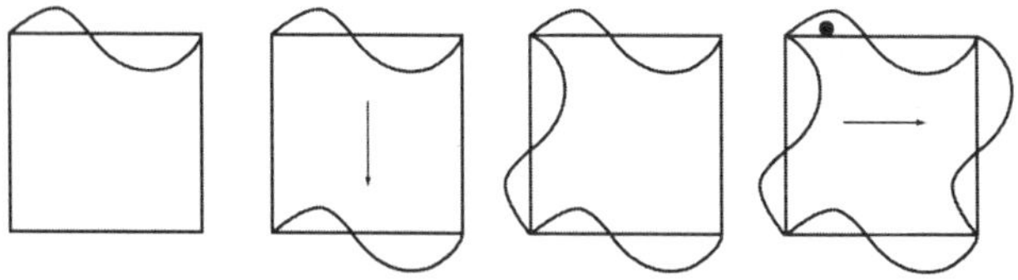

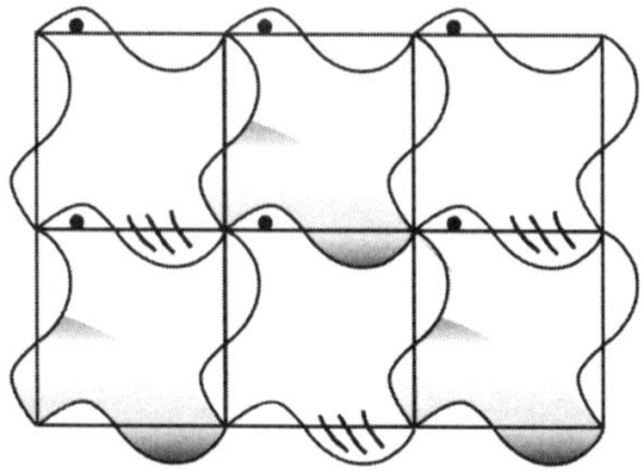

(2) **회전이동을 이용한 테셀레이션**

① 정사각형의 윗변에 사다리꼴을 그린 후 반시계 방향으로 회전한다.

② 왼쪽 아래에 직각이등변삼각형을 그린 후 반시계 방향으로 회전한다.

③ 눈과 지느러미, 몸체를 그리고 칠하여 물고기를 완성한다.

④ 다른 칸에도 연속하여 그리고 적당히 색칠하여 완성한다.

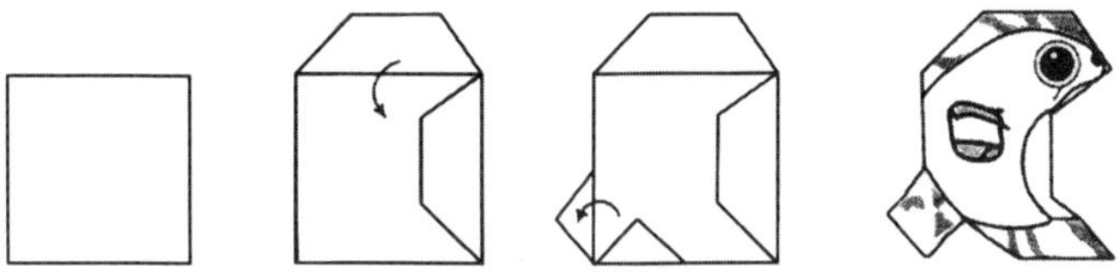

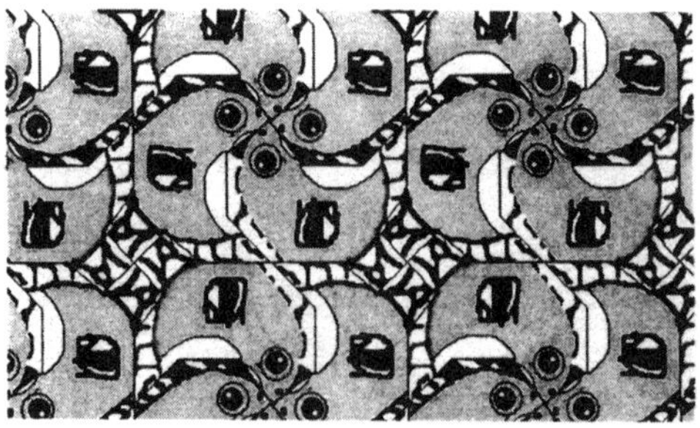

(3) 회전, 반사를 이용한 테셀레이션

① 정삼각형의 오른쪽 윗변에 새 머리와 날개를 곡선으로 그린다.

② ①에서 그린 것을 오른쪽 아래 점을 중심으로 60° 회전한다.

③ 왼쪽 윗변에 새 날개를 변의 중점까지 곡선으로 그린다.

④ ③에서 그린 것을 변을 중심으로 반사한 후, 변의 수직이등분선을 중심으로 또 반사한다.

⑤ 새의 눈, 날개, 꼬리, 몸통을 적당히 그리고 색칠한다.

⑥ 완성한 새 그림을 반시계 방향으로 60° 회전시키면서 계속 그린다.

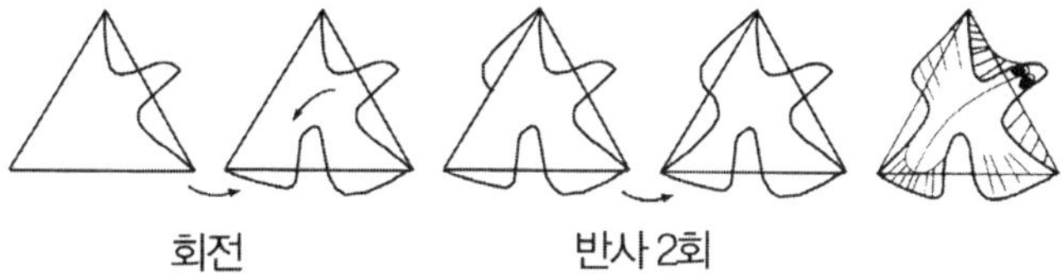

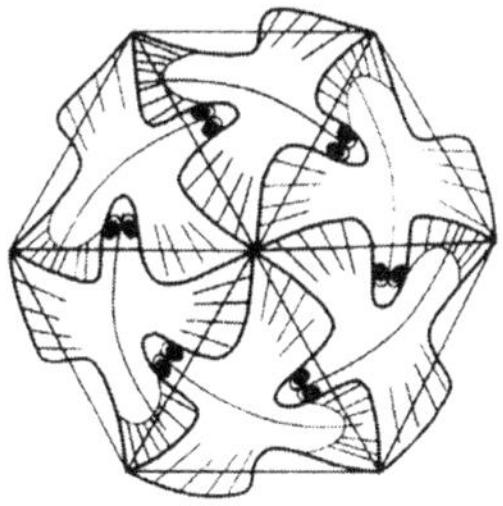

(4) 미끄러짐 반사를 이용한 테셀레이션

① 정사각형의 윗변에 개의 머리가 될 곡선을 그린다.

② ①에서 그린 것을 아랫변에 미끄러짐 반사한다.

③ 왼쪽 변에 개의 머리를 곡선으로 그린다.

④ ③에서 그린 것을 오른쪽 변으로 평행이동 한다.

⑤ 개의 눈, 코, 입, 귀를 그린다.

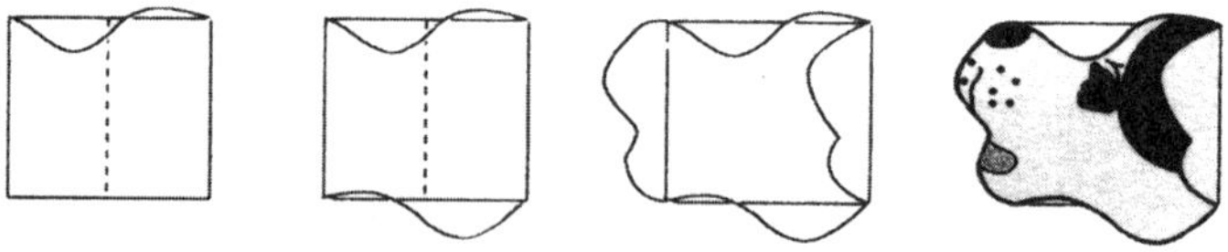

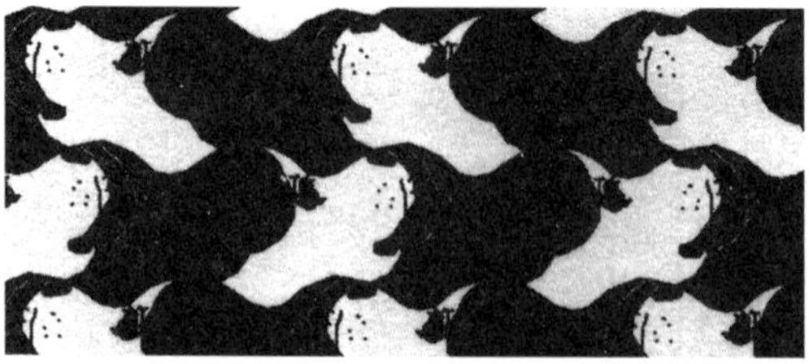

3) 프랙털

구름이나 번개, 논송이, 유리창에 어리는 성애, 나뭇가지 등 우리 주변에는 복잡하고 불규칙하게 보이는 모양들로 가득하다. 그러나 이들을 자세히 살펴보면 어떤 규칙성이 숨어있음을 발견할 수 있다. 예를 들면 나뭇가지들은 큰 줄기에서 작은 줄기로 갈라지고 다시 작은 줄기로 갈라지는 것을 되풀이 한다. 하천이나 신체의 정맥이 갈라진 모습도 마찬가지다. 이렇게 불규칙해 보이는 자연 속에 규칙성이 있다는 것을 맨 처음 확인한 사람은 수학자 만델브로(Mandelbrot)이다. 그는 전체를 부분으로 쪼개었을 때 부분 안에 전체의 모습을 담고 있는 기하학적 도형을 **프랙털**(fractal)이라고 하였다. 프랙털은 자기닮음(self-similar)과 축소에 대한 불변(independent of scale)을 갖는다. 자기닮음이란 도형의 부분들에 전체의 모습과 닮은 작은 부분들이 포함되어 있는 것을 말하며, 축소에 대한 불변이란 도형을 축소해도 그 모양은 변하지 않음을 말한다.

프랙털은 1970년대 말부터 물리학자, 지리학자, 미술학자, 건축학자, 철학자 등이 큰 관심을 보여 왔다. 프랙털은 무질서해 보이는 자연현상을 설명하는 데 좋은 도구이다. 구불구불한 해안선을 살펴보거나 지도를 확대하여 보아도 구불구불한 모양이 계속 드러난다. 그러나 고전 기하학에서는 곡선을 확대하면 직선으로 보이지만, 해안선이나 구름의 모양은 같은 모양이 반복적으로 내재되어 있음을 볼 수 있는데, 이것이 바로 프랙털이다. 프랙털이 응용되는 분야는 지속적으로 확대되고 있다. 경제학에서는 가격변동, 소득분포 등과 같은 경제현상을 설명하는 데 이용되며 공학에서는 소음이 나는 현상을 분석하는 데, 과학에서는 불규칙한 입자의 운동을 설명하거나 은하의 분포를 설명하는 데 이용된다. 미술에서도 프랙털을 이용하는 새로운 디자인을 개발하고 있다.

프랙털 도형을 만들려면 최초의 직선이나 도형이 필요하다. 이것을 **시초자**(initiator)라고 부른다. 여기에 프랙털을 만드는 규칙이 주어졌을 때 생간 도형을 **생성자**(generator)라고 한다. 이 생성자를 어떻게 반복하느냐에 따라서 다른 프랙털도형이 그려진다. 다음 예는 유명한 프랙털 도형이다.

(1) 코흐 곡선

아래 그림과 같이 한 선분이 있다. 이 선분을 3등분해서 가운데 선분을 위로 구부려 올려 4개의 선분으로 된 생성자를 만든다. 이 생성자의 각 선분의 길이는 원래의 선분의 길이의 $\frac{1}{3}$이다. 새로 생긴 각 선분에 축소된 생성자를 만든다. 이 과정을 반복하면 코흐곡선이 만들어진다. 코흐 곡선에서 길이를 구해보면 흥미 있는 수학적 성질을 발견할 수 있을 것이다.

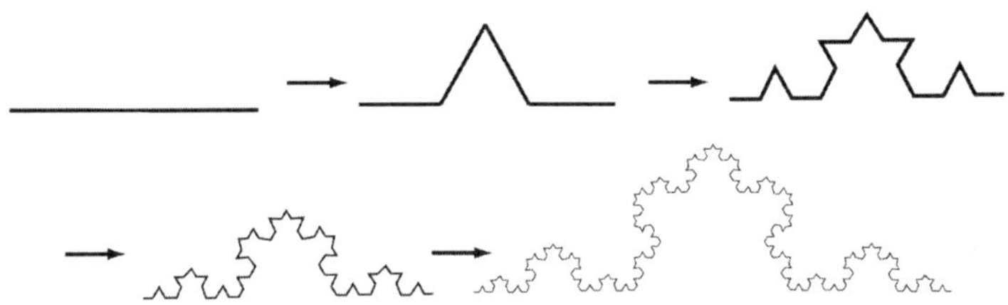

(2) 코흐 눈송이

정삼각형의 각 변에 코흐 곡선과 동일한 규칙을 무한히 반복하면 코흐 눈송이가 만들어진다. 코흐 눈송이에서 둘레의 길이와 그 넓이를 각각 구해보면 흥미 있는 수학적 성질을 발견할 수 있을 것이다.

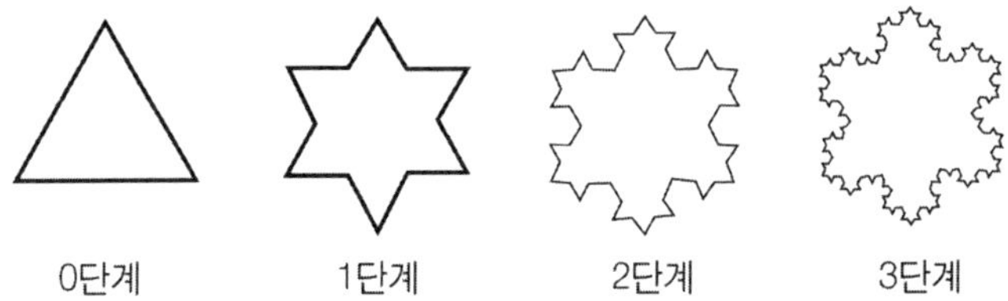

(3) 시어핀스키 삼각형

삼각형에 다음 두 규칙을 이용하여 새로운 도형을 만들어 수 있다.

① 삼각형의 각 변의 중점을 잇는다.

② 만들어진 4개의 삼각형 중에서 가운데 삼각형을 제거한다.

남아있는 삼각형에 대한 위의 규칙을 무한히 반복해서 만들어지는 도형을 시어핀스키(Sierpinski) 삼각형이라고 한다. 시어핀스키 삼각형에서 삼각형의 개수와 그 넓이의 합을 구해보면 흥미 있는 수학적 성질을 발견할 수 있을 것이다.

1단계 2단계 3단계

4단계

참고문헌

강옥기 외 2인 (2007), 수학서핑, 성균관대학교 출판부.

강옥기 외 2인 (2000), 중학교 수학 7-가, 7-나 교과서 및 교사용 지도서, (주) 두산.

강옥기 외 2인 (2001), 중학교 수학 8-가, 8-나 교과서 및 교사용 지도서, (주) 두산.

강옥기 외 2인 (2002), 중학교 수학 9-가, 9-나 교과서 및 교사용 지도서, (주) 두산.

강옥기 (2003), 수학과 학습지도와 평가론(제2판), 경문사.

교육부 (1997), 수학과 교육과정, 교육부.

김용운 외 1인 (1990), 수학사 대전, 우성문화사.

박평우 외 2인 역 (2002), 수학이란 무엇인가, 경문사.

우무하 (1985), 위상수학, 이우출판사.

우정호 (2000), 수학학습지도 원리와 방법, 서울대학교 출판부.

우정호 (1998), 학교수학의 교육적 기초, 서울대학교 출판부.

이우영 외 1인 역 (1996), 수학사, 경문사.

이홍천 역 (1992), 집합론, 경문사.

차종천 역 (2000), 구장산술-주비산경, 범양사 출판부.

창원사 (1983), 수학사전, 창원사.

최봉대 외 6인 (2001), 고등학교 수학 10-가, 10-나 교과서 및 교사용 지도서, (주) 중앙교육연구소.

최봉대 외 5인 (2002), 수학Ⅰ 교과서 및 교사용 지도서, (주) 중앙교육연구소.

최봉대 외 5인 (2002), 수학Ⅱ 교과서 및 교사용 지도서, (주) 중앙교육연구소.

최봉대 외 5인 (2002), 미분과 적분 교과서 및 교사용 지도서, (주) 중앙교육연구소.

Cohen, David (1998), *Precalculus*, Brooks/Cole Publishing Company, Monterey, CA.

NCTM (1969), *Historical Topics for the Mathematics Classroon*, Thirst-first Yearbook, NCTM, Reston, VA.

NCTM (1989), *Curriculum and Evaluation Standards for School Mathematics*, NCTM, Reston, VA.

NCTM (2000), *Principles and Standrds for School Mathematics*, NCTM, Reston, VA.

Keith Nicholson, W. (1995), *Linear Algebra with Applications*, PWS Publishing Company, Boston, MA.

Smith, Karl H. (1976), *The Nature of Modern Mathematics*, 2nd edition, Brooks/Cole Publishing Company, Monterey, CA.

Thomas, G. and Finny, R., *Calculus and Analytic Geometry*, Addison-Wesley Publishing Company

찾아보기

(ㅈ)

(ㅎ)

12 중등수학교육

중등수학 교재연구 개정판

지은이 강옥기
펴낸이 박문규
펴낸곳 KM 경문사
펴낸날 2004년 9월 1일 1판 1쇄
2011년 9월 1일 개정판 1쇄
등 록 1979년 11월 9일 제9-9호
주 소 121-818, 서울특별시 마포구 와우산로 174
전 화 (02) 332-2004 팩스 (02) 336-5193
이메일 kyungmoon@kyungmoon.com

값 20,000원

ISBN 978-89-6105-511-6

경문사 초등수학 교육학시리즈

1. 초등수학교육의 이해 (제2판)
   김수미 외 지음

2. 수학 학습 심리와 교수-학습전략
   박성택 지음

3. 초등수학교육의 이해 (개정판)
   최창우 지음

4. 수학교육론
   린 D. 잉글리시·그레엄 S. 핼포드 지음
   고상숙 외 옮김

5. Piaget의 발생론적 인식론을 적용한
   수학수업 1학년
   Constance Kamii 지음/강완 외 옮김

6. Piaget의 발생론적 인식론을 적용한
   수학수업 2학년
   Constance Kamii 지음/강완 외 옮김

7. Piaget의 발생론적 인식론을 적용한
   수학수업 3학년(증보)
   Constance Kamii 지음/강완 외 옮김

8. 테크놀로지와 함께하는 수학교육(제2판)
   권성룡 외 지음

9. 수학의 힘을 길러주자
   권성룡 외 지음

10. 구성주의에 입각한 초등수학 학습·지도
    나카하라 다다오 지음/임문규 옮김

11. 문제해결을 통한 수학적 경험(개정판)
    이대현·최승현 지음

12. 구성주의 수학교실-나눗셈
    마리안 위켓 외 지음/김진호 외 옮김

13. 어린이의 마음을 알면 교육이 보인다
    -임상면담의 첫걸음-
    Herbert P. Ginsburg 지음/신준식 외 옮김

14. 초등수학 교육론
    강완 외 지음

15. 예비교사와 현직교사를 위한
    학교수학과 교구
    김남희 지음

16. 수학교실에서 어린이를 이해하기 위한
    융통성 있는 면담
    허버트 P. 긴스버그 외 지음/남승인 외 옮김

17. 거리수학과 학교수학
    Terezinha Nunes 외 지음/박만구 외 옮김

18. 구성주의 수학교실-곱셈
    메릴린 번스 지음/김진호 외 옮김

19. 수학교실에서 말하기
    수잔느 H. 채핀 외 지음/김진호 외 옮김

20. 수학을 어떻게 가르칠 것인가?
    존 반 드 월르 지음/남승인 외 옮김

21. 초등수학교육론 I
    남승인 외 지음

22. 초등 교사를 위한 레크리에이션 수학
    강완·백석윤 지음

23. 초등학교 수학의 중요한 지도 내용
    이용률 지음

24. 이해를 촉진하는 수학교실
    엘리자베스 페네마·토머스 롬버그 지음/
    이광호 외 옮김

경문사 중등수학 교육학시리즈

1. 새 교수·학습이론에 의한 수학교육론
   신현성 지음
2. 수학과 교재론 (제3판)
   석용징·신현성·이준열 지음
3. 수학적 문제해결
   신현성·김경희 지음
4. 고등수학적 사고
   데이비드 톨 지음/류희찬 외 옮김
5. 수학과 학습지도와 평가론 (제2판)
   강옥기 지음
6. 문제해결의 수학적 전략
   스티븐 G. 크란츠 지음/좌준수 외 옮김
7. 증명의 본질
   Harold P. Fawcett 지음/장경윤 외 옮김
8. 수학수업 Know-how
   쿠조 쯔네죠 지음/김부윤·이영숙 옮김
9. 퇴플리츠의 미분적분학
   Otto Toeplitz 지음/우정호 외 옮김
10. 예비교사와 현직교사를 위한 수학교육과정과 교재연구(개정판)
    김남희 외 지음
11. 한 줄에 꿰는 수학이야기
    Lewinter·Widulski 지음/장경윤 옮김
12. 중등수학 교재연구(개정판)
    강옥기 지음
13. 수학의 철학과 역사
    Anglin 지음/류희찬 외 옮김
14. 간추린 수학사
    Struik 지음/장경윤 외 옮김
15. 학교수학을 위한 원리와 규준(제2판)
    NCTM 지음/류희찬 외 옮김
16. 수학걱정 뛰어넘기
    Shiela Tobias 지음/허혜자 옮김
17. 우리나라의 수학교육과정
    이중권 지음
18. 세계 여러 나라의 수학교육과정
    이중권 지음
19. 수학을 하려면 엑셀을 밟아라(제2판)
    고상숙 지음
20. 수학수업 know-how 2
    쿠조 쯔네죠 지음/김부윤·이명숙 옮김
21. 수학과 수업모델 및 설계
    신현성 지음
22. 통계교육(제2판)
    김응환·이석훈 지음
23. 예비교사와 현직교사를 위한 수학교육에서의 컴퓨터 활용
    김남희·박영미 지음
24. 수학교육학 연구방법론
    우정호 외 지음
25. 비주얼 매스
    장경윤·박진희 지음
26. 통계적 사고의 의미와 교육
    대니 벤 즈비·조안 가필드 지음/
    이경화·지은정 외 옮김
27. 수학교육학 정론(개정판)
    강옥기·허난·조현공·박경은·이환철 공저
28. 중등수학교육학
    유윤재 지음
29. 수학 수업의 현재와 미래
    NCTM 지음/류희찬 외 옮김
30. GSP와 함께 하는 평면기하탐구
    장경윤·나숙정·김진아 지음
31. 새로운 대안평가를 고려한 수학과 측정·평가
    신현성 지음
32. 수학사를 활용한 교재연구
    가타노 젠이치로 지음/김부윤·정영우 옮김